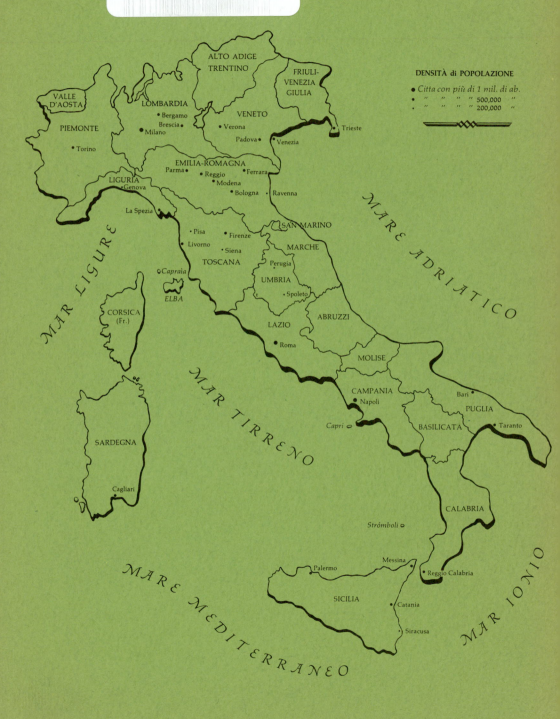

PAROLA E PENSIERO

PAROLA E PENSIERO

*Introduzione alla lingua
italiana moderna*

VINCENZO TRAVERSA

STANFORD UNIVERSITY

HARPER & ROW, PUBLISHERS

NEW YORK · EVANSTON · LONDON

A   T.T.

CONTENTS

PREFACE   xv
TO THE TEACHER   xxiii

❁ PARTE PRIMA ❁

LEZIONE PRELIMINARE   3

LEZIONE PRIMA: PARTE PRIMA   4
     I. L'articolo indeterminativo, 6
     II. Il genere (maschile, femminile), 6

LEZIONE PRIMA: PARTE SECONDA   8
     L'articolo determinativo, 8

LEZIONE SECONDA   11
     I. I numeri da 1 a 30, 11
     II. L'alfabeto, 12

LEZIONE TERZA   14
     Mi mostri——, Ecco——, *14*
     Del, dello, dell', della, dell', *14*
     ABBREVIAZIONI, *15*

LEZIONE QUARTA   18
     Dov'è (egli, esso)? *18*
     Su, sotto, in, davanti (a), dietro, tra (fra), vicino (a),
     per terra, *18*
     Su—— sul, sullo, sull', sulla, sull', *18*
     In—— nel, nello, nell', nella, nell', *18*
     LETTURA: Una classe intelligente, *20*

LEZIONE QUINTA   24
     I. L'aggettivo, 27
     II. Il negativo, 28
     LETTURA: Un incontro, *25*

LEZIONE SESTA   31

    I. *Il verbo* **essere,** *34*
   II. **Al, allo, all', alla, all',** *35*
  III. *La preposizione* **a** *davanti al nome di una città, 35*
   IV. **Che ora è? (Che ore sono?),** *36*
    V. *L'espressione* **essere in orario (essere puntuale),** *37*
       LETTURA: La vita di uno studente, *32*

LEZIONE SETTIMA   40

    I. *L'aggettivo possessivo, 42*
   II. **C'è (Ci sono),** *43*
       LETTURA: La mia casa e la mia famiglia, *41*

LEZIONE OTTAVA   46

    I. *Il verbo* **avere,** *48*
   II. *Alcune forme interrogative, 49*
  III. *L'espressione* **aver un'aria,** *50*
   IV. **Molto. . .,** *50*
       LETTURA: Il piccolo zoo di Giovanni, *47*

LEZIONE NONA   54

    I. **Quanti anni ha Lei? Io ho. . . anni.,** *57*
   II. *Contare da uno in poi, 58*
  III. *Espressioni con* **avere,** *59*
   IV. **Aver bisogno di,** *59*
    V. *Uso della preposizione* **di,** *59*
       LETTURA: Un pasto al ristorante, *55*

LEZIONE DECIMA   62

    I. *Il comparativo, 66*
   II. *Il superlativo, 66*
  III. **Lo (la) stesso (-a). . . di,** *67*
       LETTURA: In un negozio: Barbara ha bisogno di un abito da sera, *63*

LEZIONE UNDICESIMA   70

    I. *Il plurale di* **un, uno, una: dei, degli, delle,** *73*
   II. *Espressioni di quantità, 73*
  III. *La concordanza degli aggettivi, 74*

IV. **Pieno di. . . Coperto di. . .,** *74*

V. **Chi** *e* **che,** *74*

VI. *Plurale dei nomi che finiscono con vocale accentata, 75*

VII. **Non. . . che,** *75*

LETTURA : La casa ideale, *71*

LEZIONE DODICESIMA   78

I. *Il plurale di* **il, lo, la: i, gli le,** *81*

II. *Il partitivo :* **del, dello, della, dei, degli, delle,** *81*

III. *L'aggettivo dimostrativo* **questo (quest'), questa (quest'), questi, queste,** *81*

IV. *L'aggettivo dimostrativo* **quel, quello (quell'), quella (quell'), quei, quegli (quegl'), quelle,** *82*

V. *Il plurale degli aggettivi possessivi, 82*

LETTURA : Al supermercato, *79*

LEZIONE TREDICESIMA   85

I. *I verbi : alcuni verbi irregolari, 88*

II. **Si fa, si fanno, si dice, si dicono, si scrive, si scrivono, si va,** *ecc. ed anche* **si è, si ha,** *90*

III. *L'imperativo :* **faccia, dica, vada, scriva, legga, venga, beva,** *91*

LETTURA : Le stagioni dell'anno, *86*

LEZIONE QUATTORDICESIMA   95

I. *I verbi del primo gruppo o i verbi in* **-are,** *99*

II. *Il posto dell'avverbio, 100*

III. *Costruzione con due verbi consecutivi :* **Mi piace andare, preferisco leggere, amo contemplare,** *ecc., 101*

IV. **Io ascolto** *la radio :* **io guardo** *la televisione, 101*

LETTURA : Divertimenti e svaghi, *96*

LEZIONE QUINDICESIMA   104

I. *I pronomi complemento, 108*

II. **Ho paura di. . . Sono contento di. . . Ho il tempo di. . .,** *109*

III. **Rapido, lento** *(aggettivi).* **Rapidamente, lentamente** *(avverbi)., 109*

LETTURA : Meglio di Cristoforo Colombo!, *105*

LEZIONE SEDICESIMA   113

    I. La particella **ne,** *116*
    II. Le particelle **ci** *e* **vi,** *117*
    III. La posizione delle particelle **ne, ci** *e* **vi,** *117*
        LETTURA: Alla banca, *114*

LEZIONE DICIASSETTESIMA   121

    I. I verbi in **-ere,** *o verbi del secondo gruppo, 125*
    II. Il verbo **sapere** *(to know a fact; to be aware; to be informed; to know how to do something), 126*
    III. Il verbo **piacere** *(to please), 127*
        LETTURA: Una partenza movimentata, *122*

LEZIONE DICIOTTESIMA   131

    I. Verbi in **-ire,** *o verbi del terzo gruppo, 135*
    II. La costruzione di due verbi con la preposizione **a** *o* **di***, 135*
        LETTURA: Il castello di sabbia, *132*
        POESIA: « Su », Aldo Palazzeschi, *141*

LEZIONE DICIANNOVESIMA   142

    I. Il verbo **dovere** *(to have to; must), 144*
    II. Il verbo **potere** *(can, to be able, may), 145*
    III. Il verbo **volere** *(to want), 145*
    IV. La posizione dei pronomi diretti ed indiretti, 146
        LETTURA: La lingua italiana, *143*

LEZIONE VENTESIMA: PARTE PRIMA   150

    IL PASSATO:
    I. L'imperfetto e il tempo della descrizione, 153
    II. Il passato prossimo, 153
    III. Il participio passato, 154
    IV. Uso del passato prossimo e dell'imperfetto, 155

LEZIONE VENTESIMA: PARTE SECONDA   157

    I. Il passato prossimo dei verbi irregolari, 160
    II. L'imperfetto, il tempo della descrizione, 160
    III. L'uso di due verbi, 161
        LETTURA: Ho fatto un sogno, *158*
        POESIA: « Ulisse », Umberto Saba, *165*

LEZIONE VENTESIMA: PARTE TERZA   166

   I. I verbi di movimento, 169
   II. I verbi di comunicazione, 171
     LETTURA: Una trasmissione radiofonica: « Il giornale radio della RAI », *167*
     POESIA: « Davanti al Simulacro di Ilaria del Carretto » Salvatore Quasimodo, *175*

LEZIONE VENTUNESIMA   177

   I. Il futuro, 181
   II. **Dopo di aver... Prima di aver...,** *182*
     LETTURA: Dall'indovina, *178*
     POESIA: « La partenza », Pietro Metastasio, *187*

❁ PARTE SECONDA ❁

LEZIONE PRIMA   191

     PASSATO PROSSIMO ED IMPERFETTO:
   I. Idea generale, 193
   II. Uso dell'imperfetto, 194
   III. Uso del passato prossimo, 195
   IV. Il passato prossimo dei verbi coniugati con **essere,** *196*
     IL PENSIERO di... Guido Piovene sul Passeggiare per Roma, *199*

LEZIONE SECONDA   202

   I. Il pronome interrogativo **quale,** *206*
   II. I pronomi dimostrativi **questo** *e* **quello,** *207*
   III. Il pronome possessivo **il mio,** *207*
   IV. Gli accrescitivi, i diminutivi ed i peggiorativi, 208
   V. Il verbo **conoscere,** *208*
   IV. **Aver luogo,** *209*
     LETTURA: Cronaca mondana, *203*
     POESIA: « Rio Bo », Aldo Palazzeschi, *213*

LEZIONE TERZA   215

   Passaggio dal discorso diretto al discorso indiretto, 218
     LETTURA: Il cane Argo, *216*

LEZIONE QUARTA: PARTE PRIMA   223

    I. Uso di alcuni avverbi, 223
    II. Le espressioni di tempo, 223

LEZIONE QUARTA: PARTE SECONDA   226

    I. Le espressioni di tempo, 229
    II. **Avere il tempo di. . .,** *230*
    III. I verbi **trascorrere** *e* **durare,** *230*
    IV. **Stare + gerundio:** *la forma progressiva, 231*
        LETTURA: Durante uno spettacolo, *227*
        POESIA: Dall' *Orlando Furioso*, Canto I. XLII–XLIII, Lodovico Ariosto, *235*

LEZIONE QUINTA: PARTE PRIMA   236

    I. La forma negativa, 238
    II. Gruppi di forme negative, 240
        LETTURA: Un invito, *237*

LEZIONE QUINTA: PARTE SECONDA   242

    I. **Qualche cosa di + aggettivo,** *244*
    II. **Qualche cosa da + verbo,** *244*
    III. **Qualche cosa di. . . da,** *244*
    IV. Il passato remoto, 245
        LETTURA: Vorrebbe uscire questa sera?, *243*

LEZIONE SESTA   248

    I. Il concetto del verbo riflessivo, 252
    II. Coniugazione riflessiva e pronominale, 252
    III. Costruzione della frase con i verbi riflessivi e pronominali, 253

LEZIONE SETTIMA   257

    I. Il passato prossimo dei verbi riflessivi e pronominali, 259
    II. **Prima di alzarsi. . . Dopo di essersi alzato. . .,** *260*
    III. La concordanza del participio passato dei verbi riflessivi e pronominali, 261
    IV. I tempi dei verbi riflessivi e pronominali, 261
        LETTURA: Il ritrovamento di una statua antica, *258*
        IL PENSIERO di. . . Curzio Malaparte su Gl'italiani e la natura, *265*

LEZIONE OTTAVA 268

    La forma reciproca, 270

LEZIONE NONA 274

    I. I verbi riflessivi idiomatici, 277
    II. Verbi riflessivi con significato passivo, 278

        LETTURA: Il principe Fabrizio, *276*

LEZIONE DECIMA 282

    I. I pronomi relativi, 285
    II. I pronomi personali tonici, 286

        LETTURA: Un'intervista speciale, *283*
        POESIA: « Trionfo di Bacco e Arianna », Lorenzo dei
        Medici, *291*

LEZIONE UNDICESIMA 293

    I. Il condizionale, 296
    II. Uso delle preposizioni con i nomi di luogo, 298
    III. Il verbo **fare** *seguito dall'infinito, 299*

        LETTURA: Vorrei fare un bel viaggio!, *294*

LEZIONE DODICESIMA 303

    I. Il condizionale passato, 306
    II. Il verbo **dovere**, *308*

        LETTURA: Tutto potrebbe andar meglio!, *304*
        IL PENSIERO di... Niccolò Machiavelli sugli Adulatori, *313*

LEZIONE TREDICESIMA: PARTE PRIMA 315

    IL CONGIUNTIVO:
    I. Il congiuntivo è un modo verbale, come l'indicativo ed il condizionale. Il
    congiuntivo, è il modo nel quale si coniuga un verbo quando questo dipende
    da **forme impersonali** (*come* **bisognare**) *o da certe espressioni che*
    indicano **opinione, comando, stato d'animo, ecc.,** *318*
    II. Il congiuntivo ed i verbi impersonali, 320
    III. Il verbo **bisognare** *al negativo, 321*

        LETTURA: Quel che si deve fare quando si esce con una
        signorina, *316*

LEZIONE TREDICESIMA: PARTE SECONDA   324

    IL CONGIUNTIVO (CONTINUAZIONE):
  I. *Il congiuntivo presente delle tre coniugazioni, 327*
  II. *Il congiuntivo passato, 327*
  III. *Uso del congiuntivo, 328*
      LETTURA: Quel che Michele non avrebbe dovuto fare, *324*
      IL PENSIERO di. . . Alessandro Manzoni sul Distacco dal paese
      natale, *335*

LEZIONE QUATTORDICESIMA   338

    IL CONGIUNTIVO (CONTINUAZIONE):
  I. *Il congiuntivo dopo i verbi di opinione, 342*
  II. *Gli altri tempi del congiuntivo, 343*
  III. *Il congiuntivo nel discorso indiretto, 345*
      LETTURA: Un discorso elettorale: Il programma del candidato
      del partito Conservatore–Progressista, *339*
      POESIA: « S'i' fosse foco », Cecco Angiolieri, *349*

LEZIONE QUINDICESIMA   351

    IL CONGIUNTIVO (CONTINUAZIONE E FINE):
  I. *Il congiuntivo dopo alcune congiunzioni avverbiali, 356*
  II. *Il congiuntivo dopo* **chiunque** *(whoever),* **qualunque cosa**
    (whatever) e **dovunque** *(whenever), 356*
  III. *Il congiuntivo dopo un superlativo relativo, 357*
  IV. *Il periodo ipotetico, 357*
      LETTURA: Una riunione alle Nazioni Unite, *352*
      POESIA: « A Guido Cavalcanti », Dante Alighieri, *362*

❀ APPENDIXES ❀

APPENDIX A *A Few Principles of Italian Spelling and Pronunciation, 365*

APPENDIX B *Il sistema della coniugazione dei verbi, 369*

APPENDIX C *Testi originali, 388*

VOCABOLARIO ITALIANO-INGLESE, *393*

INDICE ANALITICO, *407*

PREFACE

THIS BOOK is based upon the belief that language owes its active existence to the speaker or the writer who re-creates it for his own purposes each time he uses it. It cannot be memorized ready-made; *there is no such thing* as ready-made language. It is not what Italians, Frenchmen, or Germans may say in a given situation—it is what *you* say.

In looking for the best method of learning how to speak, read, write, and *think* in Italian, I have drawn upon the principles of multiple approach and single emphasis. These were first developed by Professor de Sauzé and recently applied with great success in the beginning French textbook *Parole et Pensée* by Yvone Lenard.

In its preliminary version, *Parola e pensiero* was used by students at Stanford University with gratifying results, and I now offer it to my colleagues in the hope that it will prove of equal value to them.

MULTIPLE APPROACH

It seems obvious that language must first be understood, then spoken; habits and mechanisms of speech are essential, too. Learning how to read and write, far from being a hindrance, will act instead as strong reinforcement *if* it is done concurrently with—not before or weeks or months after—learning how to speak. The student already knows how to read and write his own language, and try as he may, he cannot disregard that fact in learning the foreign language: to wit, the pathetic attempts audio-lingual students constantly make to transcribe what they are required to memorize into "free form" phonetics of their own. There is enough logic in the spelling of Italian so that a great deal of the writing can be deduced from sounds, rather than taught from the sight of words. And even though at first only so-called "simple" language is involved, it is certainly not true that simple language is synonymous with simple minds and childish thoughts.

The multiple approach reunites the four distinct bands of language: audio, lingual, visual, and graphic. Each is used to reinforce the others. The components of language cannot be divorced from each other. They are, in the strictest sense, interdependent.

SINGLE EMPHASIS

Single emphasis consists in teaching one thing at a time—and one thing only—with the constant incorporation of what was previously learned. It is, of course, also the basic idea of programed instruction. Complexities in the material can always be broken down into component parts, each of which is simple enough for easy mastery. A familiar structure always serves to introduce a new one, and always in conjunction with previously learned vocabulary. Vocabulary, in turn, enlarges the means of expression thus acquired. Single emphasis requires a highly controlled and disciplined system, while constantly drawing upon the powers of imagination and invention. Students soon learn that *"Un buon componimento è corretto, originale, interessante e forse anche elegante."*

In this book, each lesson is built around one specific point, which is, itself, often just one element of a complexity. Each lesson is short; it occupies no more than one or two hours of class time.

INSTRUCTION IN THE FOREIGN LANGUAGE

Instruction can and must be carried out in the foreign language, provided the instructor uses it wisely, with clarity and with great simplicity from the very first day. This is evidenced by the success obtained by those instructors who faithfully speak *only Italian in class.* Explaining in English that we must speak Italian is obviously self-defeating, and speaking English during the first quarter or semester will not make the students proficient second quarter or semester speakers. Time apparently gained by speaking English is actually time lost.

Though the foreign language is used as the exclusive means of instruction, this method is not to be confused with the so-called *direct* methods. It is not a *direct* method. It is, instead, a highly systematized programing, going from the simplest unit of language to the most complex through carefully calculated steps. And yet it gives the student a feeling of great freedom, of an endless possibility of expression and experimentation within an orderly framework.

Learning a language is, of all educational processes, perhaps the most truly educational one, in the literal sense of **educere,** *to bring out* or *to draw forth.* Far from being a random process, it is, on the contrary, a rigorous one, subjected to laws not unlike those which govern organic growth. It may be compared to the growth of a tree, with roots and branches seen as structures

—means of support for leaves and flowers—even as sentence structure supports vocabulary. In this view, lists of disconnected words, recitation of verb forms, memorization of dialogues are no more viable than leaves, heaped on the ground in the hope of producing a tree. Thus, as basic structures are established, they become roots and branches capable of supporting a constantly growing and differentiating vocabulary. At all phases of learning there is a strong, healthy organism, systematically building upon itself. Language is alive, it possesses all the qualities of life itself, and its learning can only be a process of combined order and dynamism.

ACKNOWLEDGMENTS

I WOULD LIKE to express my deep appreciation to Mrs. Yvone Lenard for allowing me to adapt her excellent book, *Parole et Pensée,* into Italian. I wish to thank Professor John C. Lapp for his encouragement, Professor Giovanni Cecchetti for his advice, Mrs. Carla Federici and Mr. Cosimo Corsano for their helpful assistance and comments. My gratitude also goes to the wonderful persons at Harper & Row who devoted to this work their competence and understanding, and to RKO Sound Studios and Mr. Peter von Zerneck for the remarkable recording and production of the tapes which accompany this book.

V. T.

LIST OF
ILLUSTRATIONS

Pagliai a Castiglioncello (particolare) di Raffaello Sernesi   140

Conversazione fra le rovine di Giorgio de Chirico   164

Urna sepolcrale di Ilaria del Carretto di Iacopo della Quercia   176

L'edera di Tranquillo Cremona   186

Il Mugnone presso il Parterre di Odoardo Borrani   214

El bòcolo di Giovanni Battista Piazzetta   234

Il trionfo di Bacco e Arianna (particolare) di Annibale Carracci   290

Combattimento di S. Efisio (particolare) di Apinello Aretino   350

L'indovina di Michelangelo Caravaggio   361

TO THE TEACHER

THIS BOOK is intended as an aid in teaching beginning students how to understand, speak, write, and read Italian. *Listening, understanding, and speaking are of primary importance, and writing must never be allowed to come first.* We want our students to be able to write what they can understand and say. We do not want them to write instead of speaking.

Since a book, by its very nature, cannot be audio-lingual, however earnest the intentions of its author, *it rests upon the teacher to bring to life the written word in the classroom.* To this effect, the following procedures are suggested.

PREPARATION

When preparing your class, study carefully the point of structure you are going to introduce. Prepare a few simple statements, drawn from the *"frasi modello"* and/or others similar to them, making as clear as possible the new point you want to teach. Prepare also a large number of questions (two or three per student, at least) stressing that point, plus a number of questions in which this point is incorporated into what has been learned previously. Never introduce new vocabulary when introducing a new structure. You will introduce new words only after the structure itself no longer presents any difficulty.

IN CLASS, SPEAK ITALIAN EXCLUSIVELY

Students are anxious to hear and speak the foreign language. You need say very little at first outside of the actual words of the lesson. Choose your words carefully at first, use cognates, make simple statements. *"Eccellente! Corretto! È una lezione d'italiano,"* etc., need no translation. Stylize your reactions: enthusiastic approval, serious doubt, horrified surprise. The point is to establish communication, without English, and with *a little* Italian. Avoid using words or structures the students cannot possibly understand. *This is always possible* and there is always another, simpler way to say what you mean.

DO NOT ALLOW STUDENTS TO USE ENGLISH

This is very important. They may, at first, be a little self-conscious or insecure, and try to translate in order "to make sure." We all know that if they went to live in Italy, they would learn Italian, yet there would be no translation. Be good-natured and pleasant about it, but be very firm. The success of the whole term depends on those first few days.

INTRODUCING A NEW STRUCTURE

Suppose you want to introduce the negation. Your students already know "*Che cos'è?*" The class will answer: "*È un libro.*" Next, pick up an object which they cannot name yet in Italian, a key, for instance, and ask "*Che cos'è?*" You will have no answer. So, you wait a second, and, with the manner which you reserve for the introduction of a new element, a manner which the class has already learned to recognize and to identify with "something new to learn," you say "*Non è un libro.*" Have the class repeat. You ask then, "*È un libro?*" and the class will answer "*No, non è un libro.*" Then, going fast, pick up or point to various objects asking "*È una finestra? È una sedia? È un'automobile? ecc. . .*", all requiring negative answers. Then, with a slight pause and your "Now, be careful!" look, start mixing questions that require positive and negative answers: "*È una ragazza? No, non è una. . .; È un giovanotto? Sì, è un . . .*", etc.

Besides the choral responses which you want at the introduction of a new point, make sure that everyone in the class has spoken individually as often as possible. Choral responses mean little as far as individual participation is concerned. Then, send a student to the board to write what he has just said. Have the class watch, check, correct, if necessary, by explaining to him, *in Italian*, what his errors are. You, the teacher, will do a minimum of writing on the board. Instead, send the students to write what they have just said or what someone else has just said; never let them write, though, instead of speaking.

LEARNING HOW TO WRITE

If you follow closely the following procedure, your students will learn how to *write by ear*, before having *seen*. This is, of course, the most fruitful way to learn. Begin after a few days of class, as soon as greetings and basics such as "*È un, è una . . .*" have been established (see the text in the book on page 4).

First, pronounce the vowels: *a e i o u*. Have the class repeat them a few times. Then, write them on the board. Ask the students to name them. Erase the board. Send students to the board to write: *i o u a i a e,* and so forth. This will take a few minutes. Then ask students to call out vowels while one student writes them on the board.

Next come the consonants; that is to say, now you announce *l'alfabeto,* and recite slowly the whole alphabet distinctly, the class repeating after you. Follow the same procedure as for vowels. Write the whole alphabet on the board, have the students associate the letter with its Italian sound, point to letters at random. Then erase. Send a student to write: *c g l e i n g a,* and so forth. Ask students in the class to call out their initials or abbreviations of organizations. You can easily make them understand what you want by giving *your own* initials (for example, write your name on a corner of the board, underline your initials). This "personal" information has an advantage: the speaker will tolerate no error on the part of the writer, and will insist until the all-important facts concerning him are written correctly.

The next step is the syllable. Do not write anything yourself on the board at this point. Ask a student to write *i* and *l*. Ask him to write *il*. Then ask him to write *l* and *a,* and then *la;* then *li, lu,* and *lo*. Ask another student to write *me, ma, mu, di, ti, tu,* etc. You realize, of course, the importance of this exercise. Keep at it, with students moving quickly to and from the board.

After the syllable comes the word. Students at the board should write: *la porta, la tavola, il libro, la matita, il voto, il vestito, la gonna,* etc.

On the following day, start the class with a brief review. Then, introduce *one* masculine noun: *libro,* for instance. Write it on the board, circle the ending, have the students repeat it. Then, showing the board, ask *"Che cos'è?"* and ask a volunteer to write it on the board (*"Nessun volontario? Allora una vittima!"*). Ask him to write *il libro;* use the same procedure with *il muro* and words like *il banco* and *il ragazzo*.

Then *you* write *È un*
           È una

and ask students to come to the board and write *"È un banco," "È un ragazzo,"* etc., and also *"È il banco," "È il ragazzo,"* etc. After a few moments of this, ask *"Un nome che finisce in **o** è maschile o femminile?"* The class will answer *"Maschile."* If time allows, introduce other endings: "**a**—*la casa, la penna, la porta*." Proceed in a similar fashion for other letter-group sounds: **ce, ci, ge, gi, sce, sci,** etc.

A FEW WORDS OF WARNING

—do not try to go too far and involve concepts students cannot grasp, or which you cannot make perfectly clear in Italian;

—make it clear that being sent to the board is not a *test* of what a student knows. He probably does not know, but he is going to learn—that's what we are here for;

—never fear to take a few minutes of class time to explain an important point of spelling when a student has difficulty writing his sentence on the board. Then, always be sure you involve the whole class.

TEACHING OF VOCABULARY

Isolated words are, of course, of no interest whatsoever and vocabulary must always be taught in context. How can one teach new vocabulary without using English? In the first few lessons, you can either show *una ragazza, una lavagna, una finestra,* etc. (show a picture or draw a quick sketch), *un cane, un gatto, una casa, un albero,* etc., or rely on the resemblance between the Italian and the English word: *un professore, un appartamento, una macchina, un telefono, un ristorante,* etc. A little later, you can explain the new words which students already know: *un palazzo,* for instance. *"Un palazzo è un edificio con molti appartamenti."* Sometimes, a quick sketch confirms the students' impression that they have understood. Many words are cognates, which makes them, except in a few cases, easily understandable, or else they can be explained by means of a cognate; often they can be explained as *"il contrario di qualcosa,"* particularly in the case of adjectives (*"facile è il contrario di difficile," "brutto è il contrario di bello"*). In many cases, your ingenuity will be tested, and in others, you will be delighted to hear some of your students' own definitions. You can often call on the students who have understood your definition to give their own to those who have not. Give many examples of use of the words you consider important; for example, send the students to write those sentences on the board. Do not waste too much time on cognates; they will be easily learned.

Isn't this quite a waste of time, since it would be so much faster to translate? Most emphatically not. *You want your students to discover reality in terms of the Italian language,* and you want the object to take on a new identity in terms of its Italian expression. (We all know, for example, that *"un'alga"* does not bring to mind the same picture as "seaweed". Besides, *you are communicating and conversing with your students in Italian,* using all they have previously learned to learn more. Is there any sounder pedagogical exercise?

TEACHING VS "COVERING OF MATERIALS"

A language class is not a speed contest. What matters, in the final analysis, is what your students know, that is, *how well they can use what they have been taught* and not how much material they have covered.

Some suggestions for the use of the book would be as follows:

In universities, colleges, and junior colleges, if on the semester system, and with five class hours a week, supplemented, but not replaced by, one or more hours of laboratory, Part I is adequate material for the first semester, Part II for the second. Additional reading may be introduced during the second semester, not during the first. On the quarter system, or on the three-hour-per-week schedule, Parts I and II would represent an adequate amount of material for three quarters or three semesters, as the case may be.

In high schools, one year of high school Italian is counted, by many colleges and universities as equivalent to one semester of college work. Part I of the book can be considered to represent one year of high school work; however, a more solid foundation would be established if Part I were covered in two years. Part II would be, according to this situation, a second or third year text with additional reading.

DICTATION

Dictation is a valuable exercise. If you have a laboratory, why not save class time and have dictation there? If you do not have a laboratory, you may schedule a dictation periodically. Always be sure the *"dettato"* applies what you have been teaching, rather than oddities or exceptions.

THE TEXTBOOK AND THE CLASSROOM

The class should be conducted with books closed. Discourage the taking of notes in class, unless there seems to be a special reason (introducing vocabulary not in the lesson, or giving examples not in the book).

The text should not be turned into the "thing" to know. It is intended only to show students how the structures they are learning will combine and form Italian expressions. Emphasis should be placed on the fact that it is what the student can do with what he has learned from the text which interests us. Studying the book is a means, not an end.

EXERCISES

They should be prepared at home, written, preferably, and done in class orally. It would be best if the student could do them without referring to his preparation. Or, have the students hand the preparation in first, and then do the exercises orally; send students to the board to write only points which seem to present a difficulty.

ORAL COMPOSITION

It is a very important factor in the success you will obtain with this method. There are usually one or several subjects to choose from. You may replace them with, or add, any that seem particularly appropriate to your specific class. Ask the students to prepare the composition in writing. It should be short—a few lines at first, then a paragraph, a short page, at the most, later on. In class, ask some students (the girls for instance), to prepare questions to ask others (the boys) on what they will hear when *il signor* So-and-So gives his composition. Then have the student speak loudly and clearly, without looking at his preparation (or perhaps, just an occasional glance—you be the judge). *Insist on imaginative and personal use of what has been learned.* Next, ask for questions and answers so that everyone is involved. Have as many students as possible speak as often and as much as possible.

This exercise is easily the most important part of your class, and to devote two class hours out of every five to it would not be excessive.

WRITTEN COMPOSITION

The written composition should have the same qualities as the oral, but it can and should be longer after the first few weeks. Do not grade solely on the number of mistakes; you might discourage inventive attempts. Take into account originality, range of vocabulary and structures, complexity of thought, and so forth.

Show students how, if they are attentive, they can learn a great deal, when the teacher corrects errors or makes comments during the oral composition that they can incorporate into their written composition the next day.

LITERARY SELECTIONS

The texts entitled *"Il pensiero di . . ."* which have been placed between some of the lessons are independent. It is up to the instructor to do as much or as little with them as he pleases. They are edited texts taken from well-known authors. Their syntax and vocabulary have been simplified, to various degrees, in order to adapt them to the level reached by the students at the time. The original texts are given at the back of the book.

EXAMINATIONS

There should be oral, as well as written, examinations. There are several ways to administer an oral examination. Of course, the laboratory can be used in various ways for different aspects of oral testing.

Here is how an oral examination could be administered: a schedule is made so that three teachers will be present in each class on oral examination day (regular instructor, plus two others). Each teacher has an envelope with questions on folded pieces of paper. Students are divided in three groups so that each instructor will have no more than ten students to examine. Each student, in turn, draws a question and converses with an instructor on the subject indicated in the question. Question, guide, and test, primarily, the student's ability to express himself rather than his knowledge of a given subject. This procedure can be adapted in a number of ways according to facilities.

PARTE
PRIMA

❋

✿ LEZIONE ✿
PRELIMINARE

IL PROFESSORE.   Buọn giọrno, signọre; buọn giọrno, signọra; buọn giọrno, signorịna.*

LA CLẠSSE.   Buọn giọrno, signọre!

IL PROFESSORE.   Cọme si chiạma Lẹi, signọre?

LO STUDẸNTE.   Mi chiạmo Renạto Sẹrra.

IL PROFESSORE.   Cọme si chiạma Lẹi, signorịna?

LA STUDENTẸSSA.   Mi chiạmo Lynn Parker.

IL PROFESSORE.   Cọme stạnno Lọro?

LA CLẠSSE.   Mọlto bẹne, grạzie. E Lẹi?

IL PROFESSORE.   Mọlto bẹne, grạzie.

L'appello:
Signọr Sẹrra?
　Presẹnte.
Signorịna Parker?
　Presẹnte.
Signorịna Brown?
　Assẹnte.
Signọr Clark?
　Assẹnte.

La lezione è finita:
IL PROFESSORE.   ArrivederLa signọre, arrivederLa signọra, arrivederLa signorịna. A domạni!

LA CLẠSSE.   ArrivederLa signọre. A domạni!

*In the first ten lessons we indicate the open sounds of **e** and **o** in the opening dialogues and the "Letture" as follows: **ẹ, ọ**. The stress is marked with a dot below the stressed letter, as in **tạvolo**.

❧ LEZIONE PRIMA ❧

Che cos'è? (Che cos'è questo?)   È un _____
                                       È uno _____

Che cos'è? (Che cos'è questa?)   È una _____
                                       È un' _____

L'articolo indeterminativo

Domanda	*Risposta*
Che cos'è? (Che cos'è questo?)	È **un** libro.
	È un quaderno.
	È un tavolo.
Che cos'è?	È un dito.
	È un bottone.
	È un piede.
	È un naso.
	È un vetro.
Che cos'è?	È un foglio.
	È un giornale.
	È un ristorante.
Che cos'è?	È **uno** studente.
	È uno zero.
	È uno specchio.
	È uno zaino.
Che cos'è?	È **un** ufficio.
	È un allievo.
	È un alunno.
	È un appartamento.

4

Che cos'è?   È un altro libro.
                                    È un altro quaderno.
                                    È un altro tavolo.
                                    È un altro dito.

Che cos'è?   È un altro studente.
                                    È un altro zero.
                                    È un altro specchio.
                                    È un altro bottone.

Che cos'è? (Che cos'è questa?) È **una** sedia.
                                    È una finestra.
                                    È una scarpa.
                                    È una porta.
                                    È una lampada.
                                    È una pagina.

Che cos'è?   È una penna.
                                    È una busta.
                                    È una mano.
                                    È una matita.
                                    È una borsa.
                                    È una studentessa.

Signorina M., che cos'è?   È una parola.
                                    È una composizione.
                                    È una sottrazione.

Che cos'è?   È **un'**addizione.
                                    È un'alunna.
                                    È un'uscita.

Che cos'è?   È un'altra sedia.
                                    È un'altra finestra.
                                    È un'altra scarpa.
                                    È un'altra porta.
                                    È un'altra lampada.
                                    È un'altra pagina.
                                    È un'altra penna.

PRONUNCIA

Che cos'è?   È un _____ È uno _____ È una _____
              È un appartamento. È un dito. È uno specchio.
              È una porta. È un'amica. È un'altra amica.

SPIEGAZIONI

I. L'articolo indeterminativo

È **un** libro.
È **un** abito.
È **uno** stadio.
È **uno** studente.

Libro è maschile, **abito** è maschile, **stadio** è maschile, **studente** è maschile: **un libro, un abito, uno stadio, uno studente.**
Un, uno: articoli indeterminativi maschili.

È **una** ragazza.
È **un'**opera.
È **un'**intenzione.

Ragazza è femminile, **opera** è femminile, **intenzione** è femminile: **una ragazza, un'opera, un'intenzione.**
Una, un': articoli indeterminativi femminili.

II. Il genere (maschile, femminile)

Un libro, un abito, ecc. è **un nome maschile.**
Una ragazza, un'opera, ecc. è **un nome femminile.**

Il nome è maschile o femminile.

NOTA: I nomi maschili terminano generalmente con la vocale **o**:

un giglio
un soldato
uno straniero

I nomi femminili terminano generalmente con la vocale **a**:

una pietra
una strada
un'industria

Un nome che finisce in **-ore** è maschile:

un attore
un visitatore
un pittore

Un nome che finisce in **-rice** è femminile:

> un'attrice
> una visitatrice
> una pittrice

Un nome che termina con la vocale **e** è maschile o femminile:

> un motore
> un mobile
> una luce
> una voce

Un nome che finisce in **-ista** è maschile o femminile:

> un pianista
> una pianista
> un farmacista
> una farmacista

Un nome che finisce in **-ione** in genere è femminile:

> una professione
> un'intenzione
> un'addizione
> una rappresentazione

ESERCIZI

I. Esercizio orale: laboratorio

II. Esercizio scritto

Completare la frase:

> *Es.:* È_____ moltiplicazione.   È **una** moltiplicazione.

1. È _____ laboratorio.
2. È _____ stazione.
3. È _____ studente.
4. È _____ frase.
5. È _____ violinista.
6. È _____ direttore.
7. È _____ automobile.
8. È _____ soldato.
9. È _____ pietra.
10. È _____ abito.

11. È _____ luce.
12. È _____ intenzione.
13. È _____ opera.
14. È _____ stato.
15. È _____ ragazza.
16. È _____ libraio.
17. È _____ ruota.
18. È _____ naso.
19. È _____ studentessa.
20. È _____ autorizzazione.

❋ LEZIONE PRIMA ❋

PARTE SECONDA

Che cos'è?   È il _____
              È lo _____
              È la _____
              È l' _____

L'articolo determinativo

Domanda	*Risposta*
Che cos'è?	È **un** libro.
	È **il** libro del signor Vitti.
Che cos'è?	È un quaderno.
	È il quaderno della signorina Martin.
Che cos'è?	È **uno** specchio.
	È **lo** specchio della signora Price.
Che cos'è?	È uno zolfanello.
	È lo zolfanello di Bruce.
Che cos'è?	È **un** abito.
	È **l'**abito di Fabrizio.
Che cos'è?	È **una** penna.
	È **la** penna della signorina Cooper.
Che cos'è?	È una scarpa.
	È la scarpa della signora Price.
Che cos'è?	È **un'**automobile.
	È **l'**automobile del signor Brown.
Che cos'è?	È un'abitazione.
	È l'abitazione di George.
Che cos'è?	È uno zoo.
	È lo zoo di Roma.

SPIEGAZIONI

L'articolo determinativo

È **un** professore.	È **il** professore.
	È **il** professore d'italiano.
	È **il** professore d'italiano di Robert.
È **uno** scopo.	È **lo** scopo di Lina.
È **uno** zufolo.	È **lo** zufolo di John.
È **un** apparecchio.	È **l'**apparecchio di Marcy.

Il, lo e **l'** sono articoli determinativi maschili.

È **una** sedia.	È **la** sedia.
	È **la** sedia della signora Cooper.
È **un'**idea.	È **l'**idea di Marisa.

La e **l'** sono articoli determinativi femminili.

ESERCIZI

I. Esercizio orale: laboratorio

II. Esercizio scritto

Usare l'articolo conveniente:

     Es.: È _____ tenda.   È **la** tenda.
         È _____ dito di Luisa.   È **il** dito di Luisa.

1. È _____ macchina di Mirella.
2. È _____ cappello di Giorgio.
3. È _____ amico di Franca.
4. È _____ immagine di Maria.
5. È _____ indirizzo. È _____ altro indirizzo. È _____ indirizzo di Piero.
6. È _____ studentessa. È _____ studente. È _____ studentessa d'italiano.
7. È _____ ragazza. È _____ altra ragazza.
8. È _____ zero. È _____ altro zero.
9. È _____ addizione. È _____ altra addizione.
10. È _____ sala. È _____ altra sala.

11.   È _____ sci. È _____ altro sci.

12.   È _____ cappotto. È _____ cappotto di Alessandro.

13.   È _____ quaderno. È _____ quaderno di Roberto.

14.   È _____ casa. È _____ casa di Maria e di Filippo.

15.   È _____ teatro. È _____ teatro di Milano.

16.   È _____ passione.

17.   È _____ congiunzione.

❧ LEZIONE SECONDA ❧

Qual è la data di oggi?
(Quanti ne abbiamo oggi?)

LA DATA

Qual è la data di oggi? (Quanti ne abbiamo oggi?)
   Oggi è il quindici febbraio. (Oggi ne abbiamo quindici.)

Quale sarà* la data di domani?
   Domani sarà il sedici di febbraio. (Domani ne avremo** sedici.)

Che giorno è oggi? (Che giorno della settimana è oggi?)
   Oggi è giovedì.

Che giorno sarà domani?
   Domani sarà venerdì.

Giovedì — è un giorno.

Lunedì, martedì, mercoledì, giovedì, venerdì, sabato e
domenica. Questa è la settimana.

I mesi dell'anno:
gennaio, febbraio, marzo, aprile, maggio, giugno, luglio, agosto, settembre,
ottobre, novembre, dicembre.

SPIEGAZIONI

I. I numeri da 1 a 30

CONTARE:

1	uno	4	quattro
2	due	5	cinque
3	tre	6	sei

* *Future of "to be"*
** *Future of "to have"*

7	sette	19	diciannove
8	otto	20	venti
9	nove	21	ventuno
10	dieci	22	ventidue
11	undici	23	ventitre
12	dodici	24	ventiquattro
13	tredici	25	venticinque
14	quattordici	26	ventisei
15	quindici	27	ventisette
16	sedici	28	ventotto
17	diciassette	29	ventinove
18	diciotto	30	trenta

II. L'alfabeto

RIPETERE:

A   E   I   O   U
A   B   C   D   E   F   G   H   I   L   M
N   O   P   Q   R   S   T   U   V   Z

Una lettera: L'alfabeto italiano ha ventuno lettere.
Una vocale: **A** è una vocale; **E** è un'altra vocale; anche **I, O** e **U** sono vocali.
Una consonante: **B** è una consonante; **C** è un'altra consonante; **D, F, G** sono altre consonanti.

Per favore, vada alla lavagna.

Scriva: A   I   E   U   O

Scriva: Z   P   R   Q   N

Molto bene. Ora scriva: GE   GO   GI   GA   GU
LU   LE   LA   LO   LI
CO   CU   CI   CA   CE

Molto bene. Ora scriva: la tavola   il libro   l'amico
lo sterzo   l'isola   il silenzio
l'antenna   lo zufolo   la zia (ecc.)
Molto bene, grazie. Si accomodi. (Vada al posto.)

Leggere le lettere di queste parole:

il caffè I,L,C,A,F,F,E con l'accento
la gioventù L,A,G,I,O,V,E,N,T,U con l'accento

Altre parole accentate: la virtù, la bontà, la carità, la serenità, la verità, è, parlò, la felicità, finì, la probità

ESERCIZI

I. Esercizio orale: laboratorio

II. Esercizi scritti

A. Completare con il giorno adatto:

Es.: Martedì _____ giovedì.　　Martedì, **mercoledì,** giovedì.

1. Martedì _____ giovedì.
2. Sabato _____ lunedì.
3. Venerdì _____ domenica.
4. Mercoledì _____ venerdì.
5. Domenica _____ martedì.
6. Giovedì _____ sabato.
7. Lunedì _____ mercoledì.

B. Qual è la data di oggi? (Quanti ne abbiamo oggi?)
   Quale sarà la data di domani? (Quanti ne avremo domani?)

C. Scrivere in tutte lettere il risultato dell'addizione:

cinque+ * nove =　　　quindici+ quindici =
dieci+otto =　　　　　quindici+ sei =
venti+otto =　　　　　tre+ venticinque =
quattordici+sette =　　dodici+sedici =

D. Mettere l'accento dove è necessario:

una virtu, la severita, e (verbo **essere**), una porta, la bonta, l'intelligenza, giovedi, domenica, sabato, una particolarita, il caffe, perche, sette, la citta, una difficolta

* + = **più**

❋ LEZIONE TERZA ❋

Mi mostri _____   Ecco _____
Del, dello, dell', della, dell'

Affermazione e domanda	*Risposta*
Mi mostri la lavagna.	**Ecco** la lavagna.
Mi mostri uno studente.	Ecco uno studente.
Mi mostri una studentessa.	Ecco una studentessa.
Mi mostri la porta.	Ecco la porta.
Che cos'è?	È una porta.
È la porta?	Sì, signore, è la porta.
È la porta **della** classe?	Sì, signore, è la porta **della** classe.
Mi mostri il professore.	Ecco il professore.
Mi mostri la cattedra **del** professore.	Ecco la cattedra **del** professore.
Ecco uno studente. Uno studente è un ragazzo. Mi mostri un altro ragazzo.	Ecco un ragazzo. Ecco un altro ragazzo.
Mi mostri la matita **dello** studente.	Ecco la matita **dello** studente.
Ecco una studentessa. Una studentessa è una ragazza. Mi mostri un'altra ragazza.	Ecco una ragazza. Ecco un'altra ragazza.
Mi mostri la classe **dell'**allievo.	Ecco la classe **dell'**allievo.
Mi mostri la classe **dell'**allieva.	Ecco la classe **dell'**allieva.
Ecco una chiave. È la chiave dell'appartamento del signor Jones. Che cos'è?	È la chiave dell'appartamento del signor Jones.

14

Ẹcco un'ạltra chiạve. È la chiạve dell'automọbile del signọr Jones. Che cos'è?

È la chiạve dell'automọbile del signọr Jones.

Che cos'è?

È ụna bụsta.

Mi mọstri la bụsta dẹlla lẹttera.

Ẹcco la bụsta dẹlla lẹttera.

ABBREVIAZIONI

Paragonare:

Sig. Bennett   « Buon giorno, signore. »
Sig.ra Bennett   « Buon giorno, signora. »
Sig.ina Bennett   « Buon giorno, signorina. »

L'abbreviazione delle parole **signore, signora** e **signorina** si usa solamente davanti al nome della persona.

« Buon giorno, signor Lambert. »
« Buona sera, signor professore. »

La parola **signore** diventa **signor** davanti al nome della persona o davanti ad un titolo.

SPIEGAZIONI

Ecco la sedia **del** professore.   di+il=**del**
È la chiave **dello** studente.   di+lo=**dello**
Ecco il nome **dell'**amico di
Giorgio.   di+l'=**dell'**
Mi mostri la borsa **della**
signora.   di+la=**della**
Ecco il quaderno **dell'**allieva.   di+l'=**dell'**

Usiamo **del** davanti ad un nome maschile che comincia per consonante.
Usiamo **dello** davanti ad un nome maschile che comincia per **s** impura o **z**.
Usiamo **dell'** davanti ad un nome maschile che comincia per vocale.
Usiamo **della** davanti ad un nome femminile che comincia per consonante.
Usiamo **dell'** davanti ad un nome femminile che comincia per vocale.

NOTA: Davanti ad un titolo usiamo **di e l'articolo,** ma davanti ad un nome usiamo *solamente* la preposizione **di:**

> È la chiave dell'appartamento **del** sig. Fodor.
> È la chiave dell'automobile **della** sig.ina Jensen.
> È l'indirizzo **di** Marcello.
> È il numero della casa **di** Giulia.

NOMENCLATURA DELLA LEZIONE

Nomi

uno studente	l'automobile
una studentessa	l'appartamento
la porta	una busta
la cattedra	un indirizzo
un ragazzo	una chiave
una ragazza	

ESERCIZI

I. Esercizio orale: laboratorio

II. Esercizi scritti

A. Rispondere per iscritto:

> *Es.:* È una matita?   **Sì, è una matita.**

1. È la lezione d'italiano?
2. Mi mostri una matita.
3. Che cos'è?
4. Mi mostri la finestra.
5. Che cos'è?
6. Mi mostri la chiave dell'automobile.
7. Che cos'è?
8. Mi mostri la sedia del ragazzo italiano.
9. Che cos'è?
10. Mi mostri il muro della classe.
11. Che cos'è?

B. Completare:

Es.: Ecco **il** libro **del** professore.

1. Ecco _____ porta _____ classe.
2. Mi mostri _____ muro _____ stanza.
3. È _____ composizione _____ studente.
4. Ecco _____ automobile _____ professore.
5. È _____ quaderno _____ ragazza.
6. È _____ studio _____ amico _____ Maria.
7. Mi mostri _____ casa _____ studente.
8. È _____ indirizzo _____ signor Bruni.
9. È _____ indirizzo _____ ufficio _____ ingegnere.
10. Ecco _____ indirizzo _____ appartamento _____ ragazzo
    _____ classe _____ italiano.

❀ LEZIONE QUARTA ❀

Dov'è (egli, esso)? (Egli, esso) è ————

Dov'è (ella, essa)? (Ella, essa) è ————

**Su, sotto, in, davanti (a), dietro, tra (fra), vicino (a),
per terra**

Su —sul, sullo, sull', sulla, sull'

In —nel, nello, nell', nella, nell'

STUDIARE LE FRASI CHE SEGUONO:

Affermazione e domanda	*Risposta*
Il libro è **sulla** tavola.	
Anche la tovaglia è sulla tavola.	
Dov'è il libro?	**Il libro è sulla** tavola. **Esso è** sulla tavola.
Dov'è **la** tovaglia?	Anch'**essa è** sulla tavola.
Il quadro è **vicino** alla finestra.	
Dov'è il quadro? (**Dov'è esso?**)	(Esso)* è **vicino** alla finestra.
Dov'è l'altro quadro?	Anch'esso è vicino alla finestra.
Il cane è **sotto** la tavola.	
Dov'è (esso)?	(Esso) è **sotto** la tavola.
Il gatto è sotto la tavola.	
Dov'è (esso)?	Anch'esso è sotto la tavola.
Dov'è la penna?	(Essa) è **per terra.**
Dov'è il quaderno?	(Esso) è per terra, sotto la sedia.
La fotografia è **nell'**album.	
Dov'è (essa)?	(Essa) è **nell'**album.
E l'album, dov'è?	(Esso) è sulla tavola con la lampada.
E l'altra fotografia, dov'è?	Anch'essa è nell'album.

* *Use of the pronoun* (**egli, esso, ella, essa**) *is optional, particularly in conversation.*

18

Il professore è **davanti** alla classe.
Dov'è (egli)?

Dov'è il signor Jones?
Dov'è la sedia del signor Jones?

Chi c'è davanti alla signorina Ross?

Chi c'è davanti a Lei?

La signorina Ross è **dietro** il signor Jones.
Dov'è (ella)?
Chi c'è dietro di Lei?
Il signor Parri è dietro di Lei?

Ecco il signor Baker. È **tra** uno studente e una studentessa. Dov'è (egli)?

Dov'è la finestra?

Il libro è vicino alla matita. Dov'è (esso)?
L'appartamento è vicino all'altro appartamento.
Dov'è (esso)?

Il signore è vicino alla signora.
Dov'è (egli)?
E la signora, dov'è (ella)?

Metta la chiave **nella** busta.
Dov'è (essa)?

Mi mostri un orologio.
Che cos'è?
Metta l'orologio sulla tavola.
Dov'è (esso)?

Mi mostri un giornale.
Metta il giornale per terra, tra la sedia e la sedia dell'altro studente.
Dov'è (esso)?

(Egli) è davanti alla classe.

(Egli) è davanti alla signorina Ross.
(Essa) è davanti alla sedia della signorina Ross.

Il signor Jones è davanti alla signorina Ross.
Il professore è davanti a me.

(Ella) è dietro il signor Jones.
Il signor Parri è dietro di me.
Sì, (egli) è dietro di me.

(Egli) è **tra** uno studente e una studentessa.
(Essa) è tra la porta e la lavagna.

(Esso) è vicino alla matita.

(Esso) è vicino all'altro appartamento.

(Egli) è vicino alla signora.
(Ella) è vicino al signore.

(Essa) è **nella** busta.

Ecco un orologio.
(Esso) è un orologio.

(Esso) è sulla tavola, davanti a me, vicino al quaderno.

Ecco un giornale.

(Esso) è per terra, tra la sedia e la sedia dell'altro studente.

Ora, metta la matita **nel** giornale.

Dov'è (essa) ora?   Ora (essa) è **nel** giornale, con il libro, l'altro libro e il quaderno.

LETTURA

Una classe intelligente

Oggi è lunedì. Il signor Nelson è nella classe d'italiano perchè è studente. Adesso è seduto su una sedia, davanti ad un altro studente e ad una studentessa. È vicino ad una ragazza.

SIG. NELSON.   Buon giorno, signorina. Mi chiamo Robert Nelson. Come si chiama Lei?

LA SIG.INA.   Mi chiamo Suzanne Smith . . . Pst! Ecco il professore.

(Ora il professore è davanti alla classe)

IL PROFESSORE.   Signor Nelson, vada alla lavagna. Ecco il gesso.

IL SIG. NELSON.   Grazie, signore. (Grazie signor professore.)

IL PROFESSORE.   Prego. Adesso scriva: « Il libro d'italiano è nel giornale, con il quaderno, con la penna e con la matita. »

IL SIG. NELSON.   Ecco, signore.

IL PROFESSORE.   Molto bene. Adesso legga la frase.

IL SIG. NELSON.   Il libro d'italiano è nel giornale, con il quaderno, con la penna e con la matita.

IL PROFESSORE.   Molto bene. Signorina Smith, legga le lettere della parola « giornale ».

SIG.INA SMITH.   Signor professore, cosa vuol dire « la parola »?

IL PROFESSORE.   Ecco una domanda intelligente. Ebbene, per esempio, « legga » è una parola; « una » è una parola; « classe » è una parola. « La parola » è un termine generale. « Il nome » è specifico. Signor Duncan, mi mostri una « parola » nella frase del signor Nelson.

IL SIG. DUNCAN.   « Nel » è una parola. « Libro » è un'altra parola ed è anche un nome.

IL PROFESSORE.   Molto bene, signor Duncan. Ora, signorina Smith, legga le lettere della parola « giornale ».

LA SIG.INA SMITH.   G,I,O,R,N,A,L,E.

IL PROFESSORE.   Esatto. Signor Nelson, « giornale » è un nome maschile o femminile?

IL SIG. NELSON.   Maschile, signor professore. È « il » giornale.

IL PROFESSORE. Molto bene, signor Nelson. Si accomodi. Signorina Burns, vada alla lavagna, per favore. Scriva la parola « zufolo » sotto « giornale ». È uno strumento musicale a fiato. Bene. Ora scriva la parola « violoncello ». È un altro strumento musicale. Signorina Burns, « zufolo » è maschile o femminile?

LA SIG.INA BURNS. Probabilmente maschile, signor professore.

IL PROFESSORE. Perchè?

LA SIG.INA BURNS. Perchè la parola finisce con « o ». È come « il libro ». Probabilmente è « lo zufolo » e « il violoncello ».

IL PROFESSORE. Molto bene, signorina, eccellente! Si accomodi.

UNO STUDENTE. Scusi, signore. In italiano il nome di un oggetto è maschile o femminile. Perchè?

IL PROFESSORE. Anche questa domanda è molto interessante. In italiano il nome di un oggetto è maschile o femminile perchè l'italiano è di origine latina, e in latino il nome di un oggetto è maschile o femminile.

DOMANDE SULLA LETTURA

1. Chi è il signor Nelson?
2. Dov'è egli?
3. Il signor Nelson è vicino ad una signorina?
4. « Davanti » è una parola?
5. « Giornale » è maschile o femminile?
6. L'italiano è di origine latina?
7. La classe è intelligente?

PRONUNCIA

Egli ⎫
Esso ⎬ è
Lei è

Ella ⎫
Essa ⎬ è
Lei è

Dov'è egli? Dov'è esso?
Dov'è Lei?

Dov'è ella? Dov'è essa?
Dov'è Lei?

SPIEGAZIONI

Dov'è **il** professore?   (**Egli**) è in classe.
Dov'è (**egli**)?   (**Egli**) è in classe.
Dov'è **il libro**?   (**Esso**) è sotto la tavola.
Dov'è (**esso**)?   (**Esso**) è sotto la tavola.

Egli sostituisce un nome di *persona maschile*.
Esso sostituisce un nome di *cosa maschile*.
Lei è la forma di cortesia.

Dov'è **la** ragazza?	(**Ella**) è nella stanza.
Dov'è (**ella**)?	(**Ella**) è nella stanza.
Dov'è **la penna**?	(**Essa**) è sulla tavola.
Dov'è (**essa**)?	(**Essa**) è sulla tavola.

Ella sostituisce un nome di *persona femminile*.
Essa sostituisce un nome di *cosa femminile*.
Lei è la forma di cortesia.

NOMENCLATURA DELLA LEZIONE

Nomi

la lavagna	la frase
la penna	uno strumento
la matita	l'origine
il quaderno	un oggetto
un termine	

Altre forme

nella (in + la)	vicino a
nel (in + il)	con
su	sotto
davanti a	

ESERCIZI

I. Esercizio orale: laboratorio

II. Esercizi scritti

A. Rispondere alla domanda con una frase completa:

  Es.: Dov'è la matita? (**Essa**) **è nel libro.**

1. Dov'è il quadro?
2. Dov'è il gatto?
3. Chi c'è nella classe?
4. Chi siede davanti a Lei durante la lezione di italiano?

5. Chi siede vicino a Lei durante la lezione di italiano?
6. Dov'è la fotografia?
7. Di chi è probabilmente la fotografia?
8. Dov'è la lampada?
9. Dov'è il giornale?

B. Componimento (5 o 10 righe):

Una descrizione della classe d'italiano.

✽ LEZIONE QUINTA ✽

Com'è (egli, esso, ella, essa)?   **Di che colore è?**
(Egli, esso) è _____   **(Egli, esso) non è** _____

L'aggettivo maschile e l'aggettivo femminile

Il negativo

STUDIARE LE FRASI CHE SEGUONO:

Affermazione e domanda

Ẹcco un ragạzzo. **Com'è (ẹgli)?**
È un ragạzzo grạnde?

Ẹcco ụna ragạzza. **Com'è (ẹlla)?**
È ụna ragạzza grạnde?

Il ragạzzo è **simpạtico.** La ragạzza
è **simpạtica.** Com'è la ragạzza che
è sedụta diẹtro di Lẹi?
È ụna ragạzza simpạtica?

Ẹcco un **buọn** esercịzio. A+ è un
buọn vọto. A+ è un buọn vọto?

Un'automọbile **italiạna è pịccola**
generalmẹnte?

Di che colọre è il mụro?
E la pọrta?
Che cos'è?

Di che colọre è la lavạgna?
E il fọglio di cạrta?
Di che colọre è la pẹnna?
E il gẹsso?

Risposta

(Egli) è grạnde.
Sì, è un ragạzzo grạnde.

(Ella) è grạnde.
Sì, è ụna ragạzza grạnde.

È simpạtica.
Sì, è ụna ragạzza simpạtica.

Sì, è un **buọn** vọto.

Sị, generalmẹnte (ẹssa) è **pịccola.**

È vẹrde.
Anche la pọrta è **vẹrde.**
È un mụro vẹrde. **È** ụna pọrta
vẹrde.

È nẹra.
Il fọglio di cạrta è **biạnco.**
È vẹrde.
Anche il gẹsso è vẹrde.

Di che colore è l'edificio? — L'edificio è **grigio.**
E la casa? — Anche la casa **è grigia.**

Di che colore è la maglia della
signorina Pope? — **È gi lla.**
E l'impermeabile? — Anche l'impermeabile della signorina Pope è **gialla.**

Di che colore è l'abito della signorina Miller? — **È rosso, arancione** e giallo.
E la camicetta della signorina
Russell? — **È rossa.**
È una camicetta rossa? — È una camicetta rossa.

Il signor Martin è **italiano?** — No, (egli) non è **italiano;** è **americano.**

E la signorina Simpson? — (Ella) non è italiana. **È americana.**
Un'automobile italiana è grande, di solito? — No, di solito non è grande. (Essa) è piccola.

Il libro è **aperto?** — No, non è **aperto. È chiuso.**
E la porta? — Non è **aperta, è chiusa** adesso.

PRONUNCIA

bianco / bianca	piccolo / piccola	rosso / rossa
grande / grande	giallo / gialla	grigio / grigia
italiano / italiana	francese / francese	chiuso / chiusa

LETTURA

Un incontro

Ecco Barbara; è una tipica ragazza americana. È bionda, alta e molto bella. È una studentessa d'italiano. L'abito di Barbara è semplice e pratico: una camicetta azzurra, perchè l'azzurro sta bene a una bionda, una gonna grigia e un maglione, anch'esso grigio.

Barbara è con un'altra ragazza, Carol. Carol è l'amica di Barbara. Non è alta e non è bionda. È piccola e bruna. Anche lei è bella, ma è di un altro tipo. Anche l'abito di Carol è semplice, ma è elegante: una gonna rossa con una piccola giacca rossa ed una borsetta nera.

Ecco Bob e Renato. Bob è un ragazzo americano ed è nella classe di Barbara. Anche lui è biondo, come Barbara, ma è molto, molto alto. È simpatico e sportivo. Il vestito di Bob è pratico per l'università: pantaloni grigi, una camicia sportiva bianca ed una maglia grigia. Renato è diverso da Bob. È italiano e non è molto alto. È un tipo bruno e simpatico. Non è nel corso d'italiano di Bob e di Barbara, naturalmente! È nel corso di scienze politiche.

L'automobile di Bob non è nel parcheggio (posteggio) oggi. È nell'autorimessa della casa di Bob. Bob è nell'automobile di Renato. È una Fiat nera. Non è grande ma è economica e comoda. L'automobile di Carol è vicino all'automobile di Renato. È una Ford. È verde ed è grande.

Ora ecco Barbara e Carol davanti alla Ford di Carol ed ecco anche Bob e Renato. C'è un'animata conversazione tra Barbara e Bob, Carol e Renato. Dov'è l'automobile di Bob? Dov'è l'automobile di Barbara? È difficile la lezione di scienze politiche? È una buona macchina (automobile) la Fiat?

Qual è la conclusione della conversazione? Ora l'indirizzo di Barbara è nel libretto nero nella tasca della camicia di Bob e l'indirizzo di Carol è nel libretto rosso nella tasca della giacca di Renato. Anche il numero di telefono è nel libretto perchè è importante.

DOMANDE SULLA LETTURA

1. Com'è Barbara?
2. Com'è l'abito di Barbara?
3. L'azzurro sta bene ad una bionda?
4. Il grigio è un colore pratico?
5. Com'è Carol?
6. È diversa da Barbara?
7. Com'è l'abito di Carol?
8. È bruno Bob?
9. È americano Renato?
10. È studente di scienze politiche?
11. Dov'è l'automobile di Bob oggi?
12. Com'è l'automobile di Renato?
13. Com'è l'automobile di Carol?
14. Dov'è la macchina di Barbara?
15. L'indirizzo di Barbara è nel libretto di Renato?
16. Dov'è (esso)?
17. È importante il numero di telefono?
18. Dov'è il numero di telefono di Carol?

SPIEGAZIONI

I. L'aggettivo

Bob è **americano, Barbara** è **americana.**
L'**abito** è **verde,** l'**automobile** è **verde.**

A. Con un nome maschile l'aggettivo è maschile. Con un nome femminile l'aggettivo è femminile.

B. L'aggettivo che al maschile singolare termina in **o** cambia questa desinenza in **a** al femminile singolare. Notare il femminile di:

> un libro ross**o**, una maglia ross**a**
> uno studente seri**o**, una studentessa seri**a**

C. L'aggettivo che finisce con la **e** al maschile non cambia al femminile:

> **un** libro verd**e**, **un**'automobile verd**e**
> **un** ragazzo frances**e**, **una** ragazza frances**e**
> **un** esercizio difficil**e**, **una** lezione difficil**e**

D. Posizione dell'aggettivo:

> un ragazzo **intelligente**, una signorina **elegante**
> un lavoro **faticoso**, un'azione **generosa**
> il cielo **sereno**, la parola **convincente**
> un discorso **lungo, noioso** e **inconcludente**

Normalmente il posto dell'aggettivo di qualità è dopo il nome. Perchè? Perchè mettiamo prima l'elemento importante, il nome, e poi la sua qualità.

> un abito **rosso**, una giacca **marrone**
> una studentessa **americana**, un'automobile **italiana**

Anche l'aggettivo di colore e di nazionalità è di solito dopo il nome.

Renato è un ragazzo italiano.	(Egli) è un ragazzo italiano.
Carol è una studentessa d'italiano.	(Ella) è una studentessa d'italiano.
La macchina di Bob è grande.	(Essa) è grande.
Il libro d'italiano è azzurro.	(Esso) è azzurro.

Il pronome (egli, ella, esso, essa) si può omettere, specialmente nella conversazione.

II. Il negativo

Bob è americano. Renato **non** è americano. Non è americano.
Ecco Renato. (Egli) **non** è biondo. Non è biondo.

La negazione è non. Non è davanti al verbo.

NOMENCLATURA DELLA LEZIONE

Nomi

il ragazzo	la camicetta
la ragazza	la borsetta
l'esercizio	l'autorimessa
l'automobile (la macchina)	la conversazione
la camicia	la conclusione
il maglione	l'indirizzo
l'abito	la tasca
la gonna	il numero di telefono
la giacca	il libretto

Aggettivi

grande	arancione
aperto (-a)	giallo (-a)
verde	italiano (-a)
nero (-a)	americano (-a)
marrone	importante
grigio (-a)	comodo (-a)
azzurro (-a)	pratico (-a)
rosso (-a)	economico (-a)
tipico (-a)	piccolo (-a)
biondo (-a)	chiuso (-a)
bruno (-a)	

Avverbi

ora (adesso)
naturalmente

ESERCIZI

I. Esercizio orale: laboratorio

II. Esercizi scritti

A. Usare l'aggettivo nella forma corretta:

> *Es.:* (nero) È una penna.   È una penna **nera.**

1. (buono) Ecco un libro.
2. (bello) È un abito.
3. (piccolo) È un'automobile.
4. (grande) È una classe.
5. (grigio) Ecco un maglione.
6. (azzurro e giallo) Ecco un libro.
7. (rosso e verde) Ecco una camicia.
8. (bello e biondo) È una signorina.
9. (pratico e piccolo) È una macchina.
10. (simpatico e bruno) Ecco una ragazza.

B. Formare sei frasi con due degli aggettivi che seguono:

grande, piccolo, simpatico, bello, buono, bianco, nero, verde, azzurro, rosso, giallo, facile, difficile, pratico, semplice, comodo.

> *Es.:* Bob ha una casa **comoda** e **bella.**
> La Fiat **nera** di Renato è **nuova.**

C. Formare il negativo:

> *Es.:* Il gatto è nero.   Il gatto **non è** nero.

1. Gisella è americana.
2. Bob è l'amico di Carol.
3. L'automobile di Bob è nel parcheggio.
4. La Cadillac è economica.
5. Ella è sportiva.

D. Completare:

_____amic_____ di Barbara _____ Carol. _____ bruna e _____ simpatic_____. Carol _____ _____ italiana.

E. Domande:

Rispondere a ciascuna domanda con una o due frasi complete.

1. Com'è Barbara?
2. Com'è l'abito di Barbara?
3. È un abito pratico?
4. È bello l'abito di Carol?
5. Com'è?
6. È alto Renato?
7. Com'è la macchina di Renato?
8. Dov'è l'automobile di Bob oggi?
9. Di che colore è il libretto degli indirizzi di Bob?

❋ LEZIONE SESTA ❋

Il verbo **essere** affermativo, negativo ed interrogativo
A — al, allo, all', alla, all'
Che ora è? (Che ore sono?)

STUDIARE LE FRASI CHE SEGUONO:

Affermazione e domanda	*Risposta*
Ęcco un lịbro. **È** vęrde.	
Non è azzụrro.	
Di che colọre è?	(Esso) **è** vęrde.
È azzụrro?	No, **non è** azzụrro.
Lęi è italiạno?	No, (**ịo**) **non sọno** italiạno. (**Io**) **sọno** americạno.
È un lịbro d'italiạno. Non è un lịbro di matemạtica.	
È un lịbro di spagnọlo?	No, non è un lịbro di spagnọlo.
È un lịbro di chịmica?	No, non è un lịbro di chịmica.
È un lịbro d'italiạno?	Sì, è un lịbro d'italiạno.
Signọr Russell, è studęnte Lęi?	Sì, (ịo) sọno studęnte.
Signorịna Baker, è studentęssa Lęi?	Sì, (ịo) sọno studentęssa.
È italiạno Sụo pạdre?	Sì, (ęgli) è italiạno.
Io sọno l'insegnạnte. Sọno in clạsse. Lęi, signọr Russell, Lęi, signorịna Baker, ecc., **sọno** in clạsse con me. **Siạmo** in clạsse **nọi?**	Sì, (**nọi**) **siạmo** in clạsse.
Il signọr Rọssi e la signọra Rọssi sọno a Washington?	No, (**ęssi**) **non sọno** a Washington. **Sọno** a Torịno.
Sọno a cạsa Sụo pạdre e Sụa mạdre?	Sì, (ęssi) sọno a cạsa.

Sono all'università Barbara e Carol?

Sì, (esse) sono all'università.

Dove siamo noi?

(Noi) siamo in classe. Ora (noi) **non siamo** nel laboratorio di italiano.

Che ora è? (Che ore sono?)

È mezzogiorno.
È mezzanotte.
Sono le otto.
Sono le nove.
È l'una.

A che ora è la lezione d'italiano?

È alle undici del mattino.

Dov'è Lei alle undici e trenta (mezza)?

Sono in classe, probabilmente **alla** lavagna.

Quando è a casa?

Sono a casa alle cinque del pomeriggio.

A che ora è davanti alla televisione?

Sono davanti alla televisione alle dieci di sera.

Chi è alla lavagna a mezzogiorno meno un quarto?

A mezzogiorno meno un quarto, un altro studente è alla lavagna. È un volontario.

Ed a mezzogiorno meno dieci?

Io sono in classe a quell'ora. Sono vicino alla porta della classe perchè la lezione è finita.

Ed a mezzogiorno?
Lei dà il libro **al** professore o **allo** studente?

Sono **al** ristorante.
Al professore do il componimento e **allo** studente do il libro.

LETTURA

La vita di uno studente

Io mi chiamo Robert. Sono studente. Non è un'occupazione ideale, purtroppo! Com'è la vita di uno studente? Non è molto complicata, ma è sempre attiva.

Il lunedì, il martedì e il venerdì la prima lezione è alle otto del mattino. È un'ora terribile, specialmente il lunedì. Non sono sempre puntuale... Qualche volta sono in ritardo: cinque minuti..., dieci minuti...e (in casi eccezionali) un quarto d'ora! Il professore non è in ritardo. Alle otto è già in classe, dietro alla cattedra. È una lezione di scienze politiche ed è interessante se non sono stanco.

Il mercoledì e il giovedì la prima lezione è alle dieci. È una lezione di scienze e la conferenza del professore è generalmente difficile. Per me, una lezione di scienze, di matematica o di fisica è sempre difficile.

Ma ogni giorno, alle undici, c'è la lezione d'italiano. È la mia lezione preferita. È molto interessante perchè è tutta in italiano. L'italiano è una bella lingua. È utile e non è difficile. Secondo l'opinione del professore, essa è anche semplice, chiara e logica.

L'esame è di solito il venerdì, che è l'ultimo giorno della settimana. Non è un momento buono per il povero studente! Ma qualche volta, il lunedì, sono contento perchè il voto (il punto) dell'esame di italiano è buono. A, B...viva la lezione d'italiano! C, D...l'italiano è orribile!

Dopo l'ultima lezione del giorno, sono a casa o alla biblioteca. Ma il venerdì sera, non sono a casa o alla biblioteca. Sono al ristorante, al cinema, a teatro, alla piscina o a casa di un amico. Perchè? Perchè la settimana di studio è finita!

DOMANDE SULLA LETTURA

1. È studente Lei?
2. È un'occupazione ideale?
3. È complicata la vita di uno studente? Com'è?
4. A che ora è la prima lezione di Robert?
5. Le otto del mattino sono un'ora buona per una lezione?
6. È sempre puntuale Robert?
7. Il professore è in ritardo?
8. A che ora egli è dietro la cattedra?
9. A che ora è la lezione di scienze?
10. Com'è la conferenza del professore?
11. Robert è un bravo studente di scienze? Lei è un bravo studente di scienze?
12. Qual è la lezione preferita di Robert? A che ora è?
13. Com'è?
14. Com'è l'italiano?
15. Quando è l'esame?

PRONUNCIA

io sono   tu sei   egli, ella ⎫
                             esso, essa ⎬ è
                             Lei   ⎭

noi siamo   voi siete   essi ⎫
                             esse ⎬ sono
                             Loro ⎭

SPIEGAZIONI

I. Il verbo **essere**

A. **Essere** è l'infinito del verbo. Ecco la coniugazione del presente indicativo:

> io **sono**   noi **siamo**
> tu **sei**   voi **siete**
> egli, ella, Lei ⎫   è   essi, esse, Loro **sono**
> esso, essa   ⎭

NOTA: **Tu sei** è la forma familiare (**voi siete** è il plurale). Per adesso non è necessaria. Invece, usiamo **Lei è,** la forma di cortesia singolare. Il plurale è **Loro sono.**

B. Le forme interrogative del presente indicativo del verbo **essere:**

> Sono io?   (Io) sono?
> Sei tu?   (Tu) sei?
> È egli (ella, ecc.)?   (Egli, ecc.) è?
> Siamo noi?   *oppure* (Noi) siamo?
> Siete voi?   (Voi) siete?
> Sono essi (esse, ecc.)?   (Essi, ecc.) sono?

C. La forma negativa del presente indicativo del verbo **essere:**

io non sono
tu non sei
egli non è
noi non siamo
voi non siete
essi non sono

NOTA:

Sono professore.
Mio padre **è dottore.**
Lei **è studente.**
Non **è architetto.**

ma:

Sono uno studente di matematica.
È una studentessa italiana.
È un dottore molto conosciuto.

Negli ultimi tre casi si usa l'articolo perchè il termine è specificato (studente **di matematica,** studentessa **italiana,** dottore **molto conosciuto**).

II. Al, allo, all', alla, all'

Sono **all'**università.
Carol non è **all'**indirizzo che c'è nell'elenco telefonico.
A mezzogiorno sono **allo** stadio. **All'**una sono in biblioteca.
È al cinema il signor Rossi? No, è **all'**opera.

A+ l'articolo determinativo diventa una proposizione articolata: **al** cinema, **allo** stadio, **all'**ufficio, **alla** stazione, **all'**uscita.

III. La preposizione **a** davanti al nome di una città

Il presidente è **a** Washington.
Il Vaticano è **a** Roma.
Io sono **a** Palo Alto, **a** Londra, **a** Parigi, **a** Berlino, **a** Roma, **a** Mosca, ecc.

Usare sempre la preposizione **a** davanti al nome di una città.

IV. **Che ora è?** (**Che ore sono?**)

È mezzogiorno. È mezzanotte.

È l'una. Sono le due. Sono le tre.

È l'una e cinque. È l'una e un quarto. È l'una e mezza.

Sono le due meno Sono le due meno Sono le due meno
venticinque. un quarto. cinque.

La lezione d'italiano è alle otto, alle nove, alle dieci, alle undici **del mattino** (del mattino=A.M.).

Dalle due alle cinque **del pomeriggio,** il sabato, io sono in piscina (del pomeriggio=P.M. *for the afternoon hours*).

Di solito c'è un programma televisivo interessante alle otto **di sera.** Il nostro pasto più abbondante è alle sette **di sera** (di sera=P.M. *for the evening hours*).

NOTA:

Il treno arriva alle **tredici** (all'una del pomeriggio).

Alle **diciassette** (alle cinque del pomeriggio) l'ufficio è chiuso.

L'autobus arriva alle **diciannove** (alle sette di sera).

Per gli orari ufficiali, le ore del pomeriggio e della sera sono indicate dai numeri progressivi da 12 (mezzogiorno) a 24 (mezzanotte).

IV. L'espressione **essere in orario** (**essere puntuale**)

Il contrario di **essere in orario** è **essere in ritardo**.

Qualche volta io sono **in ritardo** alla lezione d'italiano.

È in ritardo Lei all'appuntamento?

No, sono **in orario** all'appuntamento.

NOMENCLATURA DELLA LEZIONE

Nomi

lo spagnolo

la chimica

l'italiano

il francese

il dottore

la casa

l'università

il laboratorio

l'occupazione

la vita

la conferenza

l'esame

la biblioteca

il voto (il punto)

il ristorante

il cinema

il teatro

la piscina

Aggettivi

ideale

complicato (-a)

terribile

orribile

eccezionale

stanco (-a)

difficile

preferito (-a)

utile

semplice

chiaro (-a)

logico (-a)

ultimo (-a)

primo (-a)

contento (-a)

povero (-a)

finito (-a)

interessante

Avverbi

sempre

specialmente

di solito

generalmente

dopo

Espressioni

Perchè? Perchè . . .   Sono in orario.
Purtroppo!   Sono in ritardo.
Viva la lezione d'italiano!

ESERCIZI

I. Esercizio orale: laboratorio

II. Esercizi scritti

A. Mettere al negativo:

1. Io sono il presidente.
2. È un'occupazione ideale.
3. Noi siamo a Roma.
4. Un abito bianco è pratico.
5. La signora Simpson è studentessa.
6. La vita di uno studente è complicata.
7. Lei è in ritardo alla lezione.
8. La Cadillac è economica.

B. Mettere all'interrogativo:

Es.:   Bob è giovane.   **È giovane Bob?**

1. Frank Sinatra è americano.
2. Carol è giovane.
3. La camicia di Bob è bianca.
4. Io sono contento.
5. Io sono al cinema.
6. Lei è stanco.
7. È a casa.
8. Noi siamo alla piscina.
9. La lezione è finita.
10. Un architetto è un uomo importante.

C. Rispondere con una frase completa:

Es.:   Dov'è il presidente?   **È a Washington.**

(Tokio, Roma, Parigi, Londra, Washington, Madrid, Berlino, San Francisco, New York, Genova.)

1. Il Palazzo Imperiale?
2. Il Generalissimo Franco?
3. Il Papa? (Il Sommo Pontefice?)
4. La Regina Elisabetta?
5. Il Ponte della Porta d'Oro?
6. La Quinta Strada?
7. La Casa Bianca?
8. La cortina di ferro?
9. L'Eliseo?
10. La casa di Cristoforo Colombo?

D. Completare (con la forma di a + l'articolo):

1. Non è ———— indirizzo dell'elenco telefonico.
2. Io non sono ———— cinema il giorno dell'esame!
3. Qualche volta è piacevole studiare ———— sette del mattino.
4. Oggi Renato viene in ritardo ———— lezione di chimica.
5. La macchina è ———— posto giusto.
6. La domenica ella va ———— mare.

E. Rispondere ad ogni domanda con una frase completa:

1. È interessante la vita di uno studente?
2. Dov'è Lei alle nove del mattino?
3. È in piscina ora?
4. A che ora c'è il primo spettacolo al cinema?
5. A che ora c'è un programma televisivo interessante? Che programma è?
6. Di solito dov'è Lei alle undici del mattino? È in classe?
7. Siamo nella classe d'italiano a mezzogiono?

COMPONIMENTO

COMPONIMENTO ORALE:

Descrivere la vita di uno studente tipico il lunedì, per esempio (o un altro giorno).

❀ LEZIONE SETTIMA ❀

L'aggettivo possessivo:

Il mio, il tuo, il suo (il Suo), il nostro, il vostro, il loro
La mia, la tua, la sua (la Sua), la nostra, la vostra, la loro

C'è (Ci sono)

STUDIARE LE FRASI CHE SEGUONO:

Affermazione e domanda

Nella classe **c'è** un quadro al muro.

C'è un quadro al muro?

C'è un libro sulla tavola?

C'è un cane nella classe?

(Io) mi chiamo Bruni. Ecco il libro del signor Bruni. È **il mio** libro. Signorina Doni, mi mostri **il Suo** libro.

Di che colore è **la Sua** camicia, signor Bell?
E la Sua giacca?

Dov'è **il vostro** libro?

La nostra classe è grande e **la loro** com'è? Quanti studenti **ci sono?**

Dov'è la Sua casa?

Dov'è **la nostra** classe?

Risposta

Sì, **c'è** un quadro al muro.

Sì c'è un libro sulla tavola.

No, non c'è un cane nella classe. In una scuola, di solito, non ci sono animali.

Ecco **il mio** libro.

La mia camicia è azzurra.
La mia giacca è grigia.

Il nostro libro è sulla sedia.

La loro classe è piccola. **Ci sono** solamente undici studenti.

La mia casa è all'angolo della strada. La mia strada non è importante. È una strada piccola e tranquilla. Non c'è molto traffico.

La nostra classe è in un edificio grande.

40

Ęcco Bob ed **il suo** amico Renato.

Ęcco Barbara e **la sua** amica Carol.

Dov'è oggi la Sua amica, signorina? La mia amica è a casa.

Dov'è la casa della Sua amica? **La sua** casa è sulla costa, vicino alla spiaggia.

Dov'è l'altra Sua amica? L'altra mia amica è in piscina.

La gente è sempre paziente? No, **la gente,** generalmente, non ha molta pazienza.

LETTURA

La mia casa e la mia famiglia

Io mi chiamo Bob. La mia casa è all'angolo di una strada piccola e tranquilla e di un'altra strada. L'altra strada è importante, ma la mia è comoda perchè non c'è molto traffico. Sopra la mia casa c'è il tetto, naturalmente, ed anche un'antenna per la televisione. C'è anche un comignolo.

Di solito c'è un'automobile davanti alla casa. È la mia macchina (o: la mia auto). Ma oggi non c'è nessuna automobile perchè la mia macchina è nell'autorimessa.

La facciata della mia casa è ordinaria: c'è una porta con una finestra da ciascun lato della porta. Davanti, tra la casa e la strada, c'è un praticello verde. Dietro alla casa c'è un altro prato. Dietro alla mia casa non c'è una piscina. Ma c'è una piscina dietro alla casa del mio amico Maurizio, perchè la sua famiglia è ricca.

La mia famiglia è in casa, eccetto mio padre che ora si trova in ufficio perchè è dottore. Mia madre è davanti al frigorifero. Mia sorella è seduta con la sua amica Lucia davanti al televisore. Mio fratello è in giardino con il gatto. Il mio fratellino è giovane, è alunno di scuola elementare. Si chiama Pierino. Il gatto si chiama Totò, un nome poco comune per un gatto. In inglese, invece, ogni gatto si chiama « Kitty ».

Il mio cane si chiama Fido. Con me è sempre buono, ma con il (col) resto dell'umanità è feroce. È come mia sorella che è cattiva con tutti, ma è sempre gentile con un certo giovanotto, quando parla al telefono.

Mio padre molto spesso è stanco. È al lavoro dalle nove del mattino alle cinque di sera. Mia madre è gentile ma è molto occupata.

Io non sono sposato perchè sono ancora studente ed anche mia sorella non è sposata. Non abbiamo nè un cognato nè una cognata nella mia casa.

Naturalmente ci sono anche il nonno e la nonna che sono il padre e la madre di mia madre. Il nonno non è giovane, è anziano. L'altro mio nonno è morto, ed è morta anche la nonna.

Mia zia è la sorella di mia madre ed è la moglie di mio zio. L'altra mia zia è la sorella di mio padre. Il marito di mia zia è mio zio. Ci sono anche mio cugino e mia cugina. Mio cugino è un ragazzo. È il figlio di mio zio e di mia zia. Mia cugina è una ragazza. È la figlia dell'altro zio e dell'altra zia.

Ecco la nostra famiglia. Tutta la nostra famiglia non è nella nostra casa. Nella nostra casa ci sono mio padre, mia madre, mia sorella, mio fratello e ci sono anch'io. Il resto della nostra famiglia si trova a Los Angeles, a Miami ed a Boston.

DOMANDE SULLA LETTURA

1. Dov'è la casa di Bob? È in una strada comoda? Perchè?
2. Cosa c'è sopra il tetto? Cosa c'è davanti alla casa? E tra la casa e la strada?
3. La Sua casa si trova all'angolo di una strada? O lungo una strada? È una strada tranquilla o una strada importante?
4. Cosa c'è dietro alla casa? C'è una piscina? C'è una piscina dietro alla Sua casa? Perchè?
5. Qual è la professione del padre di Bob? Suo padre è dottore? Dov'è Sua madre ora?
6. Dov'è la sorella di Bob? Dov'è la sua amica? Il fratellino di Bob è all'università? Dove studia?
7. C'è un gatto nella casa di Bob? Come si chiama? C'è anche un cane? Come si chiama? Com'è? È sempre gentile la sorella di Bob?
8. È stanco spesso Suo padre? È stanco Lei? È sposato Lei? Perchè?
9. Il nonno è il padre di Sua madre? Chi è Suo zio? Sua zia? Suo cugino?
10. Ecco il signor Salvi, la signora Salvi, Giorgio e Susanna Salvi. Il signor Salvi è il marito della signora Salvi; egli è il padre di Giorgio e di Susanna. Chi è la signora Salvi? Giorgio? E Susanna?
11. Ecco mia sorella e suo marito. Suo marito è mio nipote?

PRONUNCIA

C'è   che   chi

Che c'è?   Chi c'è?   Chi è?   Perchè?   Cosa c'è?

SPIEGAZIONI

I. L'aggettivo possessivo

BOB. Ecco **la mia** camicia, **la mia** penna, **il mio** vestito, **il mio** libro, **la mia** cravatta.

BARBARA.   Ecco **la mia** gonna, **la mia** camicetta, **il mio** cappotto.

BOB e BARBARA.   Ecco **il nostro** professore, **la nostra** classe, **il nostro** amico Andrea, **la nostra** amica Carol, **la nostra** università.

il mio			la mia		
il mio			**la mia**		
il tuo			**la tua**		
il suo	davanti al nome		**la sua**	davanti al nome	
il Suo	maschile		**la Sua**	femminile	
il nostro			**la nostra**		
il vostro			**la vostra**		
il loro			**la loro**		

ATTENZIONE:

Mia sorella   ma   **la mia** cara sorella

Sua nipote   ma   **la Sua*** nipotina

Il nome che indica un legame di parentela prende l'aggettivo possessivo senza l'articolo (eccetto: il loro). Il nome di parentela modificato prende l'aggettivo possessivo completo.

Il mio nonno   **La sua** nonna

Il suo babbo   **La nostra** mamma

I casi precedenti hanno una costruzione particolare con il possessivo.

II. C'e (Ci sono)

C'è è una forma molto importante. (C'è=*there is*). Il plurale è **ci sono**.

Sul tetto **c'è** un gatto.

Nella famiglia **c'è** il padre.

C'è zucchero nel mio caffe?

C'è un cane in questa classe?

Ci sono parole nuove nella lezione?

Il negativo di **c'è**:

Non c'è un nonno nella mia famiglia.

Non c'è un gatto nella nostra casa.

Il negativo di **c'è** è **non c'è**.

NOMENCLATURA DELLA LEZIONE

Nomi

la casa	il fratello
l'angolo	il giardino

* **Sua** *and* **Suo,** *referring to* **Lei,** *usually take capitals.*

la strada	la scuola
la via	l'umanità
il traffico	il cognato
il tetto	il nonno
l'antenna	la nonna
il comignolo	lo zio
l'automobile (la macchina)	la zia
la facciata	il cugino
il prato	la cugina
il praticello	il figlio
la piscina	la figlia
la famiglia	il marito
l'ufficio	la moglie
la sorella	la cognata
l'amico (l'amica)	la gente

Aggettivi

tranquillo (-a)	giovane
comodo (-a)	anziano (-a)
importante	gentile
ordinario (-a)	feroce
morto (-a)	stanco (-a)
ricco (-a)	

ESERCIZI

I. Esercizio orale: laboratorio

II. Esercizi scritti

A. Usare la forma corretta dell'aggettivo possessivo (**il mio, la mia**):

_____ camicia; _____ giornale; _____ quaderno; _____ macchina; _____ chiave; _____ zio; _____ cugina; _____ moglie; _____ marito; _____ esercizio; _____ composizione; _____ zia; _____ cappello; _____ gatto; _____ studente; _____ allieva.

Usare gli altri aggettivi possessivi (**il tuo, la tua, il Suo, la Sua** ecc.) nell'esercizio precedente.

B. Usare la forma corretta del possessivo (**il mio, la mia, il suo, la sua**):

BOB. Ecco _____ macchina. È davanti alla porta della _____ casa. Vicino all'automobile c'è anche _____ bicicletta. La bicicletta di _____ fratello è nell'autorimessa. _____ zia Alice è la sorella di _____ padre. _____ marito è _____ zio Giorgio. _____ figlio si chiama Tony ed è _____ cugino. _____ figlia si chiama Susanna ed è _____ cugina. Il marito di _____ sorella è _____ cognato. L'altra _____ sorella non è sposata, ma è fidanzata. _____ fidanzato si chiama Maurizio. Fa l'architetto; questa è _____ professione.

C. Elenchi ogni membro della Sua famiglia ed usi il possessivo **mio** o **mia.**

D. Rispondere ad ogni domanda con una frase completa:

Es.: Chi è Suo zio? **È il fratello di mia madre.**

1. Chi è Suo cugino?
2. Chi è Sua cugina?
3. Chi è Sua cognata?
4. Chi è Sua zia?
5. È giovane Sua nonna?
6. Com'è?
7. Dov'è Suo padre dalle nove alle cinque?
8. Com'è la Sua strada?

COMPONIMENTO

La Sua famiglia (Nella mia famiglia c'è _____, non c'è _____), con una piccola descrizione di ogni membro della Sua famiglia.

❋ LEZIONE OTTAVA ❋

La forma possessiva

Il verbo **avere:**

Ha Lei un _____ ? **Sì, ho un** _____

No, non ho un _____

Molto . . .

STUDIARE LE FRASI CHE SEGUONO:

Affermazione e domanda	*Risposta*
Ecco la mia famiglia: mio padre, mia madre, mia sorella ed io. **Ho** una sorella, ma **non ho** fratelli. Lei **ha** un fratello?	Sì, **ho** un fratello ma **non ho** sorelle.
Ecco Giovanni. (**Egli**) **ha** una sorella, non è vero? Ha una casa grande?	Sì, **ha** una sorella. No, **non ha** una casa, **ha** un appartamento.
Ecco Barbara. (**Ella**) **ha** una macchina, non è vero? Ha una macchina sport?	Sì, **ha** una macchina. No, **non ha** una macchina sport.
Barbara ed io **abbiamo** una lezione alle otto. Abbiamo un esame oggi?	No, **non abbiamo** un esame oggi.
Bob e Renato **hanno** l'indirizzo di Carol e di Barbara. Hanno anche il loro numero di telefono?	Sì, **hanno** anche il numero di telefono.
Ha il compito per oggi **Lei?**	No, non ho il compito per oggi.

46

Ha il mịo giornạle Lẹi?   Sì, ho il Sụo giornạle. È nẹlla mịa
                           mạcchina.

Lẹi ha **mọlto** lavọro?   Sì, ho mọlto lavọro.

Lei ha **mọlti** vọti buọni?   Sì, ho **mọlti** vọti buọni.

LETTURA

Il piccolo zoo di Giovanni

Noi non abbiạmo ụna vịlla, dịce Giovạnni, abbiạmo solamẹnte un appartamẹnto. Il mịo nọnno e la mịa nọnna hạnno ụna cạsa in campạgna, ma la vịta in campạgna non è conveniẹnte per noi, perchè mịo pạdre è ingẹgnẹre e mịa mạdre lavọra nell'indụstria dẹlla mọda. Dụnque siạmo in città.

Il nọstro appartamẹnto è modẹrno e mọlto grạnde ma non c'è pọsto per un animạle cọme un cạne, per esẹmpio. È prọprio un peccạto, non è vẹro? Ed ịo non ho un gạtto perchè in un edifịcio modẹrno non ci sọno tọpi. Ma ho un picọlo zọo nẹlla mịa stạnza. È ụna cọsa strạna? Ebbẹne, guạrdi!

Nell'ạngolo c'è un pịcolo animạle con il nạso rọsa. È chiụso in gạbbia ed ha ụna carọta. Che cos'è? È un conịglio. Ha l'ạria di ẹssere contẹnto, non è vẹro? Qualche vọlta sta sọpra o sọtto il lẹtto, o . . . in un asciugamạno! È il mịo amịco. Si chiạma Tịchi.

Vicịno ạlla finẹstra ho l'acquạrio. Non c'è neạnche un pẹsce rạro ed esọtico. Ma ho mọlti pẹsci rọssi comụni. Guạrdi! Ẹcco Zozò. Adẹsso è sul fọndo dell'acquạrio. Non ha un aspẹtto mọlto intelligẹnte, quẹsto è vẹro, ma ha un carạttere assại buọno! È impossịbile fạre ụna discussiọne con lụi, e la sụa compagnịa e mọlto gradẹvole quạndo sọno stạnco. Il pịcolo animạle vẹrde che è nell'acquạrio con lụi è ụna rạna. Non ha un nọme. Lẹi ha in mẹnte un nọme adạtto ad ụna rạna? Mọnica? Ah, ah! Non è ụna buọna idẹa, a dịre il vẹro. Ạnzi, è ụna cattịva idẹa. Perchè? Perchè Mọnica è il nọme di mịa sorẹlla, e mịa sorẹlla non ha un buọn carạttere. Ha un cattịvo carạttere.

Nẹlla gạbbia sospẹsa davạnti ạlla finẹstra c'è il mịo animạle preferịto: è un pappagạllo. È vẹrde e si chiạma Lorẹto. Vạda vicịno ạlla sụa gạbbia. Ha un'ạria impertinẹnte ma è tranquịllo. Ọggi è tịmido perchè Lẹi sta davạnti ạlla gạbbia, ma quạndo è sọlo con me, è spavạldo e ha un « repertọrio » di parọle considerẹvole.

Ẹcco il mịo pịcolo zọo. Pọvero me! Ho mọlti animạli ma non è complẹto. Non c'è il porcellịno d'Ịndia, la tartarụga, il tọpo o sọrcio biạnco, il serpẹnte a sonạgli. Ma un giọrno, fọrse . . .

DOMANDE SULLA LETTURA

1. Ha una casa la famiglia di Giovanni?
2. Il suo nonno e la sua nonna hanno un appartamento? Dove sono?
3. La famiglia di Giovanni è in città. Perchè?
4. Qual è la professione del padre di Giovanni? E la professione di sua madre? Qual è probabilmente l'occupazione di Giovanni? Qual è la Sua occupazione?
5. Ha un cane Giovanni? Perchè?
6. Che cosa ha nella sua stanza?
7. Di che colore è il coniglio? Sta sempre nella sua gabbia Tichi?
8. Che c'è nell'acquario? Lei ha un acquario?
9. Breve descrizione di Zozò: di che colore è? Com'è la sua personalità? È solo nell'acquario?
10. Monica è un buon nome per una rana? Perchè?
11. È sempre gentile la sorella di Giovanni? Perchè? Come si chiama?
12. Ha un'aria gentile il pappagallo? È impertinente? È timido quando è solo con Giovanni? Quando è molto timido Lei?
13. Lei ha un serpente a sonagli nella Sua stanza? È un animale desiderabile?
14. Lei ha un animale preferito nella Sua casa? Che animale è? Com'è? Come si chiama?

SPIEGAZIONI

I. Il verbo **avere**

Avere è l'infinito del verbo.

A. Coniugazione:

> **Io ho** un gatto. Io ho una rana.
> Anche **tu hai** un gatto.
> **Esso ha** un'aria tranquilla. **Essa** (la rana) **ha** il dorso verde.
> **Lei ha** molta pazienza.
> **Noi abbiamo** un appartamento.
> **Voi avete** una buona idea.

Essi hanno una casa in campagna. **Esse hanno** un amico a Vigevano.
Loro hanno un cane.

Il verbo **avere** esprime il possesso. Ecco la coniugazione del verbo **avere:**

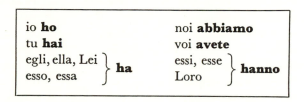

B. Forma negativa: **Io non ho**...

Io ho un pappagallo. **Io non ho** un cane.
Noi abbiamo un appartamento. **Noi non abbiamo** una casa.
Io ho l'automobile. **Io non ho** il telefono.
Maria **ha** la sua macchina. Maria **non ha** la sua penna.

C. Le forme interrogative:

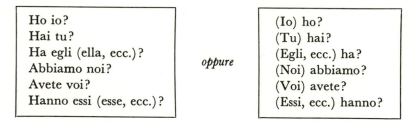

II. *Alcune forme interrogative*

1. Ha Lei un'automobile?
2. Susanna è nella classe d'italiano?
3. C'è un esame oggi?
4. Quando c'è l'esame?
5. Perchè Giovanni ha un pappagallo?
6. Il coniglio ha una carota?
7. Sua madre è professoressa?
8. Perchè Sua madre è professoressa?
9. Dove c'è un'altra classe d'italiano?

Ecco l'ordine degli elementi della frase:

Espressione interrogativa	Nome della persona o dell'oggetto	Verbo interrogativo	Altri elementi della frase
1. —	—	Ha Lei	un'automobile?
2. —	Susanna	è	nella classe ecc.?
3. —	—	C'è	un esame oggi?
4. Quando	—	c'è	l'esame?
5. Perchè	Giovanni	ha	un pappagallo?
6. —	Il coniglio	ha	una carota?
7. —	Sua madre	è	professoressa?
8. Perchè	Sua madre	è	professoressa?
9. Dove	—	c'è	un'altra classe d'italiano?

NOTA:

Dov'è il libro?   (**Esso**) è sulla sedia.
Com'è la macchina?   (**Essa**) è nuova.

III. L'espressione **aver un'aria**

Maria **ha un'aria tranquilla.**
Tu **hai un'aria stanca.**
La ragazza **ha un'aria sbarazzina.**

aver un'aria + aggettivo

Aver un aspetto:

La campagna **ha un aspetto magnifico.**
Il leone **ha un aspetto fiero.**

aver un aspetto + aggettivo

IV. **Molto**...

Molto è un'espressione di quantità.

A. Singolare (*much, a great deal*):

Ho **molto** lavoro.
C'è **molta** acqua nella piscina.
Vorrei avere **molto** denaro!

B. Plurale (*many*):

> Giovanni ha mol**ti** anima**li**.
> Ci sono mol**ti** studen**ti** in questa classe.
> Mia sorella ha mol**te** ami**che**.
> Abbiamo mol**te** lezio**ni** ora**li**.
> Giovanni ha mol**ti** pes**ci** ros**si** ed alt**ri** anima**li**.

NOTA: Quando il nome è al plurale, la finale **o** diventa **i** per i nomi e per gli aggettivi maschili. Per i nomi e per gli aggettivi femminili la **a** diventa **e**. Il plurale della finale **e** è **i** per la forma maschile e femminile.

> aggettiv**o** – aggettiv**i**
> cas**a** – cas**e**
> nom**e** – nom**i**
> part**e** – part**i**

NOMENCLATURA DELLA LEZIONE

Nomi

lo zoo	il serpente a sonagli
la campagna	l'edificio
l'ingegnere	la cosa
la moda	la gabbia
il topo	la carota
il pesce	il letto
il porcellino d'India	l'acquario
la tartaruga	il fatto
la rana	il carattere
il coniglio	la discussione

Aggettivi

moderno (-a)	stanco (-a)
contento (-a)	sospeso (-a)
raro (-a)	solo (-a)
esotico (-a)	cattivo (-a) ≠ buono (-a)
spavaldo (-a)	impertinente ≠ gentile
impossibile ≠* possibile	timido (-a)
gradevole ≠ sgradevole	completo (-a)

* *This symbol is used to indicate "opposite of".*

Espressioni

molto	non c'è posto per
ha un'aria	ha un buon carattere
ha l'aspetto	ha un cattivo carattere
	(io) vorrei*

ESERCIZI

I. Esercizio orale : laboratorio

II. Esercizi scritti

A. Mettere al negativo:

Es.:   Ho un gatto.   **Non ho** un gatto.

1. Io ho un cane.
2. Egli ha un nonno.
3. Maria ha un abito nuovo.
4. Noi abbiamo un'aria contenta.
5. Ho la chiave del mio appartamento.
6. Essi hanno l'indirizzo della ragazza.
7. Esse hanno un fratello.
8. Oggi ho la macchina.

B. Mettere al negativo:

1. Lo zoo di Giovanni è completo. Ha un serpente a sonagli.
2. È una lezione di chimica. Ho una lezione di chimica alle otto.
3. Sono in campagna, ho una casa grande. C'è un giardino e c'è un caminetto.
4. Ha la sua chiave. È nella tasca. Ha una tasca.

C. Rispondere alla domanda con una frase completa negativa:

Es.:   Ha Lei un pappagallo?   **No, non ho un pappagallo.**

1. Ha Lei una camicia rossa?
2. È cattivo il coniglio?
3. Ha una cognata Giovanni?

* **(Io) vorrei:** *I'd like to*

    Vorrei essere ricco. (*I'd like to be rich.*)
    Vorrei avere un cane. (*I'd like to have a dog.*)

Learn this as an expression for the time being.

4. Abbiamo una lezione domani?
5. C'è un topo nella Sua stanza?
6. Una villa è in un edificio di appartamenti?
7. È un esercizio di matematica questo?

D. Trovare la domanda adatta per queste risposte:

Es.: Io ho un cane. **Lei ha un cane?**

1. Sono in ritardo perchè la mia macchina è nell'autorimessa.
2. Il ristorante è all'angolo della strada.
3. Mia sorella è intelligente ma ha un cattivo carattere.
4. Non ho la macchina.
5. È timido perchè Lei è davanti alla gabbia.
6. È spavaldo quando è solo con me.
7. Sono in campagna.
8. Non c'è un porcellino d'India perchè non c'è un'altra gabbia.

COMPONIMENTO

COMPONIMENTO ORALE O SCRITTO. SCEGLIERNE UNO:

Lei ha un animale preferito? Qual è? Com'è? Perchè è il Suo animale
preferito?

Lei ha certamente qualche oggetto interessante e di valore. Che cos'è?
Descrizione e spiegazione.

La Sua personalità. Lei ha un carattere buono o cattivo? Spieghi con alcuni
esempi.

❋ LEZIONE NONA ❋

Alcune espressioni utili con il verbo **avere**:

**Quanti anni ha Lei?   Ho 18 anni.
Avere fame, avere sete, avere sonno, avere caldo, avere
freddo, avere torto, avere ragione, avere bisogno di . . .**

STUDIARE LE FRASI CHE SEGUONO:

Affermazione e domanda	*Risposta*
Io họ trent'ạnni. **Quạnti ạnni ha Lẹi?**	**Io họ diciọtto ạnni.**
Il mịo compleạnno è il prịmo di mạrzo. Quand'è il Sụo compleạnno?	Il mịo compleạnno è il 2 aprịle.
Sọno nạto il prịmo di mạrzo. In che giọrno è nạto (-a) Lẹi? Io sọno nạto (-a) a Gẹnova. Dov'è nạto (-a) Lẹi?	Io sọno nạto (-a) il dụe aprịle. Sọno nạto (-a) a Chicago.
A mezzogiọrno **họ fạme. Lẹi ha fạme?**	Sì, anch'**io họ fạme** a mezzogiọrno. Họ appetịto ạnche ạlle sẹi.
Ha fạme durạnte la leziọne?	No, non họ fạme durạnte la lezịone.
Họ sẹte. Vorrẹi bẹre un bicchiẹre d'ạcqua. **Lẹi ha sẹte?**	Sì, **họ sẹte.** Anch'io vorrẹi bẹre un bicchiẹre d'ạcqua.
A mezzanọtte non họ fạme e non họ sẹte. Sọno stạnco ed **họ sọnno.** E Lẹi?	Anch'ịo. E spẹsso **họ sọnno** ạnche durạnte la lezịone. Ma ọra non họ sọnno.

54

Perchè ha il cappọtto? **Ha freddo?**

Sì, **họ freddo** perchè la finẹstra è apẹrta. Quạndo la finẹstra è chiụsa non họ freddo.

Mẹtta la sẹdia davạnti al termosifọne. **Ha cạldo** ọra?

Sì, **họ cạldo.**

Quạndo ha cạldo, **non ha bisọgno** del cappọtto. Ha bisọgno del cappọtto?

No, **non họ bisọgno** del cappọtto. Ma họ bisọgno dẹlla pẹnna e del quadẹrno.

Non họ un serpẹnte a sonạgli perchè **ho paụra** dẹi serpẹnti a sonạgli. **Lẹi ha paụra** di un serpẹnte?

No, **non họ paụra** di un serpẹnte. Ma họ paụra del professọre il giọrno dell'esạme.

Lẹi ha paụra del professọre? **Lẹi ha torto !** È mọlto gentịle.

No, **non họ tọrto.** È gentịle, ma il sụo esạme è sẹmpre diffịcile.

Lẹi ha ragiọne, anch'ịo họ paụra di un esạme diffịcile.

Sì, **họ ragiọne.** Ma non họ ragiọne mọlto spẹsso. Infạtti, spẹsso họ tọrto.

LETTURA

Un pasto al ristorante

È mezzogiọrno e mẹzzo, è ọra di fạre colaziọne. Siạmo al ristorạnte a fianco dell'università. Carol, Barbara, Mọnica, Bob e Renạto sọno sedụti intọrno ad ụna grạnde tạvola. Per tẹrra, vicịno alla sẹdia di Barbara, c'è ụna scạtola bianca.

Sụlla tạvola c'è un piạtto davạnti ad ọgni persọna. Sul piạtto c'è un tovagliọlo od un tovagliolịno di cạrta, ụna forchẹtta, un cucchiạio ed un coltẹllo.

Il pạsto è sẹmplice ma sostanziọso. Oggi c'è la scẹlta tra un piạtto di minẹstra di legụmi e un tramezzịno di formạggio, o ụna porziọne di pọllo con molte patate fritte, oppure una frittata con l'insalata. Non c'è bistecca ma la cucina è buona.

RENATO.   Dov'è il nostro Giovanni?

MONICA.   È in ritardo, naturalmente. Dov'è la torta?

CAROL.   È là, per terra, vicino a Barbara, nella scatola. Attenzione! Ecco Giovanni. È presso alla porta...Giovanni! Siamo qui.

GIOVANNI.   Buon giorno a tutti! Buon appetito!

TUTTI.   Tanti auguri! Tanti auguri!

GIOVANNI.   (sorpreso) È il mio compleanno? Ah, sì, avete ragione. Sono nato il 20 marzo, oggi compio, diciotto anni. Che sorpresa! C'è un posto per me tra Barbara e Carol? Ho una fame da lupo. Ho bisogno di prendere qualcosa...

(Più tardi)

BARBARA.   Ed ora il dolce e la sorpresa! Ecco una torta di cioccolata per il tuo compleanno. È il nostro regalo collettivo. Ci sono molte candeline: esattamente diciotto!

GIOVANNI.   Di cioccolata. Magnifico, è la mia torta preferita. Una bella fetta per me, per favore. Grazie molte. Ma ora abbiamo bisogno del caffè con la torta...

BOB.   Benissimo, ecco una tazza di caffè per ogni persona, fuor che per Monica. Per lei c'è una tazza di tè. Attenta! È caldo!

GIOVANNI.   (sarcastico) Una tazza di tè! Mia sorella è impossibile!

BOB.   Ah, no, tu hai torto; non è impossibile, è solamente un po' difficile...

MONICA.   (adirata) Io non sono difficile, ma mio fratello è uno stupido...

BARBARA.   Zitta, per favore! Un litigio anche nel giorno del compleanno di Giovanni? Monica ha ragione. Il caffè è cattivo, qui, ma il tè è sempre buono. Una fetta molto piccola per me, per favore. Sto a dieta perchè sono troppo grassa.

BOB.   (galante) Tu non hai bisogno di stare a dieta! Sei molto magra. Hai l'aspetto di una stella del cinema!

GIOVANNI.   Ed ora vorrei un gelato. Un gelato alla vaniglia?... Alla menta?... No, di cioccolata. È il mio gelato preferito. Non ho paura della colesterina. Ed ho bisogno anche dello zucchero per il caffè. Ma... che cos'è? Ho male allo stomaco, tutto ad un tratto! Perchè?

MONICA.   Mio fratello ha mal di stomaco! Che sorpresa! Guardate! È la quarta fetta di torta! Forse ha un'indigestione. Ben ti sta!

DOMANDE SULLA LETTURA

1. Che ora è nel racconto della lettura? Che ora è adesso? A che ora è la Sua colazione? Ha fame ora?

2. Dove sono Carol, Barbara, Monica, Bob e Renato? Giovanni è col resto del gruppo? Perchè?

3. C'è un animale nella scatola? Che cosa c'è? Perchè è una occasione speciale?

4. Cosa c'è davanti ad ogni persona? Cosa c'è sul piatto?

5. Com'è il pasto? Com'è la cucina? Come cucina Sua madre? Come cucina Lei?

6. C'è una scelta di pietanze al ristorante? Che cosa c'è? C'è da scegliere quando Lei mangia a casa Sua?

7. Dov'è il pane? Dov'è il cestino del pane? C'è un cestino per il pane o per la carta in classe? È nel mezzo della classe? Dov'è?

8. Qual è l'occasione speciale di oggi? Quanti anni ha? In che giorno è nato? È oggi il Suo compleanno? Quando è il Suo compleanno? Quanti anni ha Lei?

9. Qual è la sorpresa per Giovanni? È una buona o una cattiva sorpresa? È gentile con sua sorella? Ha ragione Giovanni?

10. Qual è la torta preferita di Giovanni? E qual è il suo gelato preferito? È a dieta? È a dieta Lei? Ha bisogno di stare a dieta Lei? Perchè?

11. C'è una tazza di caffè per Monica? Che cosa c'è per lei? È gentile Monica con suo fratello? Ha ragione Monica? Perchè?

12. Dove ha male Giovanni? Perchè? È triste Monica? Quando ha male di stomaco Lei?
Spieghi l'espressione « Ben ti sta! »

SPIEGAZIONI

I. Quanti anni ha Lei? Io ho ... anni.

Notare l'espressione idiomatica italiana:

Io ho 18 anni.
Egli ha 20 anni.

« In che giorno è il Suo compleanno? Il mio compleanno **è il...** »

Il mio compleanno **è il** 10 maggio.
Il suo compleanno **è il primo** febbraio.

NOTA:

Ci sono due forme per la data:

1. Con il giorno della settimana:
Lunedì, 18 settembre

2. Senza il giorno della settimana:
Il 18 settembre
Natale è **il 25 dicembre**

II. Contare da uno in poi

(I numeri da uno a trenta sono nella seconda lezione)

30 trenta	42 quarantadue	54 cinquantaquattro
31 trentuno	43 quarantatrè	55 cinquantacinque
32 trentadue	44 quarantaquattro	56 cinquantasei
33 trentatrè	45 quarantacinque	57 cinquantasette
34 trentaquattro	46 quarantasei	58 cinquantotto
35 trentacinque	47 quarantasette	59 cinquantanove
36 trentasei	48 quarantotto	60 sessanta
37 trentasette	49 quarantanove	61 sessantuno
38 trentotto	50 cinquanta	62 sessantadue
39 trentanove	51 cinquantuno	63 sessantatrè
40 quaranta	52 cinquantadue	64 sessantaquattro
41 quarantuno	53 cinquantatrè	65 sessantacinque

66 sessantasei	78 settantotto	89 ottantanove
67 sessantasette	79 settantanove	90 novanta
68 sessantotto	80 ottanta	91 novantuno
69 sessantanove	81 ottantuno	92 novantadue
70 settanta	82 ottantadue	93 novantatrè
71 settantuno	83 ottantatrè	94 novantaquattro
72 settantadue	84 ottantaquattro	95 novantacinque
73 settantatrè	85 ottantacinque	96 novantasei
74 settantaquattro	86 ottantasei	97 novantasette
75 settantacinque	87 ottantasette	98 novantotto
76 settantasei	88 ottantotto	99 novantanove
77 settantasette		

100 cento   200 duecento   1000 mille   2000 duemila*   101 centouno

NOTA:

Forma particolare con i composti di **uno** e **otto**:

venti	ventuno	ventotto
trenta	trentuno	trentotto
cinquanta	cinquantuno	cinquantotto

* **Mille** diventa **mila** al plurale: mille (1000); duemila (2000); tremila (3000), ecc.

III. Espressioni con **avere**

ho fame	ho caldo	ho male di...
ho sete	ho freddo	
ho sonno	ho torto	
ho paura	ho ragione	

Forma negativa: Non ho sonno, non ho fame, ecc.

IV. **Aver bisogno di**

> **Ho bisogno della** grammatica d'italiano.
> **Ha bisogno del** pane, quando pranza.
> Barbara **non ha bisogno di** stare a dieta perchè è magra.

Io ho bisogno di = un oggetto (o una persona) mi è necessario (-a).

Forma negativa: Non ho bisogno di voi. Mario non ha bisogno del cappotto quando ha caldo.

V. Uso della preposizione **di**

1. Una tazza **di** cioccolata, un tramezzino **di** formaggio, una minestra **di** pomodoro.
   Di indica un ingrediente: (*with*)
2. Un'insalata **di** pomodoro, una minestra **di** legumi, un passato **di** patate.
   Di indica il componente principale: (*made of*)
3. Un tovagliolo **di** carta, un vestito **di** cotone, una camicia **di** seta, una sedia **di** metallo.
   Di indica la sostanza.

NOMENCLATURA DELLA LEZIONE

Nomi

il pasto	il pollo	lo zucchero
la scatola	la frittata	il regalo
il piatto	la minestra	il dolce
il tovagliolo	il latte	la cioccolata
il cucchiaio	il formaggio	la vaniglia
la forchetta	il succo di frutta	la menta
il coltello	il bicchiere	il tè

la fetta	la tazza	il caffè
la porzione	l'acqua	la candela
la scelta	la sete	la dieta
la fame		il sonno
la paura		

Aggettivi

sostanzioso (-a)   grande
collettivo (-a)   piccolo (-a)

Espressioni

Ho una fame da lupo   Buon appetito!
Ha un buon appetito   Auguri!
Sono a dieta

ESERCIZI

I. Esercizi orali: laboratorio

II. Esercizi scritti

A. Mettere al negativo:

1. Giovanni ha un'indigestione. Ha mal di stomaco.
2. Ho fame perchè c'è un formaggio italiano.
3. Monica è difficile! Il caffè è buono al ristorante dell'università.
4. Ha una bistecca. È una specialità del ristorante.
5. È il compleanno di Barbara, oggi compie vent'anni.
6. Ho bisogno di Lei perchè ho difficoltà.

B. Completare ogni frase:

Es.:   A mezzogiorno noi _____   A mezzogiorno noi **abbiamo fame.**

1. Ho freddo perchè _____
2. Quando è vicino al termosifone Marcello _____
3. Lei ha bisogno di stare a dieta perchè_____
4. Barbara ha l'aria di una stella del cinema perchè _____
5. Il professore non ha sempre ragione _____
6. Mio padre non è in ufficio oggi perchè _____

C. Rispondere ad ogni domanda con una risposta completa:

1. Quando ha sonno Lei?
2. Quando ha paura Lei?
3. Quando ha sete Lei?
4. Quando ha caldo in classe?
5. È a dieta Lei? Perchè?
6. Ha paura Lei degli animali di Giovanni?
7. Ha sempre ragione Lei?

COMPONIMENTI

COMPONIMENTO ORALE. SCEGLIERNE UNO:

La giornata dello studente. Usare le espressioni della lezione. (Alle sei, ho
sonno, ecc.) Usare anche un po' di fantasia.
Il pranzo (o la cena) nella Sua famiglia.

COMPONIMENTO SCRITTO. SCEGLIERNE UNO:

Scrivere un componimento, parte in forma narrativa e parte in forma
dialogata, come la lettura. Usare le espressioni della lezione.

Un pasto al ristorante degli studenti.
Il giorno degli esami.
Di che cosa ha bisogno ora? Perchè?

❋ LEZIONE DECIMA ❋

Il comparativo: **Più ... di; meno ... di**
Tanto (così) ... quanto (come)...

Il superlativo: **Il (la) più ... di**
Il (la) meno ... di

Buono e migliore

Lo (la) stesso (-a)

STUDIARE LE FRASI CHE SEGUONO:

Affermazione e domanda	*Risposta*
L'Amęrica è grạnde. L'Amęrica è **più** grạnde **dell'**Eurọpa. L'Amęrica è più grạnde dell'Itạlia?	Sì, l'Amęrica è **più** grạnde **dell'**Itạlia. L'Itạlia è più pịccola dell'Amęrica.
Il professọre ha 28 ạnni. Lẹi ha 19 ạnni. Il professọre è **più** vẹcchio **di** Lẹi?	Sì, è **più** vẹcchio **di** me. Io sọno più giọvane di lụi.
La mịa borsẹtta è di plạstica. Non è cạra. La sụa borsẹtta è di coccodrịllo. È **più** cạra **della** mịa borsẹtta?	Sì, è cẹrtamente mọlto **più** cạra **della** Sụa che è di plạstica.
Mịo pạdre è ạlto, mịa mạdre è pịccola. Mịa mạdre è più ạlta o **mẹno** ạlta **di** mịo pạdre?	Sụa mạdre è **mẹno** ạlta **di** Sụo pạdre.
Lẹi è **più** vẹcchio o **mẹno** vẹcchio **del** professọre?	Io sọno mọlto **mẹno** vẹcchio **del** professọre.

62

Bob è alto e Giovanni è alto. Giovanni è **tanto** (**così**) alto **quanto** (**come**) Bob. Lei è tanto alto quanto (così alto come) Suo padre?

Sì, io sono **tanto** alto **quanto** mio padre. (Si, io sono **così** alto **come** mio padre.)

«B» è un buon voto. Ma «A» è un voto **migliore di** «B». «A» è un voto migliore di «D».

La cucina del ristorante è migliore di quella di Sua madre?

No! La cucina di mia madre è **migliore della** cucina del ristorante. È veramente molto migliore.

La mia casa è **la più** grande **della** strada. La Sua casa è la più grande della Sua strada?

No, al contrario. La mia casa è **la più** piccola **della** strada. E la mia strada è la più tranquilla della città.

Il mio componimento è **il meno** corretto **della** classe. Il componimento del sig. Nelson è **il migliore.** Anche il suo voto è il migliore. Qual è il miglior voto?

Il miglior voto è « A ».

Il miglior amico **di** Giovanni è il suo pappagallo. Chi è il Suo **migliore** amico?

Il mio **migliore** amico è un altro studente. Si chiama Fabrizio.

Usate **lo stesso** testo quest' anno?

Sì, usiamo proprio **lo stesso.**

LETTURA

In un negozio : Barbara ha bisogno di un abito da sera

Monica e Barbara sono molto occupate questo pomeriggio. Barbara ha bisogno di un abito da sera per una serata, la settimana prossima. Però ha bisogno anche dell'aiuto di Monica, perchè Monica ha molto buon gusto.

Ęcco Mǫnica e Barbara in un gran negǫzio che è il più cạro ed il più elegạnte dẹlla città. Si chiạma « Cạsa di Mǫde Adriạni ».

MONICA.   È per una serạta importạnte?

BARBARA.   Mǫlto importạnte. È in un luǫgo mǫlto elegạnte. E poi, hǫ un appuntamẹnto con... È un segrẹto.

MONICA.   Con chi? Con chi? Barbara, sẹi* impossịbile! Prẹsto, prẹsto, con chi?

BARBARA.   Ebbẹne indovịna! È più ạlto di Renạto ed è ạlto quạnto (cǫme) Bob. È il giovanǫtto più simpạtico dẹlla città...di tụtto il mǫndo, fǫrse!

MONICA.   È un attọre o un atlẹta cẹlebre?

BARBARA.   È un segrẹto. Per ọra hǫ bisọgno di un ạbito nuǫvo. Ed ẹcco, là in fǫndo, mǫlti ạbiti. Ah, guạrda l'ạbito azzụrro su quel manichịno, a dẹstra. Che bẹl colọre! L'azzụrro è il mịo colọre preferịto.

MONICA.   Sọno d'accǫrdo con te, il colọre è bẹllo ma l'ạbito non è abbastạnza elegạnte per il tụo tịpo. A dịre la verità, è mẹno elegạnte del tụo ạbito di sẹta. Ed è dẹllo stẹsso colọre dell'ạltro ạbito da sẹra che hai già.

BARBARA.   Hai ragiọne. Mǫnica, fǫrse hai un brụtto carạttere ma hai del buǫn gụsto. Veramẹnte il tụo sẹnso dell'elegạnza è migliọre del mịo! Cǫsa dịci di quẹll'ạbito rǫsa, là a sinịstra?

MONICA.   No, no; non il rǫsa! Sẹi trǫppo biọnda per il rǫsa... Ah! Ẹcco ụna commẹssa. Signorịna, ha un ạbito per la mịa amịca?

BARBARA.   Vorrẹi un ạbito elegạnte ma non trǫppo costọso!

LA COMMESSA.   Benịssimo, prǫprio ǫggi abbiạmo quẹsta novità di Firẹnze. Ẹccola!

MONICA.   Quẹsto è prǫprio l'ạbito adạtto per te, Barbara. L'ạbito rǫsso! Non è vẹro, signorịna?

LA COMMESSA.   Certamẹnte! È il modẹllo più originạle. Quẹsto colọre è indicạto per ụna biọnda. È poi l'ạbito è così a buǫn mercạto!** È un'occasiọne*** ụnica!

BARBARA.   D'accǫrdo.**** È elegạnte ed originạle, ma hǫ paụra di assomigliạre a Zozò, il pesciolịno rǫsso di Giovạnni...

MONICA.   Hai tǫrto! L'ạria di un pesciolịno rǫsso! Che idẹa! Al contrạrio, hai l'aspẹtto di ụna stẹlla del cịnema! E guạrda il prẹzzo! È mǫlto mẹno cạro del mịo ạbito di tụlle biạnco. Ed è assại più elegạnte. La commẹssa ha ragiọne, è un'occasiọne!

BARBARA.   Ma è per la mịa misụra? Sull'etichẹtta c'è 38 e la mịa misụra è 10.

---

* Siccome Monica e Barbara sono amiche intime, usano il **tu,** la forma familiare. Esse si danno del tu (darsi del tu). Questa forma si usa con i propri familiari e con gli amici intimi.

** **A buon mercato** (invariabile) è sinonimo di **poco costoso.**

*** **E un'occasione:** *It's a good buy.*

**** **D'accordo** sostituisce **sono d'accordo con te.** Si usa spesso in conversazione.

LA COMMESSA. È un modello originale italiano, signorina. E nel sistema italiano 38 è l'equivalente di 10, 40 è l'equivalente di 12, ecc.

BARBARA. Allora, signorina, ecco un assegno ed il mio indirizzo. Monica, ho bisogno di qualche altra cosa?

MONICA. Non hai bisogno di una borsetta nuova. Hai proprio una borsetta di metallo dorato. È perfetta. Hai un paio di guanti?

BARBARA. Ho un paio di guanti bianchi ed un paio di scarpe di seta. Non ho bisogno d'altro. Il mio abito è completo. Sei un angelo, Monica! Grazie!

MONICA. Dunque, con chi hai l'appuntamento?

BARBARA. Con il giovanotto più bello, più attraente e più elegante del mondo! Con tuo fratello Giovanni!

MONICA. Povera Barbara! Con mio fratello! Ma è il più stupido, il più intollerabile ... È molto meno interessante del suo pappagallo!

BARBARA. Quanto a Giovanni, non siamo dello stesso parere. Non è mio fratello!

DOMANDE SULLA LETTURA

(L'insegnante sceglierà la domanda adatta per uno studente o per una studentessa).

1. Barbara e Monica sono nel negozio di mattina? Quando sarà la serata di Barbara? Perchè Monica è con Barbara?

2. In quale negozio sono? Dov'è? Com'è? Come si chiama? Come si chiama il negozio più elegante della Sua città? È in una via piccola? Dov'è?

3. Perchè Barbara ha bisogno di un abito elegante? Ha un appuntamento con un giovanotto per la sera? Com'è? È un attore del cinema? Lei ha un appuntamento domenica prossima? Ha bisogno di un abito?

4. In quale parte del negozio sono esse? Dov'è l'abito azzurro? Il colore preferito di Barbara è il giallo? Qual è il suo colore preferito? Qual è il Suo colore preferito?

5. Barbara ha più buon gusto di Monica? Ma ha forse un carattere migliore? Lei ha un fratello o una sorella? È più giovane o più vecchio (-a) di Lei? Ha un carattere buono o cattivo?

6. Lei è d'accordo con Monica: il rosa non sta bene ad una bionda? È vero, generalmente, che il vestito più elegante o l'automobile più lussuosa sono anche i più costosi?

7. Perchè Barbara ha paura di sembrare un pesciolino rosso? Monica è d'accordo con lei*? Perchè l'abito è un'occasione?

* **lei:** her (*after a preposition*)

8. Nel sistema italiano qual è l'equivalente della misura 10? 12? 14? 16? Qual è la Sua misura nel sistema italiano?

9. È vero che l'abito rosso è più a buon mercato dell'abito di tulle di Monica? È meno bello? Lei ha un abito di tulle? Il tulle è pratico per l'università?

10. Barbara ha bisogno di una borsetta? Perchè? Ha bisogno di qualche altra cosa? Lei ha bisogno dei guanti per la lezione d'italiano? Di che cosa ha bisogno Lei?

11. Lei è d'accordo sulla descrizione di Giovanni che fa Barbara? (Usi un po' di fantasia.) Lei è d'accordo sulla descrizione di Giovanni che fa Monica? Perchè Barbara e Monica hanno un'idea molto diversa su di lui? Lei ha un fratello o una sorella? Che opinione ha di lui (o di lei)?

SPIEGAZIONI

I. Il comparativo

A. « Io ho 25 anni. Mia sorella ha 18 anni. Lei ha 20 anni.»

Io sono **più** vecchio **di** mia sorella. In realtà, sono **molto più** vecchio **di** mia sorella. Ho piu di ventiquattro anni. Mia sorella è **meno** vecchia **di** me. È **molto meno** vecchia **di** me. Lei è **tanto** (**così**) vecchio **quanto** (**come**) me.

B. Il comparativo di **buono: migliore**

Il dolce è **migliore della** minestra.
Il gelato di cioccolata è **migliore del** gelato di vaniglia.
La borsetta di Luisa è **migliore della** tua.
« A » è un voto **migliore di** « B ». Ma « B » è un voto **molto migliore di** « D ».

II. Il superlativo

A. « Mio padre ha 45 anni, mia madre ha 39 anni, io ho 20 anni, mia sorella ha 15 anni.»

Mio padre è **il più** vecchio **della** famiglia.
Mia sorella è **la più** giovane **della** famiglia.

NOTA:

In questa classe vediamo **più** ragazze **che** ragazzi.
Nella sua biblioteca ci sono **più** libri **che** riviste.

Si dice **più . . . che** quando abbiamo un comparativo fra sostantivi.

B. Con il nome:

> È **il ragazzo più alto** della classe.
> È **la domanda più difficile** dell'esame.

C. Il superlativo di **buono: il migliore, la migliore**

> È una **buona** occasione; anzi, è **la migliore** occasione di tutte.
> La domenica è **il migliore** giorno della settimana.
> Il pappagallo di Giovanni è **il suo migliore** amico.

III. **Lo (la) stesso (-a) . . . di**

> Di che colore è l'abito? È **dello stesso** colore **dell'**abito di seta.
> Lei ha **la stessa** opinione **di** me? No, io non ho **la stessa** opinione **di** Lei.
> Sei è **la stessa** cosa **di** mezza dozzina.
> Noi abbiamo **la stessa** età: siamo nati **nello stesso** giorno.

NOMENCLATURA DELLA LEZIONE

Nomi

L'America	il pomeriggio	un paio di scarpe
la plastica	la serata	un angelo
il coccodrillo	l'indirizzo	il mondo
il negozio	un paio di guanti	l'appuntamento
l'atleta	la seta	il raion
l'opinione	la parte	l'occasione
il prezzo	il sistema	la novità
l'etichetta	il manichino	l'assegno
il modello	il tulle	l'equivalente
il metallo		la misura

Aggettivi

caro (-a)	perfetto (-a)
a buon mercato	simpatico (-a)
nuovo (-a)	interessante
elegante	dorato (-a)
celebre	

Espressioni

Lei è (tu sei) un angelo!
Lei ha buon gusto. ≠Lei ha cattivo gusto.
Sono d'accordo con Lei. (o: D'accordo.)
Ho un appuntamento con . . .

ESERCIZI

I. Esercizi orali: laboratorio

II. Esercizi scritti

A. Formare una frase col comparativo:

Es.: Il pesce — il cane (intelligente).
Il pesce è meno intelligente del cane.
oppure:
Il cane è più intelligente del pesce.

1. Il pesce — il pappagallo (tranquillo).
2. L'abito rosa — l'abito azzurro (elegante).
3. Una camicia sport — una camicia bianca (pratica).
4. Il coccodrillo — la plastica (caro).
5. La cucina di mia madre — la cucina del ristorante (buona).
6. L'abito rosso — l'abito verde (nuovo).
7. Giovanni ha 18 anni — Bob ha 19 anni (vecchio).
8. La politica — lo sport (interessante).
9. Mio padre — me (giovane).

B. Mettere al superlativo:

Es.: È un giovanotto alto.
È il giovanotto più alto della classe.
oppure:
Piero non è alto.
Piero è il meno alto della classe.

1. Ho una casa grande.
2. La domanda è difficile.
3. Ho un buon voto.
4. La mia famiglia non è ricca.
5. È un attore celebre.
6. Non è un buon ristorante.

C. Rileggere attentamente la lettura e comporre cinque frasi di Loro invenzione con comparativi, superlativi (**molto più . . . di, molto migliore . . . di,** ecc.) tratte (*drawn from*) dal testo, ma che non siano nello stesso.

Es.: **L'opinione di Barbara su Giovanni è molto migliore dell'opinione di Monica.**

COMPONIMENTI

COMPONIMENTO ORALE. SVOLGERE UNA DOMANDA:

Descrizione della Sua famiglia usando dei comparativi e dei superlativi.
Descrizione della Sua classe d'italiano: delle lezioni, del professore, degli studenti, usando dei comparativi e dei superlativi.

COMPONIMENTO SCRITTO. SVOLGERE UNA DOMANDA.

Il Suo migliore amico. Descrizione del suo aspetto. Paragoni la fisionomia dell'amico con la Sua. Usare comparativi e superlativi.
Una visita in un negozio. Lei è solo (-a) oppure con . . .? È per comperare un disco, o una camicia o un'automobile. Dialogo e narrazione o solamente dialogo. Usare dei comparativi.
Un ragazzo o una ragazza speciale. Perchè è speciale per Lei? Usare parecchi comparativi e superlativi.

✳ LEZIONE UNDICESIMA ✳

Il plurale di **un, uno, una: dei, degli, delle**

Espressioni di quantità

STUDIARE LE FRASI CHE SEGUONO:

Affermazione e domanda

Risposta

Ecco una ragazza, ed ecco un'altra ragazza. Ecco **delle** ragazze. Mi mostri delle ragazze.

Ecco **delle** ragazze.

Ecco un ragazzo, ed ecco un altro ragazzo. Ecco **dei** ragazzi. Mi mostri dei ragazzi.

Ecco **dei** ragazzi.

Si guardino* intorno. Cosa c'è nella classe?

Ci sono **delle (alcune)** sedie, delle (alcune) porte, **dei (alcuni)** ragazzi e delle (alcune) ragazze.

C'è un professore o ci sono dei professori?

C'è un professore. C'è anche una cattedra.

Ci sono **molti** studenti in una università?

Sì, ci sono **molti** studenti.

Ha **qualche** animale nella Sua camera?

No, non ho animali nella mia camera, ma ho dei libri, molti libri.

Cosa c'è in un giardino zoologico?

Ci sono **degli** animali feroci, degli animali esotici ed anche degli animali domestici.

* si guardino: imperativo di **guardarsi**

70

Che cosa c'è nel Suo giardino?	Ci sono alcuni alberi molto alti e dei bei fiori. Non ci sono piante esotiche ma ci sono delle altre piante.
Che cosa c'è in una casa?	Ci sono delle (alcune) stanze.
Di che cosa hanno bisogno Loro in una casa?	Abbiamo bisogno di **molte** stanze, di alcune comodità e di **un po' di** lusso.
Ha molti piani una casa?	No, generalmente ha uno o due piani. Ma un palazzo ha spesso 15 o 20 piani. Quando vi (ci) sono molti piani abbiamo bisogno dell'ascensore.
Quanti piani ha la Sua casa?	**Non** ha **che** un piano.
C'è qualche stanza elegante nella Sua casa?	Sì, qualche stanza è molto elegante ma le altre sono piuttosto semplici.

LETTURA

La casa ideale

Un giorno, vorrei avere una casa ideale, e la mia casa ideale è in riva al mare. Ho delle idee precise circa il luogo e la distribuzione dello spazio.

Nella casa ideale che vorrei avere ci sono delle stanze grandi, con le finestre verso il mare. Davanti c'è un giardino ma dietro c'è una spiaggia e, lontano, delle barche all'orizzonte.

Entrino* nella mia casa: Al pianterreno, a destra, c'è il soggiorno. È la stanza più vasta della casa. Davanti alla finestra c'è in divano piuttosto grande ed intorno ci sono alcune poltrone. Sul tavolino da tè, su un altro tavolo ed in altri posti ci sono dei fiori. Non sono fiori finti, di plastica; sono dei fiori freschi. Ci sono molti libri e molti dischi. Il grande scaffale che è contro il muro è pieno di libri, di dischi e di album fotografici. La parete di fronte è quasi tutta coperta di quadri. Questo è un sogno, non è vero? E nel mio sogno io sono un milionario. Così questi sono dei quadri di grandi pittori di diverse correnti: un paesaggio di Palizzi, un ritratto di

---

* **entrino**: imperativo di **entrare**

Fattori, una composizione di De Chirico e molti altri. Non vi sono ninnoli, c'è solamente qualche oggetto artistico.

La sala da pranzo è veramente una parte del soggiorno, separata dalla cucina da una scansia che è molto pratica, specialmente per i pasti. La cucina è il luogo preferito dalle persone che hanno fame. Ci sono sempre delle cose appetitose nel frigorifero o sui fornelli.

A sinistra c'è lo studio che è riservato al lavoro, alla solitudine e alla tranquillità. Non ho affatto paura di un po' di solitudine, al contrario! Non c'è che qualche mobile: una scrivania, una poltrona e libri dovunque.

Ed ecco la scala: non c'è l'ascensore, ovviamente, perchè non c'è che un pianterreno ed un altro piano. Ora siamo al primo piano: è il piano dove ci sono le camere da letto. Siccome è una casa ideale, ci sono molte camere e diverse stanze da bagno. La mia camera non è vastissima, ma è chiara e comoda. C'è posto sufficiente per due guardaroba che hanno molto spazio per gli abiti. Ho anche uno o due cassettoni con dei cassetti anch'essi pieni di indumenti. Ci sono molte altre cose . . . Ma dato che è una camera ideale in una casa ideale è sempre in ordine. Non ci sono abiti per terra. Mia madre è contentissima perchè sono così ordinato! (Ma in realtà, purtroppo, la mia camera è spesso in disordine e mia madre va su tutte le furie . . .*)

Nella casa ideale c'è anche una stanza da bagno per ogni persona; e nella stanza da bagno di mia sorella, insieme alla vasca, alla doccia ed al lavabo, c'è un telefono. Mia sorella è contenta solamente davanti allo specchio o al telefono ed allora ha un bagno tutto per sè ed un telefono privato. Per lei questa è la felicità.

Com'è la *Sua* casa ideale? Ha qualche idea al riguardo?

DOMANDE SULLA LETTURA

1. Dov'è la casa ideale del giovane? Dov'è la *Sua* casa ideale?
2. C'è un giardino? Ci sono alberi? Cosa c'è davanti alla casa? Cosa c'è davanti alla *Sua* casa?
3. Dov'è il soggiorno? Dov'è il soggiorno nella *Sua* casa? È una stanza piccola? Com'è?
4. Cosa c'è nel soggiorno? Secondo Lei, qual è il mobile o l'oggetto più importante in una stanza di soggiorno? Perchè?
5. Com'è la sala da pranzo? È pratica? Perchè?
6. Cosa c'è in un frigorifero? Quand'è che la cucina è una stanza interessante?
7. Ha bisogno di uno studio? Perchè? Com'è lo studio, secondo Lei?
8. C'è un ascensore? C'è bisogno di un ascensore? Quanti piani ha la Sua casa? A che piano è Lei ora? Come si dice *3rd floor* in italiano?

* **va su tutte le furie:** *gets very angry (furious)*

9. Ci sono molti guardaroba, di solito, in una casa? Ha molti guardaroba nella Sua camera? Perchè?

10. Dica il nome dei vari mobili della casa.

11. Paragoni la Sua camera con la camera ideale. È in ordine o in disordine? Descrizione di una camera in disordine. Quando la Sua camera è in disordine Sua madre è contenta?

12. La sorella del giovane è una ragazza eccezionale? È vero che molte ragazze sono come lei? È una ragazza felice?

13. Cosa c'è in un paesaggio? In una natura morta? Ha qualche quadro a casa Lei? Come sono?

SPIEGAZIONI

I. Il plurale di **un, uno, una: dei, degli, delle**

A. « Ho un garofano e una rosa: ho **dei** fiori. »

> In una strada ci sono **delle** case. In una casa vi sono **delle** stanze. Al pianterreno c'è un soggiorno. Al primo piano ci sono **delle** camere da letto.
> Nel laboratorio di lingua ci sono **degli** studenti d'italiano.

II. Espressioni di quantità

A. Con la forma singolare:

> C'è **molto** spazio in una casa grande.
> C'è **assai** spazio in una casa grande.
> C'è **troppo** lavoro all'università.
> Ha **tanta** fantasia!
> Ho sete. Vorrei **dell'**acqua, per favore. Vorrei **un po'** d'acqua, per favore.
> **Quanto** denaro ha? Ho **abbastanza** denaro per tutta la settimana.

Notare la concordanza di **molto** e **troppo** con il nome o i nomi che qualificano.

B. Con la forma plurale:

> Ci sono **molte** stanze in una casa.
> Ci sono **troppi** compiti per la lezione d'italiano!
> Ho **tanti** amici!
> Ha **abbastanza*** vestiti Lei?

* **Abbastanza** è invariabile.

NOTA: **Un po' di . . .** si usa col singolare. **Qualche,** che esprime un' idea plurale (*a few*), ha sempre la forma singolare:

> È contento di **un po' di** denaro e di **qualche** amico.
> C'è **un po' d'**acqua in questo bicchiere.
> Ha **qualche** quadro nella stanza.
> Ora **qualche** ragazza è in classe.
> Ho **qualche** minuto libero.

III. La concordanza degli aggettivi

> C'è **del** pane bianco nel cestino.
> Ha **degli** studenti diligenti.
> Ci sono **alcune** parole difficili.
> Sul tavolo ci sono **alcuni** vasi di fiori bianchi con **delle** foglie verdi.

REGOLA: Quando il nome è maschile, l'aggettivo è maschile. Quando il nome è femminile, l'aggettivo è femminile. Quando il nome è plurale (maschile o femminile), l'aggettivo è plurale (maschile o femminile).

IV. **Pieno di . . . Coperto di . . .**

> La casa di un intellettuale è **piena di** libri.
> Il mio giardino è **pieno di** fiori.
> Hanno molta fantasia! Sono **pieni di** idee.
> Le gallerie d'arte sono **piene di** quadri.
> La mia scrivania è **coperta di** fogli.
> Ci sono degli esercizi così **pieni di** errori che sono **coperti di** correzioni.

NOTA: **pieno . . .** e **coperto . . .** sono seguiti dalla preposizione **di.**

V. **Chi** *e* **che**

> **Chi** è quella signorina?
> **Chi** sono questi ragazzi?
> Mio fratello, **che** ha diciotto anni e **che** è studente, ha un amico **che** si chiama Bob.
> Gli animali **che** ha Renato non sono feroci.
> La casa **che** io vorrei è in riva al mare.
> L'alunno **che** ha la camicia rossa è molto bravo.
> Non vorrei quel quadro **che** è appeso al muro.
> Ecco le città **che** vorrei conoscere.

Chi è un pronome relativo interrogativo.

Che è la forma del pronome relativo che si trova nelle frasi affermative e negative.

VI. Plurale dei nomi che finiscono con vocale accentata

la città, le città	un caffè, dei caffè
l'università, le università	la virtù, le virtù

I nomi che finiscono con vocale accentata non si cambiano al plurale.

VII. **Non ... che**

> **Non** c'è **che** una stanza da bagno nella mia casa.
> **Non** ho **che** due dollari in tasca.

Non ... che =solamente

NOMENCLATURA DELLA LEZIONE

Nomi

la stanza	la poltrona	la riva
il disco	il mare	la sala da pranzo
la barca	il pianterreno	il quadro
la natura morta	il soggiorno	il paesaggio
l'orizzonte	il primo piano	il divano
il ninnolo	l'oggetto d'arte	la felicità
la camera da letto	la stanza da bagno	lo scaffale
il letto	il guardaroba	il mobile
il frigorifero	il cassettone	la cucina
il fornello	il cassetto	l'indumento
lo studio	la vasca da bagno	la scala
il lavabo	la scansia	lo specchio

Aggettivi

preciso (-a)	fresco (-a)
ideale	ordinato (-a)
separato (-a)	contento (-a)
chiaro (-a)	privato (-a)
finto (-a)	

Espressioni

essere in ordine	coperto di
essere in disordine	abbastanza spazio
pieno di	andare su tutte le furie

ESERCIZI

I. Esercizi orali: laboratorio

II. Esercizi scritti

A. Mettere al negativo:

1. È una sala da pranzo; ci sono delle sedie intorno al tavolo.
2. Ci sono dei fiori di plastica.
3. Abbiamo bisogno di un'altra stanza da bagno perchè siamo in molti.
4. Ho abbastanza denaro per un lungo viaggio perchè sono ricco.
5. C'è solamente un piano ed allora abbiamo bisogno dell'ascensore.
6. Vorrei un telefono privato perchè ho delle conversazioni importanti.
7. Ci sono molte case nella mia strada. È una strada lunga.
8. Ho fame, ho sete, sono stanco ed ho sonno. È una condizione normale, non è vero?

B. Mettere al plurale:

1. Ecco **una bella casa. Com'è grande!**
2. C'è **un ragazzo** che è molto **intelligente** e che **è seduto** davanti a me.
3. Noi abbiamo **un animale** che è molto **mite: è un agnello.**
4. In **un negozio** di **lusso** c'è **un vestito** che è forse più **caro** dell'abito che hanno in **questo* negozietto.**
5. Lei ha bisogno di **un'altra gonna,** ma non ha bisogno di **un'altra blusetta.**

C. Completare con **chi** e **che:**

1. La torta _____ è nella scatola è per il compleanno di Giovanni.
2. _____ sono questi signori?
3. Ci sono molte cose _____ vorrei avere!
4. In Italia ci sono dei monumenti _____ sono molto antichi.

* **questo:** *this*

5. Monica, _____ ha un cattivo carattere e _____ è l'amica di Barbara, è in un negozio _____ è al centro della città e dove ci sono dei vestiti da donna _____ non sono troppo costosi.

COMPONIMENTI

COMPONIMENTO ORALE:

Forse Lei non ha proprio tutto quello che è necessario per essere felice. Senza dubbio Lei ha tropp____, molt____, tant____ (oppure: non abbastanza _____ poc____, non tropp____). Lei ha anche un po' di _____, qualche _____, e delle _____. Con un po' di fantasia componga un paragrafo usando delle espressioni di quantità.

Es.: Per essere felice io non ho troppo bisogno di _____ ma vorrei avere molt____. Purtroppo non ho abbastanza _____, ecc.

COMPONIMENTO SCRITTO. SCEGLIERNE UNO:

La Sua casa ideale. Dov'è? Com'è? Descrizione di ogni stanza.
La Sua casa. Descrizione generale della parte interna ed esterna.
La Sua camera. Paragoni la Sua camera con quella che Lei vorrebbe avere.

❃ LEZIONE DODICESIMA ❃

Il plurale di **il, lo, la: i, gli, le**

Il partitivo: **del, dello, della, dei, degli, delle**

L'aggettivo dimostrativo: **questo, questa, questi, queste, quel, quello, quella, quei, quegli, quelle**

Il plurale degli aggettivi possessivi: **i miei, i tuoi, i suoi, i Suoi, i nostri, i vostri, i loro, i Loro**

STUDIARE LE FRASI CHE SEGUONO:

Affermazione e domanda	*Risposta*
Ecco il supermercato. La carne è a sinistra. Dove sono **gli** ortaggi freschi? C'è verdura congelata?	Sono a destra con la frutta. Sì, c'è. La verdura congelata è a sinistra.
Sono cari **i** limoni in questo mercato?	No. Non sono cari in questo mercato.
Guardi **questa** signora e **questo** signore. Sono i Pardiero?	Sì, **queste** persone sono i Pardiero.
Non c'è molto spazio in questo appartamento perchè queste persone hanno troppi mobili. Questo altro appartamento è più grande?	Non ci sono appartamenti più grandi in questo palazzo. Queste persone (questa gente) hanno (ha) bisogno di una casa.
Dove sono **le** sedie di questo studio?	Sono là; in **quella** stanza chiusa.
Sono nuovi **questi** vestiti?	No, alcuni sono vecchi. **Quel** vestito da donna grigio, però, è nuovo.

78

Quegli **studenti** tedeschi che sono in compagnia di Stefano hanno dei parenti in questa città. È vero?

Sì, sono i Keller.

Mio padre e mia madre sono **i miei** genitori. Ecco Sua sorella con **le sue** amiche. Ecco **i Suoi** libri, i Suoi quaderni, la Sua busta, ecc. Queste sono **le Sue** cose. Dove sono **i Loro** quaderni ed i miei quaderni?

I nostri quaderni ed **i Suoi** (quaderni) sono sulle sedie, per terra e sui banchi.

I miei genitori hanno una macchina. È **la loro** macchina. I Suoi genitori hanno una macchina?

Hanno due macchine. Sono **le loro** macchine.

LETTURA

Al supermercato

I signori Pardiero sono una giovane coppia. Questo pomeriggio sono nella loro automobile, nel parcheggio del « Better Sales », il supermercato del loro quartiere.

SIG. P.: Di che cosa abbiamo bisogno? Hai (tu) la lista?

SIG.RA P. Ho la lista in borsetta. Abbiamo bisogno di molte cose: verdura, frutta, carne, pane, sale e latte.

(*Al supermercato*)

SIG. P. Ah, che belle mele rosse! E queste pesche! E quest'uva! E queste pere! La frutta è veramente ottima in questo negozio.

SIG.RA P. È il miglior negozio del quartiere per la frutta e la verdura. Abbiamo bisogno di lattuga per l'insalata, di ravanelli, di cipolle e di pomodori. Per gli altri ortaggi come piselli, fagiolini e spinaci, i prodotti congelati sono così pratici!

SIG. P. Tu sei una massaia moderna... Ah! la cucina di mia madre! È tutta un'altra cosa... Allora, della carne. Vorrei una bistecca per questa sera. Anche queste costolette sono magnifiche, e questa carne di vitello...

SIG.RA P. È una buona idea. Ecco il pranzo di questa sera: bistecca con patate fritte, fagiolini ed una macedonia di frutta. L'arrosto? Sabato abbiamo i miei genitori a pranzo e vorrei fare una bella figura con mia madre. Allora per sabato l'arrosto con puré di patate e spinaci fritti. Per il dolce? Una torta di cioccolato, proprio adesso ho una ricetta nuova. E per domenica sera abbiamo a pranzo i nostri amici Casella; la carne di vitello va bene. Per il resto ci sono fagiolini, una bella insalata di verdura fresca e una torta, specialità della casa.

SIG. P.   (*entusiasmato*) Mia cara, tu sei una cuoca fantastica. Sono davvero fortunato. Ecco qui dei latticini. Abbiamo bisogno anche del latte, non è vero? E poi del burro e del formaggio. Questo Belpaese è squisito.

SIG.RA P.   Sì. Latte, burro, formaggio Belpaese. Sono nella mia lista. E le uova*? Vorrei una dozzina di uova.

SIG. P.   Ecco le uova. Bene. Abbiamo bisogno di caffè? di zucchero? di pasta? Dimmelo. Per fare gli spaghetti abbiamo bisogno della salsa di pomodoro e del formaggio parmigiano.

SIG.RA P.   Ma, caro! Tu sei una tentazione! E la mia dieta?

SIG. P.   Se un giorno prepariamo dei pasti con molte calorie, bisogna mangiare del cibo più leggero un altro giorno. È questione di organizzazione. Abbiamo tutto, adesso?

SIG.RA P.   Sì, abbiamo provviste sufficienti per una settimana. Ed ora, presto a casa! Ho un libro di ricette nuovo che ha dei consigli veramente originali.

DOMANDE SULLA LETTURA

1. Chi sono i Pardiero?
2. Che cosa c'è nella lista della signora Pardiero?
3. La verdura congelata è pratica? Ha bisogno di molta preparazione?
4. Qual è il negozio migliore del quartiere per la verdura? Dica qualche nome di ortaggi.
5. Il signor Pardiero desidera una minestra per pranzo? Che cosa desidera? Che cosa ha per pranzo? Lei desidera della bistecca oggi?
6. Che cosa ha per colazione Lei oggi?
7. Che cibi prepara la signora Pardiero per il pranzo con i Casella? Il signor Pardiero è contento delle idee di sua moglie? Qual è la sua risposta?
8. Che cosa prepara la signora Pardiero per il pranzo con i suoi genitori? Di che cosa ha bisogno per una torta di cioccolato?
9. Che cos'è il Belpaese? Ci sono altri formaggi italiani?
10. Qual è una della Sue pietanze preferite?
11. Che cosa c'è al banco dei latticini?

* Il sostantivo **uovo** è maschile al singolare: **l'uovo.** Al plurale è femminile: **le uova.**

12. Qual è la Sua frutta preferita? E la Sua verdura preferita?

13. Qual è il Suo condimento preferito? E il Suo dolce preferito?

14. Lei è un buon cuoco (o una buona cuoca)? Chi sa cucinare meglio a casa Sua?

15. Che cosa c'è in un frigorifero?

SPIEGAZIONI

I. *Il plurale di* **il, lo, la: i, gli, le**

I genitori del mio amico Mauro sono ricchi.

Nella vita moderna **le** scienze matematiche sono importanti.

Le macchine da corsa sono care.

Gli stranieri sono felici di essere in Italia.

Le ricette della signora Pardiero sono originali.

II. *Il partitivo:* **del, dello, della, dei, degli, delle**

Per il pranzo c'è **della** minestra (**delle** bistecche, **del** gelato di vaniglia, **degli** ortaggi).

Ho **del** denaro. Ho **degli** zii in Italia. C'è **del** lavoro.

Ha **degli** amici intimi. Ci sono **delle** case nuove.

Il partitivo si forma con le forme articolate della preposizione **di: di + il, lo,** ecc. Il significato del partitivo è *some* e *any*.

III. *L'aggettivo dimostrativo* **questo** (**quest'**), **questa** (**quest'**), **questi, queste**

Buon giorno! Come sta **questa** mattina?

Ho molto lavoro **questo** mese!

Questi ortaggi sono molto freschi!

Queste mele sono buone.

Questo, questa, ecc. sono aggettivi dimostrativi: (*this, these*).

Questo è maschile, si usa con un nome maschile:

questo supermarcato, **questo** signore, **questo** giardino, **quest'**albero, **quest'**amico

Questa è femminile, si usa con un nome femminile:

questa sera, **questa** pasta, **quest'**insalata, **questa** famiglia, **quest'**amica

Questi, queste sono rispettivamente il plurale maschile e femminile:

questi signori, **queste** vivande, **questi** spaghetti, **queste** spese

IV. L'aggettivo dimostrativo **quel, quello** (**quell'**), **quella** (**quell'**), **quei, quegli** (**quegl'**), **quelle**

L'aggettivo dimostrativo **quello,** ecc. (*that, those*) segue la forma degli articoli determinativi:

il romanzo — **quel** romanzo   i romanzi — **quei** romanzi
l'insetto — **quell'** insetto   gl'insetti — **quegl'insetti**
lo squadrone — **quello** squadrone   gli squadroni — **quegli** squadroni
la serata — **quella** serata   le serate — **quelle** serate
l'uscita — **quell'uscita**   le uscite — **quelle** uscite

V. Il plurale degli aggettivi possessivi

Il plurale degli aggettivi possessivi maschili (**il mio, il tuo,** ecc.): **i miei, i tuoi, i suoi, i Suoi, i nostri, i vostri, i loro, i Loro:**

Mio padre e mia madre sono **i miei** genitori.
Mia sorella non è ordinata: **i suoi** abiti sono sempre in disordine.
I tuoi componimenti sono corretti.
Siamo contenti quando abbiamo la nostra famiglia e **i nostri** amici.
I vostri amici sono simpatici.
I loro lavori sono finiti.
I Suoi genitori sono molto gentili.

Il plurale degli aggettivi possessivi femminili (**la mia, la tua,** ecc.): **le mie, le tue, le sue, le Sue, le nostre, le vostre, le loro, le Loro:**

Le mie zie non sono a casa.
Le tue sorelle hanno buon gusto.
Lei ha **le Sue** cose?
Quando arrivano **le nostre** amiche?
Le vostre parole sono sincere.
Le loro case sono molto comode.

NOTA: La forma **loro** (**Loro**) è invariabile.

NOMENCLATURA DELLA LEZIONE

Nomi

la coppia   il pasto
la cuoca   il puré
il negozio   la cena

la ricetta	il supermercato
la colazione	la lista
il caffè	il quartiere
il piatto	la specialità
la massaia	il pranzo
il cuoco	lo zucchero
le provviste	

tipi di carne: la bistecca, l'arrosto, il pollo, il vitello.

tipi di verdura: le patate, i fagioli, i fagiolini, le cipolle, i ravanelli, gli spinaci, i pomodori, la lattuga.

tipi di frutta: le mele, le pesche, l'uva, le fragole, le banane, le arance, i limoni.

tipi di latticini: la crema, la panna, il burro, il cacio, la mozzarella, la scamorza, la ricotta.

Aggettivi

leggero (-a)   congelato (-a)

fresco (-a)

Espressioni

Sono davvero fortunato!   Sono sfortunato!

ESERCIZI

I. Esercizi orali: laboratorio

II. Esercizi scritti

A. Completare con l'aggettivo possessivo indicato (mio, mia, miei, mie, suo, sua, suoi, sue, nostro, nostra, nostri, nostre, il loro, ecc.):

1. Mio zio e mia zia sono ricchi. _____ casa è in riva al mare e _____ mobili sono magnifici.
2. Ecco una massaia nella _____ cucina, con _____ provviste e _____ libro di ricette.
3. Giovanni e Andrea hanno una buona fantasia: _____ idee sono divertenti. Però, _____ lavoro non è sempre buono.
4. Ecco _____ cose: _____ quaderno, _____ libri, _____ giornale, _____ giacca. Ha Lei _____ cose? E ha anche _____ chiave?

5. Io non sono ordinato. _____ vestiti sono per terra, sotto _____ letto, sotto _____ poltrona, (su) _____ mobili e _____ quaderni sono (su) _____ scrivania. _____ genitori sono diversi da me: _____ cose sono sempre in ordine.

B. Completare le frasi che seguono con le forme del partitivo:

1. Ho bisogno _____ pane. Hai bisogno _____ pane anche tu?
2. In un tramezzino c'è _____ pane, _____ formaggio o _____ carne.
3. _____ verdura congelata è facile da preparare.
4. Ha _____ denaro, Lei? Sì, ho un _____ denaro. _____ denaro è importante quando non siamo ricchi.
5. Su _____ spiaggia c'è _____ sabbia.
6. Il frigorifero è pieno _____ provviste: c'è _____ latte, _____ lattuga, _____ pomodori, _____ uova, _____ formaggio. C'è anche _____ carne e _____ pollo.
7. _____ ristoranti del mio quartiere non sono troppo costosi. C'è _____ piccolo ristorante all'angolo della mia strada che ha _____ specialità italiane: il mio piatto preferito è il pollo arrosto.

C. Mettere al plurale:

1. Mio fratello ha un cugino.
2. Mia sorella è sempre nella stanza da bagno.
3. La Sua ricetta è ottima! È la migliore per un pasto leggero e sostanzioso.
4. Questo giovane ha una camera al primo piano di questo stabile.
5. L'animale dello zoo è nella sua gabbia.
6. Mio zio ha un quadro di un pittore celebre.
7. Ecco la casa ideale!

COMPONIMENTI

COMPONIMENTO ORALE. SCEGLIERNE UNO:

Descrizione del Suo supermercato preferito.
Che cosa desidera avere per pranzo questa sera? Perchè?

COMPONIMENTO SCRITTO. SCEGLIERNE UNO:

Lei è responsabile della lista delle vivande per questa settimana. Di che cosa ha bisogno la Sua famiglia? Che cosa desidera? Che cosa non desidera? Perchè?
Lei ha un invitato (o un'invitata) di riguardo a pranzo questa sera. Chi è? Perchè è stato (-a) invitato (-a)? Che cosa c'è per il pranzo? Com'è il Suo pranzo? Conclusione.

❊ LEZIONE ❊
TREDICESIMA

I verbi **fare, dire, andare, scrivere, leggere, venire, bere:**
Si fa, si dice, si va, si scrive, si legge, si viene, si beve
Si fanno, si dicono, si va, si scrivono, si leggono, si viene, si bevono

L'imperativo: **faccia, dica, vada, scriva, legga, venga, beva**

STUDIARE LE FRASI CHE SEGUONO:

Affermazione e domanda

Risposta

Sono molto occupato, cioè, **faccio** molte cose. Di mattina faccio il letto e poi la sera faccio i compiti. E **Lei** cosa **fa?**

Qualche volta **faccio** le spese. Oppure, **mio fratello ed io facciamo** dello sport. Nel mese di agosto facciamo un viaggio.

Che cosa **si fa** quando si ha un brutto voto?

Si fa un discorso molto complicato per spiegare al professore i motivi di quel voto.

Dico « Buon giorno » la mattina e « Buona sera » la sera. E **Lei,** cosa **dice?**

Io dico la stessa cosa. Tutti **noi diciamo** « Buon giorno » e « Buona sera ».

Come **si dice** *Good afternoon* in italiano?

Non si dice così. Non si dice che « Buon giorno », « Buona sera » e « Buona notte ».

Ogni mattina **vado** a scuola. Vado a scuola a piedi. Come **va** a scuola **Lei?**

Vado a scuola in macchina. Spesso vado in città con l'autobus.

85

Come **si va** in Europa, generalmente?

La mia famiglia ed io andiamo in Europa durante le vacanze. Se non abbiamo tempo andiamo (**si va**) con l'aereo, altrimenti andiamo (si va) per via mare.

Scrivo spesso delle lettere ai miei amici, e **Lei scrive** spesso?

No, **non scrivo** spesso nè lettere nè* cartoline. **I miei amici ed io scriviamo** solamente quando abbiamo delle notizie importanti.

Quand'è che **si scrive** a tutti gli amici?

A Natale **si scrive** almeno una cartolina a ciascun amico.

Leggo il giornale tutti i giorni. E **Lei** lo **legge** tutti i giorni?

No, solo quando ne ho il tempo. Ogni settimana, però, **leggo** una rivista. A casa mia **leggiamo** anche molti romanzi.

Che giornale **si legge** nella Sua città?

Dipende. **Si legge** molto il *Giornale Indipendente*.

Il sabato **non vengo** a scuola. **Lei viene** a scuola il sabato?

No, il sabato **non vengo** a scuola. **Noi non veniamo** il sabato.

LETTURA

Le stagioni dell'anno

Le quattro stagioni dell'anno sono: la primavera, l'estate, l'autunno e l'inverno.

Che tempo fa in primavera? Spesso fa bel tempo ma qualche volta piove. La pioggia è necessaria per le piante. In primavera non fa caldo e non fa freddo, fa fresco. Gli alberi sono coperti di foglie e gli uccelli fanno il nido. In primavera vado spesso in campagna perchè i germogli degli alberi, dei cespugli e dei prati sono tanto belli. Sfortunatamente veniamo a scuola ogni giorno e questa è anche la stagione degli esami... Ma quando c'è una

---

* **ne...nè:** *neither...nor*

bella giornata primaverile, noi non facciamo attenzione alle spiegazioni dei professori: c'è qualcosa nell'aria... Si ha l'aria di voler studiare, di voler scrivere ma in realtà, nei nostri sogni, siamo già in vacanza...

In estate fa caldo. Spesso fa troppo caldo. Il sole è alto nel cielo. I giorni sono lunghi e le notti corte. Ma l'estate è una stagione piacevole: in estate siamo in vacanza! Durante le vacanze si fanno dei viaggi: si va al mare o in campagna.

Se la gente va in vacanza al mare, passa le giornate sulla spiaggia. Là ognuno si allunga sulla sabbia per tutta la giornata ed i più sportivi fanno del nuoto o dello sport mentre i bambini fanno i castelli di sabbia. In campagna si fanno le passeggiate nei boschi, lungo piccoli sentieri... Il mare e la campagna sono indicatissimi quando si ha bisogno di riposo.

Quando sono in vacanza faccio il campeggio con Bob che ha la macchina. Qualche volta vado con l'autostop. Quando sono in vacanza scrivo molte cartoline postali che dicono: « Un pensiero a tutti ed anche a te, Renato.» Non è un messaggio molto originale ma le persone che leggono queste cartoline sono contente.

In autunno fa ancora bel tempo ma le notti sono già più lunghe e di sera fa più fresco. Le vacanze sono finite! Verso il quindici settembre tutti gli scolari e gli studenti dai quattro ai venticinque anni vanno a scuola perchè è l'inizio dell'anno scolastico. In autunno lo spettacolo della natura è splendido. Ma non si ha più il tempo di fare molte escursioni. Bisogna leggere molti libri, scrivere dei saggi, delle dissertazioni e... dei compiti d'italiano. Tutti gli anni, in autunno, faccio dei progetti per essere uno studente modello e tutti gli anni... Ma, lasciamo andare, è un'altra storia.

Poi viene l'inverno. In inverno fa freddo. Il cielo è coperto di nuvole e fa cattivo tempo. Bisogna portare degli indumenti pesanti, di lana, per non sentire il freddo. Piove spesso. Quando piove abbiamo bisogno dell'impermeabile e dell'ombrello. Qualche volta nevica. Quando c'è della neve sul suolo è uno spettacolo meraviglioso e dopo le lezioni i ragazzi fanno le palle di neve. Il miglior periodo dell'inverno è quello di Natale. Si è in vacanza e si va in montagna. Si fanno degli sport invernali. Io vado sempre a sciare durante le vacanze di Natale. La vita è meravigliosa in un centro di sport invernali! Per tutta la giornata restiamo sui declivi delle montagne o sulle piste. La sera siamo stanchi e tutti i ragazzi e le ragazze stanno intorno ad un gran fuoco. È il momento della conversazione, dei canti di montagna, delle grandi tazze di cioccolata calda, della buona amicizia e forse anche di un po' d'intimità.

È difficile dire se l'inverno sia* più bello dell'estate o viceversa. Tutte le stagioni hanno il loro fascino.

* **sia:** il congiuntivo di **essere**

DOMANDE SULLA LETTURA

1. Quante stagioni vi sono nell'anno? Quali sono le stagioni dell'anno?
2. Che tempo fa oggi? In quale stagione siamo? È un tempo normale per questa stagione?
3. In primavera, di solito, che tempo fa? Descrizione della natura in primavera.
4. In primavera gli studenti sono in vacanza? Cosa fanno in classe quando fuori c'è una bella giornata primaverile?
5. Lei legge un libro interessante questa settimana? Ha il tempo di leggere molto? Perchè? Generalmente quali libri legge Lei con gran piacere?
6. Che tempo fa in estate nella Sua città? Dove va, di solito, per le vacanze?
7. Che si fa al mare? Che si fa in campagna?
8. Lei fa il campeggio? Va con l'autostop? Perchè?
9. In inglese, su una cartolina, si scrive: *Having wonderful time. Wish you were here.* Che cosa si scrive su una cartolina in italiano? Quando scrive Lei le cartoline? E a Natale che cosa scrive?
10. Che cosa fa verso il quindici di settembre? È Lei solamente che deve fare questa cosa o tutti gli altri studenti?
11. Com'è il tempo in autunno? Come sono gli alberi ed i cespugli in autunno?
12. Com'è il tempo, in inverno, nella Sua città? Piove spesso? Piove oggi? Abbiamo bisogno di abiti di lana o di cotone? Perchè? Lei viene in classe quando fa brutto tempo?
13. Lei pratica degli sport invernali? Dove si fa dello sport in inverno?
14. Che cosa si fa in un centro di sport invernali? Dove si sta tutta la giornata? Dove si sta la sera? È quello il momento di leggere e di scrivere?

SPIEGAZIONI

I. I verbi: alcuni verbi irregolari

A. **Fare** (*to do*, *to make*)

La coniugazione del presente indicativo del verbo **fare**:

io **faccio**	noi **facciamo**
tu **fai**	voi **fate**
*egli, ella, Lei **fa**	essi, esse, Loro **fanno**

* **esso, essa**: Questi pronomi si riferiscono rispettivamente a nomi comuni di cose maschili o femminli singolari.

Che cosa **fa Lei?** Leggo un libro.
Faccio i compiti tutti i giorni.

Il verbo **fare** si usa anche in molte espressioni idiomatiche.
Alcune espressioni idiomatiche con il verbo **fare:**

Che tempo fa? Fa bel tempo, fa caldo, fa freddo, fa fresco.
Facciamo attenzione alle spiegazioni del professore.
Faccio un viaggio. Vado a...
Fa una passeggiata.
Facciamo dello sport: dell'atletica leggera, dell'atletica pesante, del nuoto, del canottaggio, ecc.
Faccio dei progetti.
Faccio da mangiare (da cucina).

B. **Andare** (*to go*)

La coniugazione del presente indicativo del verbo **andare:**

io **vado**	noi **andiamo**
tu **vai**	voi **andate**
egli, ella, Lei **va**	essi, esse, Loro **vanno**

Vado a casa, in campagna, in città, al mare, in montagna.

C. **Dire** (*to say; to tell*)

La coniugazione del presente indicativo del verbo **dire:**

io **dico**	noi **diciamo**
tu **dici**	voi **dite**
egli, ella, Lei **dice**	essi, esse, Loro **dicono**

Che cosa **dice? Dico** che fa bel tempo oggi.

D. **Venire** (*to come*)

La coniugazione del presente indicativo del verbo **venire:**

io **vengo**	noi **veniamo**
tu **vieni**	voi **venite**
egli, ella, Lei **viene**	essi, esse, Loro **vengono**

Vengo a scuola tutti i giorni.
I miei amici **vengono** spesso a casa mia.

E. Bere (*to drink*)

La coniugazione del presente indicative del verbo **bere**:

io **bevo**	noi **beviamo**
tu **bevi**	voi **bevete**
egli, ella, Lei **beve**	essi, esse, Loro **bevono**

F. Scrivere (*to write*) e **leggere** (*to read*)

Questi due verbi non sono irregolari al presente indicativo. Ecco, la coniugazione di **scrivere**:

io **scrivo**	noi **scriviamo**
tu **scrivi**	voi **scrivete**
egli, ella, Lei **scrive**	essi, esse, Loro **scrivono**

Ed ecco la coniugazione di **leggere**:

io **leggo**	noi **leggiamo**
tu **leggi**	voi **leggete**
egli, ella, Lei **legge**	essi, esse, Loro **leggono**

Scriviamo i compiti e **leggiamo** i libri di testo.
Qualche volta **leggiamo** dei romanzi.
Molte persone non **leggono** romanzi.

II. Si fa, si fanno, si dice, si dicono, si scrive, si scrivono, si va, ecc. *ed anche* si è, si ha

Sono studente e vado all'università: quando **si è** studenti **si va** all'università. Quando **si è** più giovani **si va** alla scuola elementare. In italiano non **si dice** « OK ». Che cosa **si dice?** **Si dice** « va bene ».
Se **si fa** attenzione **non si fanno** errori.
In inverno **si ha** bisogno di abiti pesanti.
Che cosa **si fa** quando **si è** in vacanza? **Si scrive, si legge, si fanno** delle gite.

Si fa, si dice, si scrivono, ecc: Questa costruzione si usa spesso in italiano. Si devono usare le forme **si fa, si dice,** ecc. per esprimere *you, we, they, one* quando hanno il significato di *people*, e per esprimere il passivo (*the passive voice*): **si dice** significa *one says*, oppure *is said*.

III. L'imperativo: **faccia, dica, vada, scriva, legga, venga, beva**

L'imperativo è quella forma del verbo che esprime **un invito** o **un ordine.*** L'imperativo si coniuga senza i pronomi soggetto. Ecco alcune forme:

Fare	**Andare**
fa'	va'
faccia	vada
facciamo	andiamo
fate	andate
facciano	vadano

Faccia il compito.
Facciamo un viaggio insieme.
Non **faccia** chiasso.

Vada alla lavagna.
Andiamo al mare.
Non **vada** nella neve senza scarpe.

Scrivere	**Dire**
scrivi	di'
scriva	dica
scriviamo	diciamo
scrivete	dite
scrivano	dicano

Scrivete sul foglio
Non scrivano quell'esercizio.
Scrivi a penna.

Dite a Carlo che ora è.
Non dica « OK » in italiano.
Non dicano « ciao » al professore.

Leggere	**Venire**
leggi	vieni
legga	venga
leggiamo	veniamo
leggete	venite
leggano	vengano

Legga attentamente le istruzioni.
Non leggano le lettere degli altri.

Questa sera **venga** pure a casa mia.
Venite a vedere la nostra biblioteca.

* Vedere le forme complete dell'imperativo nell'Appendice B.

Bere
bevi
beva
beviamo
bevete
bevano

Se hai sete **bevi** pure tutto il bicchiere.   **Beviamo** allo salute di Renzo!

NOMENCLATURA DELLA LEZIONE

Nomi

l'estate   le vacanze (la vacanza)
l'inverno   il nuoto
l'autunno   il canottaggio
la primavera   l'atletica
la giornata   la passeggiata
il bosco   il campeggio
il fuoco   l'autostop
il declivio   la cartolina postale
la pista   l'inizio
la canzone   lo spettacolo
l'intimità   l'escursione
il fascino   il progetto
la lana   il cielo
la stagione   il sole
la foglia   la nuvola
il nido   la palla di neve
il cespuglio   la pianta

Aggettivi

lungo (-a)   breve
caldo (-a)   corto (-a)
pesante

Verbi

andare   scrivere
bere   leggere
dire   venire
fare

Espressioni

fa bel tempo (caldo, freddo,
  fresco, brutto tempo)
faccio da mangiare
faccio dello sport
faccio un viaggio
faccio un campeggio

faccio dei progetti
faccio il compito
in estate
in inverno
in autunno
in primavera

ESERCIZI

I. Esercizi orali: laboratorio

II. Esercizi scritti

A. Indicare la forma del verbo che corrisponde alla domanda:

> *Es.:* Lei è? **Io sono.**

1. Scrive Lei?
2. Dice Lei?
3. Fa Lei?
4. Faccio?
5. Siamo?
6. Si legge?
7. Siete?

8. Va Lei?
9. Leggete?
10. Dice Lei?
11. Si fa?
12. Si dice?
13. Sono essi?
14. Viene Lei?

B. Rispondere alle domande che seguono con una frase completa:

> *Es.:* Lei va all'università? **Sì, vado all'università.**

1. Come si va in Europa?
2. Che cosa fa Lei ora?
3. Dove andate dopo la lezione d'italiano?
4. Come viene Lei a scuola?
5. Lei fa molti errori?
6. Con che cosa si scrive?
7. Che cosa legge Lei ogni giorno?
8. Io sono il professore. Faccio molti errori di pronuncia in italiano?
9. Quando si fanno gli sport invernali?
10. Dove si fa del nuoto?

C. Usare ciascuna espressione idiomatica in una frase.

Es.:   Quando non faccio attenzione, **faccio sempre molti errori.**

1. tutto il giorno
2. tutta la notte
3. fare da mangiare

4. fare caldo
5. fare i compiti
6. fare dello sport

COMPONIMENTI

COMPONIMENTO ORALE:

La Sua stagione preferita. Che tempo fa? Descrizione della natura, della città, della gente. Quali sono le Sue attività durante questa stagione?

COMPONIMENTO SCRITTO:

Un anno tipico della Sua vita di studente. Ogni stagione e le sue caratteristiche.

❀ LEZIONE ❀
QUATTORDICESIMA

I verbi del primo gruppo:
Amare, arrivare, sperare, pranzare, cenare, parlare, restare, trovare, abitare
Costruzione con due verbi consecutivi:
Desidero pranzare al ristorante. Spero di andare in vacanza.

STUDIARE LE FRASI CHE SEGUONO:

Affermazione e domanda	*Risposta*
Abito a Torino. Dove **abita Lei?**	**Abito** a San Francisco.
Amiamo la musica. **Amano** la musica anche **Loro?**	Sì, anche **noi amiamo** la musica, ma non tutti i generi.
Ama l'arte **Giovanni?**	**Giovanni ama** la pittura.
A che ora **arriva** in classe **Lei?**	**Arrivo** alle otto. Tutti gli **studenti arrivano** alle otto.
Io pranzo al ristorante. E **Lei** dove **pranza?**	Oggi **io pranzo** a casa. Ma questa sera **ceno** in città con degli amici. **Ceniamo** al « Grappolo d'uva ».
Carlo parla bene italiano. E Lei?	Anch'**io parlo** italiano. Parlo italiano molto bene. I miei **amici ed io parliamo** spesso italiano.
Questo sabato **resto** a casa. **Resta** a casa anche **Lei?**	No, **non resto** a casa. Vado in montagna. Ma i miei **genitori restano** a casa.

Trovo che questa lezione è interessante. E **Lei,** quale lezione **trova** interessante?

Io trovo che questa lezione è difficile. Ma trovo che la lezione di letteratura è meravigliosa e appassionante.

Io regalo spesso qualche cosa ai poveri. E **Lei, regala** niente ai poveri?

Sì, qualche volta **regalo** loro qualche cosa.

Desidero andare al concerto. Ma non desidero andare al cinema. E Lei?

Io desidero sopratutto **andare** a teatro. Ed **amo** molto **andare a ballare.**

Penso di restare a casa a guardare la televisione quando c'è un buon programma. E **Lei,** che cosa **pensa di fare?**

Anch'**io penso di restare** a casa. Ma, in questo caso, **desidero leggere** un buon libro o **scrivere** delle lettere. Generalmente **non guardo** la televisione; **ascolto** dei dischi.

Un giorno **vorrei essere** celebre. E Lei?

Io vorrei scrivere un libro importante, ma molte persone celebri non sono felici. Allora è meglio **restare** sconosciuti...

LETTURA

Divertimenti e svaghi

Sabato sera. È tardi, dopo un ricevimento. Giovanni e Barbara sono seduti davanti ad una tazza di caffè (freddo...) al ristorante del "Grappolo d'uva". Parlano dei loro gusti, delle loro preferenze e delle loro distrazioni.

GIOVANNI.   Sono sicuro che ami molto la musica; balli così bene!

BARBARA. Sei molto gentile*, ma io ballo male. Tu, invece, balli benissimo. Ma amo molto la musica, sopratutto la musica classica e quella operistica. Vado al concerto ogni volta che eseguono musica di Vivaldi o di Bellini. È il mio svago preferito.

GIOVANNI. Ma guarda! Preferisci quella musica? Non io. Di solito vado a sentire musica jazz. Perchè non andiamo qualche sera a sentire il jazz? Conosco un locale che è veramente buono.

BARBARA. Io trovo che il jazz è difficile. Bisogna essere esperti... Cosa fai domani?

GIOVANNI. Domani? È vero, è domenica. Oh, resto certamente a casa a scrivere quel tema per il corso di scienze politiche. E tu, cosa fai?

BARBARA. Vado a casa di Carol. Spesso studiamo insieme. Mi piace molto studiare con lei; è così brava. Oppure studio con Monica. Spero di essere promossa agli esami di questa primavera.

GIOVANNI. Trovi che Monica sia intelligente? Mia sorella? Barbara, tu sei pazza! Io trovo che mia sorella è un po' scema.

BARBARA. Lei dice la stessa cosa di te, « Mio fratello è uno scemo » oppure « Mio fratello è pazzo »... Ma, mi piace** Monica e parlo spesso italiano con lei.

GIOVANNI. Bisogna parlare italiano anche con me, sono molto più interessante di lei. Fai dello sport?

BARBARA. Dipende dallo sport. Tu giochi al calcio, alla palla ovale. Sono degli sport per uomini. Io, invece, vado a cavallo, in bicicletta, faccio delle passeggiate a piedi, gioco a tennis. Ma soprattuto mi piace sciare. È il mio sport preferito.

GIOVANNI. Allora ho un'idea! Andiamo a sciare durante le vacanze di Pasqua, se c'è la neve. Invito Bob, Carol e qualche altro e se dicono di sì, abbiamo già organizzato le vacanze. Mi piace molto l'ordine e detesto il disordine. Per esempio, mi piace giocare a scacchi. E tu giochi mai a scacchi?

BARBARA. Sì, ma non troppo bene. Gioco a carte, ma non ho il tempo di giocare spesso. Giovanni, tu ami gli animali, non è vero? Vorrei visitare uno zoo con te. Trovo gli animali più simpatici della gente.

GIOVANNI. Hai proprio ragione! Un giorno spero di diventare un veterinario, perchè amo davvero gli animali. Spero di avere molti animali e di fare tutto quello che posso per loro. Andiamo allo zoo la settimana prossima. Desideri andare al cinema?

BARBARA. Sì, vado al cinema quando c'è un buon film. Preferisco generalmente i film europei. Mi piace arrivare all'inizio del film. Odio arrivare a metà dello spettacolo. Ma quando il film è proprio pessimo, non ci resto affatto.

* **Sei gentile** (Lei è gentile): *In Italian you do not answer "Thank you" to a compliment.*
** **Mi piace** *literally means "pleases me".*

GIOVANNI.   È esattamente quello che penso anch'io. Non posso concepire di rimanere solamente per il prezzo del biglietto. Due ore della giornata o della serata sono molto più importanti del prezzo del biglietto. Barbara, ti piace far la cucina?

BARBARA.   A dire il vero, è appunto ciò che preferisco. Di solito mi piace di più cucinare che pranzare al ristorante! Io preparo delle vivande squisite: la mia specialità è il pollo alla cacciatora. Ma faccio anche un minestrone che nessuno rifiuta mai...

GIOVANNI.   (sempre più entusiasmato) Senza scherzi! Il pollo alla cacciatora mi piace moltissimo e poi sono un esperto di buona cucina. Sono sempre felice di mangiare bene. Difatti, quando la cucina è buona io mangio sempre troppo.

BARBARA.   Vieni a mangiare a casa mia domani. Ho un'altra idea. Non studio con Carol. Resto a casa, preparo un buon pranzetto e mangiamo insieme. E dopo, che facciamo?

GIOVANNI.   Senti Barbara. Anch'io ho un'idea. Desideri andare allo zoo? Bene, mangiamo presto, a mezzogiorno per esempio, e poi andiamo allo zoo. E per ringraziarti della tua cortesia, io ti invito a pranzo. Pranziamo in un piccolo ristorante economico e poi andiamo a sentire del jazz.

BARBARA.   Giovanni, tu sei unico, sei fantastico, sensazionale, magnifico! Ti voglio bene! Ci piacciono le stesse cose...

GIOVANNI.   (modesto) Barbara, penso che tu esageri* un po'... Non sono unico! Sono solamente un tipo molto raro. Ma bisogna dire anche che sono un uomo notevole!

DOMANDE SULLA LETTURA

1. Dove sono Giovanni e Barbara? Cosa fanno?
2. Come balla Barbara? Giovanni balla meglio di lei? Lei balla bene o male? Balla spesso Lei?
3. Barbara ama la musica? Lei ama la musica? Dove si va quando si desidera sentire della musica? Che musica preferisce Lei?
4. Come trova il jazz Lei? E la musica classica? C'è un buon locale per la musica jazz nella Sua città? Va spesso a sentire dei concerti Lei?
5. Che cosa fa Barbara domani? E Lei, che cosa fa domani?
6. Si studia meglio quando si studia con un'altra persona? Lei preferisce studiare da solo o con un amico? Studia spesso la domenica pomeriggio?
7. Fa degli sport? Quale sport preferisce Lei?
8. Fa delle passeggiate? Lei va a fare le spese? Preferisce andare in biblioteca o guardare la televisione?

* **esageri**: congiuntivo di **esagerare**

9. Lei parla italiano con i Suoi amici? Parla anche un'altra lingua? Quale lingua parla meglio Lei?

10. Desidera andare al cinema? Quali film preferisce? Preferisce un film di avventure o un film filosofico?

11. Gioca a scacchi? Gioca a carte? Preferisce giocare a carte o fare dello sport?

12. Giovanni ama o odia il disordine? E Lei, ama l'ordine o la confusione? Quale qualità preferisce Lei nella personalità dei suoi amici: la fantasia, l'originalità o, al contrario, l'organizzazione, il senso dell'ordine, la metodicità?

13. Come trova gli animali Barbara? Cosa vorrebbe visitare? Anche Giovanni ama gli animali? Lei ama gli animali?

14. Lei sa sciare? In quale stagione si scia? Dove? C'è della neve ora nella Sua città? Quale stagione preferisce? Perchè?

15. Le piace cucinare? Preferisce cucinare o pranzare al ristorante? Pranza a casa oggi?

16. Che cosa fanno Barbara e Giovanni domenica? Racconti la giornata. Che cosa fa Lei domenica?

SPIEGAZIONI

I. I verbi del primo gruppo o i verbi in **-are**

In questa lezione ci sono molti verbi in **-are:** am**are**, arriv**are**, ascolt**are**, pranz**are**, rest**are**, trov**are**, stud**iare**, invit**are**, sper**are**, od**iare**, mang**iare**, ringraz**iare**, esager**are**, ecc.

La maggior parte dei verbi è in questo gruppo.

I verbi nuovi come telefon**are**, telegraf**are**, pressurizz**are**, ecc. sono inseriti nel primo gruppo.

Tutti i verbi in **-are** sono regolari eccetto **andare, dare, fare, stare.**

A. Coniugazione dei verbi in **-are:**

io **pranzo** a mezzogiorno	**-o**
tu **pranzi**	**-i**
egli, ella, Lei **pranza**	**-a**
noi **pranziamo**	**-iamo**
voi **pranzate**	**-ate**
essi, esse, Loro **pranzano**	**-ano**

B. Le forme interrogative:

Pranzo io?	(Io) pranzo?
Pranzi tu?	(Tu) pranzi?
Pranza egli (ella, Lei)?	(Egli, ecc.) pranza?
Pranziamo noi?	(Noi) pranziamo?
Pranzate voi?	(Voi) pranzate?
Pranzano essi (esse, Loro)?	(Essi, ecc.) pranzano?

C. Verbi in **-are** preceduta dalla vocale **i** (sveg**liare,** sbuc**ciare,** incro**ciare,** ecc.):

io sveglio	io sbuccio
tu svegl**i**	tu sbucc**i**
egli, ella, Lei sveglia	egli, ella, Lei sbuccia
noi sveg**liamo**	noi sbucc**iamo**
voi svegliate	voi sbucciate
essi, esse, Loro svegliano	essi, esse, Loro sbucciano

D. Verbi in **-are** preceduta da **c** o **g** (cer**care,** va**gare,** ecc.):

io cer**co**	io va**go**
tu cer**chi**	tu va**ghi**
egli, ella, Lei cer**ca**	egli, ella, Lei va**ga**
noi cer**chiamo**	noi va**ghiamo**
voi cer**cate**	voi va**gate**
essi, esse, Loro cer**cano**	essi, esse, Loro va**gano**

II. Il posto dell'avverbio

L'aggettivo va col nome ed è, come il nome, maschile o femminile, singolare o plurale.

L'avverbio va col verbo. È **invariabile.** Di solito l'avverbio segue il verbo.

> Piero parla **bene** italiano.
> Giovanni ama **molto** le arti.
> Noi andiamo **spesso** al cinema.
> Essi fanno **sempre** errori d'ortografia.
> Io scrivo **rapidamente** ma leggo **molto lentamente.**

ATTENZIONE: Il comparativo di **bene** è **meglio**.

Io parlo **bene** italiano ma Giovanni parla **meglio**.

III. Costruzione con due verbi consecutivi: **Mi piace andare, preferisco leggere, amo contemplare,** *ecc.*

> **Mi piace andare** al concerto.
> **Ci piace restare** all'ombra.
> **Preferisco viaggiare** in aereo.
> Mario **ama contemplare** la natura.

Quando vi sono due verbi consecutivi, come negli esempi precedenti, **il secondo verbo è sempre all'infinito.**

> Mi piace **molto** sciare.
> Preferisco **sempre** restare a casa mia.

Quando vi sono due verbi consecutivi, l'avverbio viene dopo il verbo che modifica. Questo è di solito, il primo verbo. Dunque, **l'avverbio è generalmente dopo il primo verbo.**

IV. **Io ascolto** *la radio;* **io guardo** *la televisione.*

Notare la costruzione di questi due verbi. (In inglese hanno una costruzione diversa). In italiano hanno un oggetto diretto:

> **Noi ascoltiamo la musica** di Martucci.
> **Essi guardano i corridori** del giro d'Italia.

ATTENZIONE: Non si dice: *io ascolto a . . . ; io guardo a . . .*

NOMENCLATURA DELLA LEZIONE

Nomi

il teatro	un posto
il disco	il veterinario
il gusto	il pollo
la preferenza	il locale
l'invito	un tipo

Aggettivi

celebre	scemo (-a)
sconosciuto (-a)	europeo (-a)
fantastico (-a)	sensazionale
pazzo (-a)	unico (-a)
notevole	magnifico (-a)

Espressioni

in città	senza scherzi!
a casa mia (tua, sua, ecc.)	

ESERCIZI

I. Esercizi orali: laboratorio

II. Esercizi scritti

A. Mettere al plurale. (Il significato della frase indica le parole che restano al singolare.)

1. Il mio amico guarda il programma televisivo che ricorda.
2. Io resto in cucina ma poi preparo la tavola.
3. Tu ami rimanere in campagna durante la primavera.
4. Egli ama la solitudine ma tu sei più contento insieme ad una bello ragazza.
5. Irma studia e passa tutta la serata in biblioteca. Ma quando arriva l'esame è stanca e dice che la domanda è troppo difficile e che il professore è severo.

B. Mettere al negativo:

1. Mi piace la matematica perchè è una materia appassionante.
2. Fa dello sport perchè è robusto.
3. Pensa di andare al concerto.
4. Vado in vacanza presto. Ho del denaro e desidero visitare dei luoghi celebri.

C. Mettere l'avverbio:

1. Noi non facciamo il compito.   (sempre)
2. Ascolta il professore.   (attentamente)
3. Io faccio la cucina.   (spesso)

4. Non desidera giocare a scacchi.   (mai)
5. Parlo italiano ora.   (meglio)
6. Spero di andare in vacanza.   (proprio)

D. Completare la frase con un altro verbo all'infinito:

Es.:   Quando si va in campagna, **si ama restare all'aperto.**

1. Quando non si ha denaro, si deve...
2. Mi piace la buona cucina ma preferisco...
3. Non ha molto denaro, desidera...
4. Quando fa caldo, non amiamo...
5. Resto in biblioteca questa sera perchè devo...

COMPONIMENTI

COMPONIMENTO ORALE. SCEGLIERNE UNO:

Che cosa desidera fare? Che cosa non desidera fare? Che cosa detesta Lei?
Che tipo di persona ammira Lei? (Ammiro le persone che...) Che tipo
   di persona detesta Lei?
Che cosa fa durante una giornata ordinaria all'università?
Il pranzetto di Barbara per Giovanni.

COMPONIMENTO SCRITTO. SCEGLIERNE UNO:

Immaginare la giornata di Giovanni e Barbara (il pranzo, lo zoo, la cena,
   ecc.). Scrivere il componimento in parte sotto forma di racconto, in parte
   sotto forma di dialogo.
Quali sono i suoi svaghi preferiti?
Che cosa fa durante le vacanze Lei?

❋ LEZIONE ❋
QUINDICESIMA

I pronomi complemento (diretto e indiretto):
**lo, la, La, li, Li, le, Le   mi, ti, ci, vi   gli, le, Le, loro,
Loro**

STUDIARE LE FRASI CHE SEGUONO:

Affermazione e domanda	*Risposta*
Io leggo **il giornale.** E tu, **lo** leggi?	Sì, anch'io **lo** leggo.
Guardo **la televisione. La** guardo di sera. E Lei la guarda?	No, non **la** guardo perchè devo studiare.
Io amo **gli animali. Li** amate voi?	Anche noi **li** amiamo.
Do un assegno **al negoziante. Gli** do un assegno. E Lei gli dà un assegno?	No, non **gli** do un assegno. Gli do del denaro.
Signore, **La** prego di scrivere il Suo indirizzo su questo foglio. **Le** do anche la penna. Va bene?	Sì, grazie. Anch'io sono ben felice di scriver**Le** appena possibile.
Tu scrivi **ai tuoi genitori?**	Sì, scrivo **loro.** Mia sorella ed io scriviamo loro molto spesso.
« Io **ti** amo » dice il giovane alla signorina. Che cosa gli dice la signorina?	Se lo ama gli dice: « Anch'io **ti** amo ».

104

Parlate a **queste persone?** No, non parliamo loro perchè non **le** troviamo simpatiche. Voi parlate loro?

Sì, noi parliamo loro perchè **le** troviamo simpatiche e le vediamo con piacere.

Il professore **ci** trova intelligenti?

Sì, **ci** trova intelligenti e ci dà buoni voti.

Desidera fare **l'esercizio?**

Sì, desidero **farlo** e desidero **finirlo** presto.

Lei preferisce scrivere al suo amico o telefonargli?

Preferisco telefonargli. Non desidero scrivergli.

Visiterà il giardino zoologico domani?

Sì, lo visiterò con Giovanni.

Manda una lettera **a Maria** ora?

Sì, ora **le** mando una lettera.

Pensa di vedere i suoi genitori sabato?

No, non penso di vederli sabato ma forse domenica.

LETTURA

Meglio di Cristoforo Colombo!

La mia famiglia ha la passione dei viaggi. Abbiamo questa passione perchè, quando si viaggia, si ha la possibilità d'incontrare delle persone interessanti, di visitare dei luoghi pittoreschi o dei monumenti celebri.

Prima della partenza bisogna fare molti preparativi. Bisogna pensare all'itinerario; noi lo facciamo insieme ed è molto divertente. Bisogna decidere la data di partenza. È mio padre che la decide. Poi bisogna preparare i bagagli e questo lo fa mia madre.

Quest'anno andiamo in Europa perchè i miei genitori celebrano il ventesimo anno delle loro nozze e l'Europa è la scelta di mia madre. Allora, oggi, eccomi in un' agenzia di viaggi con mia madre. È l'Agenzia Atlante e mia madre domanda delle informazioni all'agente di viaggi.

MIA MADRE. Vorrei avere delle informazioni, per favore. Lei raccomanda di andare a Napoli per via mare o per aereo? Mio marito ed io andiamo in Europa e portiamo i nostri due figli con noi.

L'AGENTE.　Dipende, signora. L'aereo è rapido e glielo raccomando se non ha molto tempo a disposizione. La nave è lenta ma molto piacevole se Lei ha del tempo.

MIA MADRE.　Il tempo? Oh, noi l'abbiamo...

IO.　Ma non vale la pena di trascorrere una settimana a bordo di una nave quando c'è la possibilità di fare lo stesso viaggio in dieci ore! Io preferisco l'aereo.

MIA MADRE.　Non io. Soffro il mal d'aria.

L'AGENTE.　Che strano! E non soffre il mal di mare?

MIA MADRE.　No, il mare non mi fa male. Mio marito mi dice che è una cosa del tutto psicologica. Devo dire che in aereo ho paura, ma che non ho paura sul piroscafo. E mi diverte molto passare qualche giorno sulla nave! È il miglior periodo delle mie vacanze. La cucina è squisita ed io non devo farla. E che servizio! Ah, caro Lei, quando si è donna di casa queste cose si apprezzano!

L'AGENTE.　Allora Le prenoto dei posti sul Michelangelo. È la migliore nave di linea della Compagnia di Navigazione Italia ed io la raccomando a tutti i miei clienti.

IO.　Ma io preferisco viaggiare in aereo come pure mio fratello. Vedi, mamma, non lo trovi più moderno, più pratico e più interessante di questa nave? Noi non siamo Cristoforo Colombo!

MIA MADRE.　Che ingrati! Vi porto in Europa su una nave di lusso e non siete ancora contenti? Noi facciamo questo viaggio per celebrare il nostro ventesimo anniversario di nozze; lo organizziamo a nostro gusto, tuo padre ed io. Se non sei contento, resta a casa. Hai la scelta: o la nave o niente viaggio.

IO.　Allora, in questo caso, vengo con te, con la nave, con la canoa o con... la zattera.

MIA MADRE.　Ah, i ragazzi! Non bisogna ascoltarli. Signore, mi può dare delle informazioni sugli alberghi? C'è un buon albergo centrale?

L'AGENTE.　Le prenoterò* alcune stanze all'Albergo Miramare. Le raccomando quest'albergo. I prezzi sono ragionevoli e i miei clienti lo trovano eccellente.

MIA MADRE.　Molto bene. Mi fido** della Sua opinione. Per favore, mi faccia le prenotazioni ed i biglietti. Bisogna portare molti bagagli? Ho bisogno di vestiti. Bisogna comprarli qui o in Europa?

L'AGENTE.　Molta gente li compra in Europa. Dicono che li trovano molto eleganti, specialmente in Italia. Sono abbastanza economici ed anche eleganti e diversi da quelli che si trovano qui.

MIA MADRE.　Allora non li compro qui; li compro in Europa. Non ho bisogno di molti bagagli, fortunatamente.

* (io) **prenoterò**: il futuro di **prenotare**
** **mi fido**: *I rely upon* (*put my trust in*)

L'AGENTE. Signora, sono a Sua disposizione e desidero fare del mio meglio per prepararLe un viaggio assolutamente meraviglioso. E per Lei, signore, ho una piccola sorpresa per migliorare il Suo viaggio per mare: viaggerà* proprio sul Michelangelo un gruppo di signorine che vanno in Europa per il concorso di Miss Mondo. Ci sono poche persone giovani nella lista dei passeggeri ed allora Le prenoto un posto alla loro tavola, nella sala da pranzo...se Lei permette.

10.   Ma prego, prego; Lei ha il mio permesso, certamente! E La ringrazio molto. Lei è un genio! Preferisco assolutamente la nave a tutti gli altri mezzi di trasporto. Io lo dico sempre ma nessuno mi ascolta! È un viaggio fantastico! Meglio di Cristoforo Colombo!

DOMANDE SULLA LETTURA

(Usare un pronome—lo, la, li, le, mi, gli, le, loro—quando è possibile.)

1. Quali sono i membri di questa famiglia? Amano i viaggi? Perchè li amano? Li ama Lei?
2. Chi prepara i piani? Chi decide la data della partenza? Chi fa i bagagli?
3. Dove vanno i membri di questa famiglia quest'anno? Perchè?
4. La madre del giovane parla all'agente di viaggi. Che cosa gli domanda?
5. Che mezzo di trasporto le raccomanda l'agente? Qual è il miglior mezzo di trasporto se abbiamo fretta? E se abbiamo molto tempo a disposizione?
6. Ha il mal d'aria? E il mal di mare, lo soffre? Perchè? Ha ragione suo marito? Lei soffre il mal di mare? E il mal d'aria?
7. Lei preferisce la nave o l'aereo per un viaggio lungo? Vorrebbe fare un viaggio in aereo?
8. La signora apprezza il servizio di bordo. Suo figlio non lo apprezza. Perchè? Perchè preferisce l'aereo?
9. Quale nave raccomanda l'agente ai suoi clienti? Perchè? Qualche volta Lei raccomanda la Sua rivista preferita? Quale programma televisivo mi raccomanda Lei?
10. Il giovanotto è contento della scelta di sua madre? Perchè? Come trova l'aereo il giovane? E la nave?
11. Quando la madre dice al figlio che può scegliere tra la nave o il rimanere a casa, cosa dice egli? La madre ha ragione o torto? Bisogna sempre ascoltare i ragazzi?
12. Quale albergo raccomanda l'agente alla signora? Come lo trovano i suoi clienti?
13. Come sono i vestiti in Europa? Questa signora compra gli abiti negli Stati Uniti o in Europa? Qual è il vantaggio?

* viaggerà: il futuro di viaggiare

14. C'è una sorpresa per il giovane alla fine della conversazione? È una buona o una cattiva sorpresa? Qual è questa sorpresa?
15. Il giovane preferisce la nave ora? Perchè? Che cosa preferisce sopratutto?

SPIEGAZIONI

I. I pronomi complemento

A. I pronomi di **complemento diretto** sostituiscono un nome senza preposizione:

> Preferisco **l'**aereo — io **lo** preferisco.
> Guardo **la** televisione — **La** guardo.
> Amiamo **i nostri** genitori — **Li** amiamo.
> Signore, **La** conosco bene.
> I nostri genitori **ci** amano.
> Il giovanotto dice alla fidanzata: « **Ti** amo ».
> Il professore **mi** trova intelligente.

Lo, la, La, li, le, Li, Le, mi, ti, ci, vi sono i pronomi di complemento diretto, cioè sostituiscono il complemento di oggetto diretto.*

B. I pronomi di complemento indiretto che sostituiscono **a** + **l'oggetto:**

> Parliamo **a mia madre** — **Le** parliamo.
> Raccomanda un albergo **ai suoi clienti** — Raccomanda **loro** un albergo.
> **Dà** i biglietti **alle ragazze?** Sì, dà **loro** i biglietti.
> Lei dà il Suo indirizzo **al negoziante?** Sì, **gli** do il mio indirizzo.
> **Gli** dà un assegno? No, non **gli** do un assegno. **Gli** do del denaro.

---

* *To recognize a direct object pronoun and an indirect one, you may ask yourself the question, "What"? or "Whom"? If you have an answer to that question, it is the direct object:*

> Amo mia madre. Chi? "Mia madre" *is the direct object.*
> Guardo la televisione. Che cosa? "La televisione" *is the direct object.*

If you cannot answer the question, "What"? or "Whom"?, but need instead to ask, "To whom"? or "Of whom"? or "To what"? or "Of what"?, in other words, if you need a preposition to word your question, then you are dealing with an indirect object.

> Parlo a mia madre. A chi? (to whom?): « A mia madre ». « A mia madre » *is an indirect object.* « Io **le** parlo ».
> Mario domanda degli schiarimenti all'agente. Che cosa? (what?): « schiarimenti ». « Schiarimenti » *is direct.* A chi? (of whom?): « All'agente ». « All'agente » *is indirect.* « **Li** domanda all'agente » *or* « Gli domanda degli schiarimenti ».

Ecco il Suo biglietto. Io **Le** raccomando di non essere in ritardo.
Signori, posso dare **Loro** delle informazioni?

Per le altre persone **mi, ti, ci** e **vi** il pronome diretto è uguale al pronome indiretto:

> Il professore **ci** parla.
> « **Vi** raccomando questo albergo » dice l'agente.

I pronomi complemento sostituiscono un nome di persona o di cosa.

C. Posizione dei pronomi complemento:

> Guardo **la televisione** — Io **la** guardo.
> Non vedo **la macchina** — Non **la** vedo.
> Io ho **la macchina. L'ha** Lei?
> Che cosa **mi** dice, il professore?

Il pronome complemento è davanti al verbo coniugato.

> Preferisce guardare **la televisione** — Preferisce **guardarla.**
> Non desidero guardare **la televisione** — Non desidero **guardarla.**
> A Maria piace guardare **la televisione.** Le piace **guardarla.**

Quando dipende dall' infinito, il pronome complemento segue il verbo e forma una sola parola con l'infinito.

NOTA: Il pronome indiretto **loro** (**Loro**) segue sempre il verbo.

> L'agente dà l'indirizzo **alle ragazze** — L'agente dà **loro** l'indirizzo.
> Prenota **loro** dei posti sulla nave.

II. **Ho paura di ... Sono contento di ... Ho il tempo di ...**

> Sono contento **di** andare in Europa.
> Noi abbiamo il tempo **di** fare un viaggio.
> Siamo felici **di** fare la Sua conoscenza.
> Ha il tempo **di** studiare.
> Ho paura **di** fare un errore.
> Questa signora ha l'intenzione **di** fare un viaggio.

Generalmente dopo un aggettivo o un nome abbiamo la preposizione **di** davanti ad un infinito.

III. **Rapido, lento** (*aggettivi*). **Rapidamente, lentamente** (*avverbi*).

> **L'aereo** è **rapido. La nave** è **lenta.**
> Ho dieci minuti per mangiare: mangio **rapidamente.**
> Ho un'ora per studiare: studio **lentamente.**

Un **aggettivo** qualifica un nome.
Un **avverbio** modifica un verbo.

NOMENCLATURA DELLA LEZIONE

Nomi

un luogo (posto)

un permesso

un monumento

un mezzo di trasporto

una partenza

una scelta

i preparativi

un'agenzia di viaggi

i bagagli

i ragguagli

il centro

le informazioni

l'opinione

la nave di linea

un biglietto

l'aereo (l'aeroplano)

una prenotazione

il mal d'aria

un gruppo

il mal di mare

un concorso

il servizio

un concorso di bellezza

un cliente

una lista

un albergo

una canoa

una zattera

Aggettivi

pittoresco (-a)

ragionevole

celebre

psicologico (-a)

rapido (-a)

elegante

lento (-a)

soddisfatto (-a)

Verbi

visitare (un luogo, un monumento,
    una città)

apprezzare

telefonare

dare

mangiare

prenotare

decidere

comprare

raccomandare

portare

passare (le vacanze, una settimana,
    il tempo)

accompagnare

ascoltare (una per-
sona, la radio)

Espressioni

Domandare degli schiarimenti

Fidarsi di

ESERCIZI

I. Esercizi orali: laboratorio

II. Esercizi scritti

A. Sostituire le parole in grassetto (*boldface*) con un pronome: **lo, la, li, le, mi, ci, vi, loro.**

1. Giovanni invita **Barbara** a visitare lo zoo.
2. Ella dice **a Giorgio** che preferisce un cane.
3. L'agente raccomanda **l'Albergo Miramare** alla signora Martin.
4. L'agente raccomanda l'Albergo Miramare **ai signori Martin.**
5. Preferisce leggere **il giornale** di sera.
6. Preferisce **il jazz.**
7. Noi facciamo **la cucina.** Oggi mia madre non è a casa.
8. Lei ha **la risposta?** No, non ho **la risposta.**
9. Scrive **ai Suoi genitori** Lei?

B. Rispondere alle domande usando una frase con un pronome complemento:

> *Es.:*   Guarda **la televisione** Lei?   Sì, **la** guardo.
> No, non **la** guardo.

1. Dice sempre **la verità?**
2. Si domandano alcuni schiarimenti **all'agente di viaggi?**
3. Che cosa raccomanda **ai suoi clienti?**
4. Perchè Lei preferisce **l'aereo?**
5. Desidera parlare **italiano?**
6. Perchè Lei trova simpatico **questo signore?**
7. Si dà il numero di telefono **agli amici?**
8. Si apprezza **il servizio** quando si lavora sempre a casa?
9. Desidera ascoltare **la radio?**
10. Trova facile **la matematica?**
11. Che cosa ha detto il giovanotto **all'agente di viaggi** alla fine della lettura?

C. Completare le frasi che seguono (**lento, rapido, lentamente, rapidamente**):

1. Gli aerei a reazione (*jets*) sono più _____ degli aerei a elica.
2. Legga _____ il testo che segue e faccia attenzione ad ogni parola.

3. Se abbiamo fretta, pranziamo _____. Se abbiamo molto tempo mangiamo _____.
4. Questo studente è _____. Ha bisogno di molto tempo per fare i suoi compiti.
5. Quando il professore parla italiano troppo _____ gli diciamo: « Parli più _____, per favore ».
6. Il tempo passa _____ durante le vacanze. Ma quando sono alla lavagna passa _____.
7. Una macchina sport è _____. Una bicicletta è più _____.

D. Completare le frasi che seguono:

> Es.: **Sono contento di scrivere i componimenti perchè ho molta fantasia.**

1. Sono felice di fare _____ perchè _____.
2. È preferibile _____ quando _____.
3. Non ho il tempo _____ perchè _____.
4. Questo giovane preferisce _____ perchè _____.
5. È contento _____ quando _____.
6. Lei ha il mal di mare? Io _____.
7. Trovo questa lezione _____ soprattutto quando _____.
8. Porto sempre _____ quando _____.

COMPONIMENTI

COMPONIMENTO ORALE. SCEGLIERNE UNO:

Riassumere *brevemente* la lettura.

Bisogna ascoltare i ragazzi? I Suoi genitori L'ascoltano sempre? Perchè? Hanno ragione?

Immaginare una piccola conversazione tra il giovanotto della lettura e le signorine che sono alla sua tavola durante il viaggio.

Immaginare una conversazione tra la signora della lettura e suo marito. Usare i verbi « trovare », « comprare » e « portare ».

COMPONIMENTO SCRITTO. SCEGLIERNE UNO:

Paragonare un viaggio in aereo ed un viaggio per nave. Quale mezzo di trasporto preferisce Lei? Perchè lo preferisce?

Che cosa non preferisce fare? Perchè? Che cosa vorrebbe fare Lei? Perchè vorrebbe farlo?

✤ LEZIONE SEDICESIMA ✤

La particella **ne**

Le particelle **ci** e **vi**

Affermazione e domanda	*Risposta*
Ha molto **lavoro** oggi? Io **ne** ho fin troppo.	Sì, anch'io **ne** ho molto.
Ha denaro Lei? Io ne ho.	No, non ne ho, purtroppo, ma ne vorrei.
Ha l'automobile Lei?	No, ma mio padre ne ha una per tutta la nostra famiglia.
Io guadagno **del denaro.** Voi **ne** guadagnate?	**Ne** guadagniamo un po'.
Il vostro libro è **sulla tavola.** Anche la busta è **sulla tavola?**	Sì, sulla tavola **c'è** il nostro libro e **c'è** anche la busta.
Sono in classe tutti gli alunni?	Sì, **ci sono** (**vi sono**) tutti. Ma quando un alunno è assente, **non c'è.**
Andiamo al cinema alle nove?	No, non ci andiamo; è troppo tardi.
Resti molto tempo al ristorante?	No, ci resto solamente mezz'ora.
C'è **una porta nell'aula. Ce n'è** una. Quante **finestre** ci sono?	**Ce ne** sono sei.
Ci sono molti errori nel tuo compito?	No, non ce ne sono. È senza errori.
Ha sempre molto denaro nel portafoglio?	No, non ne ho mai molto.

Desidera depositare tutto il Suo denaro in questo conto?

No, penso di **depositarne** solamente la metà.

Va a depositare subito questa somma in banca?

No, ci vado più tardi.

Pensa di depositare tutto il denaro in banca o preferisce spendere una parte del denaro?

Penso di depositarlo tutto. Non penso di spenderne neanche un po'.

LETTURA

Alla banca

Durante i mesi di scuola non ho un impiego, ma durante le vacanze lavoro trenta ore alla settimana in un ufficio.

In tal modo guadagno una certa somma di denaro. Non ne guadagno molto ma quando ricevo l'assegno, ogn venerdì, ne sono molto soddisfatto. Vado in banca. Ci vado appena mi è possibile. Scrivo il mio nome ed il numero del conto sul modulo apposito, firmo l'assegno e lo do, unitamente al modulo, all'impiegato che è allo sportello.

Quest'impiegato è un giovane della mia età. Trovo che è una persona simpatica. Quasi sempre scambiamo qualche parola ed anche oggi accade la stessa cosa.

IO.   Lei lavora sempre in questa banca o studia per tutto l'anno come faccio io?

L'IMPIEGATO.   Lavoro qui solamente nel periodo delle vacanze. Il resto dell'anno studio. E Lei dove lavora?

IO.   Ho un impiego in una ditta, l'Arte Internazionale. È una ditta d'importazioni. Ci vado soltanto durante le vacanze e il lavoro mi piace soprattutto perchè c'è la possibilità di conoscere molta gente interessante. Ci vengono persone di tutti i paesi del mondo ed io parlo italiano con loro. Molta gente lo parla anche se non è la lingua materna.

L'IMPIEGATO.   Anche in una banca si conoscono persone interessanti... Deposita quest'assegno o desidera del denaro liquido?

IO.   No, non ne ho bisogno. Ne ho abbastanza per arrivare alla fine della settimana. Ecco l'assegno; vorrei depositarlo nel mio conto.

L'IMPIEGATO.   Desidera un libretto di assegni?

10. No, grazie. Se ho il libretto in tasca o del denaro in contanti la tentazione è troppo forte e spendo tutto. Poi me ne pento perchè lavoro per fare economia per il resto dell'anno. Così che, se ho con me il libretto degli assegni non risparmio niente.

L'IMPIEGATO. Io non sono come Lei. Mi piace risparmiare del denaro e faccio molta economia. Se non faccio così non ho i mezzi per andare all'università.

10. Pensa di continuare a lavorare in una banca dopo gli studi?

L'IMPIEGATO. Sì, ho intenzione di restarci e di far carriera. Mi piace lavorare qui e spero di farmi una posizione interessante e conveniente.

10. Lei è fortunato. Io non ho ancora progetti ben definiti. I miei genitori mi domandano spesso se ne faccio ma rispondo sempre che non ne ho in mente nessuno. Vorrei andare in Europa, passarvi qualche anno e studiare storia dell'arte . . . ma non ho i mezzi per farlo . . . Non sono una persona pratica!

L'IMPIEGATO. Al contrario; io trovo che Lei è molto pratico. Deposita del denaro in banca e fa dei risparmi. La gente poco pratica, invece, lo spende.

10. Io, purtroppo, sono un sognatore . . . Ammiro le persone che hanno le idee precise e ben ferme. Io non ne ho. Un giorno amo la musica, ma una settimana dopo la detesto. Un altro giorno vorrei studiare scienze. Una settimana dopo odio anche quelle. Ma . . . è mezzogiorno. Vuol fare colazione con me?

L'IMPIEGATO. Sì, grazie. La banca chiude dalle dodici all'una. Ho un'ora d'intervallo. Andiamo al ristorante qui all'angolo, al Frascati. Io ci vado spesso. Non è caro e noi due siamo dei risparmiatori. Scusi, permetta che mi presenti, Richard Murphy . . .

10. Andrea Parisi, molto lieto. Sono veramente contento di depositare il mio denaro in una banca dove c'è della gente così simpatica!

DOMANDE SULLA LETTURA

Usare frequentemente le forme pronominali.

1. Lei lavora durante il trimestre scolastico? E durante le vacanze? Guadagna del denaro?
2. Quando va in banca il giovane del racconto? Qualche volta Lei va in banca? Quando ci va?
3. È imbarazzato quando va in banca con l'assegno? Che cosa bisogna scrivere quando si deposita il denaro di un assegno? Bisogna firmare l'assegno?
4. Lei ha un conto in banca? C'è molto denaro? Perchè!
5. È studente anche il giovane impiegato di banca? Quando studia? Come lo trova Andrea?

6. Andrea lavora in un'autorimessa durante le vacanze? Dove lavora? Cosa pensa del suo lavoro? Perchè?

7. Ha bisogno di denaro Andrea? Deposita tutto l'ammontare dell'assegno od una parte soltanto?

8. Ha bisogno di un libretto di assegni? Perchè?

9. In quale tentazione si cade se si ha un libretto di assegni a portata di mano? Lei prova lo stesso desiderio quando ha molto denaro con sè? Che cosa bisogna fare, dunque?

10. Il giovane impiegato ha l'intenzione di restare in quella banca dopo gli studi? Perchè?

11. Che cosa vorrebbe fare Andrea? Ha dei piani per il futuro? Lei ne ha? Che cosa intende fare? È una vera vocazione?

12. Se un giovane lavora, deposita il denaro in banca e fa economia è un sognatore od una persona pratica? Lei è un sognatore od un uomo positivo? Perchè?

13. Risparmia denaro Lei? Perchè?

14. Andrea è soddisfatto quando porta il suo assegno alla banca. Quand'è soddisfatto Lei?

15. Cambiano sovente i gusti di Andrea? In che modo? Lei preferisce sempre le stesse cose?

16. Come finisce la conversazione dei due giovani? Cosa dice Andrea per concludere?

SPIEGAZIONI

I. La particella **ne**

> Lei ha **denaro?** Sì, **ne** ho. No, non **ne** ho.
> Ci sono **errori** nel Suo esercizio? Sì, ce **ne** sono. No, non ce **ne** sono.
> Lei ha una **macchina fotografica?** Sì, **ne** ho **una.**
> Ha molti **cugini?** Sì, **ne** ho **sei.**
> Hai **libri** inglesi? Sì, **ne** ho **molti.**
> Parla della sua famiglia? Sì, **ne** parla spesso.
> Ecco mio fratello. **Ne** ricorda il nome?

La particella **ne** sostituisce le forme **di questo (di ciò), di questa, di questi, di queste, di quello, di lui, di lei,** ecc. È **un'espressione di quantità o di numero.**

La particella **ne** ha anche un valore avverbiale quando si usa con i verbi di moto:

> Esco **dalla classe** in questo momento. **Ne** esco in questo momento.
> Torno **dalla città** proprio adesso. **Ne** torno proprio adesso.

II. Le particelle **ci** *e* **vi**

Andate **alla stazione?** Sì, **ci** (**vi**) andiamo adesso. No, non **ci** andiamo.

Cosa trovate **in questo racconto? Ci** (**vi**) troviamo delle cose interessanti.

Resti **in questa città** per molto tempo? **Ci** (**vi**) resto una settimana.

Negli esempi che precedono, le particelle **ci** e **vi** hanno un valore avverbiale. Esse hanno il significato di **lì, là, in questo luogo, in quel luogo,** ecc.

III. La posizione delle particelle **ne, ci** *e* **vi**

A. Con un verbo coniugato:

Affermazione	*Domanda*	*Risposta*
Vado **alla stazione.**	**Ci** va Lei?	Sì, **ci** vado. No, non **ci** vado.
Hai **qualche quaderno?**	**Ne** hai?	Sì, **ne** ho due. No, non **ne** ho.

Nell'affermazione, nella domanda e nella risposta le particelle precedono il verbo coniugato.

B. Con due verbi:

Vorrei andare **a casa.** Vorrei **andarci.**

Preferisco scrivere **una lettera.** Preferisco **scriverne** una.

Quando la particella dipende dall'infinito, segue il verbo e forma una sola parola con esso.

C. **Ce n'è.** (**Ce ne sono.**)

C'è soltanto **un libro** sulla scrivania? Sì, **ce n'è** soltanto uno.

Ci sono **studenti** inglesi in questa classe? No, non **ce ne sono.**

Le particelle **ci** e **vi** diventano **ce** e **ve** quando sono seguite da una forma pronominale.

NOMENCLATURA DELLA LEZIONE

Nomi

il denaro	un affare
la banca	un impiegato, un'impiegata
un assegno	un impiegato di banca

un libretto di assegni
un conto in banca
dell'economia, dei risparmi
uno sportello
un ufficio
il futuro, l'avvenire
una posizione

il personale
un paese
una lingua (materna, estera)
la tentazione
gli studi
la vocazione

Aggettivi

materno (-a)
forte
ricco (-a) ≠ povero (-a)
entrambi

positivo (-a)
simpatico (-a) ≠ antipatico (-a)
pratico (-a)

Verbi

lavorare
guadagnare
ricevere (un assegno)
studiare
detestare
domandare, chiedere

depositare
spendere
restare
ammirare
pentirsi

Espressioni

alla settimana, al giorno
fare economia

{ molto lieto!
{ piacere!
pensare di

ESERCIZI

I. Esercizi orali: laboratorio

II. Esercizi scritti

A. Sostituire le parole in grassetto (*boldface*) con **ne, ci** o **vi**:

1. Va spesso **in montagna.**
2. Ho bisogno **di tempo.**
3. Ha sempre **delle idee nuove.**
4. Giovanni ha **una sorella.**
5. Tu vai **alla lavagna.**
6. Vedo cinque **signorine.**
7. Il sig. Rossi non è **in questa stanza.**
8. Io non resto **in città.**

9. Ci sono molte **lettere?**
10. Passo sovente **per quella libreria.**
11. Preferisco fare **economia** quando è possibile.

B. Sostituire le parole in grassetto col pronome o la particella conveniente:

1. Maria ama **gli animali.?** Sì, ama tutti **gli animali.**
2. Bisogna avere **della fantasia.** Lei ha molta **fantasia?** No, non ho molta **fantasia.**
3. Ci sono alcune **persone** che risparmiano il denaro e ci sono altre **persone** che spendono tutto **il denaro.**
4. Ama la musica Lei? No, detesto **la musica!** Preferisco non sentire **la musica.**
5. Scrivete **ai vostri genitori?** Sì, scriviamo **ai nostri genitori** una volta alla settimana. Diciamo **ai nostri genitori** che stiamo bene.
6. Quando andiamo in **un'agenzia di viaggi** l'impiegato dà delle informazioni **ai clienti.**

C. Rispondere alle domande usando un pronome o una particella:

> *Es.:*   Ha qualche amico spagnolo?   **Sì, ne ho alcuni.**
> **No, non ne ho nessuno.**

1. C'è **verdura fresca al mercato?**
2. Parla **inglese** Lei? Parla **italiano?**
3. Ha **progetti per l'avvenire?**
4. Parlano **del loro professore di storia?**
5. Andate **al ristorante** questa sera?
6. C'è bisogno **di un'automobile** in questa città?
7. Le piace ascoltare **la musica moderna?**
8. Giovanni ama **gli animali?**
9. Barbara prepara subito **il pranzo?**
10. Ci sono **studenti che parlano cinese** in questa classe?
11. Ha molto **denaro** Lei?

D. Esercizio sulla nomenclatura

Spiegare in italiano i termini in grassetto (con un esempio o con una definizione):

1. È **un risparmiatore.**
2. Ho **dei progetti per il futuro.**
3. Siamo **poveri** entrambi.
4. Giovanni è uno **spendaccione.**
5. Il personale di quest'ufficio è **simpatico e gentile.**

COMPONIMENTI

Formare alcune frasi facendo uso dei pronomi **lo, la, li, le** e delle forme **ne** e **ci** o **vi:**

Ha un conto in banca Lei? Perchè? Cosa pensa delle persone che hanno dei conti in banca? È una cosa giusta? Perchè?

Lei ha un impiego? Guadagna? Perchè?

È preferibile spendere tutto il denaro oppure risparmiarlo tutto od una parte? Risparmia denaro Lei? Perchè?

Lei si trova davanti alla banca. Ha appena ricevuto la Sua paga settimanale e ne è soddisfatto. Passa un amico che non guadagna ancora niente e Le domanda dove va. Scriva la conversazione che Lei fa col Suo amico.

❋ LEZIONE ❋
DICIASSETTESIMA

I verbi del secondo gruppo: **temere, credere, spendere,** ecc.
Il verbo **sapere** e la costruzione di **saper fare una cosa**
Il verbo **piacere**

STUDIARE LE FRASI CHE SEGUONO:

Affermazione e domanda

La lezione d'italiano comincia alle
9. **Il professore attende** qualche
minuto e poi **legge** un brano nuovo.
Lo **legge** anche **Lei?**

In un negozio **si vendono articoli**
vari. I clienti vendono o comperano?

Quando **riflette Lei?**

Mia sorella, che è bionda, **teme**
di bruciarsi la pelle quando resta
troppo tempo al sole. **Succede** la
stessa cosa anche a Lei?

Risposta

Sì, lo **leggo** quando il professore
m'interroga. Più tardi lo **leggono**
anche **gli** altri **studenti.**

I clienti non **vendono.** Il nego-
ziante li **vende.**

Rifletto quando ho un problema
da risolvere. **I giovani riflettono**
molto prima di prendere delle
decisioni per l'avvenire.

No, non **temo** la luce del sole
perchè sono bruna. Anzi, mi
abbronzo facilmente.

121

Quando vedo che è tardi, **corro,** per essere puntuale. **Correte** anche **voi?**

Noi corriamo quando andiamo da una classe all'altra perchè non abbiamo che dieci minuti d'intervallo.

Se una persona parla l'**interrompiamo noi?**

No, non l'**interrompiamo.** Non è cortese **interrompere** una persona che parla.

Io prendo l'impermeabile perchè **piove.** E **Lei** non lo **prende?**

No, non lo **prendo.** Porto solamente l'ombrello.

Sa suonare il piano **Lei?**

No, sfortunatamente non **so** suonare il piano ma **so fare** altre cose: so nuotare, so sciare e so remare abbastanza bene. Ora **imparo** anche **a giocare** a tennis.

A Luisa piace portare un anello d'oro ma **a Bianca i gioielli** non **piacciono** affatto. E **a Lei piace** avere un oggetto prezioso?

Sì, **mi piace un anello** piuttosto semplice, ma non **mi piacciono gli** altri **gioielli.**

Mio cugino sa spendere bene il suo denaro. Fa spesso dei viaggi all'estero. Tu sai usare bene il tuo denaro?

Non so spenderlo sempre nel modo migliore ma **i viaggi,** per esempio, **piacciono** anche **a me** e ne faccio parecchi.

LETTURA

Una partenza movimentata

Siamo all'aeroporto Leonardo Da Vinci. È il grande aeroporto situato nei pressi di Roma che è adibito al traffico delle linee aeree nazionali ed internazionali. Ogni linea ha i suoi uffici ed i suoi sportelli. Ci sono linee americane, l'Aeroflot russa, la linea italiana ALITALIA e molte altre. Se i viaggiatori hanno già il biglietto, gli impiegati lo verificano. Se ne sono sprovvisti, i viaggiatori lo acquistano allo sportello. C'è sempre una folla pittoresca che parla lingue diverse: viaggiatori che arrivano da tutti i paesi del mondo e che attendono l'ora della partenza, gente che aspetta i passeggieri, assistenti di volo nell'uniforme delle loro compagnie e piloti. Si sente parlare in tutte le lingue. Spesso la voce di un altoparlante interrompe la conversazione e si sente, ripetuto in italiano, in francese, in inglese e spesso in altre lingue, un annuncio per i passaggeri: « Il volo 815 da Londra è in ritardo. L'arrivo è previsto per le 15 e 30 », per esempio. Ma la voce dell'altoparlante non è chiara e molte persone non comprendono. Allora vanno dagli impiegati che rispondono sempre gentilmente, in molte lingue. Tutti ne sanno parecchie.

Ecco una signora che scende da un tassì. Sembra nervosa. Ha un cane (un barboncino, naturalmente), sei valige, una cappelliera e . . . il marito che ha l'aspetto più tranquillo del mondo.

LA SIGNORA.   Ecco, ecco. Siamo alle solite . . . Perdo sempre una valigia. Dov'è la valigetta di coccodrillo? Ed i biglietti li hai tu? Dimentichi sempre qualche cosa! Ho paura di perdere l'aereo.

IL SIGNORE.   (calmissimo) Non temere, c'è tempo. La valigetta è là, insieme alle altre ed i biglietti sono nel mio portafoglio. Abbiamo tutto e non siamo affatto in ritardo.

LA SIGNORA.   Non so dove sia lo sportello della TWA. Ah, eccolo! Scusi, l'aereo per New York è in orario? A che ora parte?

L'IMPIEGATO.   La partenza è alle 16, signora. Ha i biglietti? Ah, li ha il signore . . . Bene. Ed i bagagli? Bene. Metta qui le valige. C'è ancora un'ora per la partenza. Se desiderano attendere qui, la sala d'aspetto è a sinistra; ma se preferiscono prendere qualche cosa, il bar è al pianterreno. La sala da pranzo si trova . . .

LA SIGNORA.   (interrompendo l'impiegato) Non ho mai appetito prima di partire, sono troppo nervosa . . . Cosa si può prendere per il mal d'aria?

IL SIGNORE.   (a sua moglie) Abbiamo una quantità di pillole nella borsa azzurra. Scendiamo al bar. Abbiamo il tempo di prendere un caffè prima della partenza. Tutto è in ordine, biglietti, bagagli . . .

LA SIGNORA.   E se non sentiamo l'altoparlante? (all'impiegato) Scusi, temo di non sentire l'altoparlante nel bar, oppure, anche se lo sento, ho paura di non capirlo! Si sente bene l'altoparlante nel bar?

L'IMPIEGATO.   Si sente benissimo, signora.

LA SIGNORA.   (scende al bar col marito ed ha ben ragione di essere agitata) Ah, Alberto! Cosa andiamo a fare a New York? Io non so parlare inglese e tu sai parlarlo un pochino ma non comprendi niente quando la gente ti rivolge qualche parola . . . Non mi piace andare in un paese straniero.

IL SIGNORE.   Veramente a me piace andarvi. Impareremo* a parlare ed a comprendere l'inglese . . . I nostri figli l'imparano a scuola. Dicono che non è difficile. Vorrei parlarlo e comprenderlo molto bene per discutere con la gente.

LA SIGNORA.   Ah, sei sempre il solito! A sentir te, tutto è semplice! (*al barboncino*) E se dobbiamo alloggiare in un grattacielo, al . . . al . . . non so, al novantesimo piano? Il povero Tutù dovrà** scendere da solo due volte al giorno per fare la sua passeggiatina?

(*Si sente l'altoparlante che annuncia:* « *I passeggieri del volo* 135 *per New York sono pregati di salire a bordo. La partenza è tra venti minuti.*»)

IL SIGNORE.   Ah, è il nostro aereo. Eccoti la borsa. Vado a pagare il conto. Bisogna restare calmi. Tu non sai viaggiare! Bisogna imparare a viaggiare . . . Abbiamo il tempo di finire il caffè. (*alla cameriera*) Può cambiarmi diecimila lire?

LA CAMERIERA.   No, signore, ma vado a chiederlo alla cassiera. Aspetti un momento. Non ricevo spesso un biglietto da diecimila.

LA SIGNORA.   Sono certa che perderemo*** l'aereo. Certamente non aspettano i ritardatari! Io perdo la testa!

IL SIGNORE.   Calma, calma! Ecco la cameriera col resto. Grazie, signorina. Ebbene, eccoci pronti. L'aereo è in orario e lo siamo anche noi. Tutto va per il meglio.

DOMANDE SULLA LETTURA

1. Che cos'è un aeroporto? C'è un aeroporto vicino alla Sua città?
2. Che cosa c'è in un aeroporto? Che tipo di persone c'è all'aeroporto?
3. Si sentono molte lingue straniere in un aeroporto? Perchè?
4. Le piace viaggiare? Perchè? Dove vorrebbe**** andare? Viaggia spesso Lei?
5. Si sentono gli altoparlanti in un aeroporto? Si sentono sempre chiaramente? Che cosa dicono?
6. Descrizione della signora che scende dal tassì. Perchè è nervosa? È nervoso Lei quando viaggia? Perchè?
7. Piace viaggiare al cane? Cosa ne pensa Lei? Che altro può desiderare?

* **impareremo**: il futuro di **imparare**
** **dovrà**: il futuro di **dovere**
*** **perderemo**: il futuro di **perdere**
**** **vorrebbe**: *would you like*

8. Che cosa teme di perdere la signora? Perde mai niente Lei? Che cosa perde? Si perdono più facilmente le proprie cose quando si è ordinati o quando si è disordinati?

9. È in orario l'aereo per New York? È gentile l'impiegato? Il signore e la signora sono in orario o sono in anticipo?

10. Se Lei si trova al primo piano ed il bar è al pianterreno Lei deve salire o deve scendere per andarvi? Lei sale o scende per andare alla lezione d'italiano? Se la Sua camera è al secondo piano Lei sale o scende per andare a fare colazione?

11. Questa signora sa parlare inglese? Lei sa parlare inglese? Quale altra lingua straniera sa parlare? E leggere?

12. La signora desidera prendere qualche cosa? Perchè? Ha bisogno di qualche medicina? Perchè?

13. Si sa fare una cosa. Lei sa cantare? Sa nuotare? Sa ballare? Suonare il piano? Sciare? Sa fare altre cose?

14. Fare un confronto tra l'atteggiamento del signore e quello della signora. Il signore è calmo o nervoso? È abituato a viaggiare o no? E la signora viaggia spesso, secondo Lei? Le piace andare nei paesi stranieri?

15. Lei desidera andare a visitare i paesi stranieri? Ha paura di viaggiare?

16. Che cosa pensa di fare il signore a New York?

17. È vero che molte persone abitano nei grattacieli, al novantesimo piano? La signora pensa di abitare in un grattacielo?

18. Spiegare: « Temo di perdere l'aereo ». Quand'è che si perde l'aereo, il treno o l'autobus? Quand'è che si perde una lezione?

SPIEGAZIONI

I. I verbi in **-ere,** *o verbi del secondo gruppo*

A. All'infinito i verbi del secondo gruppo terminano in **-ere:** tem**ere,** cred**ere,** spend**ere,** legg**ere,** riflett**ere.**

Ecco la coniugazione di questi verbi:

Temere	Credere
io tem **o**	io cred **o**
tu tem **i**	tu cred **i**
egli tem **e**	egli cred **e**
noi tem **iamo**	noi cred **iamo**
voi tem **ete**	voi cred **ete**
essi tem **ono**	essi cred **ono**

B. I verbi in **-cere** ed in **-gere**:

Vincere	Leggere
io vinc **o**	io legg **o**
tu vinc **i**	tu legg **i**
egli vinc **e**	egli legg **e**
noi vinc **iamo**	noi legg **iamo**
voi vinc **ete**	voi legg **ete**
essi vinc **ono**	essi legg **ono**

I verbi in **-cere** ed in **-gere** non hanno cambiamenti d'ortografia: **leggo** – forma gutturale; **leggete** – forma palatale.

NOTA: Nella seconda coniugazione vi sono alcuni verbi con l'accento tonico sulla desinenza (temẹre, vedẹre) ed altri, invece, con l'accento sulla radice (lẹggere, spẹndere) Questa differenza esiste solamente all'infinito e non nelle forme coniugate.

II. Il verbo **sapere** (*to know a fact, to be aware, to be informed, to know how to do something*)

Il presente indicativo del verbo **sapere** è irregolare:

io **so**	noi **sappiamo**
tu **sai**	voi **sapete**
egli **sa**	essi **sanno**

A. **Si sa** una cosa:

> So l'italiano ma non so il russo.
> Sa dov'è via Carducci? No, non lo so.
> Sa se l'aereo è in orario? So che è in orario.

B. **Si sa fare** una cosa:

> Sapete nuotare? No, non sappiamo nuotare ma sappiamo sciare.
> Che cosa sa fare? So leggere e scrivere.

Notare la costruzione **sapere+il verbo all'infinito** (*to know how to do something*).

C. Saper **suonare il (la)**...per uno strumento musicale:

> So **suonare il** piano; sai **suonare la** fisarmonica.

D. Saper **giocare a**...per uno sport od un gioco (*game*, *play*):

> Sanno **giocare a** tennis; sappiamo **giocare a** pallacanestro.
> Sa **giocare agli** scacchi (*chess*); sapete **giocare a** dama (*draughts*).

III. *Il verbo* **piacere** (*to please*)

Il presente indicativo del verbo **piacere** è irregolare:

io **piaccio**	noi **piacciamo**
tu **piaci**	voi **piacete**
egli **piace**	essi **piacciono**

A Maria piace l'arte classica.*
A noi non piacciono i dolci.
Agli studenti non piacciono gli esami.
Anna, ti piace studiare la fisica? Sì, mi piace molto, ma mi piac-
ciono anche le materie letterarie.

NOMENCLATURA DELLA LEZIONE

Nomi

la pelle	un passeggiero
il sole	il rumore
l'impermeabile	il grattacielo
l'ombrello	l'altoparlante
l'aeroporto	il barbone (il barboncino)
l'arrivo	dei bagagli
la partenza	una cappelliera
la linea aerea	la sala d'aspetto
il biglietto	una lingua straniera
una folla	un paese straniero
il resto	la cameriera
la calma	la cassiera
un viaggiatore	il volo

* **Piacere** *is the equivalent in Italian to the English verb* "to like." *To translate from the English, however, the wording of the sentence must be changed from* "to like" *to* "to be pleasing to": *thus, the sentence* "Maria likes classical art" *becomes* "Classical art is pleasing to Maria."

Aggettivi

nervoso (-a) ≠ tranquillo (-a)   straniero (-a)
nazionale   solo (-a)
internazionale   pronto (-a)
pittoresco (-a)   gentile

Verbi

comprendere   vendere
attendere   sapere
perdere   piacere
interrompere   chiedere
discendere (scendere) ≠ salire   temere
vincere   credere
                                         leggere

Espressioni o forme idiomatiche:

perdo il treno (l'autobus, l'aereo)
imparo a fare una cosa (a scrivere a macchina, a parlare le lingue
   straniere, a nuotare, a suonare il violino)
so fare una cosa (parlare la lingua tedesca, andare in bicicletta, pilotare
   un aereo)
prendere una cosa (*to have something, food or drink*): Vado a **prendere un
   caffè. Prendo un dolce.**
a bordo

ESERCIZI

I. Esercizi orali: laboratorio

II. Esercizi scritti

A. Scrivere la forma corretta del verbo:

Leggere un libro:	**Sapere** la lezione:	**Temere** il caldo:
io _____	tu _____	noi _____
voi _____	egli _____	tu _____
essi _____	noi _____	essi _____

Vincere la partita:	**Piacere** a Luisa:	**Scendere** dall'autobus:
io _____	noi _____	tu _____
tu _____	egli _____	egli _____
noi _____	essi _____	voi _____

Perdere il treno:	**Attendere** la signora:	**Chiedere** un favore:
io _____	tu _____	ella _____
noi _____	voi _____	essi _____
voi _____	egli _____	io _____

B. Rispondere alla domanda con la forma corretta del verbo:

Es.: È Lei? **Sì, sono io.**

1. Sa Lei?
2. Scende?
3. Vince?
4. Teme?
5. Legge?
6. Attendi?
7. Comprendi?
8. Giochi?

9. Spendi?
10. Vedi?
11. Sapete?
12. Temete?
13. Attendete?
14. Prendete?
15. Vendete?

Mettere le risposte precedenti al negativo.

C. Rispondere alle domande seguenti con delle frasi complete:

Es.: Quand'è calmo Lei? **Sono calmo quando il lavoro è ben organizzato e lo studio tutto in ordine.**

1. Quand'è nervoso Lei?
2. Quando perde la lezione?
3. Comprende una lingua straniera?
4. Cosa fa un impiegato delle linee aeree?
5. Cosa sa fare Lei? Cosa non sa fare?
6. Cosa impara a scuola?
7. Impara a fare qualche cosa? Che cosa?
8. Vorrei prendere qualche cosa. C'è un bar? Spieghi dov'è e che cosa vi si può prendere.

COMPONIMENTI

COMPONIMENTO ORALE. SCEGLIERNE UNO:
Preparare un breve componimento orale su uno degli argomenti che seguono:

Descrizione dell'aeroporto. Di un viaggiatore (o di una viaggiatrice) nervoso (o nervosa). Com'è? Cosa fa? Cosa dice?

Cosa pensa il barboncino della signora? Immaginare il monologo interiore del cagnolino durante la scena dell'aeroporto narrato nella lettura.
Scegliere un altro argomento conveniente e svilupparlo con molta fantasia.

COMPONIMENTO SCRITTO. SCEGLIERNE UNO:

Scegliere uno degli argomenti che seguono e scrivere un componimento. Usare molti verbi differenti, usare anche dei pronomi quand'è possibile e delle costruzioni con due verbi. Dimostrare al professore di saper adoperare tutte le costruzioni verbali delle lezioni precedenti:

La Sua famiglia fa un viaggio. Raccontare la discussione, i preparativi e la partenza. Qual è l'atteggiamento di ogni persona? Perde la testa qualcuno? Perchè?, ecc.
Lei lavora in una linea aerea, in una banca oppure in un'agenzia di viaggi. Immagini uno dei Suoi giorni di lavoro. Quali sono le Sue cure, le Sue responsabilità? Immagini anche certi clienti difficili o piacevoli, certi « tipi », forse, e la Sua conversazione con queste persone.

❋ LEZIONE ❋
DICIOTTESIMA

I verbi del terzo gruppo: **capire, finire, partire,** ecc.
I verbi come **partire**
I verbi come **finire**

La costruzione di due verbi con la preposizione **a** o **di:**
Chiedono di entrare.   Comincia a scrivere.

STUDIARE LE FRASI CHE SEGUONO:

Affermazione e domanda	*Risposta*
Al laboratorio la **lezione** di lingua incomincia alle 10 e **finisce** alle 11. A che ora finisce la lezione in classe?	Oggi **la lezione** in classe **finisce** alle 9.
Finite sempre i vostri compiti prima di sera?	No, purtroppo. Qualche volta li **finiamo** di mattina, pochi minuti prima di andare a lezione. Gli **studenti** che **finiscono** il lavoro di sera hanno, di solito, voti migliori.
Una **persona** timida **arrossisce** facilmente. Quando **arrossisce** Lei?	**Io** non sono timido e non **arrossisco** mai. Mia **sorella,** invece, **arrossisce** sempre quando vede il mio amico Luciano.
Io parto con l'autobus delle 8 e 30. A che ora **parte Lei?**	Anch'**io parto** alle 8 e 30. **Partiamo** alla stessa ora.

131

Dopo le lezioni della mattina lavori per tutto il pomeriggio, non è vero? A che ora **finisci** di lavorare?

Finisco di lavorare alle 19. Quando finisco il lavoro vado a cena.

Io non **dormo** in classe. **Loro dormono** in classe qualche volta?

Dipende. Se la lezione è monotona, **dormiamo.**

Se mangiamo pochi dolci **dimagriamo** in breve tempo. Quando state a dieta **dimagrite** molto?

Sì, qualche volta **dimagriamo** quando cambiamo dieta o quando viaggiamo all'estero. Però il nostro amico **Giorgio dimagrisce** anche durante gli esami. Mangia poco ed irregolarmente perchè è preoccupato.

LETTURA

Il castello di sabbia

Le lezioni finiscono nel mese di giugno e per tutta l'estate la spiaggia diventa il nostro soggiorno preferito. Il tempo è meraviglioso ed i giovani vanno a trascorrere il pomeriggio sotto gli ombrelloni o stesi al sole ... Vi troviamo anche tutti i nostri amici: Giovanni, sua sorella Monica, Barbara, Carol, Bob e Andrea. Eccoli là, in fondo, che si abbronzano in riva al mare. Tutti ... ma non Carol che è seduta sotto l'ombrellone. La povera Carol ha la carnagione chiara e deve stare attenta a non prendersi una bruciatura.

CAROL.   Sei proprio fortunata, Monica. Prendi subito la tintarella! Io, invece, prendo delle bruciature terribili!

MONICA.   Questo succede perchè hai la carnagione chiara. Le bionde e le rosse non si abbronzano presto. Intanto io, d'inverno, perdo l'abbronzatura con la stessa facilità con cui mi viene d'estate.

GIOVANNI.   Sono stufo di stare sdraiato a dormire. Ho un'idea! Perchè non facciamo un castello di sabbia?

BOB.   (sdegnosamente) Sono cose da bambini! Non abbiamo più sei anni! Non siamo scolaretti in vacanza!

GLI ALTRI.   (con entusiasmo) Sì, sì, benissimo; è un'ottima idea.

BARBARA. Bisogna costruirlo dove la sabbia è umida. Ma se scegliamo un posto troppo vicino all'acqua, la marea lo distrugge. Comincia già a salire...

ANDREA. Ma no. Il bello è proprio questo, invece! Noi costruiamo un castello e le onde lo demoliscono. Diventa il simbolo dell'inutilità degli sforzi umani...

CAROL. Insomma, costruiamo questo castello o stiamo a sentire la conferenza di filosofia del celebre professor Andrea?

GIOVANNI. Silenzio! L'architetto sono io. Voi siete i muratori. L'architetto dà gli ordini e i muratori obbediscono. Monica, dove vai?

MONICA. Sotto l'ombrellone di Carol. Ho il costume nuovo e non vorrei sporcarlo. E poi non vorrei rovinarmi le mani.

GIOVANNI. Se riusciamo a costruire questo castello propongo di farci anche una torre per la Principessa Monica! (declama) La Principessa dalle Mani di Neve, seduta alla finestra, guarda il mare... Ahimè! Non appare alcuna vela all'orizzonte, il Principe non giunge. Ma il bel costume nuovo e le mani bianche come la neve consolano la sua anima triste...

MONICA. Giovanni, come sei odioso! Se continui così me ne vado*.

BOB. Ma il nostro architetto che fa? Dimentica i piani, per caso?

GIOVANNI. Ma no! Ma no! Eccoli! Qui costruiamo un muro circolare con un fossato all'intorno. All'interno del muro bisogna fare il castello con le torri. Ecco, benissimo, così ingrandiamo il muro. Ma facciamolo più alto, un po' più alto! Bisogna portare molta sabbia umida. Barbara, scegli delle conchiglie e delle alghe per decorare la torre centrale. Non bisogna dimenticare la bandiera! Monica, dove vai?

MONICA. (esasperata) Non obbedisco più all'architetto. Comincio ad essere stanca e lo mando a farsi benedire! Costruite il vostro castello senza di me.

GIOVANNI. Oh, Principessa, che modo di parlare è questo! Bè, tanto meglio, Principessa, non abbiamo bisogno di te... Brava, Barbara, queste conchiglie sono bellissime; tu hai del buon gusto. E questa bandiera sulla torre... Ma è una bandiera nera con un teschio! È una fortezza di pirati! Magnifico, che fantasia! Io sono il capitano dei pirati, il Corsaro Nero...

ANDREA. Attenzione, ecco un'ondata! Finiamo presto questo muro!

GIOVANNI. Portate dell'altra sabbia, presto! Se riusciamo a finire il muro prima della prossima ondata, salviamo il castello. Forza, forza, voi muratori!

Ma la seconda ondata arriva troppo presto, la terza apre parte delle fortificazioni e alla quinta il bel castello non è che una massa informe di sabbia che le ondate successive livellano completamente. Ma i nostri

---

* **me ne vado**: indicativo presente di **andarsene**

giovani, durante questo tempo, si divertono come bambini: coi* piedi nell'acqua, cercano di rinforzare il castello... Ma è finita: la marea riesce sempre ad abbattere il loro castello. Ed eccoli seduti di nuovo sulla sabbia.

ANDREA. (*con un'aria da filosofo*) Gli uomini non riflettono mai abbastanza sull'inutilità dei loro sforzi...

BOB. Sì, sì, Andrea. Ma io, adesso, ho fame. Barbara, ci sono dei panini?

BARBARA. Eccoli. Io penso sempre a portarli.

GIOVANNI. Ho sete. Dov'è mia sorella?

CAROL. È al caffè dello stabilimento... Eccola che porta le limonate. Il fratello le dimentica sempre.

GIOVANNI. (*mortificato*) Oh, mi rincresce! Monica, mia piccola Monica, ne sono desolato! Puniscimi, te ne prego!

MONICA. (*con degnazione*) No, no, non ti punisco per questo. Giovanni, mio caro Giovanni, me ne dispiace davvero ma non ho che cinque bottiglie di limonata e... noi siamo in sei... È proprio un gran peccato!

DOMANDE SULLA LETTURA

1. Quando comincia il trimestre di primavera? Quando finisce? A che ora finiscono le lezioni oggi?

2. Com'è la spiaggia nel mese di luglio? Ci va qualche volta? La Sua città è sul mare? Lungo le rive di un lago? Di un fiume?

3. Quando siamo sulla spiaggia stiamo all'ombra o al sole? Preferisce sdraiarsi all'ombra o al sole? Perchè?

4. Quando arrossisce Lei? Quando impallidisce? Le foglie ingialliscono in autunno o in primavera?

5. Se mangiamo eccessivamente, ingrassiamo. Quando ingrassiamo, di che cosa abbiamo bisogno?

6. Se si vuole costruire un castello di sabbia, che posto bisogna scegliere? Se lo costruiamo vicino all'acqua, che cosa fa la marea?

7. Cosa fanno i muratori? I muratori obbediscono all'architetto? Lei obbedisce a qualcuno?

8. A Monica non piace costruire un castello di sabbia con gli altri. Perchè? Da quale aggettivo deriva il verbo « sporcare »? È sporca la sabbia del mare?

9. Giovanni è gentile verso sua sorella? I fratelli sono spesso cattivi con le sorelle? Perchè?

10. Faccia una descrizione del castello che i giovani costruiscono. Che cosa bisogna scegliere per decorarlo?

* **coi** = con i

11. Monica obbedisce all'architetto? Perchè? È cortese «mandare una persona a farsi benedire»? Perchè?

12. Quando il castello è finito che cosa fanno le onde? È una cosa eccezionale? La marea distrugge sempre il castello di sabbia?

13. Che cosa dimentica Giovanni? Barbara pensa a portare i panini?

14. Qual è la vendetta (*revenge*) di Monica? Ha ragione o torto?

SPIEGAZIONI

I. Verbi in **-ire,** *o verbi del terzo gruppo*

All'infinito i verbi del terzo gruppo terminano in **-ire: partire, capire, vestire, finire, sentire, obbedire, costruire.**

A. Alcuni verbi seguono la coniugazione di **partire:**

io part **o**	noi part **iamo**
tu part **i**	voi part **ite**
egli part **e**	essi part **ono**

I verbi più comuni di questo tipo sono: **aprire, avvertire, coprire, divertire, dormire, partire, seguire, sentire, offrire e vestire.**

B. Gli altri verbi del terzo gruppo seguono la coniugazione di **finire:**

io fin **isc** o	noi fin iamo
tu fin **isc** i	voi fin ite
egli fin **isc** e	essi fin **isc** ono

NOTA: I verbi del secondo tipo prendono il gruppo **-isc** *solamente alle prime tre persone singolari ed alla terza plurale.*

II. La costruzione di due verbi con la preposizione **a** *o* **di**

Nella lezione numero 15 c'è la spiegazione dell'uso di due verbi senza preposizione: **desidero lavorare** da solo; **amano vivere** in montagna; **vorrei parlarti,** ecc.

Quando due verbi sono usati insieme, il secondo è all'infinito.

A. Alcuni verbi prendono una preposizione (**a** o **di**) prima dell'infinito:

> **Domandano di entrare** e **di salutare** gli ospiti.
> Marcello **incomincia a leggere** il brano nuovo.
> **Dimentico di caricare** l'orologio.

La preposizione è necessaria solamente davanti ad un altro verbo. Se non vi è un altro verbo, la preposizione non si usa.

> **Domanda una penna** e della carta da scrivere.
> Il maestro non **dimentica il libro** in classe.
> Noi **cominciamo il lavoro** alle sette.

B. La posizione del pronome oggetto:

> Io dimentico **l'orologio** a casa. **Lo** dimentica Lei? Sì, **lo** dimentico.
> Io dimentico di caricare **l'orologio.** Lei dimentica di caricar**lo**?
> Sì, dimentico di caricar**lo.**
> Domanda **carta e penna. Le** domanda.
> Domando di vedere **l'avvocato.** Domando di veder**lo.**
> Noi cominciamo a scrivere **il compito.** Cominciamo a scriver**lo.**

Rivedere lezione numero 15. Quando il pronome dipende dall'infinito, segue il verbo e forma una sola parola con quest'ultimo.

NOMENCLATURA DELLA LEZIONE

Nomi

l'ombra (all'ombra)
il sole (al sole)
la tintarella
un ombrellone
un castello (di sabbia)
la marea
un'onda
un'ondata
l'inutilità ≠ l'utilità
uno sforzo
un fossato
una torre
una conchiglia
le alghe
una bandiera

un pirata
una conferenza
un architetto
un muratore
un costume (da bagno)
una principessa ≠ un principe
la neve
i piani
una massa
una bottiglia
una limonata
una bottiglia di limonata
un panino
il modo

Aggettivi

seduto (-a)	bianco (-a)
steso (-a)	odioso (-a)
sdraiato (-a)	informe
nuovo (-a) ≠	desolato (-a)
vecchio (-a)	bravo (-a)
celebre	esasperato (-a)

Verbi

finire	ingrandire
costruire	benedire
obbedire	aprire
riuscire (riesco)	divertire
punire	rinforzare
capire	vestire
abbronzarsi	andarsene
scegliere	livellare
distruggere	decorare
coprire	avvertire

Espressioni

tanto meglio ≠ tanto peggio	mi rincresce
all'interno ≠ all'esterno	mi dispiace
mandare una persona a farsi benedire	è un peccato!
	che peccato!

ESERCIZI

I. Esercizi orali: laboratorio

II. Esercizi scritti

A. Scrivere le forme corrette dei verbi:

Finire:	Punire:	Aprire:
io _____	voi _____	tu _____
voi _____	essi _____	essi _____

Riuscire:	Distruggere:	Costruire:
tu _____	tu _____	egli _____
egli _____	essi _____	voi _____

Partire:	Dormire:	Avvertire:
essi _____	Lei _____	io _____
io _____	voi _____	noi _____

Ingrandire:	Capire:	Punire:
egli _____	noi _____	Lei _____
noi _____	essi _____	essi _____

B. Completare le frasi usando un verbo del tipo di **finire**:

1. I muratori _____ le case.
2. I ragazzi ben educati _____ ai loro genitori.
3. Che peccato! La marea _____ il castello di sabbia.
4. Le lezioni _____ alle 17.
5. Quando ho paura, _____ . La ragazza _____ quando vede Luciano.
6. Le foglie degli alberi sono verdi ma in autunno _____ .
7. Se il ragazzo non è obbediente, sua madre lo _____ .
8. Nel periodo degli esami siamo nervosi, mangiamo poco e _____ .
9. Il trimestre incomincia il 22 settembre. Quando _____ ?
10. Questo caffè non mi piace troppo; _____ un'aranciata.

C. Rispondere alle domande usando un pronome od un avverbio:

  Es.: Pensa di andare **a Venezia** quest'estate? Sì, penso di andar**ci**. (Oppure: No, non penso di andar**ci**.)

1. Fa **il Suo lavoro** di sera?
2. Pensa **ai problemi della vita?** Le piace pensare **ai Suoi problemi?**
3. Resta **a casa** durante le vacanze estive?
4. Dimentica **la penna** qualche volta?
5. Dimentica mai di preparare **i componimenti?**
6. Ti piace andare **al ristorante?**
7. La gente domanda **informazioni** in un'agenzia di viaggi?
8. Pensa **all'esame d'italiano?**
9. Pensa di ricevere **buoni voti?**
10. Scrive spesso **ai suoi genitori?**
11. C'è **verdura congelata al supermercato?**

D. Rispondere alle domande seguenti. Usare dei pronomi quando è possibile:

  Es.: Che cosa dimentica di fare Lei, qualche volta? Qualche volta dimentico di portare i libri. **Li** dimentico a casa.

1. Che cosa pensa di fare questa sera?

2. Quand'è che i genitori puniscono i figli?
3. A che ora esce di casa Lei?
4. Cosa Le piace fare d'inverno? E d'estate?
5. In quale periodo dell'anno comincia a far freddo nella Sua città?
7. Preferisce fare colazione a casa o portare la colazione in un sacchetto di carta? Perchè?
8. A chi piace fare dei castelli di sabbia? Dove? Quando?
9. Di solito i genitori amano i figli? Sono contenti di punirli?
10. Quand'è che i genitori sono costretti a punire i figli?

COMPONIMENTI

COMPONIMENTO ORALE. SCEGLIERNE UNO:

Faccia un breve riassunto della lettura.
Descriva il carattere, i gusti (ciò che gli piace fare, che preferisce fare, che dimentica di fare) di uno dei giovani della lettura o di uno dei Suoi amici.
Che cosa si fa al mare?

COMPONIMENTO SCRITTO. SCEGLIERNE UNO:

Parli di ciò che Le piace fare, dove Le piace andare, perchè, con chi, durante il sabato e la domenica o durante le vacanze.
Dall'architetto: Lei è architetto e prepara i piani di una casa ideale (oppure: Lei è il cliente dell'architetto. Descriva la Loro conversazione).
Il Suo carattere: che cosa fa? Che cosa dimentica di fare? Quali sono i Suoi gusti? Lei ha un buon (cattivo) carattere? Faccia una piccola analisi della Sua personalità.

Pagliai a Castiglioncello (particolare) di RAFFAELLO SERNESI,
proveniente dalla Collezione Borgiotti.
Foto: Art Reference Bureau.

*Piramidi, cilindri, piccole case cubiche; semplice geometria del
paesaggio campestre.*

ALDO PALAZZESCHI

Aldo Palazzeschi (1885) ha fatto le scuole commerciali. Entrò nella corrente futurista nel 1909 ma pochi anni dopo se ne distaccò. Negli anni che seguirono la prima Guerra Mondiale lo troviamo a Roma dove si dedica all'attività letteraria. Nel 1948 ha vinto il Premio Viareggio per il romanzo *I fratelli Cuccoli*.

Su

Le ultime finestre sotto i tetti
sono fatte a coni.
Anche le porte delle chiese
sono fatte a coni.
Come le vostre mani,
giovani che pregate,
sono giunte a coni.
I cedri,
i cipressi,
gli abeti dei giardini
sono coni.
Le ali delle rondini,
puntate per salire,
sono coni.
Coni dei tetti, coni delle mani,
coni delle porte, coni degli alberi,
coni delle ali,
coni, coni.

ALDO PALAZZESCHI, « Su ». Giacinto Spagnoletti, *Poeti del Novecento*,
Edizioni Scolastiche Mondadori, Milano.

✾ LEZIONE ✾
DICIANNOVESIMA

I verbi irregolari: **dovere, potere, volere**

La posizione dei pronomi diretti ed indiretti:
Tu me lo porti.   Io glielo mando.

STUDIARE LE FRASI CHE SEGUONO:

Affermazione e domanda	*Risposta*
Io voglio fare l'ingegnere. E **tu,** cosa **vuoi** fare?	**Voglio** fare il pittore. **Giovanni vuole** fare il veterinario. Tutti **noi,** però, **vogliamo** essere attivi ed utili.
Si può andare in un'isola con l'automobile?	No, non **si può.** Ci si può andare con la nave o con l'aereo. Ma **Lei può** andare con l'automobile sulla nave traghetto.
Può darmi due o tre fogli di carta?	Sì, **posso** dar**gliene** quanti ne vuole.
Io do un libro a Giovanni. **Glielo** do. Glielo dà Lei?	Sì, **glielo** do. No, non glielo do.
Voi domandate il numero di telefono di Carol. Carol **ve lo** dà. Ve lo dà Carol?	Sì, **ce lo** dà; no, non ce lo dà.
Metto i libri nelia borsa. **Ce (ve) li** metto. Ce (ve) li metti tu?	Sì, **ce (ve) li** metto; no, non ce (ve) li metto.

142

Domando del denaro a mio padre.
Gliene domando. Gliene domandate voi?

Sì, **gliene** domandiamo; no, non gliene domandiamo.

Ve ne dà?

Sì, **ce ne** dà; no, non ce ne dà.

LETTURA

La lingua italiana

L'oggetto del nostro studio è la lingua nazionale dell'Italia. Essa è, per gl'italiani, non solamente lo strumento comune di espressione ma il simbolo vivente della civiltà e della cultura del paese. Gli scrittori, gli scienziati, gli statisti, tutti coloro che contribuiscono in diversi modi alla vita culturale italiana, usano questa lingua.

L'italiano di oggi, naturalmente, è una lingua moderna che però non differisce tanto profondamente da quella dei secoli passati. Per esempio, se leggiamo alcuni versi di Dante, una pagina del Boccaccio od un sonetto del Petrarca vediamo che l'italiano di quei grandi non è molto diverso dall'italiano del tempo presente. Vi sono certamente parole e costruzioni non più in uso; ma il lettore può notare con facilità che la struttura generale della lingua moderna è simile a quella del passato.

Ma in Italia si parlano anche i dialetti che sono delle lingue regionali. Alcuni di questi dialetti sono così difficili e diversi dall'italiano che è quasi impossibile capirli. Una persona di origine siciliana, ad esempio, incontra molte difficoltà a comprendere il dialetto di Genova o di Milano. Però, anche se difficili, i dialetti sono interessanti poichè riflettono le profonde differenze che esistono tra le regioni italiane. Diciamo sempre che una lingua rispecchia il carattere, la mentalità e lo spirito del popolo che la parla. Ebbene, se noi ascoltiamo le canzoni popolari o se leggiamo la letteratura in dialetto della Penisola, ci rendiamo subito conto della varietà e della complessità che caratterizzano l'anima italiana. Sembra di fare un viaggio ideale in un paese fantastico. Ecco la lingua di Firenze e della Toscana, dalla quale deriva la maggior parte della lingua nazionale. È musicale, corretta ed elegante. I dialetti del Piemonte e della Lombardia colpiscono il nostro viaggiatore immaginario con la loro rapidità e con dei suoni che provengono da lingue straniere. Il dialetto di Venezia ha già un ritmo diverso ed i suoni sono più dolci, mentre il dialetto napoletano ci porta nell'ambiente cordiale ed arguto dell'Italia meridionale.

Possiamo dire che in Italia, ancora oggi, il dialetto s'impara fin dalla nascita. Quando incomincia ad andare a scuola, però, il giovane non usa più la lingua della sua regione ma l'italiano. Tuttavia la presenza dei suoni e della cadenza del dialetto si fa sentire anche quando, più tardi, egli usa l'italiano come lingua fondamentale. Quasi tutti gli italiani possono indovinare la città o la regione di origine di un loro connazionale dal suo accento.

La lingua italiana, nella sua evoluzione costante, non esclude gli elementi dialettali. Al contrario, essa li assimila dopo di averli trasformati ed adattati alle sue forme fonetiche e grammaticali. Questa vitalità rende l'italiano quella lingua dinamica e completa che tutto il mondo conosce attraverso le sue meravigliose opere letterarie.

DOMANDE SULLA LETTURA

1. Qual è il simbolo della cultura e della civiltà italiana? Che cosa considera Lei come il simbolo della cultura del Suo paese? Perchè?
2. Nel Suo paese la lingua degli scrittori è perfettamente identica a quella del popolo? Quali sono le differenze?
3. Com'è divisa l'Italia? Ci sono divisioni linguistiche o amministrative nel Suo paese? Quali sono?
4. Che cos'è un dialetto? Sono facili da capire i dialetti per un italiano? È pratico parlare solamente in dialetto? Perchè?
5. L'Italia è un paese uniforme o variato? Qual è una delle caratteristiche dello spirito italiano?
6. La lingua toscana è molto simile alla lingua nazionale? Perchè? Nel Suo paese vi sono città o regioni dove si parla la lingua nazionale in un modo particolarmente corretto? Perchè?
7. Quando Lei parla, si può capire qual è la Sua città di origine?
8. Lei sa se vi sono altri paesi, fuori dell'Italia, dove si parla l'italiano?
9. Conosce qualche opera letteraria italiana particolarmente significativa? Quali lingue estere conoscono i membri della Sua famiglia?
10. Lei studia una lingua morta? Ricorda il nome di qualche lingua morta? Da quale lingua antica deriva l'italiano? E l'inglese? E il francese?
11. Esistono delle opere letterarie scritte in dialetto? La lingua italiana esclude completamente il contributo delle lingue regionali? Cosa ne fa?

SPIEGAZIONI

I. Il verbo **dovere** (*to have to, must*)

io **devo**	noi **dobbiamo**
tu **devi**	voi **dovete**
egli **deve**	essi **devono**

Es.: Noi **dobbiamo** finire i compiti prima di domani.

Maria **deve** mandarci il suo indirizzo.

I nostri amici **devono** ritornare quest'oggi.

Devi prendere il biglietto all'agenzia di viaggi o all'aeroporto?

II. Il verbo **potere** (*can, to be able, may*)

io **posso**	noi **possiamo**
tu **puoi**	voi **potete**
egli **può**	essi **possono**

Es.: **Posso** chiudere quella finestra?

Non **possiamo** partire perchè domani dobbiamo fare un esame.

Puoi prendere un aereo dell'ALITALIA per andare a New York?

Sì, **posso** prenderlo.

NOTA: La differenza del significato fra:

Posso fare una cosa (*I am able to . . .*)

Posso suonare il piano perchè ho un piano.

e:

So fare una cosa (*I know how . . .*)

So suonare il piano perchè prendo lezioni di musica.

III. Il verbo **volere** (*to want*)

Loro sanno già usare la forma **vorrei** (*I would like*) e **vorrebbe** (*you would like*). Questa è la forma del condizionale del verbo **volere** che si usa per esprimere un desiderio.

Ecco la coniugazione dell'indicativo presente:

io **voglio**	noi **vogliamo**
tu **vuoi**	voi **volete**
egli **vuole**	essi **vogliono**

Es.: Il giovane dice: « Non **voglio** restare fino a tardi ».

Vuole fare un viaggio?

Vorrei prendere la macchina dei miei genitori ma non **vogliono** darmela.

NOTA: C'è una notevole differenza tra **voglio** (*I want*) e **vorrei** (*I would like.*) Quando si domanda un favore od una cosa ad una persona è più cortese dire: **vorrei...**

> **Vorrei** comperare quel libro. Posso vederlo?
> Non **voglio** fare questo viaggio.

IV. La posizione dei pronomi diretti ed indiretti

A. Quando due pronomi sono nella stessa frase, il pronome indiretto precede il pronome diretto.

> Diciamo la verità a nostro padre. **Gliela** diciamo.
> Diciamo la verità a nostra madre. **Gliela** diciamo.
> Mario Le manda una lettera. Mario **Gliela** manda.

I pronomi indiretti **gli, le** e **Le** prendono la forma **glie (Glie)** quando sono seguiti dal secondo pronome e formano una sola parola: **glielo, gliela, Gliene,** ecc.

NOTA: Il pronome indiretto **loro (Loro)** segue sempre il verbo:

> Danno loro l'assegno. **Lo** danno **loro.**
> Scriva loro una lettera. **La** scriva **loro.**

B. I pronomi **mi, ti, ci** e **vi** diventano rispettivament **me, te, ce** e **ve** quando sono seguiti dal secondo pronome:

> Stefano ti manda i suoi saluti. **Te li** manda.
> Non ci spediscono un pacco. Non **ce lo** spediscono.
> Vi ripetono la parola. **Ve la** ripetono.
> Non mi danno l'indirizzo. Non **me lo** danno.

NOMENCLATURA DELLA LEZIONE

Nomi

un ingegnere	la mentalità
un pittore	la canzone
un veterinario	la verità
il simbolo	un ritmo
il sonetto	il suono
dei versi	la nascita
il dialetto	la cadenza
la regione	l'evoluzione
la vitalità	

Aggettivi

utile	fantastico (-a)
nazionale	corretto (-a)
regionale	immaginario (-a)
vivente	arguto (-a)
simile	dinamico (-a)
cordiale	

Verbi

dovere   volere

potere

Espressioni

in uso   rendersi conto

ESERCIZI

I. Esercizi orali: laboratorio

II. Esercizi scritti

A. Scrivere la forma corretta del verbo:

sapere: dovere:

io _____   io _____

noi _____   essi _____

potere: costituire:

voi _____   tu _____

egli _____   essi _____

volere: dormire:

tu _____   io _____

Lei _____   ella _____

B. Rispondere alla domanda con la forma corretta del verbo, affermativa e negativa:

1. Può farlo?   4. Vuole vedermi?
2. Ci manda la lettera?   5. Li hanno loro?
3. Sa farlo?   6. Ce le mette?

7. Vuole vedervi?	11. Preferisce rimanerci?
8. Potete dirmelo?	12. Ne hanno?
9. Lo dovete fare?	13. Ne volete?
10. Vuole mangiarne?	14. Impara a farlo?

C. Sostituire le parole in grassetto con **uno** o **due** pronomi.

    Es.: Mi piace andare **al cinema.** Mi piace andar**vi.**

1. Vorrei parlare **a quella signorina.**
2. Si sente parlare **l'italiano** anche in America.
3. Alcuni studenti vengono a studiare **l'italiano in Italia.**
4. Lei sa **le ultime notizie?**
5. Non domando **denaro a mio padre.**
6. Mettiamo **i libri nella borsa.**
7. Sappiamo suonare **il piano.**
8. Sa cucinare bene **il riso.**
9. Pranziamo spesso **al ristorante.**

D. Rispondere alle domande con una frase completa usando dei pronomi quand'è possibile:

1. Lei sa l'italiano?
2. I viaggiatori comperano i biglietti allo sportello?
3. Domanda informazioni all'impiegato della linea aerea?
4. Va a passare un mese in montagna?
5. Si vedono animali feroci in uno zoo?

E. Completare le frasi:

    Es.: Mi piace sentire il suono delle onde quando sono sdraiato al sole sulla sabbia.

1. Si sente parlare l'italiano se _____.
2. Lei può parlare con gli italiani se _____.
3. Quando non si sa sciare _____.
4. Credo di avere torto perchè _____.
5. Può aspettarmi? Io _____.
6. Se Lei risponde senza riflettere _____.
7. Ascolta! Senti _____.
8. Se guardo fuori della finestra _____.
9. Mi dispiace, ma non posso _____.
10. Imparo a _____ ma non so _____.

COMPONIMENTI

COMPONIMENTO ORALE. SCEGLIERNE UNO:

Immagini di fare un breve viaggio in Toscana. Come ci va? Che cosa ci vede? Com'è la gente? ecc.

Che cosa vuole fare? Che cosa può fare? Che cosa non vuole fare? Che cosa non può fare?

C'è della gente che crede solamente a quello che vede. Parli di un esempio ben conosciuto in proposito. Che cosa pensa di queste persone? Hanno torto? Hanno ragione? Perchè?

COMPONIMENTO SCRITTO. SCEGLIERNE UNO:

Se è possibile faccia un'intervista ad una persona che viene dall'Italia. Gli (le) domandi da dove viene, com'è la sua città, come parlano l'italiano nella sua regione, ecc.

Crede che l'italiano sia una lingua utile ed importante? Perchè? Un giorno Lei può aver bisogno di parlarla? Immagini una o due situazioni in cui Lei può aver bisogno di sapere l'italiano.

✤ LEZIONE VENTESIMA ✤

PARTE PRIMA

Il passato: l'imperfetto ed il passato prossimo
Concetto fondamentale di azione e di descrizione
Il participio passato

STUDIARE LE FRASI CHE SEGUONO:

Presente	*Passato*
Oggi:	*Ieri:*
È martedì.	**Era** lunedì.
Sono a scuola.	**Ero** a scuola.
È a casa Lei? No, non **sono** a casa.	**Era** a casa Lei? No, non **ero** a casa.
Siamo in classe? Sì, **siamo** in classe.	**Eravamo** in classe? Sì, **eravamo** in classe.
È in ritardo il professore? No, non **è** in ritardo.	**Era** in ritardo il professore? No, non **era** in ritardo.
Sono presenti gli studenti? Sì, **sono** presenti.	**Erano** presenti gli studenti? Sì, **erano** presenti.
Oggi:	*Ieri:*
Ha molta fantasia.	**Aveva** molta fantasia.
Ho un esame alle 11. Sono nervoso.	**Avevo** un esame alle 11. Ero nervoso.
Abbiamo i compiti d'italiano? Sì, li **abbiamo** tutti.	**Avevamo** i compiti d'italiano? Sì, li **avevamo** tutti.
Ha bisogno del cappotto? No, non ne **ho** bisogno perchè fa caldo.	**Aveva** bisogno del cappotto? No, non ne **avevo** bisogno perchè faceva caldo.

Hanno i libri gli studenti? Sì, li **hanno.**

Avevano i libri gli studenti? Sì, li **avevano.**

Oggi:

Durante la lezione **parlo** italiano.

Ieri:

Durante la lezione **ho parlato** italiano.

È una lezione molto interessante.

Era una lezione molto interessante.

A mezzogiorno ho fame. **Compero** un panino e lo **mangio.** È buono.

A mezzogiorno avevo fame. **Ho comperato** un panino e l'**ho mangiato.** Era buono.

Telefono ad Andrea. È a casa e **parliamo** a lungo.

Ho telefonato ad Andrea. Era a a casa ed **abbiamo parlato** a lungo.

Studio dalle 9 alle 10 perchè ho un esame alle 11.

Ho studiato dalle 9 alle 10 perchè avevo un esame alle 11.

STUDIARE IL TESTO SEGUENTE:

Ho guardato dalla finestra . . .

Presente

Questa mattina guardo dalla finestra del mio studio. C'è il sole. Il cielo è azzurro e fa bel tempo.

Passato

L'altra mattina ho guardato dalla finestra del mio studio. C'era il sole. Il cielo era azzurro e faceva bel tempo.

Faccio colazione con la mia famiglia e dopo colazione telefono al mio amico Andrea che sfortunatamente non è in casa.

Ho fatto colazione con la mia famiglia e dopo colazione ho telefonato al mio amico Andrea che sfortunatamente non era in casa.

Allora cerco il numero di Carol nell'elenco telefonico. Le domando se oggi ha l'automobile, e mi risponde di sì.

Allora ho cercato il numero di Carol nell'elenco telefonico. Le ho domandato se quel giorno aveva l'automobile e mi ha risposto di sì.

Un'ora dopo Carol è davanti a casa mia. Alle 8 e mezza siamo a scuola e troviamo con facilità un posto per lasciare la macchina in sosta.

Un'ora dopo Carol era davanti a casa mia. Alle 8 e mezza eravamo a scuola e abbiamo trovato con facilità un posto per lasciare la macchina in sosta.

Quando il campanello suona l'inizio della lezione, alle 9, sono al mio posto, pronto ad incominciare la giornata.

Quando il campanello ha suonato l'inizio della lezione, alle 9, ero al mio posto, pronto ad incominciare la giornata.

DOMANDE

Attenzione! Quando la domanda è al presente, bisogna rispondere al presente. Se la domanda è al passato, bisogna rispondere al passato.

1. Qual è la data di oggi? Qual era la data di ieri?
2. Lei è a scuola oggi? Lei era a scuola ieri?
3. Siamo in giardino ora? Eravamo in giardino a mezzogiorno?
4. Il professore è in ritardo di solito? Era in orario oggi?
5. Sono a casa i Suoi genitori? Erano a casa ieri? Era a casa Lei ieri sera?
6. Oggi c'è il sole? C'era il sole ieri?
7. Ha un esame oggi? Aveva un esame ieri? (oppure: Ne aveva uno ieri?) Quando ha avuto l'ultimo esame? Com'era?
8. Ha telefonato ad un amico (o ad un'amica) ieri? Era in casa?
9. Ha guardato il programma televisivo ieri? Era interessante? In quale giorno c'è il Suo programma preferito?
10. A che ora pranza di solito? Ha pranzato a casa ieri? Pranza spesso al ristorante? A quale ristorante preferisce pranzare?
11. Cerca spesso libri in biblioteca? Li trova con facilità? Ne ha cercato uno questa settimana? L'ha trovato?
12. Com'è il tempo oggi? Com'era il tempo ieri? Com'è il cielo oggi? Ha caldo Lei? Aveva bisogno del cappotto ieri? Perchè?
13. Ha sentito la radio ieri sera? C'erano notizie importanti?
14. È spesso in ritardo Lei? Era in ritardo oggi? Il professore è spesso in ritardo? Era in ritardo oggi?
15. Ha comperato un vestito (o una camicia) questa settimana? Perchè?
16. Ha fame durante la lezione? Aveva fame ieri a mezzogiorno? Ha comperato un panino? Com'era?

SPIEGAZIONI

IL PASSATO

I tempi (*tenses*) più frequenti che esprimono un'azione al passato sono due. Questi tempi sono il **passato prossimo** e l'**imperfetto**.

I. L'**imperfetto** *è il tempo della descrizione.*

Si usa l'imperfetto per fare una descrizione, per dire com'erano le cose (*how things were, what was going on*).

Il verbo **essere** si trova spesso all'imperfetto:

> L'imperfetto di **c'è** = **c'era.**
> L'imperfetto di **ci sono** = **c'erano.**

Ieri **era** lunedì. **C'era** il sole, non **c'erano** nuvole nel cielo. **Era** una bella giornata.

Coniugazione dell'imperfetto di **essere** ed **avere**:

Essere	Avere
io **ero**	io **avevo**
tu **eri**	tu **avevi**
egli **era**	egli **aveva**
noi **eravamo**	noi **avevamo**
voi **eravate**	voi **avevate**
essi **erano**	essi **avevano**

Quando **avevo** sei anni **avevo** un cane. **Era** nero ed **era** molto buono.
Eri in orario per la lezione? Sì, **ero** in orario.
Avevi una lezione d'italiano? Sì, **avevo** una lezione d'italiano (oppure: Sì, ne **avevo** una).
Dov'**erano** gli studenti durante la vacanza? **Erano** a casa perchè non **avevano** lezione.

II. Il **passato prossimo**

Si usa il passato prossimo per esprimere un'azione, ciò che una persona ha fatto (*what someone did or has done*).

> **Ho studiato** la lezione e poi **ho ascoltato** la radio.
> **Hai pranzato** al ristorante? No, **ho pranzato** a casa.
> **Ho mangiato** un panino prima di uscire di casa.
> **Hanno imparato** bene l'italiano.
> **Ha portato** il denaro a Luigi.

A. Coniugazione del passato prossimo:

Ascoltare	Guardare
io **ho ascoltato**	io **ho guardato**
tu **hai ascoltato**	tu **hai guardato**
egli **ha ascoltato**	egli **ha guardato**
noi **abbiamo ascoltato**	noi **abbiamo guardato**
voi **avete ascoltato**	voi **avete guardato**
essi **hanno ascoltato**	essi **hanno guardato**

B. Forma interrogativa del passato prossimo:

Ascoltare	Guardare
Ho ascoltato io?	Ho guardato io?
Hai ascoltato tu?	Hai guardato tu?
Ha ascoltato egli?	Ha guardato egli?
Abbiamo ascoltato noi?	Abbiamo guardato noi?
Avete ascoltato voi?	Avete guardato voi?
Hanno ascoltato essi?	Hanno guardato essi?

C. Forma negativa del passato prossimo:

Ascoltare	Guardare
io non ho ascoltato	io non ho guardato
tu non hai ascoltato	tu non hai guardato
egli non ha ascoltato	egli non ha guardato
noi non abbiamo ascoltato	noi non abbiamo guardato
voi non avete ascoltato	voi non avete guardato
essi non hanno ascoltato	essi non hanno guardato

III. Il **participio passato**

Nella forma **io pranzo, io sento,** il verbo consiste di una parola, cioè: **pranzo, sento.** Ma nella forma **io ho pranzato, io ho sentito,** vi sono due elementi: **ho,** *l'ausiliare* e **pranzato** o **sentito** che è il *participio passato*. I verbi regolari formano il participio passato come segue:

Primo gruppo:
$\begin{cases} \text{pranz } \mathbf{are} = \text{pranz } \mathbf{ato} \\ \text{comper } \mathbf{are} = \text{comper } \mathbf{ato} \end{cases}$

Secondo gruppo:
$\begin{cases} \text{vend } \mathbf{ere} = \text{vend } \mathbf{uto} \\ \text{ten } \mathbf{ere} = \text{ten } \mathbf{uto} \end{cases}$

Terzo gruppo: $\begin{cases} \text{fin } \mathbf{ire} = \text{fin } \mathbf{ito} \\ \text{part } \mathbf{ire} = \text{part } \mathbf{ito} \end{cases}$

IV. Uso del passato prossimo e dell'imperfetto

Usiamo spesso il passato prossimo o l'imperfetto separatamente o consecutivamente. Per esempio:

Ieri, a mezzogiorno, **avevo** appetito. **Ho comperato** un panino e l'**ho mangiato.**
Era un panino con del formaggio. **Era** molto buono.
Ho cercato un libro in biblioteca ma non l'**ho trovato** perchè non c'**era.**
Ha telefonato alla sua amica Carol che, però, non **era** in casa.

ESERCIZI

I. Esercizi orali: laboratorio

II. Esercizi scritti

A. Mettere il verbo al passato prossimo ed all'imperfetto:

Es.: Ho—**ho avuto; avevo.** Parlo—**ho parlato; parlavo.**

1. guardo
2. avete
3. domandiamo
4. studiamo
5. ascoltiamo
6. guardiamo
7. vede
8. telefona
9. ricevi
10. cerca
11. sentono
12. pensano
13. pranziamo
14. parlate
15. trovo
16. capisco
17. vendi
18. imparano

B. Rispondere alle domande con la forma corretta del verbo:

Es.: C'è? Sì, **c'è.** Eravate? Sì, **eravamo.**

1. È Lei?
2. Siete voi?
3. Eravate voi?
4. Avevamo?
5. Abbiamo parlato?
6. C'era?
7. Ho telefonato?
8. Hanno ricordato?
9. Ha sentito?
10. Hai portato?
11. Avevano?
12. Erano?
13. Hai ascoltato?
14. Avete finito?
15. Ha cercato?

C. Mettere al negativo:

> *Es.:*   Avevo un cane.   **Non avevo** un cane.
> C'era mia sorella.   **Non c'era** mia sorella.

1. Ha guardato dalla finestra.
2. Avevo una macchina.
3. La lezione era interessante.
4. Monica aveva una limonata per suo fratello.
5. Questi studenti erano assenti ieri.
6. Abbiamo pranzato alle otto.
7. C'era un piatto di minestra.
8. Avevamo una lezione ogni giorno.

D. Rispondere alle domande che seguono:

1. Ha un cane?
2. Aveva paura dei cani quando aveva cinque anni?
3. Lei è studente?
4. Era assente ieri?
5. I Suoi genitori hanno la macchina?
6. I Suoi genitori erano a casa ieri sera?
7. C'era un buon programma alla televisione ieri sera?
8. Qual è il Suo programma preferito? L'ha veduto questa settimana? Com'era?
9. Dove ha pranzato ieri? Com'era il pranzo?
10. Era in ritardo questa mattina? È spesso in ritardo?

❁ LEZIONE VENTESIMA ❁

PARTE SECONDA

Il passato prossimo dei verbi irregolari

L'imperfetto dei verbi esprimenti uno stato d'animo

L'uso di due verbi

STUDIARE LE FRASI CHE SEGUONO:

Presente	*Passato*
Parlo con gli amici ed **abbiamo** molte cose da dire.	**Ho parlato** con gli amici ed **avevamo** molte cose da dire.
La signorina **apre** il libro ed **incomincia** a leggere.	La signorina **ha aperto** il libro ed **ha incominciato** a leggere.
Rispondo alle domande del professore.	**Ho risposto** alle domande del professore.
Rispondo alla domanda perchè **so** la risposta.	Ho risposto alla domanda perchè **sapevo** la risposta.
Credo di finire tutto il lavoro per le due.	**Credevo** di finire tutto il lavoro per le due.
Desidero parlarti perchè **ho** dei dubbi.	**Desideravo** parlarti perchè **avevo** dei dubbi.
Guardo il quadro e **penso** alla vita infelice dell'autore.	**Guardavo** il quadro e **pensavo** alla vita infelice dell'autore.
Mi **piace** molto l'abito che **hai.**	Mi **piaceva** molto l'abito che **avevi.**

Affermazione e domanda	*Risposta*
Sapeva parlare italiano prima di questo trimestre?	No, non **sapevo parlarlo.**

157

Voleva pranzare al ristorante domenica scorsa?

Sì, **volevo andarci** ma non ne **ho avuto** la possibilità.

Pensava di ricevere un' « A » all'ultimo esame?

No, non **pensavo di ricevere** una « A » ma **pensavo di ricevere** un buon voto. **Credevo** di sapere quasi tutte le risposte.

Ti **piaceva** giocare con gli altri bambini quand'**eri** piccolo?

No, non mi **piaceva** troppo giocare con gli altri bambini. **Preferivo** restare a casa e mi piaceva moltissimo fare dei disegni.

Speravi di diventare un grande autore od un celebre attore del cinema?

Sì, quand'**ero** giovane, **speravo** di diventare celebre.

LETTURA

Ho fatto un sogno

Nella pensione per studenti in cui abito, abbiamo preparato, la sera scorsa, una cena magnifica. Fra le tante cose prelibate, vi era del caviale e del vino spumante. Era davvero una serata meravigliosa! Noi, studenti e studentesse, abbiamo cantato e danzato alla musica di un'orchestra che era situata convenientemente nel salone, dietro di alcune piante tropicali. La mia compagna, una ragazza vestita splendidamente, era affascinante e gentile ed io le ho fatto un po' la corte. Sono quasi certo che anche a lei piaceva la mia compagnia. Verso mezzanotte la festa è finita. Ad un certo momento, qualcuno si è rivolto verso le persone che uscivano ed ha detto: « Si ricordino che domani non si faranno* nè lezioni nè compiti scritti ». E noi, ovviamente, non ci abbiamo pensato più.

Questa mattina, intanto, c'era un'altra sorpresa che ci attendeva. I professori hanno telefonato alla pensione ed hanno detto: « Informino gli studenti che oggi non ci sono lezioni. » Questo confermava le parole dello

* **faranno:** il futuro di **fare**

sconosciuto della festa. Credevo di essere in paradiso! Ma proprio in quel momento ho sentito un rumore indistinto. Ho aperto gli occhi ed ho veduto il mio compagno di camera. Stava in piedi, vicino al mio letto ed aveva un bicchiere d'acqua in mano. Pensavo di poter dormire altre due ore ed ho detto: « No, grazie, non ho sete ». Mi ha risposto che quell'acqua, io, non dovevo berla ma che erano le sette e mezza e che sapeva che la mia prima lezione era alle otto. Io, invece, volevo restare a letto, al caldo. Ma era tempo di fare colazione, purtroppo. Avevo fame e poi non mi sorrideva l'idea di ricevere un bicchiere d'acqua fredda sul viso ...

Quand'ho veduto che tutti gli altri studenti erano seduti nella gran sala da pranzo, davanti ad una tazza di caffè o ad un bicchiere di latte, ho capito tutto. Ieri sera, nel salone, non c'era nessuna orchestra, non c'era neppure il caviale e lo spumante. Era solamente il sogno di un povero studente stanco che adesso doveva fare presto e correre per non arrivare in ritardo alle solite lezioni.

DOMANDE SULLA LETTURA

Attenzione! Rispondere al presente quando la domanda è al presente. Usare il passato se la domanda è al passato.

1. Questo giovane abita con la famiglia? Dove abita?
2. Hanno preparato una cena nella sua pensione la sera prima? C'era una cena anche nella Sua pensione?
3. Portava una camicia sportiva per l'occasione? E la ragazza? Che cosa hanno fatto?
4. Com'era la serata? (Descrizione) A che ora è finita? A che ora è finita la Sua ultima lezione? A che ora è incominciata* la Sua prima lezione oggi?
5. Questo giovane ha fatto i compiti dopo cena? Perchè?
6. Quando ha aperto gli occhi, la mattina seguente, ha avuto un'altra sorpresa. Era una sorpresa bella o brutta? Chi ha veduto in piedi vicino al letto? Che cosa aveva in mano?
7. Perchè il compagno di camera aveva un bicchiere d'acqua in mano? Pensava di darla a bere all'amico?
8. Il giovane del racconto voleva andare in classe? Dove voleva restare?
9. Che cosa ha veduto nella gran sala da pranzo? Che cosa ha capito?
10. C'era veramente una cena ieri sera? Ha fatto un sogno il giovane?

* è incominciata: uso intransitivo di incominciare.

11. Povero ragazzo! Ha fatto colazione con gli altri studenti? Ha dovuto far presto per andare a lezione? Perchè?
12. Era un bel sogno? Lo studente era ben preparato per la lezione? Era in ritardo?
13. Quando Lei ha incominciato a leggere questo racconto sapeva che la festa non era che un sogno? Ha notato il titolo? Qual è il titolo? Trovi un altro titolo.

SPIEGAZIONI

I. Il passato prossimo dei verbi irregolari

Abbiamo veduto già le forme regolari del participio passato delle tre coniugazioni: **amare – amato; temere – temuto; capire – capito.**

Ecco alcuni participi passati irregolari e la costruzione del passato prossimo:

aprire	aperto	ho aperto	
dire	detto	ho detto	
fare	fatto	ho fatto	
leggere	letto	ho letto	
mettere	messo	ho messo	
prendere	preso	ho preso	(comprendere: compreso; apprendere: appreso)
scrivere	scritto	ho scritto	

II. L'imperfetto, il tempo della descrizione

Ecco le tre forme dell'imperfetto:

Guardare	**Temere**	**Finire**
guard **avo**	tem **evo**	fin **ivo**
guard **avi**	tem **evi**	fin **ivi**
guard **ava**	tem **eva**	fin **iva**
guard **avamo**	tem **evamo**	fin **ivamo**
guard **avate**	tem **evate**	fin **ivate**
guard **avano**	tem **evano**	fin **ivano**

Certi verbi esprimono, di solito, uno stato d'animo (*a state of mind*). Uno stato d'animo si esprime in una descrizione. I verbi che descrivono uno stato d'animo sono, generalmente, all'imperfetto.

Ecco alcuni di questi verbi:

| **sapere** sapevo | **credere** credevo | **sperare** speravo |
| **volere** volevo | **pensare** pensavo | **dovere** dovevo |

III. L'uso di due verbi

A. La costruzione con due verbi:

Preferisce studiare in biblioteca.
Vuole ricevere un buon voto.
Sa parlare con correttezza.

Abbiamo veduto come si usa il pronome in questa costruzione:

Preferisce leggere il giornale? Sì, **preferisce leggerlo.**
Vuole andare a teatro? Sì, **vuole andarci.**
Deve portare il cappotto? No, non **deve portarlo.**

Ed ecco questa costruzione con il verbo al passato:

Preferiva restare a casa con Maria. **Preferiva restarci** con
Maria.
Poteva ripetere la poesia. **Poteva ripeterla.**
Doveva leggere il capitolo. **Doveva leggerlo.**

B. Costruzione di due verbi con la preposizione:

Ho dimenticato di prendere la borsa. **Ho dimenticato di prenderla.**
Abbiamo incominciato a studiare il passato. **Abbiamo incominciato a studiarlo.**
Non abbiamo finito di leggere il libro. **Non abbiamo finito di
leggerlo.**

C. L'uso del pronome col verbo al passato prossimo:

Ho veduto il film. **L'ho veduto.**
Abbiamo salutato le ragazze. **Le abbiamo salutate.**
Hanno finito la lezione. **L'hanno finita.**
Non hai ripetuto il verbo. **Non l'hai ripetuto.**
Non ho portato i libri. **Non li ho portati.**

NOTA: In questi ultimi esempi il pronome precede l'ausiliare del passato
prossimo. Il participio passato concorda in genere e numero col pronome
diretto che precede.

ESERCIZI

I. Esercizi orali: laboratorio

II. Esercizi scritti

A. Trovare il passato prossimo dei verbi seguenti:

    Es.:   Faccio—**Ho fatto.**   Dormo bene—**Ho dormito bene.**

1. Guardo la televisione.
2. Maria non dimentica i quaderni.
3. Lei parla in classe?
4. Compera un'automobile.
5. Pensiamo ai fatti del mondo.
6. Non dicono la verità.
7. L'architetto costruisce un palazzo.
8. Risponde correttamente alla domanda?
9. Impari qualche cosa?
10. Non capisco bene.
11. Lavoriamo in cucina.
12. Vedo spesso questo signore in biblioteca.

B. Mettere le frasi seguenti al passato prossimo o all'imperfetto:

    Es.:   Il giorno in cui mia madre non è a casa pranzo al ristorante.
            Il giorno in cui mia madre non **era** a casa **ho pranzato** al
            ristorante.

1. Compero un libro perchè il professore dice che questo libro è necessario.
2. Guardiamo la televisione perchè c'è un programma interessante.
3. Prendo l'autobus alle otto. Ma è in ritardo ed aspetto qualche minuto. Penso di essere in ritardo per la lezione ma quando suona il campanello sono già al mio posto.
4. I viaggiatori domandano delle informazioni all'impiegato.
5. Sa la risposta e risponde in tre lingue perchè sa parlare italiano, inglese e tedesco.
6. Quando sono piccolo, mi piace passare le vacanze dal nonno.
7. È in campagna, ha una casa antica e mi piace esplorare il gran giardino.

COMPONIMENTI

COMPONIMENTO ORALE:

Racconti quello che ha fatto ieri sera. Usi i verbi seguenti: essere, avere, volere, pensare, sapere, guardare, fare, dire, finire, parlare, aspettare, leggere, scrivere, prendere, mettere.

COMPONIMENTO SCRITTO:

Racconti un sogno che ha fatto.

Conversazione fra le rovine di GIORGIO DE CHIRICO,
National Gallery of Art, Washington, D. C.
Chester Dale Collection.

*Andare, come Ulisse, in paesi lontani; vedere cose nuove, parlare
con gente diversa.*

UMBERTO SABA

Umberto Saba nacque nel 1883. « Ha fatto studi prevalentemente commerciali, poi fu praticante di commercio presso una casa triestina. A 19 anni lasciò l'impiego per le lettere, vivendo quasi sempre a sè, e dando a giornali e riviste una collaborazione saltuaria. Dopo la [prima] guerra [mondiale] è ritornato a Trieste, dove la sua Libreria Antica e Moderna ha stampato nel 1921 il *Canzoniere*, che è la raccolta fino a quell'epoca completa delle sue poesie. » Saba è morto nel 1957. Dal *Canzoniere*, che il poeta continuò ad arricchire fino al 1954, abbiamo scelto la breve poesia che segue.

Ulisse

Nella mia giovanezza ho navigato
lungo le coste dalmate. Isolotti
a fior d'onda emergevano, ove raro
un uccello sostava intento a prede,
coperti d'alghe, scivolosi, al sole
belli come smeraldi. Quando l'alta
marea e la notte li annullava, vele
sottovento sbandavano più al largo,
per sfuggirne l'insidia. Oggi il mio regno
è quella terra di nessuno. Il porto
accende ad altri i suoi lumi; me al largo
sospinge ancora il non domato spirito,
e della vita il doloroso amore.

UMBERTO SABA, « Ulisse ». *Il Canzoniere*, Giulio Einaudi editore, Torino.

❋ LEZIONE VENTESIMA ❋

PARTE TERZA

I verbi di movimento
I verbi di comunicazione

STUDIARE LE FRASI SEGUENTI:

Presente

Vado in campagna.
Arrivo a scuola in orario.

Quando **entro** in classe il professore è già seduto al suo posto.

Esco di casa la mattina e **ritorno** nel pomeriggio.

Salgo al primo piano e **scendo** al pianterreno.

Il mio libro è sull'orlo del tavolo. Improvvisamente **cade.** Che rumore!

Esce questa sera? No, non esco, **resto** a casa.

Il presidente **viene** a fare un discorso nella nostra città e poi **ritorna** alla capitale.

Passato

Sono andato in campagna.
Sono arrivato a scuola in orario.

Quando **sono entrato** in classe il professore era già seduto al suo posto.

Sono uscito di casa la mattina e **sono ritornato** nel pomeriggio.

Sono salito al primo piano e **sono sceso** al pianterreno.

Il mio libro era sull'orlo del tavolo. Improvvisamente **è caduto.** Che rumore!

È uscito ieri sera? No, non sono uscito, **sono restato** a casa.

Il presidente **è venuto** a fare un discorso nella nostra città e poi **è ritornato** alla capitale.

Discorso diretto al presente

« Prego, entri pure » **dice** il direttore **al giovane,** «e si prenda una sedia ».

« Sono felice di vederLa », **ha risposto** il giovane.

Discorso indiretto al passato

Il direttore **gli** ha detto **di** entrare e **di** prendersi una sedia.

Il giovane **gli** ha risposto che era felice **di** vederlo.

166

Scrivo **ai miei genitori:** « Ho bisogno di denaro. Mandatemi venti dollari, per favore. »

Ho scritto **loro che** avevo bisogno di denaro e **che** mi bastavano venti dollari.

I miei genitori non rispondono. Allora telefono loro: « Mandatemi subito un assegno. »

Non hanno risposto. Allora ho telefonato **loro di** mandarmi subito un assegno.

« Facciano attenzione! » **dice** il professore **agli studenti** tutti i giorni.

Ha ripetuto **loro di** fare attenzione.

Carol domanda **alla sua amica:** « Resta con me questa sera, sono sola. »

Carol **le** ha domandato **di** restare con lei perchè era sola.

LETTURA

Una trasmissione radiofonica: « Il giornale radio della RAI »

Giornale radio.

Roma: Questa mattina, alle dieci, è giunto il Presidente della Repubblica Federale Germanica. L'aereo che recava il Presidente è atterrato all'aeroporto Leonardo Da Vinci. L'illustre personaggio si reca in visita in Italia accompagnato dalla Signora Ranke. Erano ad attenderlo il Presidente della Repubblica Italiana, il Capo del Protocollo ed altri dignitari. Appena sceso dall'aereo la banda militare ha intonato gli inni nazionali dei due paesi. Nella solennità dell'evento i due Presidenti hanno concesso una breve conferenza stampa. In italiano, il Presidente Ranke ha dichiarato: « Sono particolarmente felice di ritrovarmi in questo paese ospitale con il quale la mia nazione è legata da profondi vincoli politici e culturali. » Il presidente Degni ha detto: « Questa visita segna un altro passo verso la collaborazione tra i nostri due paesi nel campo europeo e ribadisce la volontà dei nostri popoli di stabilire una pace duratura su basi democratiche. » In seguito il corteo ufficiale è partito alla volta del Palazzo del Quirinale dove ha avuto luogo il primo colloquio tra i Presidenti e gli esperti dei due governi.

San Domenico: Nell'isola di San Domenico sono continuati i violenti scontri tra forze governative e banbe di guerriglieri. Si contano questa sera 10 morti e più di 30 feriti tra militari e civili. Radio San Domenico annuncia che i ribelli hanno preso possesso di un villaggio a 8 km. dalla capitale. Le Nazioni Unite hanno convocato una riunione straordinaria. Il delegato di San Domenico presso le Nazioni Unite ha dichiarato: « La situazione è pericolosa ed il mio governo ha preso severe misure per ristabilire l'ordine pubblico. »

Port Henderson: La base di lancio annuncia quest'oggi un nuovo successo. Il satellite Terra–Marte è arrivato in prossimità di questo pianeta per prendere una serie di fotografie. I tecnici del centro sperimentale hanno manifestato il loro ottimismo sui risultati del tentativo in corso. Se il sistema funzionerà*, la RAI–TV trasmetterà** alcune fotografie.

Parigi: Il centro della polizia internazionale, Interpol, in collaborazione con il Deuxième Bureau e Scotland Yard, annuncia questa sera l'arresto di un sospettato nel recente scandalo di spionaggio. Il sospettato, Alan Beisedek, è andato da Londra a Parigi dove ha incontrato un altro agente segreto d'informazioni che, in realtà, era un ispettore dell'Interpol. Si attendono ulteriori informazioni sull'arresto e sull'interrogatorio.

Parigi: Lo sciopero dei minatori nella zona carbonifera France–Mines è terminato ieri sera. Questa mattina i lavori hanno ripreso il ritmo normale. I rappresentanti dei Sindacati dei Minatori hanno dichiarato che i lavoratori erano soddisfatti del risultato delle trattative fatte con la direzione che prevedono il miglioramento delle condizioni di lavoro e l'aumento dei salari. Per contro, lo sciopero degli studenti universitari continua. Gli studenti hanno indetto il presente sciopero per protestare contro l'inadeguatezza degli edifici nei quali, si dichiara, le aule sono troppo piccole e poco numerose. In realtà il numero degli studenti iscritti all'università si è triplicato negli ultimi dieci anni ma lo spazio è rimasto lo stesso. In questo momento circa tremila studenti sono riuniti nel cortile dell'università e si rifiutano di uscire. La polizia ha mandato una pattuglia di agenti per mantenere l'ordine. Il Rettore ha rivolto un appello agli studenti e li ha invitati a ristabilire l'ordine.

Brierwood. La celebre attrice Lynn Ulberg ha ottenuto dal tribunale di Brierwood la sentenza del suo primo divorzio dell'anno in corso. Il nostro inviato speciale ha intervistato la signorina Ulberg che lo ha pregato di informare tutti i suoi numerosi ammiratori che il suo ex–marito e lei intendono rimanere ottimi amici. La signorina Ulberg, infatti, conserva ancora cordiali rapporti d'amicizia con i suoi cinque mariti precedenti.

Previsioni del tempo: L'ufficio meteorologico del Ministero della Difesa comunica che sulle regioni settentrionali vi è nuvolosità variabile con possibilità di temporali specie sulle regioni centrali. Temperature di domani: Roma, massimo 24 gradi centigradi; Napoli, 30. Mari: bacini occidentali mossi, localmente molto mossi. Bacini orientali poco mossi.

* **funzionerà**: il futuro di **funzionare**
** **trasmetterà**: il futuro di **trasmettere**

DOMANDE SULLA LETTURA

1. Ci sono sette notizie importanti nel giornale radio della RAI. Quali sono queste notizie?
2. Chi è arrivato all'aeroporto Leonardo Da Vinci? Era solo? Chi è andato ad attenderlo?
3. Che cosa ha suonato la banda militare?
4. Dov'è andato il corteo ufficiale dopo la cerimonia all'aeroporto? Qual è il programma del pomeriggio?
5. Com'è la situazione a San Domenico? Che cosa hanno fatto i guerriglieri? Che cosa hanno fatto le Nazioni Unite? Che cosa intende fare il governo di San Domenico?
6. La base di lancio per i missili è riuscita a lanciare un razzo in direzione di Marte? Dov'è arrivato il razzo? È entrato in orbita? Che cosa farà* il satellite se il sistema funzionerà?
7. Che cos'è l'Interpol? Che ha fatto l'Interpol? Da sola od in collaborazione con altre organizzazioni? Com'è avvenuto l'arresto del sospettato?
8. In uno sciopero, gli operai rifiutano di lavorare o vogliono lavorare? Che cosa domandano generalmente gli operai quando fanno uno sciopero?
9. Gli operai delle miniere hanno ripreso il lavoro? Perchè? Chi ha condotto le trattative con la direzione?
10. Anche gli studenti universitari fanno uno sciopero? Fanno questo per ottenere un aumento di salario? Perchè fanno lo sciopero? Come lo fanno? Quali sono le conseguenze di questo sciopero per l'università?
11. Che cosa ha ottenuto la celebre attrice? È la prima volta? Che cosa ha detto all'inviato speciale?
12. Come sono le previsioni del tempo per domani? C'è qualche differenza tra i gradi centigradi ed i gradi Fahrenheit?
13. Che cosa ha detto il Presidente Ranke appena è arrivato all'aeroporto? È una cosa originale? Che cosa ha risposto il Presidente italiano? È una risposta originale o convenzionale?

SPIEGAZIONI

I. I verbi di movimento

Vi sono dei verbi che esprimono il movimento. I **verbi di movimento** formano il passato prossimo con l'ausiliare **essere**.

* **farà:** il futuro di **fare**

Ecco alcuni verbi di movimento:

andare arrivare cadere entrare partire restare rientrare ritornare salire scendere uscire venire

A. Coniugazione dei verbi di movimento:

Andare	Venire
io sono andato (-a)	io sono venuto (-a)
tu sei andato (-a)	tu sei venuto (-a)
egli è andato	egli è venuto
ella è andata	ella è venuta
noi siamo andati (-e)	noi siamo venuti (-e)
voi siete andati (-e)	voi siete venuti (-e)
essi sono andati	essi sono venuti
esse sono andate	esse sono venute

B. Notare che tra i participi passati che seguono, alcuni sono irregolari:

andare	sono andato (-a)	**rientrare**	sono rientrato (-a)
arrivare	sono arrivato (-a)	**ritornare**	sono ritornato (-a)
cadere	sono caduto (-a)	**salire**	sono salito (-a)
entrare	sono entrato (-a)	**scendere**	sono sceso (-a)
partire	sono partito (-a)	**uscire**	sono uscito (-a)
restare	sono restato (-a)	**venire**	sono venuto (-a)

C. L'accordo del participio passato:

Lo studente è arrivat**o**.
La signora è arrivat**a**.
Le ragazze sono partit**e** alle cinque e trenta e sono arrivat**e** a Torino alle sette.
I due Presidenti sono andat**i** al Palazzo del Quirinale.

Quando il verbo forma il passato prossimo con **essere,** il participio passato concorda con il soggetto in genere e numero.

D. Uso dei verbi di movimento:

Il corteo ufficiale **è andato in macchina** dal Quirinale al Teatro dell'Opera. (*The official motorcade drove from the Quirinale to the Teatro dell'Opera.*)
Vado a scuola **a piedi.** (*I walk to school.*)

È arrivato da New York **in aereo.** Ci **ritorna** questa notte **in aereo.** (*He flew from New York. He is flying back there tonight.*)

Osservare le espressioni che seguono:
Si va (arriva, ritorna, ecc.):

a piedi	**Vado a scuola a piedi,** è un ottimo esercizio.
in macchina	Mio padre **va in ufficio in macchina.**
in aeroplano	Il Presidente **è venuto a Roma in aeroplano.**
con la nave	**Siamo andati in Europa con la nave.**
in autobus	Mia madre **va spesso in autobus.**

II. I verbi di comunicazione

I verbi **dire, domandare** (e molti altri come **ripetere, rispondere, scrivere, telefonare,** ecc.) sono **verbi di comunicazione.**

Questi verbi esprimono una comunicazione tra due o più persone. Quando si parla con un'altra persona il discorso può contenere:

A. Un'informazione:

> **Dico al professore che** non ho capito la domanda.
> **Gli dico che** non ho capito la domanda.

> Si dice **a qualcuno che**...(informazione)
> **Gli** si dice **che**...

B. Un ordine (o un desiderio o una richiesta):

> **Dico al signore di** ripetere la domanda.
> **Gli dico di** ripetere la domanda.

> Si dice **a qualcuno di**... (ordine, desiderio)
> **Gli** si dice **di**...

NOMENCLATURA DELLA LEZIONE

Nomi

una visita	il corteo
una capitale	lo scontro
il Capo (del Protocollo)	le Nazioni Unite
il governo	le misure (severe)
l'inno nazionale	un ferito
un'intervista	un satellite

la stampa
la guerra
le forze (del governo, dei
    guerriglieri)
il delegato
una situazione
un morto
un successo
una base di lancio
una serie (di fotografie)
un ispettore (di polizia)
uno scandalo (di spionaggio)
un agente
uno sciopero (fare lo sciopero)
dei rapporti

il sistema
l'arresto
una spia
un interrogatorio
le trattative
l'aumento (dei salari)
il miglioramento (delle
    condizioni)
l'inadeguatezza (degli edifici,
    dei salari, ecc.)
il divorzio
un ammiratore, un'ammiratrice
un inviato speciale
la sentenza
la collaborazione

Aggettivi

solenne
accompagnato (-a) da
duraturo (-a)
ospitale
occidentale
orientale

severo (-a)
ulteriore
numeroso (-a)
precedente
mosso (-a)

Verbi

atterrare
recare
segnare
ribadire
convocare
funzionare

trasmettere
fotografare
terminare
rifiutare
riunire

Notare i seguenti participi passati:

scendere: sono sceso
concedere: ho concesso
prendere: ho preso
riprendere: ho ripreso
indire: ho indetto
rivolgere: ho rivolto
ridere: ho riso
sorridere: ho sorriso

Espressioni

fare lo sciopero (o: indire uno sciopero)   avere luogo
partire alla volta di

ESERCIZI

I. Esercizi orali: laboratorio

II. Esercizi scritti

A. Coniugare il passato prossimo dei verbi che seguono:

> *Es.:*   Io incomincio.   **Io ho incominciato.**

1. Egli va	13. Io non capisco
2. Ella va	14. Egli sale
3. Essi partono	15. Esce ella?
4. Noi arriviamo	16. Maria non ritorna
5. Io prendo	17. Ella non entra
6. Egli trasmette	18. Voi dichiarate
7. Ci vai tu?	19. Io esco
8. Mario lo fa	20. Egli organizza
9. Io rientro	21. Io non parto
10. Voi non scendete	22. Io ci vado
11. Cadono Loro?	23. La prendi tu?
12. Arriva ella?	24. Tu ci ritorni

B. Mettere il brano seguente al passato (passato prossimo od imperfetto):

L'aereoplano del Presidente arriva a Roma. Il presidente Ranke scende. È accompagnato dalla signora. Concede un'intervista alla stampa e dichiara di essere felice di ritrovarsi nuovamente in Italia. Il Presidente della Repubblica Italiana, a sua volta, parla al microfono. In seguito, il corteo ufficiale va al Quirinale, residenza del Presidente. I fotografi fanno numerose fotografie.

L'agenzia ANSA trasmette queste notizie: La guerra incomincia a San Domenico. Le forze governative arrivano al villaggio di Las Casitas e ne prendono possesso. Il delegato di San Domenico dichiara alle Nazioni Unite che la situazione è grave.

Gli operai fanno uno sciopero perchè vogliono un aumento di salario. Questa mattina il lavoro riprende il ritmo normale e i minatori discendono nelle miniere. Dicono di essere soddisfatti dei risultati delle trattative.

COMPONIMENTI

COMPONIMENTO ORALE. SCEGLIERNE UNO:

Racconti ciò che ha fatto ieri e illustri le Sue azioni. (Es.: Sono andato in
   biblioteca perchè avevo bisogno di un libro, ecc. . .)
Racconti un viaggio che ha fatto qualche tempo fa.

COMPONIMENTO SCRITTO. SCEGLIERNE UNO:

Scrivere una trasmissione del giornale radio con le notizie di questa settimana
   (visite ufficiali, guerre, successi astronautici, ecc.)
Tema libero. Scriva un componimento *al passato* ed usi molti verbi di
   movimento.

SALVATORE QUASIMODO

Salvatore Quasimodo è nato nel 1901. Iniziò gli studi tecnici che continuò per un certo periodo di tempo senza poterli terminare, a causa di sopravvenute difficoltà. Iniziò lo studio dei classici a Roma, nel 1921. Dopo di esser vissuto in varie regioni d'Italia per una decina d'anni come impiegato del Genio Civile, si è stabilito a Milano dove insegna letteratura italiana. Ha ricevuto il Premio Nobel nel 1959.

Davanti al simulacro di Ilaria del Carretto

Sotto la tenera luce già i tuoi colli,
lungo il Serchio fanciulle in vesti rosse
e turchine si muovono leggere.
Così al tuo dolce tempo, cara; e Sirio
perde colore, e ogni ora s'allontana,
e il gabbiano s'infuria sulle spiagge
derelitte. Gli amanti vanno lieti
nell'aria di settembre, i loro gesti
accompagnano ombre di parole
che conosci. Non hanno pietà; e tu,
tenuta alla terra, che lamenti?
Sei qui rimasta sola. Il mio sussulto
forse è il tuo, uguale d'ira e di spavento.
Remoti i morti e più ancora i vivi,
i miei compagni vili e taciturni.

SALVATORE QUASIMODO, « Davanti al simulacro di Ilaria del Carretto ».
Ed è subito sera, Arnoldo Mondadori Editore, Milano.

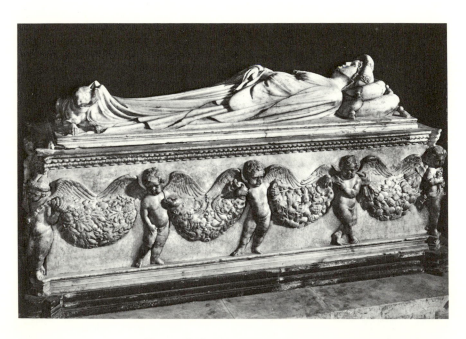

Urna sepolcrale di Ilaria del Carretto di IACOPO DELLA QUERCIA,
Duomo, Lucca.
Foto: Alinari—Art Reference Bureau.

Sei qui rimasta sola.

❀ L E Z I O N E ❀
VENTUNESIMA

Il futuro

Il futuro di **essere** e **avere**

Il futuro irregolare

Prima di ——————   **Dopo di** ——————

STUDIARE LE FRASI CHE SEGUONO:

Presente	*Futuro*
Ora **sono** occupato (-a) perchè **ho** molto lavoro.	Durante le vacanze non **sarò** occupato (-a) perchè non **avrò** molto lavoro. Dove **sarai** nel periodo delle vacanze? Sarò certamente al mare. Mio fratello **sarà** in campagna. Nel mese di settembre **saremo** tutti a casa. I miei genitori non ci **saranno.** Saranno in Europa.
Faccio un viaggio in Europa.	L'anno prossimo **farò** un viaggio in Europa. E Lei, cosa **farà?** I miei amici ed io **faremo** un viaggio nell'America del Sud.
Vado in Italia, in Francia ed in Germania.	**Andrò** in Italia, in Francia ed in Germania. E Gianni dove **andrà?** Dice che andrà nell'America del Sud.
Non **vedo** spesso drammi a teatro.	Quando andrò in Europa **vedrò** spesso dei drammi nei teatri di prosa.

177

So parlare un po' d'italiano.

Dopo il mio viaggio, **saprò** parlare italiano molto bene. Tu **saprai,** senza dubbio, parlare spagnolo.

Vengo a piedi all'università.

Quando avrò la macchina, non **verrò** a piedi all'università. Mio fratello ed io **verremo** in macchina tutti i giorni.

Il futuro regolare

L'aereo **arriva** alle otto.

L'aereo **arriverà** in ritardo. Arriverà alle otto e trenta.

Se sei in ritardo ti **attendo** all'angolo della strada.

Se sarai in ritardo ti **attenderò** all'angolo della strada.

Finisco sempre il componimento di sera.

Non **finirò** il componimento questa sera.

Affermazione e domanda

Risposta

Cosa bisogna fare **prima di** andare in classe?

Prima di andare in classe bisogna studiare. Se non studieremo, prenderemo certamente un brutto voto.

Cosa farai **dopo di** aver finito gli studi?

Dopo di aver finito gli studi farò il dottore, o il professore o l'avvocato. Ma prima di esercitare una professione **bisognerà** studiare parecchio.

LETTURA

Dall'indovina

Ognuno di noi desidera saper ciò che ha in serbo il destino. Ma come si fa per saperlo? Semplicissimo, si va dall'indovina... Lei consulterà le carte, studierà le linee della mano oppure esaminerà l'oroscopo e ci dirà cosa ci porterà il futuro. Lei non crede alle virtù dell'indovina? È proprio il caso dei miei amici Giovanni, Bob, Monica e Barbara. Essi non credono

affatto in queste cose. E dove sono in questo momento? Ha proprio indo-
vinato! Sono seduti nella sala di Madama Flora, Indovina di Prima Classe,
Diplomata dall'Istituto di Scienze Occulte.

BOB.   Chi sa perchè sono venuto qui . . . È davvero una cosa assurda.

GIOVANNI.   Io sono venuto perchè vorrei vedere che viso farà mia sorella
quando Madama Flora le dirà che resterà zitella . . .

BARBARA.   Ride bene chi ride l'ultimo.* Ecco Madama Flora . . . Buon
giorno, signora. La mia amica ed io siamo venute per sapere l'avvenire.
Questi due giovanotti ci accompagnano.

M. FLORA.   (*Porta una veste molto lunga, uno scialle dai colori sgargianti, degli
orecchini molto grandi. Ha tutto l'aspetto di una zingara**). Entrino, signorine,
signori, entrino nella sala delle visite. Si accomodino. Dirò loro tutto ciò
che ha in serbo il destino. Ma prima di cominciare, favoriscano***
pagare cento lire a testa per la consultazione.

MONICA.   Eccone duecento per la mia amica e per me. Barbara, va tu per
prima.

M. FLORA.   Ecco le carte. Tagli con la sinistra, è la mano del cuore . . . Uno,
due, tre, ecco un giovanotto biondo; quattro, cinque, sei, L'amerà; sette,
otto, nove, anche Lei l'amerà; dieci, undici, dodici, attenzione, ci sarà
una donna bruna . . . Ma Lei trionferà e sarà felice. Avrà una casa in
riva al lago . . . o in riva al mare . . . no, lungo un fiume . . . Vedo acqua,
molta acqua . . . Vedo questo giovane biondo in uniforme. Dell'esercito?
Non lo so. Ma sarà Suo marito.

MONICA.   Barbara, ma è magnifico! Probabilmente sposerai un ufficiale di
marina!

M. FLORA.   Mi dia la mano. Ah, vedo delle cose molto interessanti. La linea
del cuore è lunga, Lei è forte e fedele. Anche la linea della vita è lunga,
avrà un'esistenza lunga e prospera. Ah, vedo una malattia grave, ma nel
passato . . .

BARBARA.   È vero. Avevo dieci anni.

M. FLORA.   In avvenire bisognerà fare attenzione ai cavalli ed agli animali
feroci. Vedo un pericolo sulla linea del destino. Ci sarà un pericolo causato
da un cavallo o da un altro animale . . .

BARBARA.   Avrò figli?

M. FLORA.   Sì, signorina, ne avrà tre. Un maschio, che sarà molto intelligente e due bambine che Le assomiglieranno. Saranno assai graziose.

GIOVANNI.   (*galante*) Non c'è bisogno di essere indovini per vedere che se
assomiglieranno a Barbara saranno molto graziose . . . Ora tocca a mia
sorella.

* *He who laughs last, laughs best.*
** **una zingara:** *a gypsy*
*** **Favoriscano,** dal verbo **favorire.** Si usa quando si invita una persona a fare una
determinata cosa.

M. FLORA. Tagli le carte, signorina. Uno, due, tre, Lei farà un lungo viaggio, andrà ... aspetti ... vedo il cielo ... un aereo ... il mare ... senza dubbio partirà presto. Quattro, cinque, sei, vedo un'ombra nella Sua vita ... Un giovane della Sua famiglia che è la causa di gravi preoccupazioni ... Sette, otto, nove, è un fratello? Un cugino? Uno zio? Non lo so ...

MONICA. Non ci pensi troppo, Madama Flora, so chi è! È mio fratello. Farà questo viaggio con me?

M. FLORA. No ... Lo vedo, lì, che guarda ... il cielo. E Lei è nell'aereo. No, signorina, quando Lei partirà suo fratello resterà a terra.

GIOVANNI. Accidenti! Credevo di partire col resto della famiglia. E perchè non partirà questo giovanotto?

M. FLORA. Vedo delle carte ... un signore coi baffi—è il padre del giovane —è adirato. Ci sono delle cose sulle carte ... Non vedo bene ... Per cento lire non posso vedere chiaramente i dettagli ... Con cento lire di più vedrei* molto meglio.

GIOVANNI. (assai incuriosito) Ecco altre cento lire. Cosa c'è su quelle carte?

M. FLORA. Ah, ora vedo meglio. Sono documenti ufficiali. Vedo il risultato di un esame ... Non è un buon risultato. Questo giovane non ha superato un esame. Vedo una F ... Resta a casa e lo vedo seduto ad un tavolo con molti libri ...

MONICA. Madama Flora, Lei è straordinaria! Fantastica! Continui, La prego. Il giovane bruno resterà. Ed io? Dopo di essere partita per l'Europa, che cosa farò?

M. FLORA. Avrà delle avventure meravigliose. Vedrà paesi nuovi ... gente ... Ah! Conoscerà un giovane quando passerà per la Spagna. È un torero! La porterà a vedere la corrida. Ma Lei non sposerà quel giovane perchè non l'amerà. Mi mostri la mano. Oh, ecco la linea del cuore. Dopo di essere ritornata negli Stati Uniti, Lei si innamorerà di un bel ragazzo, molto ricco ... Lui L'adorerà e Lei lo sposerà. Sarà felice ed avrà molti bambini ...

GIOVANNI. (adiratissimo) Non tornerò mai più da un'indovina!

DOMANDE SULLA LETTURA

1. Che cosa fa un'indovina?
2. Lei è andato mai da un'indovina? Ci andrà nel futuro?
3. Che cosa si vuole sapere quando si va da un'indovina? Lei crede nelle indovine?
4. Bob, Giovanni, Monica e Barbara credono nelle virtù misteriose dell'indovina? Ma ... dove sono? Fanno la stessa cosa anche molte altre

* **vedrei:** il condizionale di **vedere**

persone? Per esempio, ci sono alcuni che dicono: « Non sono superstizioso » e poi rifiutano di sedere in tredici a tavola?

5. Perchè sono andati anche Bob e Giovanni? Vogliono sapere l'avvenire?
6. Com'è Madama Flora? Il diploma di Madama Flora è un diploma
d'università?
7. Che cosa bisogna dare a Madama Flora prima di cominciare? Chi
paga le due consultazioni?
8. Ci sarà un giovane nel futuro di Barbara? Come sarà? L'amerà? Avrà
una rivale? Chi trionferà e sposerà il giovane? Dove abiterà? Quale
sarà la professione del marito?
9. Sarà malata gravemente Barbara? C'è un pericolo nel suo futuro?
10. Avrà figli? Quanti ne avrà? Come saranno? A chi assomiglieranno?
11. Monica farà un viaggio? Qual è il giovane nella sua famiglia che
causerà delle difficoltà? È difficile indovinare che è suo fratello?
12. Questo giovanotto andrà con lei? Perchè? Supererà l'esame o sarà
bocciato?
13. Perchè Madama Flora non vede bene i dettagli? Chi le ha dato altre
cento lire? È una situazione ironica?
14. Come passerà le vacanze Giovanni? La predizione di Madama Flora è
divertente secondo Monica? È una buono lezione per Giovanni che è
così scortese con la sorella?
15. Che cosa riserba il destino a Monica? Chi conoscerà in Spagna? Lo
sposerà? Perchè?
16. Barbara resterà zitella? Chi sposerà? Sarà felice?
17. Che cosa dice Giovanni dopo di avere sentito la predizione di Madama
Flora?

SPIEGAZIONI

I. Il futuro

A. Questa forma si usa per indicare un'azione che avrà luogo nel futuro:

Quando **avrò** vent'anni, **farò** un lungo viaggio.
« L'anno prossimo **andrò** nell'esercito », dice il giovane.

Vi sono alcuni futuri irregolari. Ecco i più comuni:

andare	andrò	**vedere**	vedrò
avere	avrò	**venire**	verrò
essere	sarò	**sapere**	saprò
fare	farò		

La maggior parte dei verbi è regolare al futuro. Ecco il futuro delle tre coniugazioni regolari:

Arrivare	Vendere	Finire
arriv **erò**	vend **erò**	fin **irò**
arriv **erai**	vend **erai**	fin **irai**
arriv **erà**	vend **erà**	fin **irà**
arriv **eremo**	vend **eremo**	fin **iremo**
arriv **erete**	vend **erete**	fin **irete**
arriv **eranno**	vend **eranno**	fin **iranno**

NOTA: La desinenza della prima coniugazione è l'unica che varia: arriv**are** —arriv**erò**.

II. Il futuro di **essere** *e* **avere**

Essere	Avere
sarò	avrò
sarai	avrai
sarà	avrà
saremo	avremo
sarete	avrete
saranno	avranno

B. Il futuro dopo **quando** e **se**:

In inglese non si usa il futuro dopo **quando** o **se.** Ma questa regola non esiste in italiano. Possiamo usare il futuro dopo queste forme se il senso lo richiede e se il verbo della proposizione principale (*main clause*) è al futuro.

Quando sarò in Europa, visiterò le città famose.
Ti aspetterò all'aeroporto **quando arriverai.**

Se sarai buono **verrai** al cinema con noi.
Potrà superare l'esame **se studierà** con coscienza.

III. **Dopo di aver . . . Prima di aver . . .**

Dopo di aver pranzato è andato al cinema.
Dopo di aver lavorato a lungo è uscito dallo studio.

dopo di + l'infinito passato = *after having . . .*

NOTA: L'infinito passato si forma, come il passato prossimo, con gli ausiliari **essere** o **avere.** I verbi che formano il passato prossimo con **essere** usano questo verbo anche nell'infinito passato.

Dopo di aver parlato; dopo di aver cantato; dopo di aver ascoltato; dopo di aver lavorato; dopo di aver finito; dopo di aver riflettuto; dopo di aver dormito; dopo di aver atteso; dopo di aver risposto; dopo di aver veduto.

ma:

Dopo di esser arrivato; dopo di esser uscito; dopo di esser entrato; dopo di esser ritornato; dopo di esser partito.

Prima di rispondere bisogna riflettere.

Preferisco leggere li libro **prima di andare** a vedere il film.

> prima di + l'infinito = *before doing something*

NOMENCLATURA DELLA LEZIONE

Nomi

un'indovina (una chiromante)
le carte
una zitella (essere o restare zitella)
uno scialle
le linee (della mano)
l'avvenire
l'oroscopo
un ufficiale di marina (*navy*)

gli orecchini
il cuore
un'uniforme (una divisa)
delle avventure
una malattia
una corrida
gli orecchi

Aggettivi

assurdo (-a)   grave
sgargiante   superstizioso (-a)
fedele   prospero (-a)
forte

Verbi

consultare
trionfare (di qualcuno o di qualche cosa)
sposare (sposare una persona)
rassomigliare (a qualcuno)
superare (un esame)
indovinare

ridere
innamorarsi (di qualcuno)
fare l'esame
(Tutti **fanno** l'esame. Alcuni studenti lo **superano,** altri **sono respinti** o **bocciati.**)

ESERCIZI

I. Esercizi orali: laboratorio

II. Esercizi scritti

A. Trovare il futuro dei verbi seguenti:

1. Giulio arriva	8. ho	14. riflettete
2. Elena incontra	9. so	15. prendono
3. Siamo	10. va	16. sentono
4. Perdo	11. faccio	17. rispondi?
5. Arrossisco	12. avete	18. ritornate?
6. Mario pranza	13. sanno	19. ridete?
7. Giulia esce		

B. Mettere al futuro le frasi che seguono:

I miei figli sono intelligenti come il padre. Hanno buoni voti, superano gli esami e fanno tutti una carriera interessante: uno è dottore, l'altro lavora nell'industria. Le mie figlie sono belle, naturalmente, come la madre. Non restano zitelle. Una sposa un giovane ricco e avvenente, l'altra incontra l'uomo della sua vita all'università, quando va, un giorno, a sentire una conferenza. Dopo la conferenza egli le parla, s'innamora di lei e ben presto mia figlia diventa la moglie di un uomo che vince il Premio Nobel di letteratura!

Ma è un sogno (*lasciare al presente*). Sono contenta anche se i miei figli sono ordinari.

C. Completare le frasi che seguono:

Es.: **Dopo di aver pranzato ritornerò in ufficio.**

1. Dopo di aver finito il componimento _____.
2. Prima di partire per le vacanze _____.
3. Barbara farà attenzione quando _____.
4. Dopo di aver sentito l'indovina _____.
5. Giovanni sarà triste quando _____.
6. Dopo di aver sentito le notizie alla radio _____.
7. Sarò felice se _____.
8. Prima di rientrare a casa _____.
9. Dopo di esser uscito di casa _____.
10. Parlerò italiano quando _____.

COMPONIMENTI

COMPONIMENTO ORALE. SCEGLIERNE UNO:

Racconti la Sua giornata di domani, al futuro, usando molte volte **prima di** e **dopo di aver (esser)** ...

Es.: Prima di partire pranzerò e dopo di aver pranzato andrò a ...

Riassuma l'avvenire di Barbara o di Monica, o immagini l'avvenire di Bob, di Giovanni (come fa l'indovina), del Suo professore o di un'altra persona.

COMPONIMENTO SCRITTO. SCEGLIERNE UNO:

Racconti una visita dall'indovina.
I Suoi progetti per il futuro.

L'edera di Tranquillo Cremona,
Museo Civico, Torino.
Foto: Rampazzi—Art Reference Bureau.

Ecco quel fiero istante;
Nice, mia Nice, addio:
come vivrò, ben mio,
così lontan da te?

PIETRO METASTASIO

Pietro Metastasio nacque nel 1698. In gioventù fu il poeta prediletto della società elegante e colta di Napoli. Dopo lo studio dei classici italiani ricevè una seria educazione musicale che rivelò il suo talento per il melodramma. La sua prima opera di tal genere fu la *Didone abbandonata* che gli aprì la via del successo in Italia e all'estero. Andò a Vienna nel 1730 visse a corte, ammirato dall'imperatore Carlo VI e dalla figlia Maria Teresa. Durante la permanenza in Austria compose le sue opere più notevoli tra le quali l'*Attilio Regolo*. Morì nel 1782.

La partenza

Ecco quel fiero istante;
Nice, mia Nice, addio;
come vivrò, ben mio,
così lontan da te?

Io vivrò sempre in pene,
io non avrò più bene;
e tu chi sa se mai
ti sovverrai* di me!

Soffri che in traccia almeno
di mia perduta pace
venga il pensier seguace
su l'orme del tuo piè.**

Sempre nel tuo cammino
sempre m'avrai vicino;
e tu chi sa se mai
ti sovverrai di me!

Io fra remote sponde
mesto volgendo i passi,
andrò chiedendo ai sassi:
la Ninfa mia dov'è?

Dall'una all'altra aurora
te andrò chiamando ognora;
e tu chi sa se mai
ti sovverrai di me!

* **sovverrai**: ricorderai.
** **piè**: piede.

Io rivedrò sovente
le amene piaggie, o Nice,
dove vivea* felice
quando vivea con te.

A me saran tormento
cento memorie e cento;
e tu chi sa se mai
ti sovverrai di me!

Ecco, dirò, quel fonte
dove avvampò di sdegno,
ma poi di pace in pegno
la bella man mi diè.**

Qui si vivea di speme;
là si languiva insieme;
e tu chi sa se mai
ti sovverrai di me!

Quanti vedrai, giungendo
al nuovo tuo soggiorno,
quanti venirti intorno
a offrirti amore e fe'?***

Oh Dio! chi sa fra tanti
teneri omaggi e pianti,
oh Dio! chi sa se mai
ti sovverrai di me!

Pensa qual dolce strale,
cara, mi lasci in seno:
pensa che amò Fileno
senza sperar mercè;****

pensa, mia vita, a questo
barbaro addio funesto;
pensa . . . Ah chi sa se mai
ti sovverrai di me!

PIETRO METASTASIO, « La Partenza ». Francesco Pedrina, *Poesia e Critica*, Casa Editrice L. Trevisini, Milano.

* **vivea**: viveva.
** **diè**: diede
*** **fe'**: fede.
**** **mercè**: corrispondenza, grazia.

PARTE
SECONDA

❃ LEZIONE PRIMA ❃

Revisione del passato prossimo e dell'imperfetto
Elaborazione del concetto iniziale di azione e di descrizione

STUDIARE IL TESTO CHE SEGUE:

Ritorno dalle vacanze

BOB. Pronto, Giovanni? Sei ritornato? Hai trascorso buone vacanze? Che hai fatto?

GIOVANNI. Ah, buon giorno, vecchio mio. Sì, sono di ritorno. Le vacanze sono state ottime. Non ho fatto gran che. E tu, quando sei tornato?

BOB. Sono ritornato ieri. Sai che non avevo progetti speciali per le vacanze. Volevo prendermi qualche giorno di libertà assoluta e nient'altro. Ho dormito fino a tardi ogni mattina, ho letto romanzi, ho scritto lettere ed ho fatto lunghe passeggiate. Avevo bisogno di un po' di solitudine; durante l'anno accademico ci sono sempre così tante persone che ti circondano.

GIOVANNI. E poi hai lavorato?

BOB. Sì, dopo un po' di tempo ho cercato lavoro. Volevo lavorare per un mese, mettere da parte del denaro e poi fare un viaggio. Ho finito per trovare un impiego in una farmacia. Era molto piacevole: lavoravo tutti i giorni dalle nove alle cinque. È ovvio che non preparavo le medicine! No, vendevo dei prodotti semplici come l'aspirina e le compresse per il raffreddore. Stavo quasi sempre alla cassa; i clienti pagavano ed io davo loro il resto.

GIOVANNI. Hai guadagnato molto?

BOB. Bè, vedi un po': prendevo un dollaro e mezzo all'ora e lavoravo otto ore al giorno.

GIOVANNI. Allora guadagnavi dodici dollari al giorno. È una bella cifra! Ed hai lavorato per quattro settimane? Dunque... vediamo... hai preso almeno duecento dollari netti. Caspita! Li hai spesi?

BOB. Sfortunatamente ne ho già speso una parte. Ti ho detto che volevo fare un viaggio. Michele, Andrea ed io abbiamo messo cento dollari ciascuno e siamo andati nel Canadà.

GIOVANNI. Avete invitato anche le ragazze?

BOB. A dire il vero, io volevo invitare Barbara, Carol e Monica ma Michele non era dello stesso avviso. Ha detto che la presenza delle ragazze complica sempre le cose . . .

GIOVANNI. Ha perfettamente ragione. Che idea invitare mia sorella! Una ragazza come Barbara, intelligente e raffinata, è tutt'altra cosa!

BOB. E così abbiamo preso la mia macchina, che adesso funziona bene, e siamo partiti. L'automobile non ci ha dato fastidi, abbiamo visitato New York e siamo andati a vedere mio fratello e mia cognata a Québec. È stato un viaggio splendido. A New York siamo saliti sulla statua della Libertà, siamo scesi nei corridoi della ferrovia sotterranea (la metropolitana) ed abbiamo visitato le cose più note. E tu, che hai fatto?

GIOVANNI. Oh, . . . io sono rimasto dai nonni, in campagna. Sai che mi piacciono la campagna e gli animali. Lì ero felice appunto perchè c'era ogni specie di animali. Ed ho preso una decisione importante: farò il veterinario.

BOB. Questa sì che è una decisione seria. Come ci sei arrivato?

GIOVANNI. Un giorno, durante le vacanze, ho parlato con un veterinario che era venuto alla fattoria. Mi ha dato il permesso di lavorare con lui qualche ora al giorno. Ebbene, ogni volta che potevo fare qualche cosa per un animale rimanevo così soddisfatto che ho compreso che quella è la mia vocazione. Ricordi il piccolo zoo che avevo in camera mia? Bene, sono stato fortunato. Il veterinario mi ha dato un cucciolo, un gattino ed una vipera che è proprio una bellezza. Si chiama Monica e mia sorella è furente. Non capisco perchè. Spero che verrai a trovarmi . . .

BOB. Sì, forse, ma sai . . . sono così occupato in questi giorni! (*a parte*) Una vipera in camera! Se spera in una mia visita, sta fresco!

DOMANDE

1. Perchè Bob telefona a Giovanni? Che cosa vuole sapere?

2. Giovanni ha trascorso buone vacanze? Che cosa ha fatto?

3. Di che cosa aveva bisogno Giovanni? E Bob, di che cosa aveva bisogno?

4. Giovanni aveva progetti per le vacanze? Che ha fatto? Ha dei progetti per l'avvenire ora? Quali progetti? Perchè?

5. Che cosa voleva fare Bob durante le vacanze? Ha lavorato? Com'era il suo lavoro? Quanto guadagnava? Quanto ha guadagnato in tutto?

6. Hanno invitato le ragazze? Perchè? Perchè Giovanni trova che Barbara è più interessante di Monica?

7. Dove sono andati? Come? Che cosa hanno visitato? Chi sono andati a vedere?

8. Perchè Giovanni era contento dai nonni? Con chi ha parlato un giorno? Qual è la vocazione di Giovanni? Che cosa gli ha dato il veterinario?

9. Come si chiama la vipera di Giovanni? Sa perchè la sorella di Giovanni è furente? È stato gentile a dare alla vipera il nome di sua sorella? Pensa che Bob andrà a vedere Giovanni? Perchè?

10. Lei ha lavorato nelle vacanze? Com'era il Suo lavoro: monotono, interessante, difficile? Ha guadagnato molto denaro? Lei guadagna più o meno di Giovanni?

11. Quando ha fatto il Suo ultimo viaggio? Dov'è andato? Come c'è andato? Ha visitato qualche cosa? È andato a vedere qualcuno?

12. Le piacciono gli animali? Ne ha paura? Ne ha a casa Sua? Perchè? Giovanni ne aveva prima delle vacanze? Ne ha ancora?

SPIEGAZIONI

PASSATO PROSSIMO ED IMPERFETTO

I. Idea generale

A. Il **passato prossimo** indica un'azione, ciò che abbiamo fatto:

> **Ho lavorato, ho fatto** un viaggio, **ho scritto** delle lettere.
> Mi **ha dato** un cane, **siamo andati** a New York.

B. L'imperfetto indica una descrizione:*

> Il lavoro non **era** difficile.
> **Avevo** duecento dollari.
> **C'erano** animali nella fattoria.
> **Era** una fattoria molto vasta.
> **Andava** raramente al cinema.
> **Pensava** spesso alla sua città natale.

* **una descrizione:** *a state of things* (stato di cose), *the way things were, or what was going on, often what was going on when another action occurred:* "**Mangiava** quando sono entrate." *It can also be a state of mind* (stato d'animo): "**Sapevo** che studiavi in ufficio e **volevo** parlarti."

II. Uso dell'imperfetto

Ripetiamo prima la coniugazione dell'imperfetto:

Essere	Avere
ero	avevo
eri	avevi
era	aveva
eravamo	avevamo
eravate	avevate
erano	avevano

Parlare	Temere	Finire
parl**avo**	tem**evo**	fin**ivo**
parl**avi**	tem**evi**	fin**ivi**
ecc.	ecc.	ecc.

A. Certi verbi sono usati spesso all'imperfetto, come ad esempio:

essere   ero, c'era
avere   avevo
sapere   sapevo
volere   volevo
credere   credevo
potere   potevo

ed anche

chiamarsi   mi chiamavo, si chiamava

Questi verbi esprimono generalmente una descrizione, uno stato di cose od uno stato d'animo:

Era fermo davanti alla porta. **Aveva** una camicia azzurra. **Sapevo** che mi **aspettava.*** **Voleva** vedermi perchè gli avevano detto che io **potevo** fare qualche cosa per lui. **Stavo** per uscire** ed **avevo** la chiave in mano ma siamo rientrati ed abbiamo parlato a lungo.

---

* *Here is another clue which will help you in using the imperfect: if, in English, you used—or could use—the past progressive form,* "I was going; he was waiting," *then in Italian you will use the* **imperfetto.**
This rule is far from covering all cases, since the **imperfetto** *is used very often when English would not use a progressive form:* **Ero contento** (*I was glad*).
** **stare per** . . . : *to be about to* . . .

B. Tutti i verbi hanno l'imperfetto ed il passato prossimo. Si usa l'imperfetto quando c'è una descrizione:

> Com'**era** il tuo lavoro? **Era** monotono ma facile.
> **Lavoravate** tutta la giornata? Sì, **lavoravamo** tutta la giornata.
> **Preparava** le medicine? No, non **preparava** le medicine.

C. Nella risposta si usa generalmente lo stesso tempo in cui si formula la domanda:

In conversazione bisogna ascoltare attentamente il tempo del verbo della domanda perchè esso indica il tempo della risposta:

> **Avevi** bisogno di andare in vacanza? Sì, **avevo** bisogno di andare in vacanza (sì, ne **avevo** bisogno).
> **Eri** stanco? Sì, **ero** stanco.
> **Ascoltava** Lei quand'ho **fatto** quella domanda? No, non **ascoltavo** quando **ha fatto** quella domanda.

III. Uso del passato prossimo

A. Il passato prossimo è composto del verbo **avere** + il participio passato del verbo:

Il participio passato dei verbi regolari:

Verbi in **–are:**	**–ato**	ho parl**ato,** ho guard**ato,** ho ascolt**ato,** ecc.
Verbi in **–ere:**	**–uto**	ho tem**uto,** ho vend**uto,** ho ved**uto,** ecc.
Verbi in **–ire:**	**–ito**	ho fin**ito,** ho cap**ito,** ho sent**ito,** ecc.

Ecco il passato prossimo di alcuni verbi molto comuni:

fare ho fatto	**dire** ho detto
scrivere ho scritto	**leggere** ho letto
vedere ho veduto (visto)	**ricevere** ho ricevuto
prendere ho preso	**mettere** ho messo
comprendere ho compreso	**promettere** ho promesso
apprendere ho appreso	**permettere** ho permesso

B. Il passato prossimo è il tempo dell'azione:

Giulio mi ha detto: « **Sono arrivato, ho incontrato** Marcello e mi **ha invitato** a casa sua.

Non **ho fatto** gran che; **sono rimasto** alla fattoria ed **ho aiutato** il veterinario.

C. **Essere, avere, dovere, volere** e **potere** al passato prossimo:

> Ieri **sono stato** poco bene.
> Durante le vacanze **ha avuto** la possibilità di vivere alla fattoria.
> Eravamo in vacanza al mare. Improvvisamente Giulio **è dovuto** partire per la città.
> Non **hanno potuto** rimandare la lettera perchè non c'era l'indirizzo del mittente.
> Marco **è voluto** rimanere in campagna ma il resto del gruppo **ha voluto** prendere l'ultimo treno della sera.

N O T A : I verbi **dovere, potere** e **volere** prendono l'ausiliare **avere** se l'infinito che segue è transitivo. Se il verbo all'infinito è un verbo di movimento od un verbo intransitivo, prendono, invece, l'ausiliare **essere.**

Ecco il passato prossimo di questi verbi:

> **essere**   sono stato (-a)
> **avere**   ho avuto (-a)
> **dovere**   ho dovuto (o: sono dovuto, -a)
> **potere**   ho potuto (o: sono potuto, -a)
> **volere**   ho voluto (o: sono voluto, -a)

D. Concordanza del participio passato coniugato con **avere:**

Leggere attentamente le frasi che seguono:

> Ho venduto macchine italiane.
> Le macchine che ho vendut**e** (o: vendut**o**) erano italiane.
> Hai fatto dei gravi errori.
> Gli errori che hai fatt**i** (o: fatt**o**) erano gravi.
> Ho spedito la lettera questa mattina. **L'**ho spedit**a** questa mattina.
> Ho dato i fiori a Giuliana. **Li** ho dat**i** a Giuliana. Glie**li** ho dat**i.**

N O T A : Bisogna sempre concordare il participio passato col **pronome diretto.** Se l'oggetto è un sostantivo la concordanza è facoltativa.

IV. Il passato prossimo dei verbi coniugati con **essere**

A. Alcuni verbi formano il passato prossimo con l'ausiliare **essere.** Eccone alcuni:

> **arrivare**   sono arrivato (-a)
> **partire**   sono partito (-a)
> **restare**   sono restato (-a)
> **andare**   sono andato (-a)

> **venire**   sono venuto (-a)
> **ritornare**   sono ritornato (-a)
> **entrare**   sono entrato (-a)
> **rientrare**   sono rientrato (-a)
> **uscire**   sono uscito (-a)
> **salire**   sono salito (-a)
> **scendere**   sono sceso (-a)
> **diventare**   sono diventato (-a)

Il verbo **rientrare:**

> « Buona sera, signora. **È rientrato** Giovanni? »
> « No, non **è rientrato** ancora. **Rientrerà** (o: **sarà di ritorno**)
> fra un'ora. »

Si usa il verbo **rientrare** per dire **ritornare a casa:**

> Esco alle otto e **rientro** alle diciassette.

B. Concordanza del participio passato coniugato con **essere:**

Questa costruzione non è difficile. Si concorda il participio passato col soggetto come nel caso degli aggettivi:

> « Sono andat**a** al ristorante », dice Monica.
> Il signor Rossi e la signora sono uscit**i**.
> Monica e Barbara sono restat**e** in città.

NOMENCLATURA DELLA LEZIONE

Nomi

la libertà	il rimedio
dei progetti	il raffreddore
il romanzo	la cassa
la passeggiata	il denaro
la solitudine	il corridoio
l'impiego	il veterinario
la farmacia	la vocazione
la medicina	la vipera
la compressa	il cliente
	la cliente

Aggettivi

semplice	raffinato (-a)

Verbi

guadagnare   spendere

Espressioni

essere di ritorno   fare un viaggio
fare dei progetti   finire per...
mettere da parte   stare per...

ESERCIZI

I. Esercizi orali: laboratorio

II. Esercizi scritti

Mettere al passato le frasi che seguono:

1. Crede di sapere tutto.
2. Sa l'italiano quando entra all'università?
3. Non faccio progetti. Resto a casa ma trascorro le vacanze ugualmente bene.
4. Sono in camera mia e studio. Ad un tratto ho fame. Prendo il portafoglio, scendo al ristorante e mangio due panini.
5. I miei genitori hanno un cane. Si chiama Argo, è nero e fa la guardia alla casa. Non è cattivo.
6. Quando mia sorella ha quindici anni vuole telefonare continuamente alle amiche. Passa così delle ore intere... Una volta chiama un'amica di scuola e parlano per tutta la mattinata. Quando arriva il conto del telefono mia madre va su tutte le furie.
7. Quando lavoro in biblioteca guadagno un dollaro all'ora. Lavoro dodici ore alla settimana. Quanto guadagno alla settimana?

COMPONIMENTI

COMPONIMENTO ORALE. SCEGLIERNE UNO:

Quello che ha fatto ieri.
Quello che ha fatto nelle vacanze.
Un film (od un programma della televisione) che ha veduto.

COMPONIMENTO SCRITTO:

Racconti uno dei Suoi viaggi.

GUIDO PIOVENE

sul Passeggiare per Roma

Orti e giardini; il palazzo e la strada con la folla e le bancherelle, vicini e mescolati insieme: il teologo e il predicatore popolare **gomito a gomito;** sono queste le immagini di Roma che ricorrono con più frequenza. Ed oggi occorre aggiungere, antiche pietre, bancherelle e costruzioni di cemento. L'uno non espelle l'altro; tutto convive; il tono è dato dalla mescolanza.

Sventramenti, speculazioni, distruzioni di parchi e di strade quasi campestri fiancheggiate da lunghe mura, non hanno ancora privato gli amanti di Roma del gusto delle passeggiate. Sull'**Esquilino,** l'**Aventino,** il **Gianicolo,** il **Celio,** essi trovano i saggi di **Roma che fu; viuzze** tra gli orti; o tra frammenti d'orti, avanzi degli anni in cui Roma era ancora città e campagna. E accade ancora oggi, in alcuni punti, di trovarsi come **rubati** tra il verde e i canti degli uccelli, strappati indietro nel tempo di almeno un secolo, **come se** la città tutt'intorno **fosse scomparsa.** È un'impressione breve, perchè alla prima svolta ci si ritrova nella vita d'oggi, anche troppo; ma appunto per questo ha un sapore d'illusionismo e di prodigio.

Passeggiare per Roma è una piccola arte che perdura, nonostante i tempi; e non è adatta ai pigri, perchè le ore migliori sono quelle della mattina. Tra le nostre città, Roma è quella che sembra fatta di più per le belle giornate e per le ore che precedono il mezzogiorno. Nonostante i millenni, esce dal buio nelle belle giornate come una città tutta nuova, senza il minimo segno nè sentimento di vecchiaia, e questo è un suo segreto esclusivo. Parigi o Londra, al suo confronto, sembrano città più vecchie. È gaia, fiorita, **vibratile,** percorsa da riflessi mobili come una città di mare; i fiori nelle ceste anch'essi fanno parte della luce mossa; **viene a galla** il fondo campestre, scapigliato, tanto diverso da quello, che in altre metropoli è portato dai grandi parchi, che sono così cittadini nonostante gli alberi e i prati, e piuttosto ricordano affreschi e quadri di paesaggio nell'interno di una dimora nobilmente arredata. Ed il sole della mattina fa brillare i frantumi della Roma degli orti, un tempo paesaggio normale della città, ed oggi meraviglie, sorprese, che producono, lo ripeto, l'impressione di assistere a un gioco illusionistico. Quelli che per esempio circondano Santa Costanza, e proprio nei pressi di via Nomentana allontanano quasi di sbalzo dalla città, ed immergono nella campagna, la piccola chiesa rotonda, ornata forse dei più bei mosaici di Roma.

Ma non voglio aprire il capitolo, **che non avrebbe fine,** degli itinerari romani, e delle scoperte che a Roma ognuno compie per se stesso, per tutta la vita, ed anche in luoghi che gli erano familiari. La città è del resto un fondale capace di ricevere ogni qualità di **regia,** anche la meno abituale, ed i recenti inverni, umidi e freddi, ci hanno rivelato una Roma che simula di essere nordica, con un velo di nebbia che smorza il forte colore **ocra** delle sue vecchie strade. Roma è un palcoscenico su cui ogni spettacolo può essere rappresentato, e ciascuno di noi ne conosce solo una parte.

GUIDO PIOVENE, *Viaggio in Italia*, Mondadori, 1957.

gomito a gomito: vicini
l'Esquilino, l'Aventino, il **Gianicolo,** ecc.: località di Roma
Roma che fu: Roma del tempo antico (**fu** = *was*)
viuzze: piccole vie
rubati: part. pass. di **rubare;** in questo caso significa **portati improvvisamente.**
come se . . . fosse scomparsa: *as if . . . had vanished*
vibratile: vibrante
viene a galla: emerge (inf.: **emergere**)
che non avrebbe fine: *which would never end*
fondale: scena di fondo del teatro
regia: la direzione di uno spettacolo teatrale, di un film, di una scena radiofonica o televisiva
ocra: tipo di giallo vivo

DOMANDE

1. Quali sono, secondo Piovene, le immagini più frequenti di Roma?
2. Si escludono a vicenda le cose antiche e quelle moderne? Perchè?
3. Cosa piace fare alle persone che amano Roma? Cosa trovano nei suoi vari quartieri?
4. Sembra di vivere in un'illusione quando si cammina per Roma? Perchè? Dura sempre quest'impressione?
5. Che aspetto offre questa città quando la confrontiamo, per esempio, con Parigi e Londra?
6. Cosa pensa Lei dell'opinione di Piovene sui parchi cittadini? Anche Roma ha dei parchi tipici come le altre città? Che altro vi è?
7. Pensi all'età di Roma. Può immaginare come sarà la Sua città quando avrà la stessa età di Roma?
8. Spieghi la frase: « La città è del resto un fondale capace di ricevere ogni qualità di regia... »
9. Come appare agli occhi dello scrittore la Roma invernale? Perchè?
10. Quale sentimento ispira l'arte di Piovene in questo brano?

ARGOMENTI PER COMPONIMENTI
O CONVERSAZIONI

1. L'immagine che Lei ha di Roma corrisponde in qualche modo a quella
che ci offre Guido Piovene?
2. Quali sentimenti ispira in Lei il fatto che Roma è stata il centro della
nostra civiltà? In che modo è avvenuto questo fenomeno storico?

❁ LEZIONE SECONDA ❁

Il pronome interrogativo **quale**
I pronomi dimostrativi **questo** e **quello**
Il pronome possessivo **il mio**
La forma dei diminutivi, degli accrescitivi e dei peggiorativi
Il verbo **conoscere**

STUDIARE LE FRASI CHE SEGUONO:

Affermazione e domanda

Risposta

In questo brano c'è una parola che non capisco. Quale parola? **Quale?**

La parola che è scritta in corsivo. **Quella** che è scritta in corsivo.

Non prenda quest'autobus. Quale autobus? **Quale?**

Quello che passa ora. È **quello** che va al centro. Lei deve prendere **quello** che va all'università.

Che bella casa! Quale casa? **Quale?**

Questa. Questa qui, a sinistra. È **quella** del direttore.

Ho comperato un'automobile. Quale automobile? **Quale?**

Quella che abbiamo veduta insieme qualche giorno fa. Guardi, eccola là. No, no, non è **quella** che Lei guarda. **Quella** non è la mia. È **questa** qui, vicino al marciapiede, davanti a noi.

Non capisco. È **quella** verde?

Sì, è proprio **quella.**

Lei ha molti amici. **Quali** preferisce?

Quelli che hanno dei gusti simili ai miei; **quelli** della mia età. Trovo maggiore comprensione tra **quelli.**

202

Lei segue dei corsi. **Quali** sono?

Vediamo: **quello** di scienze, cioè **quello** di fisica e **quello** di chimica; **quello** di lingue, cioè **quello** d'italiano e di spagnolo ed anche **quello** di musica e **quello** d'inglese.

Mi piace molto quest'impermeabile. È **Suo?**

No, non è **mio.** È quello di mio fratello. Questo qui è **il mio.**

Usi l'automobile di tuo padre?

Sì, uso **la sua,** non quella di mia madre. **La mia** è in riparazione.

Mi mostri la casa dei Suoi genitori.

Eccola. E quella di mio zio è vicino a quel **palazzone.** Anche l'altra **casetta** che vede più in là è di mio padre. Non è mia. Ha anche un giardino molto più bello del nostro.

Conosci quel **ragazzino** che passa? Quale? Quello col vestito grigio.

No, non lo **conosco** bene ma so che abita vicino a me ed è il figlio di un professore.

Del tuo?

No, non del mio. Però conosco molti dei suoi studenti e so che anche lui è un ottimo insegnante.

LETTURA

Cronaca mondana

La pagina della cronaca mondana della *Gazzetta del Mattino* offre ai lettori le ultime notizie relative agli avvenimenti più importanti della società. I corrispondenti che preparano questa parte del giornale hanno trascorso una settimana molto laboriosa, come vedremo dalle notizie che seguono.

Il primo articolo che attira la nostra attenzione è intitolato « Gran successo del ballo di beneficenza ». Scrive l'articolista:

L'avvenimento mondano della settimana è stato il Gran Ballo Ritratti d'Altri Tempi che ha avuto luogo sabato scorso. È un ballo annuale di beneficenza ed il ricavato è devoluto interamente alla Casa degli Orfanelli. Possiamo dire che se il ballo dell'anno scorso ha riscosso consensi generali, quest'ultimo ha superato ogni aspettativa.

Come molti lettori ricorderanno, il tema del ballo scorso era "Fantasie Veneziane" e tra le decorazioni preparate nel salone di Palazzo Sirelli vi erano scene che riproducevano canali e palazzi veneziani. In un angolo, poi, si potevano vedere dei tipici pali d'ormeggio e vicino ad essi una gondola, una vera gondola, fatta venire col treno da Venezia in un vagone ferroviario speciale.

Il tema del ballo di sabato, come abbiamo detto, era Ritratti d'Altri Tempi, un'idea veramente originale. L'organizzatrice, una nostra gentile conoscenza e ben nota personalità del mondo elegante e culturale, era la duchessa D'Altobordo. La duchessa ci ha dichiarato che l'idea del ballo era tutta sua. Ogni invitato doveva indossare il costume di un personaggio storico così come si può vedere in qualche ritratto o in qualche statua. Diremo subito che i partecipanti hanno dimostrato non solo del buon gusto ma anche una cura estrema nel riprodurre i costumi prescelti fin nei minimi dettagli. Ci riesce impossibile menzionare tutti i personaggi che abbiamo veduto durante l'elegantissimo avvenimento ma dobbiamo certamente ricordare, ad esempio, il ministro delle finanze Balzelli che indossava un lussuoso costume da banchiere rinascimentale. La signora Nicot, moglie del famoso miliardario francese, era vestita semplicemente alla Carlotta Corday, costume particolarmente appropriato poichè la signora Nicot, come tutti sanno, è uno dei membri più attivi della Società per la Salute Pubblica.

Tra gli altri abiti eccezionali abbiamo notato quello di Rita Wentworth, la celebre attrice del cinema che si trova nella nostra città da qualche giorno. Era uno splendido abito, confezionato da Ricci, riproducente il costume di una dama veneziana preso da un quadro di Paolo Veronese.

Passiamo ora agli altri avvenimenti della settimana: Il matrimonio della signorina Tenni, figlia del dott.* Tenni e della signora Amelia Ambrosi Tenni, col tenente Baldo Ferrucci è stato celebrato giovedì nella basilica di San Paolo. L'interno della basilica era tutto decorato di bianco. Gl'invitati hanno ammirato molto l'abito della sposa e delle damigelle d'onore. Quest'ultime erano vestite di organza verde pallido e reggevano fasci di gigli. L'abito della sposa era di seta e merletti con fiori d'arancio. Il ricevimento che ha fatto seguito alla cerimonia religiosa ha avuto luogo nella residenza dei genitori della sposa. La giovane coppia è partita la sera stessa per un lungo viaggio di nozze.

Si annuncia il fidanzamento della signorina Delia Colonnesi e del signor Pietro Landi, ingegnere della compagnia petrolifera Europetroli. Il matrimonio sarà celebrato al suo ritorno dall'Africa settentrionale dov'è andato per effettuare delle ricerche in alcune zone petrolifere.

Il banchetto dell'Associazione Internazionale dei Giornalisti ha avuto luogo domenica nel salone dell'Albergo Veneto. Vi si notavano rappresentanti di tutti i grandi giornali del mondo: il *New York Times* aveva il suo, il

---

* **dott.**=**dottore,** un titolo che in italiano non si usa esclusivamente per un medico.

celebre corrispondente Ken Woops; la *Pravda* aveva la sua articolista, Sonia Karenskaya, soprannominata ironicamente signorina DaDa dai colleghi, a causa del suo atteggiamento scontroso. La stampa italiana era rappresentata da Alberto Buonapenna, corrispondente del Messaggero Indipendente. Il presidente dell'Associazione ha pronunciato un discorso: « La nostra Associazione ha uno scopo—Quale? Quello della cooperazione e dell'amicizia tra i rappresentanti della stampa dei vari paesi. Promettiamo di contribuire al miglioramento dei rapporti internazionali mediante la divulgazione di notizie precise ed imparziali. » Il pubblico ha lungamente applaudito queste dichiarazioni.

Nel mondo artistico: L'esposizione dei Pittori della Realtà si è aperta sabato nella Galleria « Belle Arti ». Vi contribuiscono dieci giovani pittori e...che sorpresa! Ogni tela (ce ne sono più di cinquanta nel catalogo) rappresenta un oggetto ben definito! Incredibile! Ci sono paesaggi con casette ed alberi, nature morte con frutta e ortaggi; si vedono perfino ritratti con un solo naso e due occhi. Gl'intenditori ne sono sconcertati. I critici non vogliono rivelare la propria opinione. Tuttavia, uno di loro che desidera conservare l'incognito, ci ha dato la sua: « Questa pittura è veramente troppo originale », ci ha detto; « il pubblico non è ingenuo; questo mi sembra un trucco* privo di sincerità. »

La presentazione dei modelli primaverili che tutti attendono da diverse settimane avrà luogo nei prossimi giorni. Ma già da qualche tempo si mormora che bisogna aspettarsi una sorpresa sensazionale. La linea « A » è scomparsa, la linea « H » è superata. Si dice in gran segreto che la linea di questa primavera sarà la linea...« Z »! Informazioni più dettagliate saranno date nell'articolo seguente.

DOMANDE SULLA LETTURA

1. Come si dice, in italiano, *society news*? Quali avvenimenti vi troviamo?
2. Qual è il grande avvenimento mondano della settimana in questa cronaca? Quando ha avuto luogo? Succede spesso?
3. Qual era il tema del ballo dell'anno scorso? Quello dell'anno in corso è lo stesso? Qual è?
4. Gl'invitati sono andati in abito da sera? Perchè? L'articolista parla di alcuni invitati. Di quali?
5. È divertente sapere che Carlotta Corday è uno dei membri della Società per la Salute Pubblica? (Carlotta Corday è celebre come poetessa? attrice? assassina?) Perchè? Che cosa può fare?

* **trucco:** *gimmick*

6. Quali sono i vari avvenimenti di cui fa menzione la cronaca? Dove hanno luogo? Qual è il più importante secondo Lei?

7. Dove e quando si è celebrato il matrimonio della signorina Tenni? Qual è la professione del marito? Spiegare la differenza fra **la sposa e la moglie** e fra **lo sposo** e **il marito.**

8. Faccia una piccola descrizione dell'abito della sposa e di quello delle damigelle d'onore. Qual era, probabilmente, quello del tenente Ferrucci? Com'erano vestiti i suoi testimoni? Com'era decorata la chiesa? Quali fiori avevano la sposa e le damigelle d'onore?

9. Come si chiama il periodo che segue la celebrazione delle nozze? Dove sono andati i giovani sposi? Quando?

10. Chi sposerà la signorina Colonnesi? Come si chiama la promessa di matrimonio fra un giovane ed una signorina? Qual è l'oggetto che simboleggia questa promessa? Questo matrimonio è stato celebrato già? Dove si trova attualmente il fidanzato?

11. Quali invitati erano presenti al banchetto dell'Associazione Internazionale dei Giornalisti? Dica il nome di alcuni di questi. La giornalista russa è « soprannominata », vuol dire, cioè, che ha un **soprannome.*** Lei ha un soprannome? Qual è?

12. Il soprannome della giornalista russa è ironico? Qual è, invece, la risposta frequente dei russi?

13. Ogni associazione ha uno scopo. Qual è lo scopo dell'Associazione dei Giornalisti? Qual è lo scopo del ballo Ritratti d'Altri Tempi? (È il guadagno o la beneficenza?) Lei fa parte di un'associazione? In caso affermativo dica qual è lo scopo di quest'associazione.

14. Che cosa rappresentano nei loro quadri i pittori della realtà? Perchè ciò è « incredibile »? È una critica negativa od un'opinione? È favorevole? Qual è la Sua?

15. Qual è la Sua opinione delle cronache mondane come quelle che ha appena finito di leggere? Le considera importanti o interessanti? Perchè?

SPIEGAZIONI

I. Il pronome interrogativo **quale**

Quale è un pronome interrogativo che corrisponde all'aggettivo interrogativo della stessa forma.

Leggo un libro. **Quale** (quale libro) legge Lei?

* **un soprannome** (o: **nomignolo**): *a nickname.* « Delia Colonnesi »: « Delia » è il **nome,** « Colonnesi » è il **cognome.** Se Delia ha un soprannome, questo può essere « Lia » o « Lietta » o « Dedè » o...? « Colonnesi » è il cognome della signorina Delia prima del matrimonio. Quando essa si sposerà col signor Landi, prenderà il cognome del marito e diventerà la signora Landi.

Questo pronome sostituisce l'aggettivo **quale** + **il nome**. Quando il nome è maschile o femminile singolare, come **il giornale** o **la penna** la forma del pronome è **quale**. Il plurale maschile e femminile è **quali**. Ecco alcuni esempi:

Leggo una novella.	(*F.S.*)	Quale novella?	**Quale** legge?
Studio i nomi.	(*M.P.*)	Quali nomi?	**Quali** studia?
Ascolto le notizie.	(*F.P.*)	Quali notizie?	**Quali** ascolta?

II. *I pronomi dimostrativi* **questo** *e* **quello**

A. Le forme del pronome **questo** sono uguali all'aggettivo corrispondente:

Quale libro desidera leggere? Desidero leggere **questo.**
Ha portato tutte le riviste? No, ho portato solamente **queste.**
Quale casa è la Sua? È **questa,** all'angolo della strada.
Prende tutti i vestiti? No, prendo solamente **questi.**

B. Ecco le forme del pronome dimostrativo **quello:**

Qual è il tuo cappotto? **Quello** grigio.
Preferisci questa penna o quella là? Preferisco **quella.**
Posso prendere alcuni fogli? Sì, prendi **quelli** bianchi.
Quali case sono migliori? Dipende; queste sono economiche ma piccole; **quelle,** invece, costano di più ma sono più spaziose.

III. *Il pronome possessivo* **il mio**

I pronomi possessivi si usano senza il nome. Essi, infatti, lo sostituiscono. I pronomi possessivi hanno la stessa forma degli aggettivi corrispondenti:

Quali libri ha preso? Ha preso **i miei** ed anche **i tuoi.**
Preferisci la mia sedia o quella là? Preferisco **la tua.**
Scrive sempre con la sua macchina? No, qualche volta scrive anche con **la nostra.**
È inglese tua madre? **La mia** è americana.
Parlate inglese durante l'ora d'italiano? No, durante **la nostra** parliamo solamente italiano.
Vorrei sapere il mio futuro. Vorresti sapere **il tuo?**
Noi abbiamo una casa molto grande. Io ho la mia camera, mio fratello ha **la sua,** i miei genitori hanno **la loro** e le mie sorelle hanno **le loro.**

IV. Gli accrescitivi, i diminutivi ed i peggiorativi

La grandezza, la piccolezza o la qualità (cattiva) di una persona o di una cosa possono essere indicate da speciali suffisi. In questi casi abbiamo dei nomi alterati.

A. Il suffisso dell'accrescitivo è **–one:**

> un libro   un **librone** (un grosso libro)
> dei libri   dei **libroni** (dei grossi libri)
> un ragazzo   un **ragazzone** (un ragazzo grande)
> una finestra   un **finestrone** (una finestra grande)
> delle finestre   dei **finestroni** (delle finestre grandi)
> una donna   un **donnone** (una donna grande e grossa)

NOTA: I nomi femminili possono formare l'accrescitivo col suffiso **–one.** In questo caso diventano di genere maschile.

B. I suffissi più comuni del diminutivo sono: **–ino, –etto, –ello** per il maschile singolare ed **–ina, –etta, –ella** per il femminile singolare:

> un cavallo   un **cavallino** (un cavallo piccolo o giovane)
> una barca   una **barchetta** (una barca piccola)
> il paese   il **paesello** (il paese piccolo)

Il plurale si forma regolarmente:

> i gatti   i **gattini** (i gatti piccoli o giovani)
> le case   le **casette** (le case piccole)

C. Il suffisso del peggiorativo è **–accio, –accia, –astro,** ecc.:

> un ragazzo   un **ragazzaccio** (un ragazzo cattivo)
> una ragazza   una **ragazzaccia** (una ragazza cattiva)
> dei lavori   dei **lavoracci** (dei lavori duri)
> un poeta   un **poetastro** (un poeta da strapazzo)

V. Il verbo **conoscere**

Abbiamo già studiato il verbo **sapere** (sapere qualche cosa = *to know something*). Questo verbo si usa, di solito, parlando di una cosa:

> **Sai** che ora è?
> Non **sanno** la lezione.
> **Sa** scrivere molto bene.

Il verbo **conoscere** (*to be acquainted with*) si usa, generalmente, parlando di una persona:

> **Conosce** quel signore? Sì, lo **conosco** molto bene.
> Al ricevimento c'era una signora che non **conoscevo,** ma dopo che ci hanno presentati, mi ha parlato e mi ha detto che **conosceva** i miei genitori.

Alcune volte possiamo usare il verbo **conoscere** parlando di cose (*to be familiar with*).

> **Conosci** Genova? No, non la **conosco** ma so che è una città magnifica.

VI. Aver luogo

> Il ricevimento **ha luogo** ogni sabato.
> Le nozze **hanno avuto luogo** mercoledì scorso.
> Il viaggio **avrà luogo** tra un mese.

NOTA. Quando si scrive un componimento è importante dire dove l'azione **ha luogo** se si riferisce al presente, dove **ha avuto luogo** se si riferisce al passato o dove **avrà luogo** se si riferisce al futuro.

NOMENCLATURA DELLA LEZIONE

Nomi

una cronaca	i merletti
il mondo	la sposa
un avvenimento	lo sposo
un ballo	la damigella d'onore
un orfano (un orfanello)	il testimone
un'orfana (un'orfanella)	il fidanzamento
il ricavato	la moda
un canale	il modello
l'aspettativa	un discorso
un personaggio	l'articolo
il ministro	la dichiarazione
un costume	un'esposizione
una chiesa	le Belle Arti
i gigli	un pittore
l'organza	una pittrice
i fiori d'arancio	una natura morta
una tela	un trucco
un catalogo	un paesaggio

Aggettivi

mondano (-a)	religioso (-a)
annuale	sconcertato (-a)
riuscito (-a)	incredibile
originale	sensazionale
appropriato (-a)	dettagliato (-a)
ammirato (-a)	seguente

Verbi ed espressioni verbali

aver luogo	importare
ammirare	indossare
decorare	confezionare
riprodurre	applaudire (applaudisco)
menzionare	promettere (ho promesso)

ESERCIZI

I. Esercizi orali: laboratorio

II. Esercizi scritti

A. Formare una domanda secondo l'esempio che segue (pronome interrogativo):

Es.:   Cerco un libro.   **Quale cerca?**

1. Domanda delle informazioni.
2. Lei ha delle difficoltà.
3. Ha comperato un abito.
4. I viaggiatori hanno preso l'aereo.
5. Barbara ha consultato un'indovina.
6. Conoscevo un signore.
7. Ha imparato le lezioni.
8. L'architetto costruisce delle case.
9. Guardiamo un film.
10. Il presidente ha fatto un discorso.
11. Hanno applaudito le sue dichiarazioni.

B. Sostituire gli spazi in bianco con un pronome dimostrativo (**questo** o **quello**) al maschile o al femminile, singolare o plurale:

Es.:   Leggo un libro; è **quello che** tutti leggono in questi giorni.

1. Questa macchina è _____ mio padre.

2. Ci sono dei ristoranti molto costosi. Ma noi non pranziamo in _____ .
Pranziamo in _____ più economici.

3. Il discorso del presidente dell'Associazione era breve. Però _____
dell'ospite d'onore era interminabile.

4. Gli abiti, in quel matrimonio, erano eleganti: _____ della sposa, _____
damigelle d'onore, _____ della madre della sposa erano modelli
esclusivi. Lo sposo era in uniforme. Portava _____ dell'esercito.
Perche _____ ? Perchè è ufficiale di Fanteria.

5. La mia casa non è in questa strada. Ma è in una strada parallela a
_____ . E, similmente a _____ , la strada dove abito è tranquilla
e piacevole.

6. Abbiamo dei vicini assai differenti: _____ abitano a destra sono
artisti e non li vediamo spesso. _____ preferisco è una famiglia che
abita di fronte. Vedo _____ ogni giorno.

C. Completare le frasi con una forma del pronome possessivo, **il mio,** ecc.:

      Es.:   Mario ha il suo libro.   **Tu hai il tuo?**

1. Ho la mia chiave. Avete _____ ?
2. Ha preso il biglietto. Essi hanno preso _____ ?
3. Giovanni ha il maglione. Bob ha _____ ?
4. Ho tutti i miei esercizi. Tu hai _____ ?
5. Mario sa la lezione. So io _____ ?
6. Ho le mie responsabilità. I miei genitori hanno _____ .
7. Tutti incontrano delle difficoltà nello studio. Questi studenti hanno
_____ .
8. Ho superato gli esami. Ha superato Lei _____ ?
9. Non abbiamo che un telefono e mia sorella vorrebbe avere _____ .
10. Ognuno ha le sue opinioni. Io ho _____ , tu hai _____ , un'altra
persona avrà _____ , ed altri ancora avranno _____ .

D. Completare le frasi che seguono usando un po' di fantasia:

      Es.:   Non è l'aereo di New York, **quello** va a Roma.

1. Non ho preso la macchina che abbiamo veduto _____ .
2. Legge questo libro? _____ .
3. I miei genitori non conoscono tutti i miei amici, _____ .
4. Ho messo i miei quaderni su una sedia, _____ .
5. Questo ballo ha avuto luogo la settimana scorsa _____ .
6. Siamo andati alle nozze di un'amica di mia sorella _____ .
7. Ha sqosato un ingegnere? Quale? _____ .
8. Questo signore lavora per una linea area, _____ .

COMPONIMENTI

COMPONIMENTO ORALE. SCEGLIERNE UNO:

Quali avvenimenti interessanti hanno avuto luogo nella Sua città o nella Sua scuola durante l'ultima settimana?

Lei è membro di un'associazione? Qual è lo scopo di quest'associazione? Racconti brevemente una riunione dei membri di quest'associazione.

COMPONIMENTO SCRITTO. SCEGLIERNE UNO:

Lei ha assistito ad un matrimonio. Ne faccia un racconto. Quando ha avuto luogo? Dove? Chi erano gli sposi? Descrizione degli abiti e del ricevimento.

Scriva una cronaca mondana (con un po' di spirito, perchè no?) in cui si narrino gli avvenimenti mondani della scuola, della cerchia di amici come ad esempio un ballo, una riunione del circolo, matrimoni, fidanzamenti, notizie artistiche . . .

Qual è la persona più interessante di Sua conoscenza? Dove l'ha conosciuta? Come? Perchè è interessante?

ALDO PALAZZESCHI

Rio Bo

Tre casettine
dai tetti aguzzi
un verde praticello,
un esiguo ruscello: Rio Bo,
un vigile cipresso.
Microscopico paese, è vero
paese da nulla, ma però . . .
c'è sempre di sopra una stella,
una grande, magnifica stella,
che a un dipresso . . .
occhieggia con la punta del cipresso
di Rio Bo.
Una stella innamorata!
Chi sa
se nemmeno ce l'ha
una grande città.

ALDO PALAZZESCHI, « Rio Bo ». Giuseppe De Robertis,
Poeti Lirici, Le Monnier, Firenze.

Il Mugnone presso il Parterre di Odoardo Borrani,
Collezione Carnielo, Firenze.
Foto: Alinari—Art Reference Bureau.

Microscopico paese, è vero
paese da nulla, ma però . . .

❀ LEZIONE TERZA ❀

●

Il discorso diretto ed indiretto

STUDIARE LE FRASI CHE SEGUONO:

Affermazione e domanda (discorso diretto)	*Risposta* (discorso indiretto)
BOB. « **Sono** di ritorno e **sono** veramente contento di rivederti. » Che cosa **ha detto?**	**Ha detto che era** di ritorno e **che era** veramente contento di rivedermi.
« Questo trimestre **studio** italiano e chimica. » Che cosa **ha detto?**	**Ha detto che** quel trimestre **studiava** italiano e chimica.
« Li **studio** perchè **sono** necessari per conseguire il diploma. » Che cosa **ha detto?**	**Ha detto che** li **studiava** perchè **erano** necessari per conseguire il diploma.
GIOVANNI. « **Ho trascorso** un bel mese di vacanze. » Che cosa **ha detto?**	**Ha detto che aveva trascorso** un bel mese di vacanze.
« **Ho conosciuto** una persona molto gentile. Gli **ho domandato** dei consigli per l'avvenire. » Che cosa **ha detto?**	**Ha detto che aveva conosciuto** una persona molto gentile e che gli **aveva domandato** dei consigli per l'avvenire.

215

STUDIARE IL BREVE DIALOGO SEGUENTE (al discorso diretto):

L'AGENTE DI POLIZIA STRADALE.   **Lei procedeva** troppo rapidamente! **Va** sempre a questa velocità?

IL GIOVANOTTO.   No. Quando **so** che **c'è** un agente del traffico dietro di me **vado** molto lentamente. Ma io non **avevo veduto** che Lei mi **seguiva!**

L'AGENTE.   **Lei,** se non altro, **non agisce** come il resto della gente e **non mi dice** che **dovrei*** portare gli occhiali. In tal caso farò un'eccezione e, per questa volta, **non Le elevo** una contravvenzione. Ma da ora in poi **bisogna fare** attenzione.

STUDIARE, ADESSO, LA STESSA CONVERSAZIONE
ESPRESSA AL DISCORSO INDIRETTO:

L'agente di Polizia *ha cominciato col* dire al giovanotto che **procedeva** troppo rapidamente. *Gli ha domandato* in tono sarcastico se **andava** sempre a quella velocità.

Il giovanotto *ha risposto di no;* che **andava** molto lentamente quando **sapeva** che **c'era** un agente dietro di lui. *Ha soggiunto che* non **aveva veduto** l'agente.

Quest'ultimo, *colpito da questa sincerità,* ha risposto che, se non altro, quel giovanotto non **agiva** come il resto della gente e che non gli **diceva** che **avrebbe dovuto** portare gli occhiali. *Ha deciso di* fare un'eccezione per quella volta e *di* non dare una contravvenzione. Ma gli *ha raccomandato di* fare attenzione per il futuro.

LETTURA

Il cane Argo

Il testo seguente è un adattamento di un brano tratto da *Corto viaggio sentimentale* dello scrittore triestino Italo Svevo. Un giorno, l'autore scopre che i cani, come gli uomini, pensano e parlano. Ecco alcune delle sue osservazioni fatte sul cane Argo.

Ho scoperto nel giornale una notizia che ha assorbito tutta la mia attenzione. In Germania, una volta, c'era un cane che sapeva parlare. Parlare come un uomo e con un pò d'intelligenza in più perchè gli domandavano anche dei consigli. Diceva delle parole difficili tedesche che io non avrei saputo pronunziare.**

* **dovrei** (*I should*): il condizionale di **dovere**
** **non avrei saputo pronunziare:** *I would not have been able to pronounce*

Colpito dalla notizia, mi sono mosso e, a mia sorpresa, Argo ha alzato la testa dal tappeto e mi ha guardato. Aveva sentito anche lui la notizia che lo riguardava? Credo di sì. Nel mio occhio doveva esserci per lui un'espressione tanto nuova che, inquieto, si è alzato sulle gambe anteriori per studiarmi meglio.

La notizia del giornale mi aveva liberato da ogni noia. Lasciato il giornale che non conteneva nessun'altra cosa interessante, ho cominciato con entusiasmo l'educazione di Argo.

La lotta è stata lunga tanto contro la bestia quanto contro me stesso, ma il risultato è stato un trionfo.

Cioè devo dire che è stato un fiasco se non dimentico che il mio primo intendimento era stato d'insegnare ad Argo l'italiano. Argo non ha saputo mai dire una sola parola italiana. Ma che importa? Si trattava di capirsi e perciò non c'erano che due possibili vie: Argo doveva apprendere la lingua mia o io la sua! Com'era prevedibile dalle lezioni che ci davamo a vicenda, ha imparato di più il più evoluto di noi. L'inverno era ancora al suo apice e io intendevo la lingua di Argo.

Non è mia intenzione d'insegnarla ai lettori e mi mancano anche i segni grafici per notarla. Del cane, poi, non è importante la sua povera lingua ma il suo vero carattere che io primo a questo mondo ho intravveduto. Quando ne parlo ne sono superbo com'erano forse superbi coloro che prima di me hanno scoperto altri lembi di natura: Volta, Darwin, Colombo. Argo mi ha fatto le sue comunicazioni mansueto e rassegnato. Io le ho raccolte e le ho lasciate nella loro forma originale di soliloqui, perchè tali sono rimaste dato che io non ho fatto dei progressi tali in quella lingua da poter discutere con lui le sue comunicazioni e anche perchè la povera bestia non è giunta all'estate. È crepata di nevrastenia acuta. Ma tutte le persone che l'hanno conosciuto, lo ravviseranno in queste sue memorie.

I

Esistono tre odori in questo mondo: l'odore del padrone, l'odore degli altri uomini, l'odore di Titì,* l'odore di diverse razze di bestie e infine l'odore delle cose. L'odore del padrone, quello degli uomini, di Titì e di tutte le bestie è vivo e lucente, mentre quello delle cose è noioso e nero. Le cose hanno talvolta l'odore delle bestie che vi passano su, specialmente se qualche cosa vi lasciano, ma altrimenti le cose sono mute.

L'odore del padrone lo conoscono tutti e non occorre ne parli. La vita è terribile se non c'è quell'odore a questo mondo. Anche la vecchia Anna ha un odore che non c'è altrove. È gradevole sempre perchè accompagna quello del cibo. Quando viene in corte con la grande scodella colma di cibo io aspetto che la deponga e le faccio feste. Poi quando arrivo a mettere il naso nella scodella, questa è ben mia. Guai a chi la tocca. Se Anna stessa

* **Titì:** una cagnetta

s'avvicina io ringhio. Così sono arrivato a tenere sempre tutta la scodella per me. La vita è fatta così: prima bisogna pregare per avere le cose e poi ringhiare per conservarle.

DOMANDE SULLA LETTURA

1. Che cosa ha scoperto lo scrittore?
2. Che cosa ha fatto Argo quando l'Autore si è mosso?
3. Come potevano intendersi lo scrittore ed Argo?
4. Chi ha imparato di più? Perchè?
5. Che forma hanno preso le comunicazioni del cane?
6. Quali tipi di odori esistevano per Argo? Cosa ne pensava?
7. Perchè era gradevole l'odore della vecchia Anna? Cosa le faceva il cane?
8. Com'è fatta la vita secondo Argo?

SPIEGAZIONI

Passaggio dal discorso diretto al discorso indiretto:

LO STUDENTE: « **Io capisco.** »   Questo è il discorso **diretto.**
Lo studente *ha detto che* **capiva.**   Questo è il discorso **indiretto.**

Usiamo il **discorso diretto** quando citiamo (*quote*) esattamente le parole di una persona. Un dialogo si esprimerà col discorso diretto, anche un dramma si esprimerà col discorso diretto.

Usiamo il **discorso indiretto** quando raccontiamo quello che una persona ha detto, un'osservazione, una conversazione in forma di narrazione.

A. Cambiamento del tempo dei verbi:

Ecco alcuni esempi:

LO STUDENTE.   « **Io capisco.** »
Lo studente ha detto che **capiva.**

LO STUDENTE.   « **Ho capito,** signor professore. La Sua spiegazione **era** molto chiara. »
Lo studente ha detto che **aveva capito** e *che* la spiegazione del professore **era** molto chiara.

BOB.   « **Sono** stanco perchè **fa** caldo e perchè **ho lavorato** al sole. **Avevo** un appuntamento importante, ma la macchina non **funziona** e non **ho** denaro per pagare la riparazione. »

Bob *ha detto che* **era stanco** perchè **faceva** caldo e perchè **aveva lavorato** al sole. *Ha spiegato che* **aveva** un appuntamento importante ma *che* la macchina non **funzionava** e che non **aveva** denaro per pagare la riparazione.

MARIA. « Porterò il libro martedì. »
Maria ha detto che avrebbe portato il libro martedì.

Come si vede, il tempo dei verbi cambia quando si passa dal discorso diretto all'indiretto. La regola che disciplina il cambiamento dei tempi dei verbi si chiama la **concordanza dei tempi.**

Ecco la regola generale:

Il presente	diventa	**imperfetto**
Il passato prossimo	diventa	**trapassato prossimo**
L'imperfetto	resta	**imperfetto**
Il futuro	diventa	**condizionale passato**

B. Modificazioni stilistiche:

Se rileggiamo il breve dialogo tra il giovanotto e l'agente del traffico notiamo che quando il dialogo è narrato al discorso indiretto, è necessario aggiungere certi verbi, certe espressioni che danno maggiore coerenza alla narrazione.

L'AGENTE. Va sempre a questa velocità?
L'agente gli **ha domandato** se andava sempre a quella velocità.
IL GIOVANOTTO. No. Quando so che c'è un agente del traffico dietro di me vado molto lentamente.
Il giovanotto **ha risposto** (o: **ha detto**) **di** no; **ha spiegato** che quando sapeva che c'era un agente dietro di lui andava molto lentamente.

Ecco alcuni verbi utili per il discorso indiretto:

dire domandare rispondere aggiungere soggiungere continuare replicare ribattere spiegare interrompere concludere, ecc.

C. **Che cosa, che, cosa** diventano **ciò che** o **quello che** al discorso indiretto:

« **Che cosa** dice? »
Mi ha domandato **quello che** (**ciò che**) dicevo.

« **Che** è accaduto durante la mia assenza? »

Voleva sapere **quello che** (**ciò che**) era accaduto durante la sua assenza.

D. Aggiunta di elementi personali:

L'agente, **colpito da questa sincerità** (o **da questo candore**), ha deciso di non elevare una contravvenzione.

Quando si ha l'impressione che la nostra narrazione potrebbe diventare più viva e più pittoresca aggiungendo una nota personale, si aggiungono, come abbiamo veduto, certi elementi che illustrano **il modo** in cui la persona in questione (l'agente) ha detto una cosa.

E. Come esprimere **oggi, ieri** e **domani** al passato:

BOB.   **Oggi** resto a casa perchè sono uscito **ieri** ed uscirò **domani**.

Bob ha detto che **quel giorno** restava a casa perchè era uscito il **giorno prima** (o: **giorno precedente**) e sarebbe uscito l'**indomani** (o: il **giorno dopo**).

Ecco come alcune espressioni di tempo cambiano quando si passa dal presente al passato:

Il termine:	*Diventa al passato:*
oggi	quel giorno (o: un giorno)
ieri	il giorno prima (o: il giorno precedente)
domani	l'indomani (o: il giorno dopo)
questa mattina	quella mattina
questa sera	quella sera
quest'anno	quell'anno (o: un anno)

NOMENCLATURA DELLA LEZIONE

Nomi

l'agente del traffico	il lembo
gli occhiali	il soliloquio
la contravvenzione	il progresso
la sincerità	la nevrastenia
il candore	l'odore
il tappeto	la razza

la lotta
il fiasco
l'apice

la bestia
il cibo
la scodella

Aggettivi

tedesco (-a)
inquieto (-a)
superbo (-a)

acuto (-a)
noioso (-a)

Verbi

procedere
mancare
crepare

ravvisare
deporre
ringhiare

Espressioni

fare attenzione
è un fiasco

fare feste
si trattava di . . .

ESERCIZI

I. Esercizi orali: laboratorio

II. Esercizi scritti

A. Mettere al discorso indiretto le frasi che seguono. Usare il passato ed aggiungere i verbi **dire, domandare, aggiungere, spiegare,** ecc:

LA SIGNORA. Agente, Lei non ha veduto bene! È andato dal medico recentemente? Sono assolutamente sicura di non aver superato i cinquanta all'ora!

IL PROFESSORE. (*alla studentessa*) No, signorina, Lei ha torto. Lei non sa la risposta perchè non ha studiato. È stato lo stesso anche al giorno dell'esame.

UNO STUDENTE. (*ai genitori*) Ho veduto una macchina perfetta e molto economica con quella potrò andare a scuola più comodamente.

B. Mettere la conversazione seguente al discorso indiretto passato e cambiare le espressioni di tempo (oggi, ieri, domani) a secondo della necessità:

MONICA. Ciao Barbara, che cosa fai oggi? Io penso di restare a casa perchè sono uscita ieri ed uscirò domani. Questa mattina ho passato due ore in biblioteca ma non ho trovato quello che cercavo.

BARBARA.   Ho qualche idea per questa sera. Un'amica di mia madre mi
  ha invitata a pranzo a casa sua per fare la conoscenza di suo nipote che è
  arrivato ieri dall'Europa. E così, questo pomeriggio vado dal parrucchiere
  ... Mi dispiace di andarci oggi perchè domani andrò in piscina e mi
  rovinerò certamente i capelli!

COMPONIMENTI

COMPONIMENTO ORALE. SCEGLIERNE UNO:

Fare un breve riassunto del brano *Il cane Argo* nella forma indiretta.
Racconti una conversazione tenuta di recente con un amico o con un'amica
  (potrebbe avere anche la forma di discussione).

COMPONIMENTO SCRITTO. SCEGLIERNE UNO:

Una giornata memorabile della Sua vita (usare: **quel giorno, il giorno
  prima, l'indomani,** ecc.) Racconti ciò che ha detto oppure la conversazione che hanno avuto luogo, al discorso indiretto.
Recentemente Lei avrà sentito una conferenza interessante. Riassuma le
  idee principali di questa conferenza usando il discorso indiretto. (Il con-
  ferenziere ha detto che ... ecc.) Mettere tutto al passato.
Una conversazione con un agente di polizia.

✸ LEZIONE QUARTA ✸

Uso di alcuni avverbi
Le espressioni di tempo

STUDIARE IL BRANO CHE SEGUE. FARE PARTICOLARMENTE
ATTENZIONE ALLE PAROLE IN GRASSETTO.

Prima, all'inizio del corso, pensavo che il professore avesse torto* a parlare sempre italiano in classe. **In seguito,** però, ho cominciato a capire quello che diceva. **Poi** ho risposto ad alcune domande ed **infine** ridevo quando raccontava qualche storiella allegra. Mi è accaduto **ben presto** di attendere la lezione con impazienza ed **infine,** una notte, ho fatto un sogno ed in quel sogno parlavo italiano.

Questa, **tuttavia,** non era la fine delle mie difficoltà. Facevo spesso degli errori ed **allora** prendevo brutti voti. **Ma** erano errori di distrazione, non d'ignoranza, e **malgrado** ciò, vedevo bene che facevo progressi.

I voti, **dopo tutto,** non riflettono sempre i progressi che si fanno **poichè** lo studio di una cosa è come un processo di assimilazione lenta. Un bel giorno, **infine, grazie ai** miei sforzi ed alla pazienza del professore **ho finito per** convincermi di sapere l'italiano. Ed è proprio per questa convinzione che ho deciso di continuare gli studi e di specializzarmi in lingue. Un giorno, forse, **finirò per** diventare un critico celebre oppure . . . chi sa? un autore famoso.

SPIEGAZIONI

Prima   Indica l'inizio, la prima azione:
   Prima si pensa e poi si scrive.

Poi   Indica ciò che segue:
   Abbiamo pranzato e **poi** siamo andati a fare una passeggiata.

   * **avesse torto:** il congiuntivo imperfetto dell'espressione **aver torto**

Allora indica il risultato, la conseguenza*:
Non hai dormito abbastanza ed **allora** hai mal di testa.

Finire per Questa espressione indica la fine:
Da principio dubitavo di lui ma poi **ho finito per** credergli.

Questa espressione, come molte altre, ha un valore idiomatico. Fa parte delle espressioni che si devono usare per parlare l'italiano corrente.

Tuttavia (*yet, however*):
Molta gente va a vedere quel film; la critica, **tuttavia,** è sfavorevole.

Dopo tutto, ad ogni modo (*at any rate, anyway*):
Oggi fa caldo. Ma in questa regione, **dopo tutto,** fa sempre caldo d'estate.

Poichè, perchè (*for, because*):
Ha continuato a studiare l'italiano **poichè** voleva specializzarsi in lingue.
Non aspettiamo Mario per andare a tavola **perchè** ha telefonato che farà tardi.

Grazie a (*thanks to*) e **malgrado** (*in spite of*):
Grazie ai tuoi sforzi e **malgrado** le difficoltà sei riuscito.

Infine (*at last, finally*):
Ho ascoltato, ho riflettuto, ho fatto delle domande ed **infine** ho capito.

ESERCIZI

I. Esercizi orali: laboratorio

II. Esercizi scritti

A. Completare le frasi seguenti con una delle espressioni studiate:

1. È mezzogiorno _____ ho fame.
2. _____ entro nella classe, _____ prendo una sedia, _____ metto i libri sul banco; il professore entra, _____ comincia la lezione.
3. Va pazzo per le macchine da corsa! _____ ha una Maserati.
4. Questo giovanotto porta la macchina troppo rapidamente ed assai male. _____ ha spesso degl'incidenti.

* **Allora** ha anche un altro significato. È quello di *then*, cioè di *at that time*. Quando si usa con questo significato **allora** è il contrario di **ora** o **adesso**.

5. Col talento, col lavoro e con la pazienza si _____ imparare a suonare il violino.
6. Non ho potuto finire tutto quello che dovevo fare. _____ ho tentato!
7. Fa caldo oggi; _____ fa sempre caldo in questa stagione.

B. Leggere con attenzione il paragrafo che segue. Mettere la punteggiatura e inserire le espressioni che possono migliorare il senso:

L'altr'anno a causa di Nora qualcuno ha smesso di venire Nora _____ era la serva che portava le bibite ai clienti e la sera se ne andava via e _____ l'altr'anno _____ andavo a casa tardi lei restava _____ nella baracca e la mattina _____ arrivavo la vedevo _____ a guardare dalla finestra Non era una bella donna Ceresa non lo diceva _____ ma lo dicevano i giovanotti e i vecchi che giocavano alle bocce Nora stava appoggiata alla porta e guardava tutti senza parlare A me _____ che sono rimasto sullo scalino ad aspettare Ceresa mi ha detto Stupido va' a casa tua Ma delle altre _____ rideva _____ mi sedevo in una barca coi piedi nell'acqua e se qualcuno chiedeva un remo o un cuscino e non c'era mi diceva di andarlo a prendere sotto la tettoia.

(Questo paragrafo è un adattamento di un brano tratto da *Feria d'agosto* di Cesare Pavese.)

C. Combinazione del discorso indiretto e delle espressioni di tempo. Inserire nel dialogo tra il giovanotto e l'agente del traffico i termini appropriati mettendo tutto nella forma indiretta. (Vedi pag. 216)

COMPONIMENTI

COMPONIMENTO ORALE:

Raccontare una breve conversazione con un amico, con un parente o con un commesso di un negozio. Usare il discorso indiretto e gli avverbi necessari.

COMPONIMENTO SCRITTO. SCEGLIERNE UNO:

Cercare un breve articolo nel giornale. Raccontare quest'articolo nella forma indiretta ed usare gli avverbi e le espressioni studiate. (Es: Il presidente ha cominciato col dire al pubblico che ... ecc.)
Uno dei Suoi amici ha bisogno del Suo aiuto. Le telefona o viene a trovarLa per domandare qualche cosa. Racconti la Sua conversazione nella forma indiretta con tutti gli avverbi e le espressioni necessarie.

✤ LEZIONE QUARTA ✤

PARTE SECONDA

Le espressioni di tempo: **tempo, volta**
Durante, mentre, per, da, fa   Trascorrere e durare
Stare + gerundio: la forma progessiva

STUDIARE LE FRASI SEGUENTI:

Affermazione e domanda

Spesso non ho **il tempo** di uscire. E Lei?

Vado al cinema quando ne ho il tempo. Ci vado **una volta** alla settimana. E Lei?

Vado a vedere quegli spettacoli che hanno un solo film perchè non mi piace restare seduto **per** tre ore. E Lei?

Si può fumare **durante** lo spettacolo?

Mentre parliamo il tempo passa! Ha notato come passa presto **mentre** si è con gli amici?

Lei non è nato in questa città. **Da** quanto tempo ci abita?

Lei ha diciott'anni. Quanto tempo **fa** li ha compiuti?

Risposta

Neanche io ho **il tempo** di uscire dal lunedì al venerdì. Ma ce l'ho il sabato e la domenica.

Ci vado circa **due volte** al mese.

Io, se resto seduto **per** un'ora intera, ne ho già abbastanza.

No, ma si può fumare **durante** l'intervallo.

È vero. Passa molto più piano **mentre** si sta alla lavagna e si cerca la risposta giusta.

Ci abito **da** dieci anni.

Li ho compiuti venti giorni **fa.**

226

Sono andato a Roma un anno **fa**.
Quando c'è andato Lei?

È passato quasi un anno **da** quando sono andato in Europa.

Quanto tempo **dura** lo spettacolo?
Quanto tempo **è durata** la guerra?

Dura due ore.
La guerra **è durata** quattro anni.

Dove **trascorre** le vacanze?

Le **trascorro** in campagna, dai genitori.

Cosa **sta facendo** Alberto?

Sta giocando a tennis con Piero.

Stavi ripassando la lezione di storia quando ti abbiamo telefonato?

No, stavo finendo il componimento d'italiano.

LETTURA

Durante uno spettacolo

I miei amici ed io andiamo di solito al cinema una volta alla settimana. Scegliamo sempre uno spettacolo con un solo film perchè non ci piace restar seduti per tre ore. Durante lo spettacolo prendo un gelato o delle caramelle, ma non metto mai i piedi sulla spalliera della sedia che si trova davanti a me (oppure, lo faccio raramente . . . una volta ogni tanto!)

In principio viene il documentario. Questo non dura molto e, dal momento che tutti hanno la televisione, non è più così importante com'era una volta. Comincia con le notizie politiche, poi seguono avvenimenti vari, lo sport e finisce con le notizie riguardanti la moda o i concorsi di bellezza. Tuttavia, come si diceva innanzi, dato che c'è la televisione, queste cose le sanno già tutti.

Seguono poi i cartoni animati. Quelli di Walt Disney sono tra i più celebri: sono caricature di animali che muovono il riso perchè assomigliano chiaramente agli uomini. Vi si vedono corse pazzesche, inseguimenti, incidenti spaventosi. E durante queste scene il pubblico ride e applaude. . . È forse perchè abbiamo il gusto della crudeltà e, malgrado la nostra civiltà, amiamo ancora la violenza? Ma tutto finisce lietamente: il gatto feroce, il gran lupo maligno sono puniti poichè il topo o il coniglio sono furbi e l'astuzia finisce per trionfare sulla forza.

Dopo di questo, a volte, c'è un documentario a lungo metraggio: vita di popoli esotici, viaggi in paesi lontani, scienze, avventure. Un simile tipo di documentari mi piace moltissimo ed il tempo passa rapidamente durante questa parte dello spettacolo.

L'intervallo dura circa dieci minuti ed allora si esce per un po'. Nel salone d'ingresso troviamo persone di nostra conoscenza; i fumatori si godono una sigaretta, gli altri parlano o bevono una bibita fresca od una tazza di caffè.

Finalmente incomincia il film principale. Si vede dapprima il nome degli attori principali e poi quello dei secondari, dello scenografo e dei suoi assistenti, del regista, dell'aiuto regista ed infine quello del compositore se vi è una parte musicale e dello scrittore se il film è la riduzione cinematografica di un libro.

Da un certo tempo in qua diversi film sono considerati « di cassetta », cioè buoni per attirare una gran quantità di gente pur non avendo un notevole valore artistico. Sono quelli in cui un giovane, dopo di aver incontrato la ragazza ideale, la salva da mille pericoli per un'ora e mezza e tutto si conclude col solito bacio finale...molto fotogenico! Vi sono poi quelli in cui i banditi saccheggiano una banca, scambiano colpi di rivoltella con la polizia ma finiscono per andare in prigione o peggio. Ma ci sono anche quelli in cui la polizia cerca il colpevole di un delitto, e solo l'ispettore privato, malgrado la stupidità dell'ispettore di polizia, riesce ad arrestare il criminale e spiega infine, con aria di sufficienza, la trama del delitto.

In Italia, tuttavia, si vedono anche pellicole di altro genere. La corrente del neorealismo italiano, con i suoi celebri registi, ha prodotto e produce tutt'oggi un gran numero di opere eccezionali per contenuto e tecnica cinematografica che innalzano questa nuova arte al livello di quelle maggiori.

DOMANDE SULLA LETTURA

1. Il giovanotto di cui si parla nella lettura va spesso al cinema? Lei ci va più spesso o meno spesso di lui? Quante volte al mese ci va Lei?

2. Preferisce andare a vedere uno spettacolo con due film? Perchè?

3. Che cosa si prende durante lo spettacolo? Cosa pensa Lei delle persone che mangiano quelle caramelle avvolte nel cellofane—(che rumore!)— durante tutto lo spettacolo? Lei mette i piedi sulla spalliera della sedia davanti? Perchè?

4. Che cos'è un documentario? Sono più importanti da quando c'è la televisione? Che cosa vediamo nel documentario? Se andremo al cinema questa settimana, cosa vedremo, forse, nel documentario?

5. Mi spieghi che cos'è un « cartone animato ». Un documentario.

6. I cartoni animati piacciono solamente ai ragazzi? Perchè?

7. Che cosa si fa durante l'intervallo? Quanto dura? Quanto tempo dura ognuna delle Sue lezioni? Che cosa fa durante gl'intervalli tra una lezione e l'altra?

8. Chi scrive la parte musicale di un film? Il film assomiglia sempre al romanzo? Perchè?

9. Quanto tempo fa sono incominciate le opere cinematografiche? Sono cambiati molto i film dal tempo di Charlie Chaplin? In che senso sono cambiati?

10. Descriva brevemente un film: una storia d'amore, un film poliziesco, la storia di un delitto, un'avventura di cowboys.

11. Che cos'è il Neorealismo cinematografico? Spieghi qual è la posizione dei registi del Neorealismo italiano. Che cosa ricercano con le loro opere? Verso quali mete procede il cinema oggi?

12. Quand'è che il tempo passa rapidamente? Lentamente?

13. Quanto tempo resterà in questa scuola? Da quanto tempo studia l'italiano? Per quanto tempo ancora intende studiarlo?

SPIEGAZIONI

I. Le espressioni di tempo

Una volta, due volte, qualche volta, talvolta (volta = *a time, an instance*):

> Quando un film mi piace vado a vederlo **due volte.**
> La **prima volta** che sono andato a Roma ero ragazzo.
> È l'**ultima volta** che compero questa rivista.
> **Qualche volta** il tempo non è bello.

Il tempo (*time*):

> Quanto **tempo** dura questo spettacolo?
> Ha il **tempo** di leggere romanzi?
> Il **tempo** passa così presto!

Durante e **per** indicano la durata dell'azione passata, presente o futura:

È andato in Europa **durante** la stagione turistica.
Durante il trimestre non andiamo a casa.
Faremo un viaggio **durante** le vacanze.
Sono rimasto in piedi **per** ben tre ore e adesso sono stanco.

Mentre indica la simultaneità tra le azioni:

> Non parlava **mentre** mangiava.
> A che pensi **mentre** viaggi in treno?
> Che cosa farete **mentre** io studierò?

Da (*since*) indica un'azione o una condizione incominciata e che continua al presente:

> Aspetto l'autobus **da** quindici minuti.
> Sono in camera mia e lavoro **da** questa mattina.
> Piove **da** ieri e forse pioverà per tutta la giornata.

NOTA: le espressioni **da quanto tempo** e **per quanto tempo**.

> **Da quanto tempo** studi l'italiano? Lo studio **da** tre mesi.
> **Per quanto tempo** hai studiato archeologia? L'ho studiata **per** due anni.

Nel primo caso (azione che continua al presente) il verbo è al **presente.** Nel secondo caso (azione che non continua più al presente) il verbo è al **passato.**

Espressione di tempo + fa (*ago*):

> Vent'anni **fa** poche persone avevano la televisione.
> Desidera il Direttore? Mi dispiace, è uscito cinque minuti **fa.**

II. Avere il tempo di...

> **Ho il tempo di** leggere parecchi libri.
> **Non si ha mai il tempo di** finire i propri compiti.

NOTA: Questa non è un'espressione idiomatica isolata. La costruzione **avere + nome + di + verbo all'infinito** è generale:

> **Ho** la forza **di** portare questo peso.
> Lei **ha** la pazienza **di** spiegare questa regola.
> A 21 anni si **ha** il diritto **di** votare.
> Marconi **ha avuto** l'idea **di** usare la telegrafia senza fili.
> Giovanni **ha** la possibilità **di** diventare veterinario.

III. I verbi **trascorrere** e **durare**

Notare la costruzione dei verbi indicati:

> Dove **avete trascorso** le vacanze? Le **abbiamo trascorse** al mare.
> **Sono trascorsi** molti anni ma lui non è cambiato affatto.
> L'esposizione **è durata** quindici giorni.
> Il loro esame **è durato** solamente un'ora.

IV. **Stare** + **gerundio:** *la forma progressiva*

Non si deve interrompere la persona che **sta parlando.**
Pronto! **Stavi lavorando?**
Stiamo imparando l'italiano.
Sono arrivato alla metà del film. I banditi **stavano svaligiando** la banca.

In inglese vi è una particolare forma del verbo, la forma « progressiva », che esprime lo svolgersi dell'azione:

Someone **is speaking,** *you* **are having** *dinner, the gangsters* **were robbing** *the bank.*

In italiano questa costruzione non è frequente come in inglese. Essa si forma col verbo **stare** all'imperfetto, al presente o al futuro e col **gerundio** del verbo principale:

sto parl**ando**   (parlare)
stavo scriv**endo**   (scrivere)
starò fin**endo**   (finire)

Ecco alcuni esempi:

Le signore **stanno parlando** del prossimo ricevimento.
Ti **stavo scrivendo** un biglietto quando sei entrato.
Quando arriverai noi **staremo finendo** di lavorare.

NOMENCLATURA DELLA LEZIONE

Nomi

uno spettacolo	il pubblico
un amico	la crudeltà
una volta	la violenza
una spalliera	il lupo
un documentario (a corto metraggio	il topo
oppure a lungo metraggio)	un ispettore privato
le notizie politiche	un colpo di pistola
un cartone animato	un popolo
gli uomini	un intervallo
una caricatura	un salone d'ingresso
una corsa	una bibita
un inseguimento	un regista

uno scenografo   la pellicola
un film « di cassetta »   il Neorealismo
un bacio   il livello
il colpevole

Aggettivi

politico (-a)   esotico (-a)
pazzesco (-a)   lontano (-a)
spaventoso (-a)   fotogenico (-a)
maligno (-a)   maggiore
furbo (-a)

Verbi

durare   scegliere
trascorrere   muovere
     godere

ESERCIZI

I. Esercizi orali: laboratorio

II. Esercizi scritti

A. Completare le frasi seguenti con **tempo** o **volta**:

1. Quante _____ al giorno mangia?
2. Quante _____ va in biblioteca?
3. Quante _____ alla settimana viene in questa classe?
4. Lei ha molto _____ per fare dello sport?
5. Quanto _____ impiega per andare da una classe all'altra?
6. Questa sera non ho _____ di uscire. Un'altra _____ forse.

B. Completare le frasi che seguono usando delle espressioni di tempo:

1. Il seminario di letteratura italiana è incominciato il 10 febbraio. Oggi è il 3 marzo. _____ dura il seminario?
2. Abito in questa casa _____ dieci anni.
3. _____ la settimana non esco di sera.
4. Non metto mai i piedi sulla spalliera della sedia _____ lo spettacolo.
5. Andrò in Europa. Ci resterò _____ tre mesi.
6. In certi aerei si mostra un film _____ il volo.
7. Aspetto la sua lettera _____ Natale!

8. Negli Stati Uniti il Presidente abita alla Casa Bianca _____ un periodo di quattro anni.

9. _____ quando i viaggi e le comunicazioni sono diventati così rapidi, è aumentata l'importanza delle lingue estere.

C. Rispondere alle domande che seguono:

1. Quanti anni ha? Da quanto tempo li ha compiuti?
2. Da quanto tempo abita in questa città?
3. Da quanto tempo il Presidente è alla Casa Bianca?
4. È da molto tempo che studia l'italiano? Da quanto? Da quando precisamente?
5. Da quanto tempo sa leggere e scrivere?

COMPONIMENTI

COMPONIMENTO ORALE:

Racconti la storia della Sua vita. Usi i termini studiati, le espressioni di tempo: volta, tempo, durante, da, ecc.

COMPONIMENTO SCRITTO:

Uno spettacolo cinematografico. Racconti un film che ha veduto. Usi il discorso indiretto per narrare quello che gli attori hanno detto, i punti grammaticali appena studiati, ecc.

El bòcolo di Giovanni Battista Piazzetta,
Accademia, Venezia.

La verginella è simile alla rosa . . .

LODOVICO ARIOSTO

Lodovico Ariosto (1474–1533) è uno dei più grandi poeti italiani. La sua opera letteraria comprende scritti in latino, composizioni poetiche in volgare le *Satire* e le *Commedie*. L'opera maggiore dell'Ariosto è un poema cavalleresco, l'*Orlando Furioso* (1516), dal quale abbiamo tratto le due ottave che seguono.

La verginella è simile alla rosa
ch'in bel giardin su la nativa spina,
mentre sola e sicura si riposa,
nè gregge nè pastor se le avicina;
l'aura soave e l'alba rugiadosa,
l'acqua, la terra al suo favor s'inchina;
gioveni vaghi e donne inamorate
amano averne e seni e tempie ornate.

Ma non sì tosto dal materno stelo
rimossa viene, e dal suo ceppo verde,
che quanto avea dagli uomini e dal cielo
favor, grazia e bellezza, tutto perde.
La vergine che 'l fior, di che più zelo
che de' begli occhi e da la vita aver de',
lascia altrui còrre, il pregio ch'avea inanti
perde nel cor di tutti gli altri amanti.

LODOVICO ARIOSTO, *Orlando Furioso*, Canto I. XLII–XLIII.
Riccardo Ricciardi Editore, Milano–Napoli.

❊ LEZIONE QUINTA ❊

La forma negativa

STUDIARE LE FRASI CHE SEGUONO:

Affermativa	*Negativa*
Mi piace il jazz **e** l'arte moderna.	**Non** mi piace **nè** il jazz **nè** l'arte moderna.
Vado **sempre** ai concerti di musica jazz.	**Non** vado **mai** ai concerti di musica jazz.
Vado **sempre** ai concerti di musica jazz **ed** alle esposizioni di pittura astratta.	**Non** vado **mai nè** ai concerti di musica jazz **nè** alle esposizioni di pittura astratta.
C'è **qualcuno** alla porta.	**Non** c'è **nessuno** alla porta.
C'è **qualcuno** alla porta? **Chi** è alla porta?	**Non** c'è **nessuno** alla porta.
Giovanni ha **qualche cosa** in tasca. Anche Lei ha **qualche cosa** in tasca?	No, **non** ho **niente** in tasca. **Non** ho **niente nè** in tasca **nè** in mano.
È caduto **qualche cosa?**	No, **non** è caduto **niente.**
Il Suo fratellino va alla scuola elementare. Lei va **ancora** alla scuola elementare?	No, **non** ci vado **più.**
Ritornerà alla scuola elementare?	No, **non** ci ritornerò **mai più.**

236

Mario è molto bravo. Sa giocare a
tennis e sa sciare. Sa anche parlare
tedesco. E Lei?

Non sono bravo. **Non** so **nè** giocare
a tennis **nè** sciare. **Non** so **neanche**
parlare tedesco.

Ha **già** finito?

No, **non** ho **ancora** finito.

Parla italiano molto bene ora?

No, **non** lo parlo **ancora** molto
bene ma spero di parlarlo correttamente alla fine di questo corso.

RISPOSTE BREVI PER LA CONVERSAZIONE

Mi piace il jazz.

Piace anche a me.
A me non piace affatto.

Non mi piace il jazz.

A me piace.
Neanche a me.

Chi bussa alla porta?
Ha finito?
Ci va qualche volta?

Nessuno.
Non ancora.
No, mai.

LETTURA

Un invito

Per domani Giovanni non deve preparare nè l'esame nè il componimento.
Questa sera è libero e vorrebbe andare al concerto con degli amici. Telefona
perciò all'amico Andrea.

GIOVANI. Pronto! Pronto! Parla Giovanni. Ah, buon giorno, signora. È in
casa Andrea? Potrebbe chiamarlo al telefono? Molte grazie, signora.
Sì, resto al telefono... Andrea? Parla Giovanni. Di', vecchio mio, vieni
al concerto con me questa sera?

ANDREA. Dipende... Che concerto? Sai che non mi piace nè il jazz nè la
musica moderna.

GIOVANNI. Si tratta di tutt'altra cosa. È un concerto di musica classica.
Eseguiranno tutti pezzi celebri che conosci già e che ti piacciono.

ANDREA. Se è per questo sai bene che ci sono molte composizioni del tutto
nuove per me. Per esempio, di Cimarosa e di Scarlatti* so ben poco.

* **Domenico Cimarosa** e **Domenico Scarlatti**: compositori italiani del secolo XVIII

GIOVANNI.   È la stessa cosa anche per me, ma non fa niente. Non metto in
dubbio la tua parola. Se dici che sono due compositori, ti credo.

ANDREA.   Grazie della fiducia. Con chi si va?

GIOVANNI.   Bè, vediamo. Mia sorella? Niente da fare. Ho pensato di telefonare a Barbara ma nè lei nè Carol sono libere questa sera. Allora, se tu
conosci due ragazze... Ho quattro biglietti, ma non conosco nessun altro.
E sul mio libretto degl'indirizzi non ci sono altri nomi...

ANDREA.   Anch'io... Scusa, aspetta un momento... ma sì, conosco quelle
due ragazze che abitano di fronte a casa mia. Sono molto carine, sai?
Cosa ne pensi, le chiamo al telefono?

GIOVANNI.   Per principio non esco mai con una ragazza che non conosco.
Ma se le conosci tu...d'accordo.

ANDREA.   Non fare il difficile! Allora ti chiamo tra un minuto. Arrivederci.

SPIEGAZIONI

I. La forma negativa

Non è la forma generale della negazione. Esistono però anche altre forme
negative.

A. Il negativo di **e: non... nè... nè...**

> Mi piace il jazz **e** l'arte moderna.
> **Non** mi piace **nè** il jazz **nè** l'arte moderna.
> Questo giovane **non** parla **nè** russo **nè** cinese.
> **Non** andiamo **nè** al concerto **nè** al cinema.

Non ... nè ... nè è anche la forma negativa di

1. **O... o...** (*either... or*)

> Si può prendere **o** la nave **o** l'aereo.
> **Non** si può prendere **nè** la nave **nè** l'aereo.

2. **Sia... sia...** corrispondono a *both... and*

> È sempre gentile **sia** con Carlo **sia** con Maria.
> **Non** è mai gentile **nè** con Carlo **nè** con Maria.

B. Il negativo di **sempre** (o di **spesso, qualche volta, talvolta**) è **non
... mai:**

> Parlo **sempre** italiano.
> **Non** parlo **mai** italiano.
> Andiamo **qualche volta** al concerto.

Non andiamo **mai** al concerto.
Viene **spesso** a vederci.
Non viene **mai** a vederci.

C. Il negativo di **qualcuno** è **non... nessuno**:

Conosci **qualcuno** a Praga? No, **non** conosco **nessuno** a Praga.
Ha telefonato **qualcuno** mentre ero fuori? No. **non** ha telefonato **nessuno**.

Non... nessuno è anche il negativo di **tutti**:

Verranno **tutti** da noi? No, **non** verrà **nessuno**.

D. La forma negativa di **qualche cosa** è **non... niente** (**nulla**):

Hai bisogno di **qualche cosa?** No, **non** ho bisogno di **niente** (**nulla**).
Hai sentito **qualche cosa? Non** ho sentito **niente**.
È caduto **qualche cosa** dalla tua scrivania? No, **non** è **caduto niente**.

E. Il negativo di **già** è **non...ancora**:

Avete **già** finito? No, **non** abbiamo **ancora** finito.

F. Il negativo di **ancora** è **non...più**:

Hai **ancora** la febbre?
No, **non** ho **più** la febbre.
Avete **ancora** bisogno di noi?
No, **non** abbiamo **più** bisogno di voi.
Quella signora **non** aveva **più** tutta la sua bellezza giovanile ma conservava **ancora** il suo fascino.

NOTA: Le forme negative **nè, mai, nessuno, niente** (**nulla**), ecc. hanno il valore di avverbi. Per questa ragione seguono normalmente il verbo. **Non** precede il verbo ed è ripetuto davanti ad ogni forma verbale.

Non parto **ancora**.
Non sono **ancora** partito. (Oppure: **Non** sono partito **ancora**.)
Non ci andiamo **mai**.
Non ci siamo **mai** andati. (Oppure: **Non** ci siamo andati **mai**.)
Non vuole e **non** può studiare **più**.

II. Gruppi di forme negative

Le forme negative possono anche essere usate in vari gruppi:

Ecco alcuni esempi:

> Andrete ancora a vedere quel dramma?
> No, **non** andremo a vederlo **mai più.**
> C'è ancora qualche cosa da mangiare?
> No, **non** c'è **più niente.**
> Hai ricevuto notizie di tua madre?
> No, **non** ho ricevuto **ancora niente.**

NOMENCLATURA DELLA LEZIONE

La nomenclatura di questa lezione consiste principalmente degli avverbi di negazione e di alcune frasi idiomatiche:

> restare al telefono
> del tutto nuovo
> sapere ben poco
> niente da fare
> fare il difficile
> non fa niente (*it does not matter*) = non importa

ESERCIZI

I. Esercizi orali: laboratorio

II. Esercizi scritti

A. Mettere al negativo le frasi che seguono:

> *Es.:* Vado a Londra ed a Roma.
> **Non** vado **nè** a Londra **nè** a Roma.

1. Nel frigorifero ci sono uova, formaggio, burro, latte e verdura.
2. Si danno sempre dei concerti in questa città.
3. In classe parla sempre inglese.
4. Deve dirti qualche cosa.
5. Ho ricevuto qualche cosa.
6. Abbiamo incontrato qualcuno.
7. Andrea conosce la musica di Scarlatti; anche Giovanni la conosce.

8. Vado spesso a teatro e ci va anche mio fratello.
9. Giovanni conosce tutti.
10. Piove ancora.
11. Il postino è già arrivato.
12. Facciamo ancora degli errori di distrazione.

B. Rispondere negativamente alle domande che seguono:

1. Hai ancora fame?
2. È la tua macchina o quella di un amico?
3. Qualcuno ha bisogno di me?
4. Vai spesso al mare in inverno?
5. Ha pranzato o cenato al ristorante ieri?
6. È andato a Tripoli o a Suez?
7. C'è andato qualcuno di questa classe?
8. Non ho una macchina da corsa. Ce l'ha Lei?
9. Hanno sentito qualche cosa?
10. Si va spesso al mare in inverno?
11. Soffre di mal d'aria o di mal di mare?
12. Qualcuno ha ancora bisogno di te?
13. Tutti hanno finito l'esame?
14. C'è ancora qualcuno in classe alle dieci di sera?
15. Lei parla e comprende il turco?
16. Giovanni è uscito con Elena o con Gabriella?

COMPONIMENTI

COMPONIMENTO ORALE:

Ci saranno certamente dei giorni in cui Lei è triste. Descriva uno di questi giorni e, naturalmente, usi molte forme negative per descrivere questo stato d'animo.

(*Es.:* Non sono nè simpatico nè intelligente. Nessuno mi telefona mai perchè nessuno mi può sopportare. Di conseguenza non voglio vedere nessuno . . . , ecc.)

COMPONIMENTO SCRITTO:

L'altro giorno uno dei suoi amici era triste . . . Lei ha tentato di fargli coraggio.

(Riferisca la conversazione al discorso indiretto passato, usando diverse forme negative.)

❁ LEZIONE QUINTA ❁

PARTE SECONDA

La forma negativa (continuazione)

Qualche cosa di + aggettivo   **Qualche cosa da + verbo**

Il passato remoto

STUDIARE LE FRASI CHE SEGUONO:

Affermazione e domanda	*Risposta*
Andiamo al ristorante. Hanno **qualche cosa di buono** oggi?	No, non hanno **niente di buono**.
C'è **qualche cosa da mangiare?**	No, non c'è **niente da mangiare**.
Ha **da visitare qualche persona?**	No, non, ho **da visitare nessuno**.
Sai **qualche cosa?**	No, **non** so **gran che**.
Andiamo al bar. C'è **qualche cosa di buono da bere?**	No, non c'è **niente di buono da bere**.
Hai **qualche cosa di nuovo da dirmi?**	No, non ho **niente di nuovo da dirti**.
Andammo alla Biennale nel 1957. Quando ci **andaste** voi?	Ci **andammo** due anni dopo.
Cosa **vedeste** in quell'occasione?	**Vedemmo** quadri di diversi pittori italiani e stranieri.
Finiste il viaggio a Venezia o **continuaste** fino a Trieste?	**Continuammo** fino a Trieste dove **rimanemmo** per quasi un mese.

242

LETTURA

Vorrebbe uscire questa sera?

(Questo brano è la continuazione della lettura della lezione precedente.)

Andrea ha promesso a Giovanni di telefonare alle due signorine che abitano di fronte a lui. Se non hanno nient'altro da fare, portranno forse andare al concerto con Andrea e col suo amico.

ANDREA.   Pronto! Signora, parla Andrea Parisi. Sono il giovane che abita nella casa verde, di fronte alla Sua. Ricorda? Signora, vorrei chiederLe il permesso di portare le Sue figlie al concerto, questa sera, assieme ad uno dei miei amici.

LA SIG.RA ARALDI.   Signor Parisi, queste non sono cose che si domandano alla madre! Bisogna vedere cosa ne pensano le mie figliuole. Ma dato che Lei è così gentile, vado subito a chiamarle. Non so se questa sera usciranno ma, scusi, resti al telefono, eccole che vengono!

ALDA.   Pronto, sono Alda. Chi parla?

ANDREA.   Andrea Parisi, signorina. Abito nella casa di fronte. È da molto tempo che La vedo passare davanti a casa mia con Sua sorella, ed oggi vorrei pregarLa di farmi una cortesia.

ALDA.   Ah, Lei è Andrea . . . quel giovane alto, con un'Alfa Romeo . . . È studente universitario, non è vero? Dica pure, cosa posso fare per Lei?

ANDREA.   Ecco. Il mio amico Giovanni ed io abbiamo quattro biglietti per un concerto di musica classica, questa sera. Pensavamo che forse Sua sorella e Lei . . . Giovanni è molto simpatico, sa.

ALDA.   Questa sera? Vediamo . . . Aspetti un momentino, vado a parlare a mia sorella. Valeria! Valeria! Siamo libere questa sera? Sì, lo so, dobbiamo scrivere i componimenti, ma quelli possono aspettare. Non c'è niente di urgente da fare dato che è venerdì. Valeria, vorresti andare al concerto, questa sera, col signore che abita di fronte, sai? e con un suo amico? Non hai nessun altro impegno, vero? Bene . . . Signor Andrea, mia sorella ed io accettiamo il Suo invito e quello del Suo amico con molto piacere. Gli dica che saremo pronte per le otto.

ANDREA.   Benissimo. Allora siamo d'accordo per questa sera. ArrivederLa.

DOMANDE SULLA LETTURA

1. A chi ha telefonato Andrea? Chi ha risposto prima? Che cosa ha detto Andrea alla signora Araldi e che cosa gli ha risposto la signora?

2. Perchè la signora Araldi ha detto ad Andrea che era molto gentile? Ha fatto una cosa cortese il giovane? Che cosa?

3. Alda e Valeria dovevano preparare un esame o un componimento? Dovevano fare qualche cosa d'importante quella sera? Che cosa?

4. C'era qualche cosa d'interessante da sentire, quella sera, in città? C'è qualche cosa di particolare da fare o da sentire nella Sua città questa sera?

5. Ha delle lettere da scrivere? Ha qualche cosa d'importante da preparare per domani?

6. Non ho niente di speciale da fare per questa sera. E Lei?

7. Ricorda di aver fatto qualche cosa di buono? Che cosa?

SPIEGAZIONI

I. Qualche cosa di + aggettivo

Ho **qualche cosa di nuovo.**
In questo giornale non c'è **niente d'interessante.**
Hai **qualche cosa di buono?** No, non ho **niente di buono.**
Questa città è moderna, non c'è **niente d'antico.**

$$\left.\begin{array}{l}\textbf{Qualche cosa} \\ \textbf{Niente}\end{array}\right\} \textbf{di + aggettivo}$$

II. Qualche cosa da + verbo

1. Ho **qualche cosa da fare.**
   Non c'è **niente da leggere** nel giornale.
   Hai **molto da scrivere** prima di sera?
   C'è **qualcuno da visitare?**
   Hai **nessuno da proporre?**

$$\left.\begin{array}{l}\textbf{Qualche cosa, niente} \\ \textbf{Qualcuno, nessuno}\end{array}\right\} \textbf{da + verbo}$$

2. Ho del **lavoro da completare.**
   Ho parecchie **lettere da scrivere.**
   Ho un'**automobile da vendere.**

NOTA: L'uso di **da + verbo all'infinito** non è limitato a termini come **qualche cosa, niente,** ecc. ma si può usare anche con qualsiasi nome.

III. Qualche cosa di ... da

C'è **qualche cosa di** buono **da** mangiare? No, non c'è **niente di** buono **da** mangiare.

Ha **qualche cosa d'**interessante **da** fare? No, purtroppo; da quando mi manca l'automobile non ho più **niente d'**interessante **da** fare.

IV. Il passato remoto

Il passato remoto si usa per un'azione compiuta definitivamente nel passato senza alcuna relazione col presente.

> **Visitò** l'Europa in gioventù.
> Anche in quell'occasione la nostra fortuna ci **assistè.**
> Non **finì** che poche righe ed **uscì.**

Ecco il passato remoto delle tre coniugazioni:

Visitare	Assistere	Uscire
visit **ai**	assist **ei (etti)**	usc **ii**
visit **asti**	assist **esti**	usc **isti**
visit **ò**	assist **è (ette)**	usc **ì**
visit **ammo**	assist **emmo**	usc **immo**
visit **aste**	assist **este**	usc **iste**
visit **arono**	assist **erono (ettero)**	usc **irono**

NOTA: La seconda coniugazione ha due forme per la prima e per la terza persona singolare e per la terza plurale del passato remoto.

Ecco il passato remoto dei due verbi ausiliari **essere** ed **avere:**

Essere	Avere
fui	**ebbi**
fosti	**avesti**
fu	**ebbe**
fummo	**avemmo**
foste	**aveste**
furono	**ebbero**

NOMENCLATURA DELLA LEZIONE

In questa lezione non ci sono molti termini nuovi. Ci sono, tuttavia, diverse costruzioni importanti che bisogna studiare con attenzione. La nomenclatura è limitata proprio per dare allo studente il tempo d'impararle.

Nelle conversazioni di questa lezione troviamo anche molte forme usate in conversazione, espressioni semplici ed utili. Studiare bene il testo delle conversazioni.

Nomi

il prezzo   il permesso
la fiducia   una cortesia
il principio   un impegno

Aggettivi

carino (-a)   simpatico (-a)
alto (-a)

ESERCIZI

I. Esercizi orali: laboratorio

II. Esercizi scritti

A. Completare le frasi che seguono:

1. Vedi quel signore che passa? È una persona molto nota. Ha scritto
_____ importante, qualche cosa _____ conoscere.
2. Ha letto _____ interessante? Sì, ho letto _____ sensazionale.
Ha _____ buono _____ leggere? No, non ho _____ altro
_____ buono _____ leggere nè _____ raccomandarLe.
3. Conosci qualche persona simpatica _____ invitare? No, non conosco
_____ da invitare. Sono qui da poco tempo.

COMPONIMENTI

COMPONIMENTO ORALE. SCEGLIERNE UNO:

La Sua famiglia. Ci sono persone ricche? Gentili? Simpatiche? Generose?
C'è qualcuno degno di essere conosciuto? Degno di ammirazione? Perchè?

(*Es.:* Nella mia famiglia non c'è nessuno da detestare o da ammirare, ma mi hanno detto che ho uno zio di quarant'anni che vive
in Inghilterra da molto tempo e che..., ecc. *Oppure:* Anche se
nella mia famiglia non c'è nessuno da elogiare o da criticare in modo
particolare, vi è, tuttavia, mio fratello che..., ecc.)

La mia classe. C'è qualche studente gentile? Interessante? Terribile?
Molto intelligente? Sbadato (*scatter-brained*)? C'è qualcuno da conoscere?
Da capire?

COMPONIMENTO SCRITTO:

Cercare di usare in questo componimento il maggior numero possibile di forme e di termini studiati in precedenza e nella lezione in corso. Il componimento ideale desta sempre molto interesse nel lettore. Lo studente dovrà perciò cercare di usare non solo gli elementi della lezione presente ma anche molti di quelli contenuti nelle lezioni passate.

La Sua città (o un'altra città). C'è niente di antico? Di storico? Di pittoresco? Di bello? Di unico? Di orribile? C'è qualche cosa notevole da vedere? Da fare? Da visitare? Da evitare? Ci sono personaggi celebri da conoscere? Perchè?

Usare le forme negative, narrare qualche parte del tema al passato e riferire qualche dialogo alla forma indiretta.

(*Es.:*   Nella città di X c'è ben poco di storico. Non ci sono nè musei nè gallerie d'arte. Non abbiamo altro che un cinema e siccome presenta lo stesso film per una settimana intera spesso di sera non c'è niente da fare. Si possono fare, però, delle belle passeggiate in campagna. Non c'è nessuna celebrità eccetto un certo personaggio la cui statua si trova nella piazza principale, . . . ecc.)

❀ LEZIONE SESTA ❀

I verbi riflessivi

Affermazione e domanda

Mi alzo di mattina e vado a letto di sera (**mi riposo** di sera). A che ora **si alza** Lei?

A che ora va a letto (**si riposa**)?

Mi sveglio presto. **Si svegliano** anche Loro di buon'ora?

Subito dopo **mi lavo** le mani e il viso con acqua e sapone. **Mi pulisco** i denti con lo spazzolino da denti e **mi spazzolo** i capelli con la spazzola per capelli.* Lei **si pettina?**

Un uomo **si rade** ogni mattina (con un rasoio elettrico o con un rasoio di sicurezza). Si rade Lei?

Risposta

Mi alzo alle sette. Non bisogna **alzarsi** tardi quando c'è una lezione di mattina presto.

Vado a letto (**mi riposo**) tardi. Non ci vado (non mi riposo) mai prima delle undici. Non mi piace andare a letto presto.

Ci svegliamo di buon'ora ma **ci alziamo** all'ultimo momento.

No, non ho bisogno di **pettinarmi.** Ho i capelli molto corti e **me li spazzolo** solamente.

Sì, **mi rado** ogni mattina. A dire il vero non ho molta barba e potrei **radermi** solamente due o tre volte alla settimana, ma preferisco farlo ogni mattina.

* Notare l'uso del verbo riflessivo e dell'articolo determinativo quando l'azione ricade sulle parti del corpo.

248

Una ragazza (od una signora) **si trucca** con dei cosmetici. **Si mette** della cipria sul viso e del rossetto sulle labbra. Lei si trucca ogni mattina?

Non **mi trucco** quasi mai. Alla mia età non c'è bisogno di **truccarsi**. Non **mi metto** nè la cipria nè il rossetto. In qualche caso particolare mi metto un po' di rossetto molto chiaro e della cipria.

Quando indossiamo i vestiti diciamo che **ci vestiamo**. Lei **si veste** rapidamente?

Sì, **mi vesto** in cinque minuti.

Lei fa colazione. Se è in ritardo **si affretta**. Quand'è che **ci affrettiamo?**

Ci affrettiamo quando c'è una lezione alle otto. Se non **mi affretto** arrivo in ritardo.

Se incontro un amico **mi fermo** e lo saluto. **Si ferma** Lei?

No, non **mi fermo** mai perchè ho sempre fretta. Ma il mio orologio **si ferma** spesso quando **mi dimentico** di caricarlo.

Quando arrivo in classe prendo posto. Metto i libri sul tavolo ed apro il quaderno: **mi preparo. Si prepara** Lei?

Sì, anch'io **mi preparo** appena arrivo in classe.

All'inizio del trimestre **mi domando** se il corso sarà interessante. Lei **si domanda** la stessa cosa?

Io **mi domando** piuttosto se il professore sarà contento del mio lavoro.

Ci sono delle lezioni in cui **ci annoiamo** e delle lezioni in cui **ci divertiamo**. Com'è una lezione in cui Lei **si annoia?**

Una lezione in cui io **mi annoio** si svolge in una classe calda. Il professore parla con voce monotona di un argomento che non m'interessa. Mi annoio da morire alla lezione di filosofia. Se il professore è vivace, se l'argomento mi interessa, non mi annoio affatto.

Mi diverto quando passo una serata con gli amici. Quando **si diverte** Lei?

Mi diverto molto quando esco con Valeria. È così allegra!

Giovanni non è gentile. **Si fa** sempre **beffe** di tutti. Bisogna **farsi beffe*** della gente?

No, certamente. Ed io non mi faccio mai beffe di Lei ... quando non è ridicolo.

Quando lo studente dice che 2 e 2 fanno 4 la risposta è giusta, non è vero? Ma quando dice che 4 meno 3 fa 7 allora **si sbaglia.** Il professore si sbaglia spesso?

Non **si sbaglia** mai. Ma quando **mi sbaglio** io la cosa è molto seria.

Dopo una lunga giornata **me ne vado** a casa. Dopo di essere ritornato, **mi metto al** lavoro in camera mia. Poi **ci mettiamo a** tavola alle sette. Dopo cena **mi rimetto al** lavoro. A che ora **vi mettete a** tavola a casa vostra?

Dipende. Non **ci mettiamo** mai **a** tavola prima delle otto.

La sera sono stanco morto! Ho bisogno di **riposarmi.** Quando si riposa Lei?

Mi riposo la domenica e qualche volta (ma questo è un segreto) durante la lezione di filosofia.

Quando la giornata è finita, **mi spoglio,** vado a letto e **mi addormento.** Se mi sveglio di notte, **mi riaddormento** molto presto. Lei **si sveglia** spesso di notte?

No, mi sveglio solo raramente.

* **farsi beffe di** (un'espressione idiomatica): *to mock, ridicule*

Ho un sonno così profondo che, la mattina, non sento suonare la sveglia. Ma dopo devo **svegliarmi** per forza perchè mi gridano da tutte le parti: « **Svegliati! Alzati! Sbrigati!** » Cosa dice ai Suoi amici se vanno piano quando Lei ha fretta?

Dico loro: « **Sbrigatevi.** » (Dico loro di **sbrigarsi.**) Ma mi rispondono: «Aspetta un momento!» (Mi rispondono di aspettare un momento.)

LETTURA

Questa lezione non ha la lettura dato che vi è una gran quantità di verbi riflessivi negli esempi.

DOMANDE SULLE FRASI PRECEDENTI

1. A che ora si alza? Perchè? Le piace alzarsi di buon'ora? Si alzano tardi i Suoi amici? E gli uccelli si svegliano tardi?

2. A che ora va a letto quando deve fare un esame il giorno seguente? Le piace andare a letto presto? Sono contenti i bambini di andare a letto alle sette di sera?

3. Si sveglia rapidamente o impiega molto tempo per svegliarsi? Si alza subito o resta a letto ancora qualche minuto?

4. Di che cosa abbiamo bisogno per lavarci e pulirci di mattina? Deve radersi ogni giorno?

5. Lei si trucca? Qualche volta? Sempre? Con che cosa si trucca una persona? Si trucca un giovanotto? Lei si trucca un pochino se esce di sera?

6. Signore, le piace uscire con una signorina che si trucca e che si pettina per un'ora? Preferisce uscire con una signorina più « naturale »? Perchè?

7. Fa sempre colazione prima di andare in classe? Perchè? Si veste rapidamente o piano quando ha una lezione alle otto?

8. Era in ritardo questa mattina? Si affretta di mattina? Quand'è che Lei ha paura di essere in ritardo? Le piace essere puntuale?

9. A che ora esce la mattina? Quanto tempo impiega per venire qui?

10. Che cosa facciamo quando stiamo andando a lezione e s'incontra un amico? Si fa la stessa cosa se si è in ritardo?

11. Io « mi preparo ». Cosa fa uno studente che si prepara in classe?

12. Quando si diverte Lei? Quando si annoia? Faccia la descrizione di una lezione noiosa.

13. Trovi un'espressione che abbia lo stesso significato di « mi sbaglio ». Si sbaglia spesso Lei? Qualche volta? Mai? Quando?

14. Giovanni si fa beffe di sua sorella? Ma lei si fa beffe di lui? Ha ragione? Perchè?

15. Cosa fa quando le lezioni sono finite? E quando arriva a casa?

16. Preferisce alzarsi o andare a letto? Perchè? Si addormenta rapidamente? Dorme bene? Quand'è che si dorme male?

17. Cosa dice ad una persona che deve svegliarsi? Alzarsi? Riposarsi? Prepararsi? Mettersi a tavola?

18. « Mi domando se Lei studierà molto », dice a volte il professore. Faccia tre esempi usando l'espressione « mi domando ».

SPIEGAZIONI

I. Il concetto del verbo riflessivo

> Guardo un programma alla televisione.
> **Mi** guardo in uno specchio.

Guardo è un verbo transitivo, un verbo cioè che ha (o che può avere) un **complemento oggetto.**

Io mi guardo è un verbo riflessivo in cui il soggetto ed il pronome diretto sono la stessa persona. Il soggetto è **io,** l'oggetto è **mi; io** e **mi** sono la stessa persona.

Io mi guardo è un **verbo riflessivo** perchè l'azione del soggetto cade sul soggetto stesso (in questo caso: **mi**). Vi sono altri verbi, i **pronominali,** che pur avendo la forma dei verbi riflessivi non indicano realmente un'azione riflessa come, ad esempio, **pentirsi, accorgersi, congratularsi,** ed altri.

II. Coniugazione riflessiva e pronominale

1. Infinito:

domandarsi	addormentarsi
vedersi	annoiarsi
vestirsi	guardarsi

2. Affermativo:

domandarsi	io **mi** domando
	tu **ti** domandi
	egli (ella, Lei, ecc.) **si** domanda
	noi **ci** domandiamo
	voi **vi** domandate
	essi (esse, Loro, ecc.) **si** domandano

vedersi	io **mi** vedo
	tu **ti** vedi
	egli (ella, Lei, ecc.) **si** vede
	noi **ci** vediamo
	voi **vi** vedete
	essi (esse, Loro, ecc.) **si** vedono

NOTA : Abbiamo già studiato le forme impersonali dei verbi transitivi: **si parla..., si dicono..., si fanno...,** ecc. Per la forma impersonale dei verbi riflessivi si usa il pronome **ci** e la terza persona singolare del verbo:

Ci si lava sempre prima di uscire di casa.
Ci si diverte molto quando si viaggia all'estero.

3. Interrogativo:

domandarsi	Mi domando io? (oppure: Mi domando?)
vedersi	Mi vedo io? (oppure: Mi vedo?)
vestirsi	Mi vesto io? (oppure: Mi vesto?)

4. Negativo:

domandarsi	io non mi domando
	tu non ti domandi
	egli non si domanda
	noi non ci domandiamo
	voi non vi domandate
	essi non si domandano

III. Costruzione della frase con i verbi riflessivi e pronominali :

Tutto ciò che è stato studiato riguardo alla costruzione generale della frase si applica anche alla frase costruita con un verbo riflessivo o pronominale. Per esempio:

Quando devo fare un componimento difficile **comincio a domandarmi** quello che devo scrivere. **Mi metto al** tavolino da lavoro e preparo il tema a grandi linee. **Non mi metto mai a** scrivere senza mettere prima in ordine le mie idee.

Siccome abitiamo molto lontano dalla scuola, **dobbiamo metterci** in cammino presto.

Quando **mi trovo** in una città nuova **mi domando** quali persone interessanti conoscerò.

N O T A : L'infinito **si + verbo** è solamente una forma generale. Abbiamo già visto che il pronome cambia nella coniugazione dei tempi.

NOMENCLATURA DELLA LEZIONE

In questa lezione non vi sono vocaboli nuovi ma vi è un gran numero di verbi riflessivi e pronominali. Eccone alcuni:

svegliarsi ≠ addormentarsi
alzarsi   ≠ riposarsi
vestirsi   ≠ spogliarsi

Far toletta:
lavarsi
pettinarsi
radersi
truccarsi
spazzolarsi i capelli (una spazzola per capelli)
pulirsi i denti (con uno spazzolino da denti)

affrettarsi
mettersi in cammino (rimettersi in cammino)
mettersi a + un nome (al lavoro, a tavola)
mettersi a + verbo (studiare, riflettere, parlare, ecc.)
fermarsi
sistemarsi
prepararsi
domandarsi
divertirsi ≠ annoiarsi
farsi beffe di
sbagliarsi
riposarsi

ESERCIZI

I. Esercizi orali: laboratorio

II. Esercizi scritti

A. Rispondere alle domande con la forma corretta del verbo:

> *Es.:* Si alza? **Mi alzo.**
> Si alzano? **Si alzano.**

1. Si sveglia?
2. Si addormenta?
3. Si mette in cammino?
4. Si sbaglia?
5. Ci affrettiamo?
6. Si prepara Luisa?
7. Si veste presto Lei?
8. Si trucca?
9. Si rade Mario?
10. Si mettono a tavola?
11. Le piace alzarsi?
12. Pensa di rimettersi al lavoro?
13. Può fermarsi?
14. Può addormentarsi?
15. Sanno divertirsi?
16. Si sbaglierà?
17. Vuole riposarsi?
18. Ci annoieremo?
19. Vogliamo fermarci?
20. Desiderano sistemarsi? Possono svegliarsi?
21. Le dispiace di sbagliarsi?

B. Ecco alcune risposte. Trovare le domande:

> *Es.:* **Perchè si sbaglia?** Si sbaglia perchè non fa attenzione.

1. _____? Mi alzo alle otto.
2. _____? Generalmente mi piace alzarmi molto presto.
3. _____? Mi rimetto al lavoro dopo pranzo.
4. _____? Non ci si annoia mai quando si è attivi.

5. _____? Non ci andiamo solamente per divertirci, ci andiamo anche per imparare qualche cosa.

6. _____? Perchè non posso addormentarmi se vado a letto presto.

7. _____? No, generalmente dormo tutta la notte senza svegliarmi.

8. _____? Perchè non ho un buon senso della direzione e perchè in questa città tutte le strade sembrano uguali.

COMPONIMENTI

COMPONIMENTO ORALE.

Usando dei verbi riflessivi descrivere in modo divertente e reale:

Una ragazza vanitosa.
Un giovanotto studioso.
Un professore distratto (*absent–minded*).
Una persona che non sa essere ordinata.
O: un altro tipo, a Sua scelta.

COMPONIMENTO SCRITTO:

La Sua giornata. Racconti una delle Sue giornate. (È ovvio che non si deve scrivere semplicemente una serie di frasi come: « Mi alzo, mi lavo, ecc. ») Bisogna scrivere un componimento **originale** ed **interessante!** Spieghi come e perchè fa una certa cosa, parli di altre persone che entrano in qualche modo nell'attività della Sua giornata, ecc.

(*Es.:* Non mi piace alzarmi di buon'ora e qualche volta mi sveglio assai tardi. Quando mi succede questo, mia madre va su tutte le furie ed io, con tutta probabilità, finisco per andare a scuola senza colazione, ecc.)

❀ LEZIONE SETTIMA ❀

Il passato dei verbi riflessivi e pronominali

STUDIARE LE FRASI CHE SEGUONO:

Presente	*Passato*
Mi alzo la mattina.	Questa mattina **mi sono alzato** (**-a**).
Giovanni **si sveglia** la mattina.	Questa mattina Giovanni **si è svegliato**. Monica **si è svegliata**.
Andiamo nella stanza da bagno e **ci laviamo.**	Siamo andati (-e) nella stanza da bagno e **ci siamo lavati** (**-e**).
Voi vi accorgete che Mario parla con moderazione.	**Voi vi siete accorti** (-e) che Mario parlava con moderazione.
I viaggiatori **si siedono** ai loro posti nell'aereo.	I viaggiatori **si sono seduti** ai loro posti nell'aereo.
Mi preparo per andare a scuola alle 7 e 30.	**Mi sono preparato** (**-a**) per andare a scuola alle 7 e 30.
Mi addormento subito.	**Mi sono addormentato** (**-a**) subito.

Affermazione e domanda	*Risposta*
Si è alzato (**-a**) tardi questa mattina?	Sì, mi sono alzato (-a) tardi. No, non mi sono alzato (-a) tardi.
Maria **si è messa** al lavoro?	Sì, si è messa al lavoro. No, non si è messa al lavoro.

I Suoi genitori **si sono sistemati**
nella casa nuova?

Sì, si sono sistemati abbastanza
bene.

No, non si sono ancora sistemati
comodamente.

Si è addormentato (**-a**) durante
la lezione?

No, non mi sono addormentato
(-a) durante la lezione. Nessuno si
è addormentato perchè nessuno si
annoiava.

LETTURA

Il ritrovamento di una statua antica

La lettura che segue è un adattamento di un brano tratto dal volume
Passeggiate campane dell'archeologo Amedeo Maiuri. L'Autore, che ha
consacrato decenni di lavoro agli scavi di Ercolano e di Pompei, descrive
« nella sua nobilissima prosa di archeologo–artista », il ritrovamento della
statua di Sosandra, l'Afrodite Soteira salvatrice degli uomini, avvenuto a
Baia, presso Napoli.

Dopo aver scavato gran parte della città termale risalendo dal piede a
metà della collina tra piscine, portici, esedre e ninfei, ecco apparire improvvisamente, sotto un cumulo di terra e di macerie, una statua, come si
vide subito, bella e intera.

Giaceva coricata sul pavimento di una sala non ampia ma di nobile
disegno architettonico, poco discosto dalla nicchia della parete entro la
quale doveva un tempo essere collocata, accanto alla porticina di un ambiente con il soffitto finemente stuccato da farlo supporre un piccolo bagno
o un'alcova. La sala dava su un portichetto aperto sulla veduta del mare, sì
da dar l'impressione di trovarsi più in un appartamento privato gentilizio,
anzichè fra le grandiose strutture d'una terma.

Drizzata in mezzo alla gran luce del portico contro lo sfondo del mare, ci
apparve la figura più insperata; non un personaggio imperiale in armi e in
costume eroico, nè una Venere ignuda, nè una delle tante divinità maggiori
o minori dell'Olimpo, ma una figura femminile del più schietto stile severo
dell'arte greca e una delle più discusse dalla critica d'arte per la sua singo-
larità: la statua insomma che, dopo esser stata battezzata col seducente
nome di Aspasia, è oggi comunemente nota sotto il nome di Sosandra e
attribuita a Calamide, il più espressivo scultore greco della fase di transi-
zione tra lo stile severo e l'arte fidiaca.

Una giovane donna ci apparve con il capo coperto, tutt'avvolta in un ampio mantello drappeggiato a larghe pieghe triangolari, da cui sporgono solo il bellissimo volto, i piedi nudi sotto il lembo della veste, e la mano sinistra mutilata dall'urto della caduta. Nient'altro traspare della bella persona: una compostezza sotto quel ruvido manto geometrico, chiusa e impenetrabile, quasi monacale. Se ne conoscevano finora due grandi repliche integre e vari esemplari della sola testa o del solo torso: questa di Baia è la sola statua intera che, conservando le dimensioni dell'originale in bronzo, non abbia alterato* e adattato i tratti del volto a ritratto di qualche augusta donna della famiglia imperiale.

DOMANDE SULLA LETTURA

1. Chi è l'autore del brano? Qual è il titolo del suo libro? Cosa vuol dire « campane »? Trovare il significato nel vocabolario.
2. Dove si trova Baia? Nell'Italia settentrionale, centrale o meridionale?
3. Qual è il lavoro di un archeologo? Ricorda il nome di qualche archeologo famoso? Perchè è famoso?
4. Quale statua ha trovato Maiuri durante gli scavi delle terme di Baia?
5. Descriva con le Sue parole la scena del ritrovamento della statua di Sosandra. Trovi il significato dei termini nuovi nel vocabolario.
6. Speravano di trovare una statua l'archeologo e gli scavatori?
7. Qual è l'aspetto della statua? Ne faccia una breve descrizione. Di che stile è?
8. Com'è vestita Sosandra? Porta dei calzari? È a capo scoperto?
9. Com'era stata chiamata in precedenza? A chi è attribuita l'opera originale? Di che cosa era fatta?
10. Ne esisteva già una copia intera al tempo del ritrovamento? Come sono le dimensioni della statua di Baia rispetto a quella originale?
11. Ha mai veduto una statua antica Lei? La descriva brevemente.
12. Ha delle alterazioni il viso della statua? Quali cambiamenti potevano esserci?

SPIEGAZIONI

I. Il passato prossimo dei verbi riflessivi e pronominali

Mi alzo presto.
Mi **sono alzato** (**-a**) presto.

* **non abbia alterato:** *has not been changed*

Il passato prossimo dei verbi riflessivi e pronominali si forma con l'ausiliare **essere.** Ecco alcuni esempi di verbi riflessivi e pronominali al passato prossimo:

Affermativo	*Negativo*
io mi sono alzato (-a)	io non mi sono alzato (-a)
tu ti sei alzato (-a)	tu non ti sei alzato (-a)
egli si è alzato	egli non si è alzato
ella si è alzata	ella non si è alzata
Lei si è alzato (-a)	Lei non si è alzato (-a)
noi ci siamo alzati (-e)	noi non ci siamo alzati (-e)
voi vi siete alzati (-e)	voi non vi siete alzati (-e)
essi si sono alzati	essi non si sono alzati
esse si sono alzate	esse non si sono alzate
Loro si sono alzati (-e)	Loro non si sono alzati (-e)

Interrogativo
Mi sono alzato io?
Ti sei alzato tu?
Si è alzato egli?
Ci siamo alzati noi?
Vi siete alzati voi?
Si sono alzati essi?

II. Prima di alzarsi ...   Dopo di essersi alzato ...

Abbiamo già studiato la costruzione **prima di + infinito,** come, ad esempio:

Prima di cominciare a scrivere, rifletto.

Si può avere la stessa costruzione con i verbi riflessivi:

Prima di alzarsi si è riposato un altro minuto.
Prima di mettermi a tavola mi lavo le mani.

Abbiamo studiato anche la costruzione **dopo di + infinito passato,** come, ad esempio:

Dopo di aver letto questo libro ho compreso le idee dell'autore.

Si può avere la stessa costruzione anche con i verbi riflessivi e pronominali che usano, però, l'ausiliare **essere**:

> **Dopo di essersi lavato** (**-a**), ha chiuso la finestra.
> **Dopo di essermi messo** (**-a**) la giacca, sono uscito (**-a**).

III. *La concordanza del participio passato dei verbi riflessivi e pronominali*

> « Mi sono bagnat**o** nel Mediterraneo » dice Aurelio.
> « Mi sono bagnat**a** nel Mediterraneo » dice Valeria.
> Mario si è pettinat**o**.
> Luisa si è truccat**a**.
> Le ragazze si sono truccat**e**.
> Gli studenti si sono accort**i** che era ancora presto.
> Le signore non si sono preoccupat**e** del ritardo.

I verbi riflessivi e pronominali concordano col soggetto in genere e numero.

IV. *I tempi dei verbi riflessivi e pronominali*

L'uso dei tempi dei verbi riflessivi e pronominali è uguale a quello degli altri verbi:

Azione: **passato prossimo**

> Giulio **si è alzato, si è vestito** e poi **si è messo a tavola.**

Descrizione (uno stato d'animo o di cose): **imperfetto**

Cosa **faceva** Guido durante le vacanze? **Si alzava** tardi, **se ne andava** alla spiaggia tutti i giorni e **si divertiva** immensamente. Non **si annoiava** affatto.

Discorso indiretto		
Presente	diventa	imperfetto
Passato prossimo	diventa	trapassato prossimo
Imperfetto	resta	imperfetto

« **Mi sono addormentato** subito perchè **mi ero alzato** di buon'ora. »
> Cos'ha detto?
Ha detto che si era addormentato subito perchè **si era alzato** di buon'ora.

NOMENCLATURA DELLA LEZIONE

Nomi

il portico	l'Olimpo
l'esedra	il mantello
il ninfeo	la piega
un cumulo	la compostezza
le macerie	una replica
la nicchia	un torso
un'alcova	il bronzo
la terma	

Aggettivi

termale	fidiaco (-a)
ampio (-a)	ruvido (-a)
gentilizio (-a)	monacale
insperato (-a)	integro (-a)
ignudo (-a)	augusto (-a)
schietto (-a)	

Verbi

scavare	drizzare
risalire	battezzare
giacere	trasparire
collocare	

ESERCIZI

I. Esercizi orali: laboratorio

II. Esercizi scritti

A. Mettere al passato prossimo i verbi che seguono:

1. Mi riposo.
2. Maria si diverte.
3. Ci annoiamo.
4. Vi preparate.
5. Si mettono a tavola.
6. Si affrettano.
7. Mi diverto molto.
8. Si riposa spesso.

9. Non vi fermate. 11. Si veste in fretta.
10. Me lo domando. 12. Non mi addormento mai
in classe.

B. Mettere al passato prossimo:

1. Lavo l'automobile e poi mi lavo le mani.
2. Si spazzola i capelli, si rade e si pulisce le scarpe.
3. Fermo la macchina perchè vedo un amico. Anch'egli si ferma quando mi vede.
4. Prendo i libri, li metto nella macchina e me ne vado.

C. Ecco la risposta. Qual è la domanda?

1. _____ ? Non si è accorto che è tardi.
2. _____ ? Sì, ci siamo divertiti moltissimo.
3. _____ ? No, non mi sono messo a tavola prima di te.
4. _____ ? Marta non si è ancora vestita.
5. _____ ? Non mi trucco più.
6. _____ ? Non si è sbagliato nessuno.
7. _____ ? L'orologio si ferma quando mi dimentico di caricarlo.
8. _____ ? Si è tuffata nel mare.
9. _____ ? No, non si è ancora svegliato.
10. _____ ? No, non mi facevo beffe di voi.
11. _____ ? No, non si è lamentato di nulla.

D. La concordanza del participio passato. Usare il participio passato nella forma corretta:

1. Lina si è (svegliare).
2. Mi sono (sbagliare), ha detto Simonetta.
3. La ragazza si è (lavare) i denti, si è (pettinare) ed ha fatto colazione.
4. Non ci siamo (parlare) ma ci siamo (guardare).
5. Vi siete (riposare) bene, ragazzi?
6. Le due sorelle si sono (pettinare), si sono (guardare) nello specchio e sono rimaste soddisfatte.

E. Rispondere ad ogni domanda con una o due frasi complete usando verbi riflessivi e pronominali:

1. Che cosa ha fatto questa mattina dopo che si è alzato?
2. Che cosa ha fatto ieri sera prima di mettersi a letto?
3. Racconti una giornata trascorsa al mare.
4. Si è divertito molto domenica scorsa? Perchè?

COMPONIMENTI

COMPONIMENTO ORALE. SCEGLIERNE UNO:

Racconti come ha trascorso la giornata di ieri. (Usare le forme avverbiali,
   quelle negative, ecc.)
Una giornata di vacanza ideale.

COMPONIMENTO SCRITTO. SCEGLIERNE UNO:

Un ricordo d'infanzia. (Usare verbi riflessivi, pronominali, forme avverbiali
   e negative.)
Una giornata completamente inutile.
Un'avventura divertente.

CURZIO MALAPARTE

su Gl'italiani e la natura

In nessun paese tu osservi maggior **familiarità** fra l'uomo e la natura. E poichè la natura si mostra in Italia più splendida che generosa, e tanto **prodiga** di bellezze quanto è avara di frutti, l'uomo rimedia ai difetti e ai vizi della natura con le proprie virtù, e non può dirsi povero mai, nè infelice: la **sobrietà** è la sua ricchezza, e la sua felicità consiste nel far del pane un principio morale.

> L'italiano non ha paura
> della legge di natura
> e talvolta, anzi, corregge
> la natura della legge.

Ti accorgi che nessun dissidio, nessun reciproco sospetto v'è tra l'uomo e gli elementi: non li teme, e ci gioca, ci scherza. Gioca coi venti, coi **flutti,** con le **bufere.** E se la tempesta **si abbatte** sui campi, brucia il tenero grano, le viti, gli olivi, distrugge in brevissimo tempo la fatica di due stagioni, le speranze di un'intera annata; se il fiume **straripa,** se il fuoco divampa nei fienili, nei pagliai, nelle stalle, nei granai, nei campi di **biade,** tu vedi che l'italiano si rassegna, non ha parole d'ira o di maledizione contro il flagello. Gli piange il cuore, al vedere tanta ricchezza distrutta, tanta « buona roba » sciupata: sa i prezzi del grano, del vino, dell'olio, sa le fatiche che costa un buon raccolto, sa che bisogna mangiar tutti i giorni. Ma non alza i pugni, non urla al cielo la sua rabbia, la sua miseria, il suo rancore. Una grande **saggezza** presiede alle sue nozze con le tempeste, al suo idillio col sereno: la saggezza dell'uomo che si rallegra del tempo cattivo. Ed è qui appunto il segreto degli italiani, della loro storia **fortunosa,** delle loro sublimi sventure, dell'umiliazione che per secoli è stata il loro pane e il loro **companatico.** Più la sfortuna li **flagella,** e più mostrano un viso sereno. Non è, tuttavia, la saggezza di Giobbe. Nella rassegnazione dell'italiano non v'è mai l'assoluta dedizione, l'abbietta abdicazione, la totale rinunzia di Giobbe. Ma v'è un sorriso, un'ironia, il tono di chi dice « pazienza, sarà per un'altra volta », il tono di chi dice « mi poteva **capitar** peggio », il tono di chi dice « begli scherzi, bella prepotenza! » E lo dice con garbo, sorridendo, come chi sa che « oggi a me domani a te », e sa che domani potrà venire il suo giorno, potrà **giocare un tiro** a sua volta, potrà prendersi la rivineita, un'amabile rivincita, sulla natura. Anche nella sua religione vi è quel senso **garbato** e familiare delle distanze che si chiama confidenza.

La chiesa, in Italia, non è, come altrove, soltanto la casa di Dio. Ma la casa di tutti, dove ognuno si ritrova come a casa propria, con quella **socievolezza** che Dio non ha nessuna ragione per **disdegnare,** Dio e lì, che li guarda, li ascolta, e sorride alle loro parole argute. La devozione, il senso religioso degli italiani, non sono fatti, come altrove, di **tetre** fantasie, di spaventi, di allucinazioni, di quella specie di patto del sangue fra l'uomo e Dio che è alla base di molte eresie metafisiche. Ma v'è, tra Dio e noi, una specie, direi, di « contratto sociale », dove la natura ha la sua parte, con i suoi fenomeni terrificanti, le sue tempeste, i suoi **terremoti,** le sue improvvise pazzie. « Dio proteggimi dalle pazzie della natura! » prega l'italiano. Non è tuttavia la paura ad ispirargli questa preghiera: bensì la consapevolezza che la natura è femmina, che i suoi flagelli sono i capricci di un'**amante.** Dai terremoti, dalle inondazioni, dalla grandine, dai fulmini, dalla siccità, dalle tempeste e dalle calamità d'ogni genere, l'italiano se n'esce intontito e ammaccato, ma subito si rialza, **si scuote di dosso** la polvere e i calcinacci, sorride con l'aria di chi ci ha **fatto il callo,** e da tanta rovina bada almeno a cavare i numeri del lotto. Poi si rimette al lavoro come se nulla fosse, ricostruisce la sua casa crollata, rivanga e risemina il suo campo devastato, rifà gli argini al fiume vagabondo, e guardandosi intorno, contemplando i segni del flagello, mirando il cielo sereno, ringrazia Dio di avergli dato un'amante così bella e così pazza. È proprio un uomo felice, quando la natura, passata la tempesta, si rimette a **fare all'amore** con lui. E se lo vedi camminare solo, nei prati, o nei boschi, o lungo la riva del mare, o sui monti, diresti che **va a spasso** a braccetto con la sua innamorata, in un'aria e in una luce di domenica mattina.

Cammina con una grazia distratta: poichè da buon contadino, da buon artigiano, egli non dimentica mai, neppure nelle ore d'amore, il suo aratro, la sua falce, la sua incudine, il suo martello, e, volgendo gli occhi intorno sul verde dei prati e sull'oro dei campi, par che sorrida alla sua fatica d'ogni giorno, alle sementi che fremono sotto le zolle, alle sbarre di ferro grezzo che luccicano nell'oscura officina, in attesa della mano che le arroventi e le domi. Non c'è nulla al mondo che dia un'idea dell'amore come questa familiarità dell'italiano con la natura. E se lo vedi stenderti nell'erba di un prato, o all'ombra di un albero, o in riva a un fiume, a un lago, al mare, tale è la casta dolcezza del suo riposo che ti fermi e lo contempli ammirato e sbigottito, trattenendo il respiro. Son le nozze dell'uomo con la natura. E proprio da queste nozze nascono gli alberi, i monti, le nuvole, le statue, i palazzi, tutte le opere dell'uomo, della terra e del cielo, tutto ciò che fa del popolo italiano il più felice e il più misterioso popolo del mondo.

CURZIO MALAPARTE, *Benedetti italiani*, Vallecchi, Firenze.

la familiarità: la confidenza
prodigo (-a): generoso
la sobrietà: la temperanza
il flutto: l'onda
la bufera: la tempesta
abbattersi: cadere
straripare: inondare uscendo dalle rive
biade: tutte le piante fromentacee e il loro frutto già raccolto
la saggezza: la qualità di essere savi, accorti, prudenti, conoscitori
fortunoso (-a): travagliato dal destino, disgraziato
il companatico: ciò che si mangia col pane
flagellare: colpire, percuotere
capitare: succedere, accadere
giocare un tiro: commettere un'azione contro qualcuno
garbato (-a): grazioso, aggraziato, ben fatto
la socievolezza: l'amichevolezza
disdegnare: spregiare, rifiutare
tetro (-a): brutto, scuro, orrido
un terremoto: un movimento rapido, brusco, incostante della crosta terrestre
l'amante: uno (una) che ama
scuotersi di dosso: liberarsi di qualche cosa
fare il callo: abituarsi
fare all'amore: corrispondersi in amore
andare a spasso: passeggiare

DOMANDE

1. Malaparte attribuisce alla natura dell'Italia alcune qualità. Quali sono? Sono in contrasto fra loro?
2. Rapporto tra l'uomo italiano e la natura del suo paese. Descriverlo.
3. Come reagiscono gl'italiani contro i colpi avversi della natura? Che cosa vedono in essa?
4. Perchè la natura, per loro, è amante?
5. Qual è il senso della religione in questo popolo?
6. Cosa vuol dire Malaparte quando parla di un « contratto sociale » tra Dio e gli italiani?

ARGOMENTI PER COMPONIMENTI O CONVERSAZIONI

1. Riassuma, usando parole Sue, ciò che dice Malaparte riguardo alla familiarità tra l'italiano e la natura.
2. Parli del Suo popolo e consideri il modo in cui esso sente la natura.

❀ LEZIONE OTTAVA ❀

La forma reciproca

Presente	*Passato*
Un bel giorno, un giovanotto ed una signorina **s'incontrano.**	Un bel giorno **si sono incontrati.**
Si guardano per un attimo e poi si guardano un'altra volta.	**Si sono guardati** per un attimo e poi si sono guardati un'altra volta.
Si dicono, ognuno in cuor suo, « Com'è bella », « Com'è simpatico! »	**Si sono detti,** ognuno in cuor suo, « Com'è bella! », « Com'è simpatico! »
Si parlano. Si piacciono. Decidono di **rivedersi.**	**Si sono parlati. Si sono piaciuti.** Hanno deciso di **rivedersi.**
Si rivedono spesso. **Si sono innamorati.**	**Si sono riveduti** spesso. **Si erano innamorati.**
Una sera **si baciano.** Non vogliono **separarsi** più. Così decidono di **fidanzarsi.**	Una sera **si sono baciati.** Non volevano **separarsi** più. Hanno deciso di **fidanzarsi.**
Si fidanzano e le due famiglie sono molto felici.	**Si sono fidanzati** e le due famiglie erano molto felici.
Dopo breve tempo **si sposano. Si stabiliscono** in un appartamentino.	Dopo breve tempo **si sono sposati. Si sono stabiliti** in un appartamentino.
In principio tutto va bene. **Si capiscono** perfettamente. Lui ne è incantato, lei ne è affascinata.	In principio tutto andava bene. **Si capivano** perfettamente. Lui ne era incantato, lei ne era affascinata.

268

Ma un giorno lui la guarda e si dice: « Non è poi così meravigliosa. È solamente una ragazzina un po' sciocca. » E quando rientra vestita un po' eccentricamente, si fa beffe di lei.

Lei, in un primo momento, rimane sorpresa, poi si risente e va in collera.

Lui risponde sullo stesso tono. **Si litigano,** purtroppo.

Lei non lo trova più nè intelligente nè simpatico. Dice che le sue amiche non ancora sposate sono più fortunate! Comincia a odiarlo.

Lui, da parte sua, si annoia di stare a casa. Le cose vanno di male in peggio* e decidono di **separarsi.**

Si separano. Non si parlano più, **si evitano.** Quando s'incontrano per la strada fingono di non vedersi.

Vogliono divorziare.

Questa situazione dura per un certo tempo. Un giorno lui l'incontra in un ristorante. Lei, molto elegante, è in compagnia di un signore. Poco dopo anche lei lo vede. **Si scambiano** un sorriso. Desiderano rivedersi.

E poi? **Si riconciliano. Si amano** ancora e non vogliono separarsi mai più. E . . . niente divorzio, naturalmente.

Ma un giorno l'ha guardata e si è detto: « Non è poi così meravigliosa. È solamente una ragazzina un po' sciocca. » E quando è rientrata vestita un po' eccentricamente, si è fatto beffe di lei.

Lei, in un primo momento, è rimasta sorpresa; poi si è risentita ed è andata in collera.

Lui ha risposto sullo stesso tono. **Si sono litigati,** purtroppo.

Lei non lo trovava più nè intelligente nè simpatico. Diceva che le sue amiche non ancora sposate erano più fortunate. Cominciava a odiarlo.

Lui, da parte sua, si annoiava di stare a casa. Le cose andavano di male in peggio ed hanno deciso di **separarsi.**

Si sono separati. Non si parlavano più, **si evitavano.** Quando s'incontravano per la strada fingevano di non vedersi.

Volevano divorziare.

Questa situazione è durata per un certo tempo. Un giorno lui l'ha incontrata in un ristorante. Lei, molto elegante, era in compagnia di un signore. Poco dopo anche lei l'ha veduto. **Si sono scambiati** un sorriso. Desideravano rivedersi.

E poi? **Si sono riconciliati. Si amavano** ancora e non volevano separarsi mai più. E . . . niente divorzio, naturalmente.

* **di male in peggio:** *from bad to worse*

SPIEGAZIONI

Nella lezione precedente abbiamo veduto alcuni verbi riflessivi come: **mi alzo, ci alziamo, si alzano,** ecc. In questi casi il soggetto e l'oggetto diretto sono la stessa persona e i verbi possono essere usati nelle forme singolari e plurali.* Ora vediamo un altro uso dei verbi riflessivi nella **forma reciproca.**

La forma reciproca

A. Definizione:

Il giovanotto e la signorina **s'incontrano, si parlano, si amano.**
Qualche volta **ci litighiamo.**
Maria e Luigi **si riconciliano.**

I verbi in grassetto sono reciproci. Notare che sono plurali poichè per un'azione reciproca ci devono essere almeno due persone.**

B. Costruzione:

La costruzione di questi verbi è **esattamente uguale** a quella dei riflessivi. Il passato prossimo si forma con l'ausiliare **essere:**

1. Affermativo:

Presente	*Passato prossimo*
s'incontrano	si sono incontrati
si sposano	si sono sposati
si litigano	si sono litigati
si capiscono bene	si sono capiti bene
si piacciono molto	si sono piaciuti molto

---

   * **Mi alzo** *The literal meaning is:* I get myself up.
     Ci alziamo *The literal meaning is:* We get ourselves up.
     Si alzano *The literal meaning is:* They get themselves up.
     Although, of course, the translation would be: I get up, we get up, they get up.
   ** **Si amano** *The literal meaning is:* They love each other. *Although, of course, the translation might be:* They are in love.
     S'incontrano *The literal meaning is:* They meet one another. *Although correct English would be simply:* They meet.

2. Negativo:

Presente	Passato prossimo
non s'incontrano	non si sono incontrati
non si sposano	non si sono sposati
non si litigano	non si sono litigati
non si capiscono bene	non si sono capiti bene
non si piacciono	non si sono piaciuti

3. Interrogativo:

Presente	Passato prossimo
S'incontrano?	Si sono incontrati?
Si sposano?	Si sono sposati?
Si litigano?	Si sono litigati?
Si capiscono bene?	Si sono capiti bene?
Si piacciono molto?	Si sono piaciuti molto?

C. Concordanza del participio passato:

Anche in questo caso seguiamo **la stessa regola** dei verbi riflessivi:

Si sono piaciut**i** (**-e**)   (piacersi)
Vi siete riconciliati (**-e**)   (riconciliarsi)
Ci siamo vedut**i** (**-e**)   (vedersi)

NOMENCLATURA DELLA LEZIONE

Nomi

il cuore	il tono
la collera	il divorzio

Aggettivi

incantato (-a)	sciocco (-a)
affascinato (-a)	

Verbi

incontrarsi	vedersi (rivedersi)
piacersi	baciarsi
fidanzarsi	litigarsi
separarsi	sorridersi

sposarsi   riconciliarsi
capirsi   divorziare
evitarsi

ESERCIZI

I. Esercizi orali: laboratorio

II. Esercizi scritti

A. Mettere al passato prossimo ed al passato remoto:

1. Ci parliamo.
2. Si piacciono.
3. Si adira.
4. Marta si annoia.

5. Voi vi mettete a tavola.
6. Gina si sposa.
7. Noi ci fidanziamo.
8. Divorziano.

B. Mettere al negativo del presente, del passato prossimo e del passato remoto:

1. Si litigano.
2. Ci rivediamo.
3. Vi baciate.
4. Le ragazze si capiscono bene.
5. Si piacciono.
6. Si fidanzano e si sposano.
7. Si trovano spesso.
8. Si piacciono molto.
9. Vi mettete a tavola.
10. Ci salutiamo sempre.
11. Si conoscono.
12. Ci evitiamo.
13. Vi aiutate.
14. Si scrivono.
15. Ci scambiamo le nostre impressioni.
16. Vi consolate.

C. Ecco alcune risposte. Trovare le domande corrette:

1. _____ ? No, non si sono riveduti.
2. _____ ? Non mi annoierò.
3. _____ ? Mi sono arrabbiato perchè ti facevi beffe di me.
4. _____ ? Ci siamo litigati quando mi ha detto che ero stupido.
5. _____ ? No! Non voglio divorziare!
6. _____ ? Si, ti amo.
7. _____ ? Ci piacciamo molto ma non ci amiamo affatto.
8. _____ ? È un vero peccato. Lei e sua suocera non si capiscono.

COMPONIMENTI

COMPONIMENTO ORALE:

Preparare un componimento orale (della lunghezza media di un paragrafo) su uno dei soggetti che seguono:

Domandi ai suoi genitori come si sono conosciuti e lo racconti.

Lei ha incontrato certamente un giovanotto od una signorina che Le ha fatto una profonda impressione. Racconti le circostanze dell'incontro.

COMPONIMENTO SCRITTO:

Qual è la più bella storia d'amore che Lei ricorda? Racconti questa storia e spieghi perchè è bella. Forse è una storia classica come quella di Tristano e Isotta, di Paolo e Francesca o di Giulietta e Romeo; ovvero è la storia di qualcuno che Lei conosce. (Attenzione! Non bisogna usare le frasi della lezione! È preferibile usare le costruzioni studiate, in un racconto interessante, originale, pittoresco, con dei dettagli personali.)

❈ LEZIONE NONA ❈

Verbi riflessivi idiomatici
Verbi riflessivi di significato passivo*

STUDIARE LE FRASI CHE SEGUONO:

Domanda

Risposta

Se Lei sa fare bene qualche cosa, se è molto esperto dice: « **M'intendo di ...** » macchine, per esempio. Di che cosa **s'intende** Lei?

M'intendo di musica ma non m'intendo di politica.

Se è gentile, ragionevole, se non fa mai niente di male, **si comporta bene.** Si comporta bene Lei?

Di solito **mi comporto** bene. A volte, però, mi comporto diversamente, ma ciò non accade spesso.

Quando le cose cambiano bisogna **abituarsi** a quelle nuove. Per esempio, in un paese straniero bisogna abituarsi alla lingua, alla moneta diversa, ecc. Lei **si è abituato** (**-a**) alla vita studentesca?

Sì, **mi sono abituato** (**-a**) alla vita d'università. Al principio dell'anno non mi piaceva troppo, ma ora mi trovo benissimo.

Lei ricorda il verbo « andare ». C'è un'espressione che ha lo stesso significato: **Me ne vado** cioè **vado via.** Quand'è che **ce ne andiamo** in vacanza?

Ce ne andiamo alla fine del mese.

* Vedi il modello di *Coniugazione Passiva* in Appendice B, p. 379.

274

Se Lei nota una certa cosa, la Sua penna che non ha più inchiostro, per esempio, si dice che **se ne accorge**. Di che cosa **si è accorto (-a)** all'inizio di questo corso?

Mi sono accorto (-a) della necessità di parlare italiano. Me ne sono accorto (-a) subito. Quando ci addormentiamo davanti al televisore, non **ci accorgiamo** che il programma finisce.

Ho un'ottima memoria: **mi ricordo** sempre di caricare l'orologio prima di riporlo. Lei **si è ricordato (-a)** di scrivere chiaramente tutte le date necessarie nell'esame di storia?

No, purtroppo. Anch'io **mi sono ricordato (-a)** di caricare l'orologio ma, quanto alle date, non mi sono ricordato (-a) di scriverle tutte. Non ho una buona memoria.

Affermazione e domanda

Risposta

Negli Stati Uniti ci sono diverse persone che parlano italiano. Negli Stati Uniti **si parla** italiano. (Anche negli Stati Uniti **si parla** la lingua italiana). Quali altre lingue **si parlano** in questo paese?

Si parlano diverse lingue: l'inglese, naturalmente, ma anche l'italiano, lo spagnolo, il tedesco ed altre.

Se Lei si mette a cantare durante la lezione tutti si meravigliano perchè questa è una cosa che **non si fa.** Che cos'altro non si fa nella Sua scuola?

Non **si va** in classe in calzoncini. Ma in altre scuole questa cosa **si fa,** forse.

Se Lei dice ad un professore: « Ma sa che Lei è ridicolo e che in classe mi annoia », il professore si arrabbia. Ciò non **si dice. Si dicono** tutte le cose vere?

No! Molte cose non **si dicono,** anche se sono vere.

Sei pallido, sembri stanco. Mi dici: «Ho studiato tutta la notte.» Io ti rispondo: «**Si vede**».

Si vede quando non ho preparato la lezione orale?

Non solamente **si vede** ma **si sente!**

Quale giornale **si legge** di più a Milano?

Forse il «Corriere della Sera», ma **se ne leggono** molti altri.

Sai se il concerto che **si darà** questa sera è buono?

Quello che **si darà** questa sera?... È eccezionale.

LETTURA

Il principe Fabrizio

Il protagonista del ben noto romanzo *Il Gattopardo* di Giuseppe Tomasi di Lampedusa, Fabrizio Corbera, Principe di Salina, è un personaggio straordinario ed avvincente che, sotto molti aspetti, richiama alla mente la figura dell'Autore medesimo. La lettura che segue, adattata qua e là per facilitarne la comprensione, si trova all'inizio del libro ed offre un primo ritratto del Principe Fabrizio.

Lui, il Principe, intanto si alzava: l'urto del suo peso da gigante faceva tremare il pavimento, e nei suoi occhi chiarissimi si riflesse, un attimo, l'orgoglio di questa effimera conferma della propria autorità su uomini e fabbricati.

Non era grasso: era soltanto immenso e fortissimo; la sua testa sfiorava (nelle case abitate dai comuni mortali) la parte inferiore dei lampadari; le sue dita sapevano accartocciare come carta velina le monete di un ducato; e fra villa Salina e la bottega di un orefice era un frequente andirivieni per la riparazione di forchette e cucchiai che la sua contenuta ira, a tavola, piegava spesso in cerchio. Quelle dita,* d'altronde, sapevano anche essere di tocco delicatissimo nel carezzare e maneggiare, e di ciò si ricordava Maria Stella, la moglie; e le viti, le ghiere, i bottoni smerigliati dei telescopi, cannocchiali e «ricercatori di comete» che lassù, in cima alla villa, affollavano il suo osservatorio privato, si mantenevano intatti sotto lo sfioramento leggero. I raggi del sole calante ma ancora alto di quel pomeriggio di

---

* **le dita:** il plurale di **il duto**

maggio accendevano il colorito roseo, i capelli color di miele del Principe; denunziavano essi l'origine tedesca di sua madre. Ma nel sangue di lui fermentavano altre essenze germaniche molto più incomode per quell'aristocratico siciliano, nell'anno 1860: un temperamento autoritario, una certa rigidità morale, una tendenza alle idee astratte che nell'ambiente della società palermitana si erano trasformati rispettivamente in prepotenza capricciosa, perpetui scrupoli morali e disprezzo per i suoi parenti e amici.

Primo (ed ultimo) di un casato che per secoli non aveva mai saputo fare neppure l'addizione delle proprie spese e la sottrazione dei propri debiti, possedeva forti e reali inclinazioni alle matematiche; aveva applicato queste all'astronomia e ne aveva tratto sufficienti riconoscimenti pubblici e gustosissime gioie private.

DOMANDE SULLA LETTURA

1. Lei ha già scritto un romanzo? Desidera scriverne uno?
2. Qual è il protagonista de *Il Gattopardo*? Trovi il significato della parola « gattopardo » nel vocabolario.
3. Chi ha scritto questo romanzo? Lo ha letto?
4. Cosa si sentiva quando il Principe si alzava?
5. Com'erano le mani del Principe? Descriva alcune conseguenze della sua forza fisica.
6. Qual era l'occupazione preferita del Principe? Perchè si era dedicato a questa scienza? Anche Lei si dedica, durante il tempo libero, ad una scienza?
7. Di che origine era il Principe? Perchè? Da quali caratteristiche si poteva vedere la sua origine?
8. Come si erano trasformate le caratteristiche naturali del Principe nell'ambiente in cui viveva?
9. In quale regione d'Italia si svolgono principalmente gli eventi descritti nel romanzo?
10. In che modo l'inclinazione del Principe alle matematiche contrastava con le qualità del suo casato? Spieghi chiaramente il significato dell'ultimo paragrafo della lettura.

SPIEGAZIONI

I. I verbi riflessivi idiomatici

> **M'intendo di meccanica:** riparo i motori molto bene.
> Ho fame; **m'accorgo** che è ora di pranzo.
> **Ti ricordi** la data dell'es me?

Negli esempi che precedono, i verbi sottolineati sono riflessivi idiomatici.

Mi accorgo, me ne accorgo:
significa *to realize, to be aware.*

Mi rendo conto:
significa *to realize, to get a clear idea of.* Ma **rendere conto di una cosa** senza la forma riflessiva, ha un altro significato (*to account for, to answer for*).

Mi ricordo, me ne ricordo:
significa *to remember, to recollect, to recall.* Si usa nello stesso senso anche senza la forma riflessiva: Non **ricordo** il nome di quella ragazza.

Mi comporto:
significa *to behave, to act.* Ma il verbo **comportare,** senza la forma riflessiva, significa *to require:* Il lavoro **comporta** molta dedizione.

Me ne vado:
significa *to leave, to go away.* Ma il verbo **andare,** invece, vuol dire semplicemente *to go.*

La costruzione di questi e di altri verbi riflessivi idiomatici è uguale a quella dei verbi riflessivi già studiati.

II. Verbi riflessivi con significato passivo

Questo giornale **si vende** a Milano. (si vende = *is sold*)
In italiano non **si pronunzia** la « h » di « hanno ». (si pronunzia = *is pronounced*)

Cantare in classe? Ma questo non **si fa** mai! (si fa = *is done*)
I libri **si comperano** dal libraio. (si comperano = *are bought*)
Le regole **si ricordano** facendo molti esercizi. (si ricordano = *are remembered*)

Questi verbi coniugati alla forma riflessiva hanno un significato passivo.

Notare le due forme, il singolare ed il plurale:

Il denaro si spende con facilità.
In Italia **si ammira la bellezza.**
Queste **cose** non **si dicono.**
Si preparano solenni **celebrazioni** in onore di Dante.

NOMENCLATURA DELLA LEZIONE

Nomi

l'urto	un cannocchiale
l'orgoglio	lo sfioramento
l'andirivieni	l'ambiente
l'ira	il disprezzo
il tocco	un casato
la vite	l'inclinazione
la ghiera	l'astronomia
un telescopio	

Aggettivi

effimero (-a)	palermitano (-a)
grasso (-a)	capriccioso (-a)
smerigliato (-a)	gustoso (-a)
autoritario (-a)	

Verbi

conoscersi	maneggiare
comportarsi	mantenersi
andarsene	denunziare
alzarsi	trasformarsi
riflettersi	applicare
accartocciare	trarre

Espressioni

far finta di . . . (far vista di . . .)

ESERCIZI

I. Esercizi orali: laboratorio

II. Esercizi scritti

A. Mettere al passato le frasi che seguono:

1. Si capiscono perfettamente, come credono tutti, ma un giorno si sparge la voce che si divorziano.
2. Perdo gli appunti della lezione e me ne accorgo solamente il giorno prima dell'esame.

3. Mi dice che s'intende di meccanica. Viene, lavora al motore della mia macchina per un'ora. Alla fine si rende conto che non c'è benzina!

B. Trovare la domanda:

1. _____ ? No, non me ne sono accorto.
2. _____ ? Perchè voleva liberarsene.
3. _____ ? Me ne vuole perchè ho dimenticato d'invitarla alla festa.
4. _____ ? Questa cosa si fa in Italia ed anche negli Stati Uniti.
5. _____ ? Sì, voleva solamente trovare un po' di pace.
6. _____ ? No, ma ho fatto finta di capirlo.
7. _____ ? Non mi ricordo il nome, ma studia nella mia classe.

C. Rispondere alle domande con frasi complete:

1. Di che cosa s'intende Lei? Perchè?
2. Ne vuole a qualcuno? Perchè? Pensa di vendicarsi? Perchè?
3. Preferisce sbarazzarsi presto di un lavoro noioso? Perchè?
4. Dove si trova la Sua scuola? (Spieghi la posizione topografica nella città.) Dove si trova la Sua classe d'italiano nella scuola? Dove si trova la Sua casa?
5. Qualche volta è necessario far finta di capire o di non capire una cosa? Bisogna, invece, essere assolutamente onesti? Perchè?

D. Esprimere queste idee con una forma riflessiva:

1. I pianisti suonano questa composizione al piano.
2. Il Vaticano è a Roma.
3. Tancredi ama Angelica—Angelica ama Tancredi.
4. Renzo bacia Lucia—Lucia bacia Renzo.
5. Mio fratello mi mette in ridicolo: ride dei miei gusti, dei miei amici.
6. Quelle due signore si parlano con ira ed a voce alta.
7. Una giovane moglie e la madre del marito hanno spesso delle difficoltà.
8. Si è messa il rossetto sulle labbra, la cipria sul viso, ed il bistro agli occhi.
9. Ho dimenticato il suo numero di telefono.
10. Quando mi arrabbio, dico ai miei genitori: « Andrò via ».

COMPONIMENTI

COMPONIMENTO ORALE (UN BUON PARAGRAFO). SCEGLIERNE UNO:

Usare, tra gli altri, molti verbi riflessivi, pronominali ed idiomatici:

Racconti quello che è accaduto quando ha fatto finta di capire una persona che parlava troppo piano.

Conoscerà certamente una persona che si è comportata male in una certa
circostanza. Racconti ciò che ha fatto e le conseguenze.

Lei, o qualcuno di Sua conoscenza, si è vendicato (-a) perchè si era litigato
con qualcuno. Racconti l'accaduto.

COMPONIMENTO SCRITTO. SCEGLIERNE UNO:

Usare, tra gli altri, molti verbi riflessivi, reciproci, pronominali ed idiomatici.
Usare in alcune parti del componimento la forma indiretta.

Racconti un ricordo d'infanzia (buono o cattivo).
Una ragazza si vendica contro un'altra perchè le ha preso il fidanzato.
Racconti la trama di un romanzo che ha letto.

❁ LEZIONE DECIMA ❁

I pronomi relativi
I pronomi personali tonici

STUDIARE LE FRASI CHE SEGUONO:

Affermazione e domanda	*Risposta*
Come si chiama il signore **che** parla con Carlo?	Il signore **che** parla con Carlo si chiama Rossi.
Chi hai salutato?	Non ricordi? È lo studente **che** ti ho presentato ieri l'altro.
Chi è al telefono?	La signora **di cui** abbiamo parlato poco fa.
Di chi è questa penna?	È di Giovanni.
Ricordi le persone **che** erano al ricevimento?	Non tutte, certamente; ma quelle **con cui** ho parlato me le ricordo bene.
L'azienda **per cui** lavori è italiana?	Sì, è italiana, ma è in rapporti d'affari con altre aziende estere **su cui** contiamo per sviluppare le nostre attività.
Gli amici **con cui** (**con i quali**) abiti vengono dalla tua stessa città?	Sì, Padova è la città **da cui** (**dalla quale**) vengono quasi tutti gli studenti della mia pensione.
Hai preso questi fiori per la signorina Antonietta?	Si, li ho presi **per lei** ed anche **per te.**

Sai se Luigi va al cinema solo?	No, viene **con noi**.
Perchè lo portate **con voi**?	Perchè è appena arrivato in questa città e non saprebbe **con chi** andarci.
Sei tu che hai mandato quest'invito?	No, è stato **lui**.

LETTURA

Un'intervista speciale

Il nostro inviato speciale a Portofino è riuscito ad attenere un'intervista esclusiva con la celebre attrice Erica Milli che in questi giorni si trova in villeggiatura presso alcuni amici a Portofino.

Portofino, 15 luglio. Seduta nel meraviglioso giardino della villa « La grazia » che domina il mare, Erica Milli mi ha ricevuto per un'intervista che, se pur breve, mi ha dato la possibilità di rivolgerle alcune domande a nome dei lettori de Lo schermo, *la rivista che offre il servizio più accurato e completo del mondo dello spettacolo.*

DOMANDA.   Nei circoli cinematografici italiani ed europei circola la voce che Lei abbia già accettato* e firmato un contratto per un film in cui Le daranno una parte molto diversa da quella che il pubblico considera ormai Sua particolare. Potrebbe dirci se farà questo film con il regista Antonangelo Micheloni oppure con un altro?

RISPOSTA.   Ho avuto il privilegio di lavorare con Micheloni per quasi otto anni ed il pubblico si è abituato ad identificare la mia figura con le idee e le opere di quel famoso regista. Ma ora desidero cambiare, anche per dimostrare a me stessa le mie vere possibilità. Desidero, insomma, essere un'attrice sicura delle proprie capacità, indipendentemente dal regista con cui lavoro e dalla parte che mi viene assegnata. È per questa ragione che il mio prossimo lavoro non sarà con Micheloni ma con un regista straniero.

DOMANDA.   In quale genere di film lavorerà? Possiamo supporre che il soggetto assomiglierà più o meno a quello dei suoi lavori precedenti, vogliamo dire lavori intellettuali, impegnativi che sono stati spesso argomento di discussioni accanite?

RISPOSTA.   La mia nuova parte sarà del tutto diversa da quella in cui il pubblico è abituato a vedermi. Questo sarà un film . . . poliziesco. Ma la verità è che a me sono piaciuti sempre dei lavori leggieri. La commedia,

---

* **abbia accettato:** il congiuntivo passato di **accettare**

ad esempio, esercita su di me un grande fascino. Mi hanno offerto una parte, diciamo, un po' comica, in un film che non è certamente filosofico. L'ho accettata con entusiasmo per dimostrare al pubblico che non sono solamente la Milli di Micheloni.

DOMANDA.   Può rivelare qualche dettaglio di questo film e descrivere il personaggio che Lei rappresenterà?

RISPOSTA.   Come dicevo, il lavoro è comico, nel senso che anche l'elemento della violenza è veduto nei suoi aspetti meno urtanti, sui quali si sofferma appunto l'attenzione ironica del regista. Io, nel film, farò la parte di una donna elegante, colta ed anche... molto pericolosa. La borsetta, il tubetto del rossetto ed altri articoli personali nasconderanno armi per l'offesa e per la difesa. Intendiamoci, però, il personaggio conserverà intatta la sua femminilità e vi saranno diverse riprese in cui avrò modo d'indossare abiti di eleganza raffinata e... provocante.

DOMANDA.   Parlando di moda, è noto che Lei usa nei film un abbigliamento che non è poi così comune tra le altre attrici del Suo paese. Per esempio, porta spesso pantaloni ed abiti piuttosto seri. Questo, a differenza di ciò che accade in altri casi, Le dà un aspetto severo, deciso, tutt'altro che frivolo. Questa preferenza rispecchia forse un Suo modo particolare di manifestarsi anche attraverso un abbigliamento inconsueto?

RISPOSTA.   Sì, Lei ha ragione. Nella vita d'ogni giorno, come pure in alcuni dei miei film, porto abiti pratici, semplici, funzionali, direi. In essi mi sento completamente a mio agio, più libera. Questa è la moda che preferisco.

Ora l'attrice comincia a sfogliare un po' nervosamente una rivista, segno che vuol cambiare argomento.

DOMANDA.   Signorina, Lei lavora da pochi anni ed ha già raggiunto un livello di fama internazionale non solo in Europa ma anche in altri continenti. Potrebbe dirci quali sono le Sue aspirazioni, quali mete si è proposta di raggiungere nella Sua arte?

RISPOSTA.   Ciò è un po' difficile da dire così, in poche parole. Lo scopo per cui lavoro è essenzialmente quello di estrinsecarmi, di rivelarmi attraverso la parte. In realtà, quando recito, non sono solamente il personaggio intuito dal regista ma il modo in cui la Milli lo ricrea e lo vive. Nel mio lavoro ho sempre bisogno di una certa libertà d'interpretazione. Per me il cinema è la vita, non una professione. La mia aspirazione suprema è quella di creare, per mezzo della rappresentazione, dei personaggi che portino in sè dei segni inconfondibili: quelli che io ho voluto e saputo dar loro.

Si è giunti, in tal modo, alla fine dell'intervista. Il nostro inviato, dopo di aver ringraziato la grande attrice anche da parte del pubblico e dei suoi

numerosissimi ammiratori, ha telefonato alla redazione de « Lo schermo »
il nuovo articolo. Non manchino, dunque, i nostri fedeli lettori, di andare a
vedere la Milli nel suo nuovo film che, ne siamo certi, sarà una vera rivela-
zione.

DOMANDE SULLA LETTURA

1. Di quale novità si parla a proposito dell'attività dell'attrice? Con quale
   regista lavora di solito la Milli?
2. Con chi s'identifica l'attrice? Perchè?
3. Perchè vuole cambiare genere di film? Di che cosa ha bisogno? Il
   nuovo regista sarà italiano come Micheloni?
4. In quale genere di film ha recitato l'attrice fin'ora? Parli di uno di
   questi film.
5. Le piacciono i film filosofici? Perchè? Quelli più leggieri? Perchè? Come
   concepisce Lei un film? Deve solamente divertire e far ridere?
6. Che cosa esercita un gran fascino sul gusto della Milli?
7. Nel film nuovo entra anche la violenza? In che modo la tratterà il
   regista straniero? Quali saranno alcune delle sorprese del film?
8. Quali abiti preferisce la nostra attrice? Perchè? Descriva l'abbigliamento di un attore o di un'attrice che Lei preferisce.
9. Perchè la Milli, ad un certo momento, sfoglia una rivista?
10. Quali mete si è proposta di raggiungere nella sua arte? La cinemato-
    grafia è solamente un lavoro come un altro per lei?
11. Quando gira un film, la Milli segue passivamente le istruzioni del
    regista? Che cosa fa del personaggio che rappresenta?

SPIEGAZIONI

I. I pronomi relativi

A. Che:

Il pronome **che** si riferisce a nomi maschili e femminili, singolari e
plurali. È usato come **soggetto** ed **oggetto diretto**:

La signora **che** è seduta in fondo alla sala è bibliotecaria.
Gli studenti **che** frequentano questo corso sono molto assidui.
L'amico **che** è venuto a trovarti ieri vuole parlarti al telefono.
Luisa e Carla, **che** ti ho presentate qualche tempo fa, verranno con
noi al concerto.

B. **Cui:**

Anche questo pronome si riferisce a nomi maschili e femminili, singolari e plurali. Si usa sempre come **complemento:**

Il regista **con cui** lavora la Milli è italiano.
Le persone **in cui** trovi maggior comprensione sono quelle che ricorderai per sempre.
Lo scrittore **di cui** parlate verrà a fare una conferenza alla nostra università.
L'industriale, **la cui** vita privata (la vita privata **del quale**) tutti conoscono, è arrivato in America.

C. **Il quale, la quale, i quali, le quali,** ecc.

Questo pronome si può usare come **soggetto** e come **complemento.** Il suo uso, tuttavia, è limitato ai casi in cui si richiede una chiarezza particolare:

Ti presento Luigi e Maria con **la quale** sto preparando l'esame di fisica.
Le sorelle di Mario **dalle quali** siamo stati invitati.
Vuoi insultare Giovanni, **il quale** è stato per noi un vero amico!

D. **Chi**

Il pronome **chi** si usa come **soggetto** e come **complemento** nella forma interrogativa:

Chi verrà a vedervi?
Chi conosci in questa banca?
Per chi lavorate?
A chi mandate questi bei fiori?
Di chi sono queste rose?

Il pronome **chi** usato in una frase non interrogativa significa « la persona che », « quelli che », ecc.:

Chi vede questi quadri resta meravigliato.
Chi sa molte lingue non incontra difficoltà all'estero.

II. I pronomi personali tonici

I pronomi personali tonici sono:

me	**noi**
te	**voi**
sè	**sè**
lui, lei, Lei	**loro, Loro**

I pronomi tonici sono usati in casi specifici per i complementi diretti e indiretti. Si usano anche quando si vuole mettere in rilievo il pronome.

Ritorneranno **con te.**
Abbiamo preparato questo pranzetto **per loro.**
Hanno fatto tutto il lavoro **da sè.**
Parliamo spesso di Carlo e **di voi.**
Parla a **me** non a **voi.**

Non è venuto nemmeno **lui.**
È **lei** che dice questo, non io.

In questi ultimi casi i pronomi **lui** e **lei** sostituiscono i pronomi soggetto per ottenere maggior enfasi. Troviamo la stessa costruzione in espressioni come:

Beato **lui!** Beata **lei!**
Tutto **lui (lei)!** (= molto simile a lui, a lei)
Lo dice **lui (lei)!**
Contento **lui!** Contenta **lei!**

NOMENCLATURA DELLA LEZIONE

Nomi

la villeggiatura
i circoli (cinematografici,
    artistici, letterari, ecc.)
un contratto
una parte
il privilegio

la commedia
la femminilità
l'abbigliamento
le aspirazioni
le mete
il regista

Aggettivi

prossimo (-a)
impegnativo (-a)
accanito (-a)
leggiero (-a)

ironico (-a)
intatto (-a)
frivolo (-a)
urtante

Verbi

dominare
concedere
accrescere
manifestarsi

sentirsi
estrinsecarsi
rivelarsi

Espressioni
rivolgere una domanda a qualcuno
sentirsi a proprio agio
circola la voce che . . .
più o meno

ESERCIZI

I. Esercizi orali: laboratorio

II. Esercizi scritti

A. Sostituire i nomi in grassetto con i pronomi:

1. Giovanni scrive a **Maria** e a **Carlo.**
2. Beato **Luigi!**
3. Non lo dice **il tuo amico,** lo dice **tua sorella.**
4. Non vuole uscire con **Pietro.**
5. Fanno tutto questo per _____. (*prima persona singolare*)
6. Hanno detto che verranno a casa vostra. (*preposizione* **da**)*
7. Gli studenti hanno molta fiducia in _____. (*prima persona plurale*)
8. Il poeta, le opere **del quale** abbiamo studiato, vive a Rimini.
9. Sono **Marcello e Pietro** che hanno riparato la macchina.
10. Giocate a dama con **i Lanciano?**
11. Voi andate d'accordo con **le ragazze.**
12. Non si cura mai di _____. (*seconda persona singolare*)

B. Completare le frasi che seguono usando i pronomi relativi:

1. Con _____ penna scrivete? Scriviamo con _____ ci hai prestata.
2. La signora _____ parla con Lisetta ha studiato alla tua università.
3. Le date _____ hai scritto sul quaderno sono esatte.
4. L'opera con _____ speri di ottenere il premio è veramente notevole.
5. Le lettere di _____ parli sono nel mio cassetto.
6. _____ ha usato le armi per primo?
7. _____ non è vero e _____ lo sostiene è un bugiardo.
8. A _____ possiamo rivolgerci in quella città per avere delle informazioni?
9. Ti presento Mirella e Luigi con (*Luigi*) _____ sto preparando l'esame.
10. Ti restituisco il libro _____ mi hai prestato.
11. In _____ mese dell'anno vai in vacanza?
12. _____ ballo preferisci? La bossa nova?

    * **da:** a casa di, nell'ufficio di, nello studio di, ecc.

C. Riassumere al discorso diretto ed al passato la conversazione tra l'attrice e il giornalista.

COMPONIMENTI

COMPONIMENTO ORALE. SCEGLIERNE UNO:

Una conversazione tra due uomini politici dalle idee molto diverse.

Una discussione animata tra un giovanotto ed una signorina.

Una conversazione (!) tra un cane ed un gatto, tra una formica ed un elefante, o . . . (Usare un po' di fantasia).

Una discussione che Lei ha fatto recentemente con un Suo amico.

COMPONIMENTO SCRITTO. SCEGLIERNE UNO:

Lo stesso argomento del componimento orale ma più ampio e più ordinato.

Immagini di fare il giornalista. Intervisti una persona celebre del momento. (Non si deve copiare la lettura ma si può tener conto della sua forma.)

Una discussione tra una ragazza un po' sciocca, grand'ammiratrice di Erica Milli e . . . sua madre, per esempio; o il giovanotto con cui esce di sera.

Il trionfo di Bacco e Arianna (particolare) di Annibale Carracci,
Palazzo Farnese, Roma.
Foto: Alinari—Art Reference Bureau.

ogni tristo pensier caschi:
facciam festa tuttavia.
Chi vuol esser lieto, sia:
di doman non c'è certezza.

LORENZO DEI MEDICI

Lorenzo dei Medici (1449-1492) detto il Magnifico per la sua sensibilità artistica e per la vasta cultura, fu una delle figure più notevoli del XV secolo. Fu grande amico e protettore di umanisti e volle che la letteratura venisse divulgata e studiata. Poeta egli stesso, compose dei poemetti come la *Caccia col falcone*, il *Simposio* e la *Nencia da Barberino*. Altre sue opere sono le *Canzoni a ballo* ed i *Canti carnascialeschi*.

Trionfo di Bacco e Arianna

Quant'è bella giovinezza
    che si fugge tuttavia!
    Chi vuol essere lieto, sia:
    di doman non c'è certezza.
Quest'è Bacco e Arianna,
    belli, e l'un dell'altro ardenti:
    perchè 'l tempo fugge e inganna,
    sempre insieme stan contenti.
    Queste ninfe ed altre genti
    sono allegre tuttavia.
    Chi vuol esser lieto, sia:
    di doman non c'è certezza.
Questi lieti satiretti,
    delle ninfe innamorati
    per caverne e per boschetti
    han lor posto cento agguati:
    or da Bacco riscaldati,
    ballon, salton tuttavia.
    Chi vuol esser lieto, sia:
    di doman non c'è certezza.
Queste ninfe anche hanno caro
    da lor essere ingannate:
    non può fare a Amor riparo,
    se non gente rozze e ingrate:
    ora insieme mescolate
    suonon, canton tuttavia.
    Chi vuol esser lieto, sia:
    di doman non c'è certezza.

Questa soma, che vien drieto
  sopra l'asino, è Sileno:
  così vecchio è ebbro e lieto,
  già di carne e d'anni pieno;
  se non può star ritto, almeno
  ride e gode tuttavia,
  Chi vuol esser lieto, sia:
  di doman non c'è certezza.
Mida vien drieto a costoro:
  ciò che tocca, oro diventa.
  E che giova aver tesoro,
  s'altri poi non si contenta?
  Che dolcezza vuoi che senta
  chi ha sete tuttavia?
  Chi vuol esser lieto, sia:
  di doman non c'è certezza.
Ciascun apra ben gli orecchi
  di doman nessun si paschi;
  oggi sian, giovani e vecchi,
  lieti ognun, femmine e maschi;
  ogni tristo pensier caschi:
  facciam festa tuttavia.
  Chi vuol esser lieto, sia:
  di doman non c'è certezza.
Donne e giovinetti amanti,
  viva Bacco e viva Amore!
  Ciascun suoni, balli e canti!
  Arda di dolcezza il core!
  Non fatica, non dolore!
  Ciò c'ha a esser, convien sia.
  Chi vuol esser lieto, sia:
  di doman non c'è certezza.

LORENZO DEI MEDICI, « Trionfo di Bacco e Arianna ». Luigi Russo,
  I Classici Italiani, Casa Editrice Sansoni, Firenze.

❀ LEZIONE UNDICESIMA ❀

Il condizionale

Il verbo **fare** e la costruzione causativa

Indicativo	*Condizionale*
Andrò in Europa quest'estate.	**Andrei** in Europa quest'estate.
Ci saranno molte cose da vedere.	**Ci sarebbero** molte cose da vedere.
Vedrò tutti i monumenti. **Sarò** un turista tipico. **Farò** tutto quello (ciò) che fanno i turisti.	**Vedrei** tutti i monumenti. **Sarei** un turista tipico. **Farei** tutto quello (ciò) che fanno i turisti.
Passeggerò per Via Veneto.	**Passeggerei** per Via Veneto.
I miei amici ed io **pranzeremo** da Dolini.	I miei amici ed io **pranzeremmo** da Dolini.
Trascorrerete delle buone vacanze.	**Trascorrereste** delle buone vacanze.
Farà questo viaggio con noi?	**Farebbe** questo viaggio con noi?
Cosa **faranno** i turisti tipici?	Cosa **farebbero** i turisti tipici?
Luisa **andrà** in Europa. **Sbarcherà** a Genova.	Luisa **andrebbe** in Europa. **Sbarcherebbe** a Genova.
Poi **potrà** andare a Parigi. **Visiterà** i monumenti storici e **proseguirà** per la Gran Bretagna.	Poi **potrebbe** andare a Parigi. **Visiterebbe** i monumenti storici e **proseguirebbe** per la Gran Bretagna.
Non **andrà** nel Portogallo e neppure nel Lussemburgo, ma **arriverà** con l'aereo a Londra, in Inghilterra.	Non **andrebbe** nel Portogallo e neppure nel Lussemburgo, ma **arriverebbe** con l'aereo a Londra, in Inghilterra.

293

Bisognerà procurarsi certi documenti che sono necessari per viaggiare: il passaporto, il certificato medico, ecc.

Bisognerebbe procurarsi certi documenti che sono necessari per viaggiare: il passaporto, il certificato medico, ecc.

« Per favore, apra queste valige » domanda l'ispettore doganale.

L'ispettore doganale **fa aprire** le valige.

« Le dispiace di chiudere la porta? » mi dice la signorina.

La signorina **mi fa chiudere** la porta.

« Scrivi questa poesia » dice il professore all'allievo.

Il professore **fa scrivere all'allievo** la poesia.
Il professore **la fa scrivere all'allievo**.
Il professore **gliela fa scrivere**.

« Ragazzi, lavate subito l'automobile » dice il padre.

Il padre **fa lavare l'automobile ai ragazzi**.
La fa lavare loro.

« Mi tagli i capelli, per favore » dico al barbiere.

Mi faccio tagliare i capelli dal barbiere.

LETTURA

Vorrei fare un bel viaggio!

Come altre persone, anch'io faccio dei sogni. Ma ce n'è uno, specialmente, che dovrebbe diventare realtà. Vorrei fare un bel viaggio!

Andrei da solo o con una o due persone che dovrebbero essere molto affiatate. Forse andremmo in quelle località in cui si recano molti altri turisti, ma ciò non importa. Ad ogni modo ecco il viaggio che vorrei fare.

Per prima cosa cominciamo col dire che bisognerebbe andare per mare poichè, quando si viaggia in una nave ci si rende conto delle distanze; il che* non succede quando si va in aereo. E poi devo confessare che per me la nave è il simbolo dell'avventura. Partiremmo da San Francisco, per esempio, su una nave mercantile che dovrebbe andare in Europa passando per il Canale di Panama. Sarebbero delle settimane meravigliose e faremmo scalo in certi porti dal nome misterioso come Cristobal, Panama, Funchal nell'Isola di Madera ed altri ancora.

Arriveremmo infine a Lisbona, nel Portogallo e da là proseguiremmo per la Spagna. Attraverseremo la Spagna e la Francia e giungeremmo in

*il che: la qual cosa

Italia. È soprattutto l'Italia che vorrei vedere! Non so se preferirei visitare le città, i monumenti, le vestigia* della nostra civiltà oppure restare seduto ad un tavolino di un caffè all'aperto, ovvero stendermi sulla sabbia di una spiaggia tirrenica o adriatica e passare il tempo a parlare con la gente ... Ciò di cui sono sicuro è che farei solamente quello che mi piace e nient'altro.

Senza dubbio faremmo un viaggio in Germania, poichè è da quel paese che vengono alcuni miei parenti; un'escursione in Svizzera per acquistare un orologio ed una macchina fotografica. Tempo permettendo, potremmo vedere anche i Paesi Scandinavi e resteremmo per qualche giorno in Danimarca, in Svezia ed in Norvegia. Una Lambretta od una Vespa sarebbero molto pratiche per coprire brevi distanze nel Belgio od in Olanda, per esempio.

Uno dei miei amici mi ha detto che verrebbe con me molto volentieri però vorrebbe vedere anche i paesi che sono dietro la « cortina di ferro ». Pensa che sarebbe un vero peccato non vedere come vive la gente in Polonia, in Ungheria ed in Russia. L'altro giorno diceva che si potrebbero scrivere degli articoli su ciò che si vede e che il giornale della nostra città li accetterebbe per pubblicarli. In fondo, sarebbe un modo conveniente di guadagnare un po' di denaro di cui abbiamo molto bisogno.

Il mio compagno di camera ha fatto, due anni fa, una crociera nel Mediterraneo. Ecco un altro viaggio che vorrei fare. Partire da Genova, fermarmi ad Ajaccio in Corsica, a Palermo in Sicilia e poi in Grecia. Poi, potrei passare qualche giorno in Turchia, a Istanbul (come si dice Istanbul o Costantinopoli?) e nelle isole greche per vedere i luoghi sacri dove fiorirono le grandi civiltà antiche. Da là potrei proseguire per Beirut nel Libano. Ma per fare un viaggio simile dovrei disporre di alcuni mesi di tempo perchè non mi accontenterei di restare nei porti di sbarco. Vorrei vedere tutto, fermarmi dovunque; mi piacerebbe conoscere la gente di ogni paese e di ogni città.

Lavorando qualche ora alla settimana ed anche durante le vacanze, facendo molte economie, limitando al minimo le spese, forse potrei fare questo viaggio fra tre anni. Anche fra due anni, nella migliore delle ipotesi. Pur sapendo che questo viaggio mi farà sospirare a lungo, so che presto o tardi riuscirò ad andare in Europa. È un'idea alla quale non rinuncerò mai.

DOMANDE SULLA LETTURA

1. Cosa vorrebbe fare il giovane?
2. Fa dei sogni anche Lei? Che cosa vorrebbe fare? Vorrebbe fare un viaggio? Dove vorrebbe andare?

* **le vestigia:** i ruderi, le rovine, i segni

3. Vorrebbe partire per un viaggio organizzato? Con chi vorrebbe andare? Lei farebbe un viaggio da solo? Perchè?

4. Preferirebbe l'aereo o la nave? Perchè? Secondo Lei quali sarebbero i vantaggi di un viaggio in aereo? E gli svantaggi?

5. Da dove partirebbe? Su quale tipo di nave viaggerebbe? Le piacerebbe questo tipo di nave? Perchè?

6. Andrebbe direttamente in Europa? Dove si fermerebbe? Dove farebbe scalo in Europa?

7. Dopo il Portogallo, quali paesi stranieri dovrebbe attraversare per andare in Italia? Trovandosi a Barcellona in quale paese sarebbe Lei?

8. Cosa farebbe in Italia? Cosa farebbe Lei in Italia? Visiterebbe i musei o andrebbe alle stazioni balneari? Oppure farebbe tutte e due le cose? Perchè?

9. In quali altri paesi andrebbe? Perchè andrebbe in Svizzera? In Germania?

10. Gli hanno detto che una Lambretta o una Vespa sarebbero pratiche in certi casi. In un paese sterminato come la Russia? In quali paesi? Perchè?

11. Quali sono i paesi che si trovano al di là della « cortina di ferro »? Perchè si usa quest'espressione? Le piacerebbe visitare quei paesi? Esiterebbe? Perchè?

12. Come potrebbero guadagnare un po' di denaro viagigando in Polonia e in Russia?

13. In una lezione della prima parte di questo libro Lei ha veduto la frase che di solito si scrive sulle cartoline quando non c'è molto da dire. Che frase è?

14. Il compagno di camera di questo giovanotto ha fatto un viaggio interessante. Dov'è andato? Come si va in crociera? In aereo? In bicicletta? Perche?

15. Immagini di fare una crociera nel Mediterraneo. Vorrebbe fare scalo ad Atene? Ad Istanbul? A Beirut? A Tunisi? A Tripoli?

16. Il giovane sarebbe contento di fare una crociera di un mese? Quanto tempo gli occorrerebbe?

17. Quale viaggio preferirebbe fare: andare in Europa? Fare una crociera nelle isole del Pacifico? Fare una crociera nel Mediterraneo? Attraversare la Siberia con la Transiberiana? Attraversare il Sahara a dorso di cammello? Spieghi perchè preferirebbe fare un certo viaggio.

SPIEGAZIONI

I. Il condizionale

Il condizionale è un modo, cioè una certa forma della coniugazione del verbo. Nelle frasi della prima pagina di questa lezione i verbi a sinistra sono al futuro e quelli a destra al condizionale presente. Esempi:

Resterà a casa questa sera. (futuro)
Resterebbe a casa questa sera. (condizionale presente)

Uscirà con quella signorina e **passerà** una bella serata. (futuro)
Uscirebbe con quella signorina e **passerebbe** una bella serata.
(condizionale presente)

A. Revisione del futuro (vedi Lezione XXI nella Prima Parte del libro):

Si può notare un certo rapporto strutturale tra il futuro ed il condizionale presente.

Ripetiamo qualche esempio di verbi al futuro:

Guardare	Temere	Finire
guard erò	tem erò	fin irò
guard erai	tem erai	fin irai
guard erà	tem erà	fin irà
guard eremo	tem eremo	fin iremo
guard erete	tem erete	fin irete
guard eranno	tem eranno	fin iranno

Vi sono anche alcuni futuri irregolari che troviamo generalmente in verbi molto comuni come ad esempio:

avere	avrò	**tenere**	terrò
essere	sarò	**vedere**	vedrò
andare	andrò	**venire**	verrò
sapere	saprò		

B. Formazione del condizionale:

Il condizionale si forma dal futuro. Ecco alcuni esempi:

Guardare	Scrivere	Partire
guard **erei**	scriv **erei**	part **irei**
guard **eresti**	scriv **eresti**	part **iresti**
guard **erebbe**	scriv **erebbe**	part **irebbe**
guard **eremmo**	scriv **eremmo**	part **iremmo**
guard **ereste**	scriv **ereste**	part **ireste**
guard **erebbero**	scriv **erebbero**	part **irebbero**

Se un verbo è irregolare al futuro prende la stessa irregolarità al condizionale:

avere	avrò, avrei	**tenere**	terrò, terrei
essere	sarò, sarei	**vedere**	vedrò, vedrei

andare andrò, andrei   **venire** verrò, verrei
sapere saprò, saprei

II. Uso delle preposizioni con i nomi di luogo

Abbiamo trovato diverse volte la forma:

Siamo **a** New York.
Vado **a** Roma.
La mia famiglia abita **a** Genova, la vostra **a** Portland.

Sappiamo anche che si dice:

Roma è **in** Italia, **in** Europa.
Algeri è **in** Algeria, **in** Africa.
Pechino è **in** Cina, **in** Asia.
Los Angeles è **in** California, **negli** Stati Uniti, **in** America.

Ora studieremo sistematicamente l'uso delle preposizioni con i nomi di città e di nazione:

Sono **a** Roma; arrivo **a** New York; vado **a** Napoli.
Abitano **a** Torino; ritorniamo **a** San Francisco.
Con i nomi di città si usa la preposizione **a.**

Vengo **da** Roma; arriva **da** New York; partiamo **da** Madrid.
Con i nomi di città si usa la preposizione **da** per indicare la provenienza.

Sono **in** Italia; arrivo **in** Italia, **in** Germania, **in** Inghilterra.
Vengo **dall'**Italia; arrivo **dall'**Italia, **dalla** Germania, **dall'**Inghilterra.
Questa lettera viene **dall'**Europa; questo pacco viene **dall'**Africa; l'ornitorinco viene **dall'**Australia; Topolino viene **dall'**America.
ma
Con i nomi di nazione maschili si usa l'articolo:
Andiamo **nel** Belgio; restiamo **nel** Portogallo; veniamo **dal** Perù.

Osservare attentamente le forme seguenti in cui il nome di nazione è qualificato da un aggettivo:

Restiamo **in** Italia. Restiamo **nell'**Italia Meridionale.
Andiamo **in** Europa. Andiamo **nell'**Europa Centrale.

Ecco alcuni nomi di nazione e gli aggettivi corrispondenti:

l'Italia   gl'Italiani
la Spagna   gli Spagnoli

la Francia	i Francesi
la Germania	i Tedeschi
la Svizzera	gli Svizzeri
il Belgio	i Belgi
l'Olanda	gli Olandesi
l'Ungheria	gli Ungheresi
l'Austria	gli Austriaci
la Cecoslovacchia	i Cecoslovacchi
l'Iugoslavia	gl'Iugoslavi
la Grecia	i Greci
la Polonia	i Polacchi
la Russia	i Russi
l'Inghilterra	gl'Inglesi
la Scozia	gli Scozzesi
l'Irlanda	gl'Irlandesi
la Svezia	gli Svedesi
la Norvegia	I Norvegesi
la Romania	i Romeni
la Bulgaria	i Bulgari
l'Africa	gli Africani
l'Asia	gli Asiatici
l'Europa	gli Europei
l'Australia	gli Australiani
l'America	gli Americani
(gli Stati Uniti)	(gli Statunitensi)
l'Argentina	gli Argentini
il Canadà	i Canadesi

III. Il verbo **fare** *seguito dall'infinito:*

A. Nella forma causativa il verbo **fare** è seguito dall'infinito:

Noi **facciamo riparare** l'automobile. (Domandiamo ad una persona di riparare la nostra automobile.)
Noi **la facciamo riparare.** (Domandiamo ad una persona di ripararla.)

B. La forma causativa con l'oggetto:

Tu fai ripetere la lezione **allo** studente. (Tu domandi allo studente di ripetere la lezione.)
Tu **gliela** fai ripetere. (Tu gli domandi di ripeterla.)

Farete recitare i versi **alla** ragazza. (Domanderete alla ragazza di recitare i versi.)
Glieli farete recitare. (Le domanderete di recitarli.)

Se i rispettivi oggetti dei verbi sono nomi, l'oggetto indicante la persona diventa indiretto e prende la preposizione **a.** Quando sono pronomi precedono normalmente il verbo **fare.**

NOTA: L'unica eccezione è il pronome **loro** che segue l'infinito:

Faremo scrivere la lezione **ai ragazzi.**
La faremo scrivere **loro.**

NOMENCLATURA DELLA LEZIONE

Nomi

una nave mercantile	la cortina di ferro
un canale	la gente
un porto	la civiltà
uno scalo	l'ipotesi
le vestigia	una crociera
un'isola	un'escursione

Aggettivi

affiatato (-a)	sacro (-a)
esotico (-a)	simile
mediterraneo (-a)	

Verbi

partire	pubblicare
attraversare	disporre
raggiungere	limitare
vivere	stendersi

Espressioni

fare scalo   nella migliore delle ipotesi

NOTA: Il verbo **recarsi** ha lo stesso significato di **andare.** Sarà bene usare anche questo verbo per evitare la ripetizione troppo frequente di **andare.**

L'anno prossimo **mi recherò** a Roma.

ESERCIZI

I. Esercizi orali: laboratorio

II. Esercizi scritti

A. Qual è il condizionale dei verbi seguenti?

1. sono	10. ho	19. vado
2. so	11. faccio	20. vengo
3. va	12. siamo	21. andate
4. passo	13. prendete	22. dormo
5. fa	14. sa	23. guardo
6. mette	15. capisce	24. dite
7. legge	16. scriviamo	25. venite
8. vede	17. è	26. c'è
9. bisogna	18. leggete	27. salutano

B. Mettere al condizionale le frasi seguenti:

> *Es.:* Andremo al supermercato, compreremo la frutta e faremo un dolce.
>
> **Andremmo** al supermercato, **compreremmo** la frutta e **faremmo** un dolce.

1. Mia sorella andrà in Europa ed io resterò in America a studiare.
2. Penserò molto prima di portare a compimento questo piano.
3. Non avranno niente da fare e potranno uscire con noi.
4. Non mi piacerà viaggiare in aereo.
5. Partirò con la nave e farò scalo in alcuni porti del Sud America.
6. Attraverserò l'oceano con l'aereo e non vedrò niente.

C. Completare usando un po' di fantasia:

> *Es.:* **Avrei bisogno di sapere lo spagnolo a Madrid?**

1. _____ durante la permanenza in Russia.
2. Comprerei molti ricordi _____ .
3. Vorrei fare una crociera _____ .
4. Andrei in Olanda _____ .
5. Passerebbe il tempo visitando i musei _____ .
6. _____ sarebbe un bel modo di guadagnare del denaro.
7. Sarebbe più ragionevole _____ .
8. Porterebbe tutti gli studenti della classe _____ .

D. Rispondere alle domande che seguono:

> *Es.:* Cosa farebbe a Genova? **Visiterei la casa di Cristoforo Colombo perchè è nato proprio in quella città.**

1. In che modo Le piacerebbe andare in Europa? Perchè?
2. In quale paese vorrebbe restare più a lungo? Perchè?
3. Per andare da Madrid a Roma attraverserebbe le Alpi? Perchè?
4. Vorrebbe andare oltre la cortina di ferro? Perchè?
5. Preferirebbe visitare i monumenti famosi o fare la conoscenza della gente? Perchè?

E. Usare il verbo **fare** nelle sue costruzioni al posto delle espressioni in grassetto:

> *Es.:* Mario **domanda al ragazzo** di scrivere la lezione.
> Mario **gli fa scrivere** la lezione.

1. **Domandiamo ad un meccanico** di riparare il frigorifero.
2. Il professore **mi ordina** di leggere tutta la pagina.
3. **Diciamo ai pittori** di dipingere la casa.
4. **Mi domanderanno** di riportare la macchina da scrivere.
5. **Ti hanno domandato** di aspettare fino alle nove di sera.
6. **Ha domandato ai passeggeri** di scendere dall'autobus.
7. **Domanderebbe agli studenti** di restare un'altra ora.
8. **Hanno domandato alle signorine** di preparare la colazione.

COMPONIMENTI

COMPONIMENTO ORALE. SCEGLIERNE UNO:

Riassumere brevemente uno dei viaggi di cui parla il giovane. (Il viaggio in Europa o la crociera nel Mediterraneo.)

Racconti un viaggio che vorrebbe fare.

COMPONIMENTO SCRITTO. SCEGLIERNE UNO:

Un viaggio intorno al mondo. (Perchè non usa una carta geografica per scrivere questo componimento?)

Lei fa un viaggio intorno al mondo. Con chi vorrebbe andare? Perchè? Da dove partirebbe? Dove si fermerebbe? Cosa vedrebbe? Cosa comprerebbe? (Usare molti nomi di nazione, di città, ecc. con le preposizioni appropriate.)

❊ LEZIONE DODICESIMA ❊

Il condizionale passato

Il verbo **dovere: dovrei** e **avrei dovuto**

STUDIARE LE FRASI CHE SEGUONO:

Condizionale presente	*Condizionale passato*
Andrei in Europa quest'estate.	**Sarei andato (-a)** in Europa l'estate scorsa.
Ci sarebbero molte cose da fare.	**Ci sarebbero state** molte cose da fare.
Vedrei tutti i monumenti.	**Avrei veduto** tutti i monumenti.
Sarei un turista perfetto.	**Sarei stato (-a)** un (una) turista perfetto (-a).
Passeggerei per Via del Babbuino.	**Avrei passeggiato** per Via del Babbuino.
I miei amici ed io **pranzeremmo** da Dino.	I miei amici ed io **avremmo pranzato** da Dino.
In nostra compagnia, anche Lei **trascorrerebbe** delle buone vacanze.	In nostra compagnia, anche Lei **avrebbe trascorso** delle buone vacanze.
Farebbe il viaggio con noi e si **divertirebbe** di più così, che non da solo.	**Avrebbe fatto** il viaggio con noi e si **sarebbe divertito (-a)** di più così, che non da solo (-a).
Devo essere a casa per le sette. A che ora **devi** essere a casa?	**Devo** essere a casa verso la cinque o le sei, ma se vado in ritardo non importa.

303

Hai studiato fino alle due del mattino? **Devi** essere stanco!

Sì, sono stanco e **devo** essere anche pallido! Siccome **dovevo** restituire il libro oggi, è stato necessario finirlo presto.

LETTURA

Tutto potrebbe andar meglio!

Tra di noi, come sappiamo bene, ci sono gli ottimisti ed i pessimisti. È il caso di Barbara e di Monica: per Barbara tutto va sempre bene, lei è contenta di tutto; Monica, invece, s'irrita spesso, si rammarica di ciò che ha fatto e molte delle sue frasi incominciano con: Potrebbe andar meglio! Ecco le due ragazze che tornano dall'esame.

BARBARA. È finita e ne sono molto contenta! Il mio esame non dovrebbe essere andato male.

MONICA. Sei proprio nata con la camicia* tu! Non io, purtroppo. Oggi ho un diavolo per capello.** I professori non dovrebbero dar esami così difficili. In altre condizioni avrei riletto tutti gli appunti dell'anno scorso, sarei andata in biblioteca a leggere qualche altro libro e non sarei neanche andata a dormire la notte.

BARBARA. Brava! E così, questa mattina, avresti avuto il mal di testa ed avresti dimenticato tutto. Hai fatto meglio a dormire!

MONICA. Dovrebbero darci più tempo. Le domande erano troppo lunghe ed il tempo assegnato non era sufficiente. Sarebbero bastati dieci minuti di più. Avrei riletto quello che avevo scritto. Mi deve essere sfuggito un numero enorme di errori che avrei potuto correggere.

BARBARA. Ma no, al contrario; forse ne avresti fatti degli altri. Succede sempre così quando si rilegge. Io stessa non avrei riletto il mio esame anche avendone il tempo. Mi sarei alzata subito e l'avrei consegnato al professore. Poi sarei uscita e sarei andata subito a prendere un caffè.

MONICA. Come? E avresti perduto così dei minuti preziosi?... Ora che ci penso, vedo che ho scelto una domanda troppo difficile: quella sul Mercato Comune sarebbe stata più facile di quella sulla politica estera dell'Italia. Ma... non avrei saputo formulare esattamente la riposta. Queste domande sono impossibili. I professori non devono dormire, devono star su tutta la notte a cercarle.

* **nato (-a) con la camicia:** *born with a silver spoon in the mouth* (*very fortunate*)
** **Ho un diavolo per capello:** Sono molto nervoso (-a).

BARBARA. (*in tono accomodante*) Forse questo è il risultato dei loro incubi. Ma non te la prendere. Ti preoccupi inutilmente. Devi aver dato delle risposte ottime. Tu sei fatta così: ti preoccupi eccessivamente e poi finisci per prendere dei buoni voti. Inoltre puoi restar tranquilla perchè il professore ha detto che non ci saranno altri esami prima della fine del trimestre. Così non dovrai preoccuparti più, almeno per qualche settimana.

MONICA. Ma io non lo sapevo! Così adesso è ancora peggio! Sapendo che non avrei avuto più la possibilità di ricevere un altro voto durante il trimestre, non avrei potuto nè mangiare nè dormire. Non avrei voluto veder anima viva ed avrei passato le settimane precedenti chiusa nello studio. Avresti dovuto dirmelo, piuttosto!

BARBARA. È proprio per questo che non te l'ho detto. Saresti diventata pazza. Devi sapere che l'esagerazione non migliora niente. Bisogna dormire di più e preoccuparsi di meno.

MONICA. So che dovrei essere più calma; che dovrei fare come mio fratello. Lui non si preoccupa mai di niente, sta sicura. Ieri pomeriggio doveva dare un esame importante. Io, al posto suo, avrei passato la mattina a ripassare gli appunti, a vedere quali risposte avrei potuto preparare meglio... Ma lui? Neanche per idea. È andato a giocare a tennis di mattina presto, è ritornato a mezzogiorno fischiettando, ha sfogliato una rivista; l'avresti potuto credere in vacanza. Poi, all'una, è uscito, sempre fischiettando. Si sarebbe detto che andava a fare una gita in campagna!... O Dio, ora che ci penso, avrei dovuto spiegare meglio la diplomazia dell'Italia e dei nuovi paesi dell'Africa... Ma allora non avrei avuto il tempo di scrivere la conclusione... Sono sicura che prenderò una « F ».

BARBARA. Monica, cominci ad annoiarmi. Dovresti proprio cercare di fare come tuo fratello e trovare un po' più di calma e di sangue freddo. Ma devi aver appetito... Vieni, andiamo a mangiare; dopo ti sentirai meglio.

MONICA. A saperle prima, queste cose. Tutto potrebbe andar meglio...

DOMANDE SULLA LETTURA

1. La gente è tutta uguale? Bisognerebbe essere ottimisti o pessimisti? Perchè?

2. Quando si è pessimisti, si usa spesso una certa frase. Qual è? Perchè si usa?

3. Ecco Monica e Barbara. Da dove vengono? Reagiscono allo stesso modo? Perchè? Lei è del tipo di Monica o di Barbara? Come lo dimostra?

4. Trovi un'altra espressione che significhi « nata con la camicia ». Lei è nato (-a) con la camicia? Spieghi perchè.

5. I professori danno buoni esami, secondo Monica? Come sono? Cosa dovrebbero fare i professori?

6. Cosa avrebbe voluto fare Monica per preparare bene l'esame? Sarebbe riuscita a fare un esame migliore? Cosa ne pensa Lei?

7. Cosa pensa Barbara di tutto ciò? Ha ragione? Perchè?

8. Cosa avrebbe fatto Monica durante il tempo supplementare? Che cosa sarebbe accaduto?

9. Avrebbe fatto la stessa cosa anche Barbara? Cosa avrebbe fatto? Perchè?

10. Cosa pensa Lei del sistema di esami della Sua scuola? Dovrebbe restare com'è o vorrebbe cambiarlo? Perchè?

11. Monica pensa di essersi sbagliata: non ha scelto la domanda migliore. Quale avrebbe dovuto scegliere? Perchè? Ma sarebbe stata buona anche quella?

12. Come fanno i professori per trovare le domande degli esami? È d'accordo con la teoria di Barbara? Con quella di Monica? Ne ha un'altra Lei? Quali domande farebbe Lei?

13. Che cosa rivela Barbara a Monica? Pensa che ciò dovrebbe essere una buona notizia per quest'ultima? Ha ragione? Perchè?

14. Trovi un'espressione simile ed una contraria per la frase « Ho un diavolo per capello ». Le usi in due frasi.

15. Bisognerebbe studiare ragionevolmente o esagerare e non mangiare nè dormire prima dell'esame? Perchè?

16. Si preoccupa Giovanni quando deve fare un esame? Cosa fa? Assomiglia a sua sorella? Dovrebbe seguire il suo esempio la ragazza?

17. Monica finisce per annoiare Barbara? Perchè? Cosa propone di fare quest'ultima? Ha torto o ragione? Perchè?

18. Come si sente Lei prima di un esame? Dopo di un esame? Durante un esame? Pensa che sarebbe meglio essere diversi? Perchè?

SPIEGAZIONI

I. Il condizionale passato

Il condizionale passato esprime l'equivalente dell'inglese *would have*:

I, you, he, etc. would have phoned, would have come, would have said.

avrei telefonato	avresti telefonato	avrebbe telefonato
sarei venuto (-a)	saresti venuto (-a)	sarebbe venuto (-a)
avrei detto	avresti detto	avrebbe detto

A. Formazione del condizionale passato:

Il condizionale passato si forma come gli altri tempi composti e cioè con l'ausiliare **essere** od **avere** + **il participio passato del verbo.**

La maggior parte dei verbi si coniuga con **avere.** I verbi intransitivi usano invece l'ausiliare **essere.**

Esempi coniugati con **avere:** pranzare, fare, prendere, tenere, vendere, dire, ecc.

Avrei pranzato, avrei fatto, avrei preso, avrei tenuto, avrei venduto, avrei detto, ecc.

Esempi coniugati con **essere:** andare, entrare, arrivare, giungere, partire, uscire, ecc.

garei andato (-a), sarei entrato (-a), sarei arrivato (-a), sarei Siunto (-a), sarei partito (-a), sarei uscito (-a), ecc.

Il condizionale passato è composto del verbo **essere** od **avere** al condizionale presente seguito dal participio passato del verbo.

B. Ripetizione di alcuni participi passati:

Vi è un certo numero di verbi il cui participio passato non è stato usato frequentemente nel libro. Ne abbiamo invece incontrato spesso le forme dell'imperfetto indicativo. Questi verbi sono:

essere, avere, credere, sapere, volere, dovere e potere

In pratica li dovremo usare spesso al trapassato prossimo ed al condizionale passato. Eccone le forme:

Infinito	*Trapassato prossimo*	*Condizionale passato*
essere	ero stato (-a)	sarei stato (-a)
avere	avevo avuto	avrei avuto
credere	avevo creduto	avrei creduto
sapere	avevo saputo	avrei saputo
volere	avevo voluto	avrei voluto
dovere	avevo dovuto	avrei dovuto
potere	avevo potuto	avrei potuto

C. Uso del condizionale passato:

A parte l'uso del condizionale nel periodo ipotetico che vedremo più innanzi, il condizionale passato si può trovare anche in altre costruzioni.

Ecco alcuni esempi:

Avrei voluto tanto sentire ciò che ha detto alla conferenza.
Avresti creduto di vedere questo attore in una tragedia di Alfieri?
Eravamo rimasti d'accordo che ci **avresti scritto** appena arrivato a casa.

D. Il condizionale passato nelle espressioni di opinione:

Il condizionale passato si usa anche per esprimere un'opinione o una teoria non ancora dimostrata:

> Secondo certi studiosi, Shakespeare **non sarebbe esistito.** Marlowe o Ben Johnson, invece, **avrebbero scritto** i drammi famosi. Secondo altri, **non sarebbe stato** che un oscuro attore che **avrebbe dato** il suo nome ad un gruppo di persone importanti che preferivano rimanere incognite.

II. Il verbo **dovere**

Usato da solo: « Devo cento dollari alla banca » questo verbo significa *to owe*. Più spesso, però, il verbo **dovere** si usa come semiausiliare, seguito cioè da un altro verbo. In tal caso ha un significato del tutto diverso che cambia a secondo **del tempo** e **del modo** in cui si usa:

Le forme di **dovere**

Presente indicativo	*Passato prossimo*
devo (debbo)	ho dovuto
devi	
deve	*Trapassato prossimo*
dobbiamo	avevo dovuto
dovete	
devono (debbono)	*Condizionale presente*
	dovrei
Imperfetto	*Condizionale passato*
dovevo	avrei dovuto

A. **Dovere** al presente e all'imperfetto dell'indicativo:

Devo e **dovevo** hanno un significato ben distinto:

1. Probabilità: **Deve** far freddo in Alaska!
   Machiavelli **doveva** conoscere bene la politica del suo tempo.

2. (*To be supposed to*): **Devo essere** sempre a casa per la cinque ma oggi sarò in ritardo.
   Dovevi riportarmi il libro ma te ne sei dimenticato. Spero che domani te lo ricorderai.

B. **Dovere** al passato prossimo:

Al passato prossimo **ho dovuto** significa *I had to:*

Sono arrivato in ritardo perchè **ho dovuto** finire prima i compiti.
Ieri **ho dovuto** fare inaspettamente un esame.

C. **Dovere** al condizionale presente: **dovrei**. Ed al condizionale passato: **avrei dovuto.**

Al condizionale presente **dovrei** significa *I ought to, I should:**

Un mio amico è all'ospedale, **dovrei** andare a vederlo.
Dovrei alzarmi alle cinque ogni mattina, poi **dovrei** fare un'ora
di ginnastica ed infine **dovrei** studiare due ore.
Lei non **dovrebbe** incontrare difficoltà nello studio dell'italiano.

Al condizionale passato, **avrei dovuto** significa *I ought to have, I should have:*

Avrei dovuto scriverti prima ma sono stato troppo occupato.
Avreste dovuto dirmi che bisognava venire un'ora prima.
Avresti dovuto ascoltare tutta la conferenza.

NOTA: Si potrebbe aggiungere, a questo punto, che molto spesso **dovrei** implica che si è consapevoli di avere un certo obbligo ma che non si ha la ferma intenzione di fare ciò di cui si parla. Se ne abbiamo l'intenzione, usiamo **devo.**

Ho una lezione alle otto e **devo** alzarmi alle sette; **dovrei** alzarmi un'ora più presto per studiare ma non lo faccio.

Avrei dovuto esprime la stessa consapevolezza dell'obbligo, ma riferita al passato e quando è ormai troppo tardi:

Avrei dovuto visitare mio padre più spesso, parlargli, ascoltarlo quando parlava dei suoi ricordi. Ora che non è più, mi rammarico di non averlo fatto.

* *It is interesting to note that it is, actually, a literal translation, since the English defective verb* ought to *is none other than the old conditional form of the verb* to owe, *meaning* I would owe to. *Since then the verb* to owe *has become regular:*

I owed him money. A sum was owed to the bank.

But the ought to *form has survived as a verb in its own right. So, since* **dovere** *means* to owe, *it is logical to translate the conditional of* **dovere** *by the conditional of* to owe:

dovrei = I ought to
avrei dovuto = I ought to have

NOMENCLATURA DELLA LEZIONE

Nomi

un diavolo   la calma
un incubo   il sangue freddo
l'esagerazione

Verbi

rileggere (leggere ancora), ho riletto   fischiettare
preoccuparsi   annoiare
sfogliare

Espressioni

nascere con la camicia (essere fortunato)   neanche per idea!
star su   a saperlo!
prendersela

ESERCIZI

I. Esercizi orali: laboratorio

II. Esercizi scritti

A. Trovare il condizionale presente e passato dei verbi seguenti.

        Es.:   parlo   **parlerei, avrei parlato**

1. guarda   6. si dice   11. ci si diverte
2. ripeto   7. vedete   12. mette
3. riflettete   8. faccio   13. prendono
4. sono   9. vado   14. usciamo
5. mi fermo   10. mi alzo   15. arrivate

B. Mettere le frasi seguenti al condizionale passato:

1. Ti dico che tutto cambierà: non ci sarà più la povertà, tutto il mondo sarà uguale.
2. Scriverai cento pagine e non ne sarai soddisfatto. Sarà un buon segno. Dopo un certo tempo avrai già un'opera completa e saprai quale via seguire per diventare scrittore.

C. Completare le frasi che seguono:

1. Avresti un'automobile e _____.
2. Non avresti letto Shakespeare e _____.
3. Tua madre sarebbe stata contenta _____.
4. Avresti imparato l'italiano _____.
5. Non avrei capito e _____.
6. Ti saresti divertito molto _____.
7. Giulio Cesare avrebbe detto _____.
8. Non avrei veduto quel film _____.
9. La Milli avrebbe lavorato col regista Micheloni e _____.

D. Mettere al passato:

1. Vorrei essere un pirata come il Corsaro Nero. Vincerei sempre le battaglie navali. Sulla nave nemica ci sarebbe una bellissima donna che s'innamorebbe di me. Ma io la tratterei con rispetto e con simpatia e le direi che amo un'altra donna che mi attende in una terra lontana. Poi sbarcherei e la porterei dai genitori. Infine ripartirei, un po' triste ma nobilitato, verso nuove avventure.
2. George Washington re degli Stati Uniti! Molte cose sarebbero diverse sotto una famiglia reale ereditaria. Il re fonderebbe un'aristocrazia. Gl'industriali diventerebbero conti e marchesi. Non ci sarebbero elezioni e la cultura del paese sarebbe molto diversa da quel che è.

E. Completare con le forme appropriate di **dovere**:

1. Sapevi che era il presidente che _____ parlare? La sua conferenza _____ essere interessante.
   Sì, tu _____ venire.
   So che _____ andarci. Inoltre, si _____ andare sempre alle conferenze, ma ne _____ fare quasi dieci alla settimana e sentirle tutte diventa impossibile. Qualcuno _____ dirmi che era importante.
2. Quando sono uscito questa mattina la strada era bagnata. Penso che _____ piovere durante la notte. _____ piovere sempre di notte e mai di giorno.
3. Barbara aveva un appuntamento con Giovanni. Egli _____ passare a prenderla alle otto. Alle otto e mezzo non era ancora arrivato. « _____ essere accaduto un incidente », pensava Barbara. « Sapendo che sarebbe stato in ritardo, _____ telefonarmi. Forse _____ telefonare a casa sua. » Alle nove arriva. Ecco cos'è accaduto: _____ aver sbagliato la strada perchè ha perso un'ora per cercare la casa senza vedere che si trovava in Via Puccini e non in Via Verdi. Un po' seccata, Barbara gli ha detto che _____ comperarsi un buon paio di occhiali.

F. Scrivere un breve paragrafo per completare ognuna delle frasi che seguono. (Usare perchè, poichè, allora, ecc.)

1. Ogni trimestre dovrei . . .
2. Gli architetti di questa scuola avrebbero dovuto . . .
3. Dovrei scrivere un romanzo . . .

G. (*Esercizio facoltativo*) Tradurre in italiano. (Questo è il primo ed uno dei rarissimi esercizi di traduzione del libro.)

1. *That's what I should have said!*
2. *He ought to be here now. He must be late.*
3. *You should not have bought these flowers for her. They are so expensive. You must be in love!*
4. *They should have told you that this plane does not go to France.*
5. *The Italian Riviera must be a wonderful place for a vacation.*
6. *It must be nice to be rich, famous, and beautiful.*
7. *This professor must think we are geniuses* (**dei geni**).
8. *You should never have tried to do this. It is much too difficult.*

COMPONIMENTI

COMPONIMENTO ORALE. SCEGLIERNE UNO:

Ciò che si dovrebbe fare sempre e ciò che non si dovrebbe fare mai per riuscire simpatici (simpatiche) alle ragazze (o ai giovanotti).

Ciò che Lei avrebbe dovuto fare il trimestre scorso e ciò che dovrebbe fare in quello in corso.

Ciò che l'amministrazione della Sua scuola avrebbe dovuto fare o dovrebbe fare per migliorare la vita degli studenti. (Con un po' di umorismo, magari!)

COMPONIMENTO SCRITTO. SCEGLIERNE UNO DEGLI ARGOMENTI CHE SEGUONO:

Usare il discorso indiretto quand'è opportuno, le forme avverbiali studiate, il passato, i verbi riflessivi e pronominali, il condizionale ed il verbo **dovere.**

Quello che avrebbe fatto dopo di aver ricevuto un regalo di un milione proprio questa mattina, prima d'entrare in classe.

Quello che avrebbe detto e fatto dopo di essere stato scambiato per un attore celebre al quale si domandava con insistenza l'autografo.

Il pensiero di . . .

NICCOLÒ MACHIAVELLI

sugli Adulatori

Non voglio trascurare un argomento importante ed un errore dal quale i principi si possono proteggere con difficoltà e solo per mezzo della prudenza e dell'**oculatezza** nella scelta. Questi sono gli adulatori, dei quali le corti sono piene: perchè gli uomini si compiacciono tanto nelle cose loro proprie e vi si ingannano in modo tale che si difendono da questa peste con difficoltà ed il desiderio di difendersi da ciò fa correre il rischio di esser disprezzati. Poichè non c'è altro modo per difendersi dall'adulazione se non quello di far sapere agli uomini che non ti offendono se ti dicono la verità; ma quando ciascuno può dirti la verità, ti viene a **mancare il rispetto.**

Un principe prudente deve, dunque, seguire un terzo modo: scegliere nel suo stato uomini savi e dare solamente a quelli la libertà di dirgli la verità, ed unicamente intorno a quelle cose che lui domanda e non altro. Ma deve consultarli per ogni cosa, udire le loro opinioni e poi deliberare da sè, a suo modo. Con ciascuno dei suoi consiglieri deve agire in maniera che ognuno sappia che quanto più liberamente parlerà, tanto più **ben accetto sarà:** al di fuori di quelli, non dovrebbe udirne nessun altro, ma mettere in atto ciò che ha deciso e restar fermo nelle proprie decisioni. Chi agisce diversamente, cade nelle mani degli adulatori o cambia spesso di parere: a causa di ciò sarà poco stimato . . .

Un principe, pertanto, deve sempre chiedere consiglio, ma solamente quando lo vuole lui, non quando lo vogliono gli altri; anzi, deve dissuadere ogni persona dal consigliarlo intorno ad una cosa prima che egli stesso ne faccia richiesta. Tuttavia deve chiedere abbondantemente consiglio e poi ascoltare pazientemente la verità intorno a ciò che ha chiesto; anzi, deve turbarsi se vede che qualcuno, per riguardo, non gliela dice. E poichè molti credono che un principe che dia l'impressione di essere prudente, viene considerato tale, non per i propri meriti, ma perchè è circondato da buoni consiglieri, essi senza dubbio s'ingannano. Poichè vi è una regola generale che non fallisce mai: un principe che non sia savio per se stesso, non può essere consigliato bene, a meno che, per puro caso, non **si metta nelle mani di** un solo individuo che lo guidi in tutto, e che sia uomo prudentissimo. In questo caso potrebbe trovare un vantaggio, ma la situazione durerebbe poco perchè quel governatore gli toglierebbe lo stato in breve tempo. Inoltre, chiedendo consiglio a più d'uno, un principe che non sia savio non otterrà mai dei consigli coerenti, nè saprà renderli tali da sè; ciascuno dei consiglieri penserà al proprio interesse: lui non li saprà correggere nè conoscere. E non si possono trovare consiglieri che siano diversi; perchè gli uomini saranno sempre malvagi verso di te, a meno che non siano resi buoni dalla necessità. Perciò si conclude che i buoni consigli, dati da qualsiasi persona, devono nascere dalla prudenza del principe, e non la prudenza del principe dai buoni consigli.

NICCOLÒ MACHIAVELLI, *Il Principe*, Riccardo Ricciardi, Editore, Milano-Napoli.

l'oculatezza: la cautela, la prudenza
mancare il rispetto: perdere il rispetto
ben accetto sarà: sarà ben accolto
mettersi nelle mani di: affidarsi a (una persona)

DOMANDE

1. Come possono proteggersi dall'adulazione i principi savi?
2. Dia un esempio, anche storico, di un adulatore.
3. Il principe deve offendersi se gli viene detta la verità?
4. Come dev'essere il consigliere scelto dal principe? Dica ciò che viene suggerito dal Machiavelli.
5. Quali sono i rischi che corre quel principe che si mette interamente nelle mani dei consiglieri?
6. Qual è l'atteggiamento del Machiavelli riguardo alla natura dell'uomo? (Pessimista o ottimista?) Perchè?
7. Spieghi con parole Sue la conclusione del brano.

ARGOMENTI PER COMPONIMENTI O CONVERSAZIONI

1. Immagini di essere un consigliere del Suo Capo di Stato. Gli dia dei consigli intorno ad un problema particolarmente importante di politica interna od estera. (Dare a questo esercizio la forma di dialogo.)
2. Descriva un adulatore (anche immaginario) e ne mostri l'influenza sul suo capo (buona, cattiva, irrilevante, ecc.).

❀ LEZIONE ❀
TREDICESIMA

PARTE PRIMA

Il congiuntivo:
Il congiuntivo irregolare
Bisogna ed il concetto di necessità

STUDIARE LE FRASI CHE SEGUONO:

Indicativo	*Congiuntivo*
Faccio molte cose.	Bisogna **che io faccia** molte cose.
Vado a scuola.	Bisogna **che io vada** a scuola.
Riesco a superare gli esami alla fine dell'anno.	Bisogna **che io riesca** a superare gli esami alla fine dell'anno.
Sono sempre in orario.	Bisogna **che io sia** sempre in orario.
So le lezioni.	È necessario **che io sappia** le lezioni.
Ho buoni voti.	Sarà bene **che riceva** buoni voti (**che abbia** buoni voti).

Affermazione e domanda	*Risposta*
Bisogna **che prepari** la lezione per domani. È necessario **che** lo **faccia** anche tu?	Sì, bisogna **che** la **prepari** anch'io.
Bisogna **che** Luisa **vada** al mercato. È necessario **che** ci **vada** anche Mario?	Sì, bisogna **che** ci **vada** anche lui. Bisogna **che** ci **vadano** entrambi.
Non chiudete la finestra: prima bisogna **che si cambi** l'aria.	Sì, ed è anche necessario **che** la stanza **si rinfreschi.**

315

A che ora devi essere a casa?

Bisogna **che ci vada** per le sei perchè mi deve telefonare una persona. È bene **che sia** pronto quando mi chiama.

Bisogna **che sappiano** il congiuntivo di tutti i verbi?

No, ma è necessario **che si sappiano** i nuovi congiuntivi irregolari.

Quanto denaro devono portare con sè per andare in Europa?

Bisognerà **che portino** mille dollari; è necessario, perciò, **che facciano** dei risparmi.

È necessario **che un artista esprima** la realtà?

No, bisogna soprattutto **che esprima** il suo concetto del mondo. Bisogna pure **che** il pubblico **si sforzi** di comprendere ciò che esprime.

LETTURA

Quel che si deve fare quando si esce con una signorina

Il brano che segue è una conversazione tra due giovanotti: Michele che è appena arrivato dall'Italia e Bill, americano, suo compagno di camera.

MICHELE.   Senti, Bill, questa sera esco. Ho un appuntamento con Betty alle otto. Vado a prenderla a casa. È una ragazza affascinante e mi considero fortunato di averla conosciuta. Bisogna, però, che qualcuno mi dica esattamente come un giovane si deve comportare in America quando esce con una ragazza. Perciò ti prego di dirmi quel che devo fare e quel che non devo fare.

BILL.   Caro mio, c'è parecchio da impare. Per cominciare, bisogna che tu sia puntuale e vestito come si deve. Poi sarà bene che la tua macchina sia impeccabile come te e che ci sia abbastanza benzina per non restar bloccati lontano da casa.

MICHELE.   Che peccato ... Mi piace molto restar bloccato in una strada deserta, soprattutto se la ragazza è bionda: ah! una bionda al chiaro di luna!

BILL.   Bisogna che ci sia benzina a sufficienza. Naturalmente, se Betty non
ha fretta, potete sempre dire ai suoi genitori che siete rimasti bloccati
per mancanza di benzina.

MICHELE.   Sì, sì, va bene. Non è necessario che tu mi faccia un piano nei
più minuti dettagli. Nella mia città, restiamo bloccati nel filobus . . .
Anche quello è molto pratico. Continua pure.

BILL.   Va bene. Allora, dov'ero rimasto? Ah, sì. Arrivi a casa di Betty.
Sarà bene che tu sia molto gentile con la madre, col padre, col fratello
più piccolo e col nonno. Sii gentile anche col cane e cerca di dimostrare
la tua simpatia anche verso i pesci rossi dell'acquario.

MICHELE.   Ma intanto . . . Betty dove sarà?

BILL.   Non sarà ancora pronta. Non crederai che sia pronta e che ti stia ad
aspettare seduta in salotto, come se tu fossi l'unico giovanotto disposto
a portarla fuori. No, certo. Betty sa bene che bisogna che tu l'aspetti
almeno per mezz'ora.

MICHELE.   Non sarò mai capace di trovare argomenti di conversazione per
passare mezz'ora in compagnia dei pesci rossi!

BILL.   Non ti preoccupare. Quando arriverà Betty, poi, bisognerà che tu
faccia vedere di rimanere colpito dalla sua bellezza. Dovrai andarle
incontro e dimostrarle la tua meraviglia. Sarà bene che le dica sottovoce
qualche parolina come: « Adorabile, vezzosa . . . »

MICHELE.   Però, non sarà meglio che io agisca in modo che Betty non creda
di essere presa in giro? . . . È molto bella, sì, ma non si crede una dea . . .

BILL.   Sì, è vero, non crede di essere una dea, ma non lo dirà, perchè è una
ragazza intelligente. Bisognerà, insomma, che tu sappia prevedere le
cose; dovrai aprirle la porta, domandarle come sta. E poi dovrai avere
già in mente un posto dove portarla. Alle ragazze non piacciono i giovanotti che dicono: « Dove vorrebbe andare? » Loro sanno bene dove
vogliono andare, ma è molto imbarazzante doverlo dire quando non
sanno di quanto denaro disponga il giovane che le accompagna. Perciò sei
tu quello che deve sapere fin dall'inizio ciò che farete. Ah, dimenticavo!
La conversazione . . . Cercherai di dimostrare la tua cultura, sarai
cortese e galante; ma il miglior modo per dimostrare queste qualità sarà
di lasciarla parlare e di approvare tutto quello che dice.

MICHELE. Grazie, amico mio. Capisco il sistema. Sono certo che farò un'ottima impressione.

DOMANDE SULLA LETTURA

1. Michele domanda alcuni consigli a Bill. A proposito di che cosa? Perchè
ha bisogno di consigli?

2. Cosa deve sapere Michele? Cosa pensa di Betty? Signorina, vorrebbe uscire con Michele? Perchè?

3. Quali sono i preparativi che deve fare il giovane prima di andare a trovare la signorina? Come deve vestirsi? Anche la signorina si prepara? Come?

4. La benzina ... Un argomento delicato. Perchè? Bisogna restare a serbatoio vuoto? Perchè? Non tutti i giovanotti italiani hanno la macchina. Ed allora che scusa trovano?

5. Cosa dovrà fare Michele quando arriverà da Betty? Perchè la conversazione con i pesci rossi non è facile?

6. Perchè Betty non sarà pronta? Se Michele la troverà pronta, cosa penserà?

7. Quando arriverà Betty, come dovrà comportarsi Michele? Perchè? Di che cosa ha paura Michele? Lei crede che tutte le signorine pensino di essere straordinariamente belle?

8. È necessario che il giovane faccia i suoi piani in precedenza? Perchè? Bisogna che sia previdente in molti sensi. Spieghi questa parola con degli esempi descriventi un giovane od una ragazza che abbiano questa qualità.

9. La conversazione. Quali virtù dovrà dimostrare di possedere il povero Michele nel suo modo di conversare? Ma ... qual è l'unica cosa che dovrà fare?

10. Cosa pensa Lei di questi consigli? Bill ha torto o ragione? Perchè? È vero che i giovani agiscono proprio così? E le signorine? Perchè?

SPIEGAZIONI

IL CONGIUNTIVO

I. Il congiuntivo è un modo verbale, come l'indicativo ed il condizionale. Il congiuntivo, come si vedrà, è il modo nel quale si coniuga un verbo quando questo dipende da **forme impersonali** *(come* **bisognare***) o da certe espressioni che indicano* **opinione, comando, stato d'animo, ecc.** *In questa lezione studieremo l'uso del congiuntivo con i verbi impersonali.*

Osserviamo prima alcuni congiuntivi iregolari molto comuni:

avere	(che) io abbia	**potere**	(che) io possa	**volere**	(che) io voglia
essere	(che) io sia	**sapere**	(che) io sappia	**dovere**	(che) io deva
fare	(che) io faccia	**andare**	(che) io vada	**venire**	(che) io venga

La coniugazione di questi verbi al congiuntivo:

Infinito	Indicativo presente	Congiuntivo presente
avere	ho	che io **abbia**
	hai	che tu **abbia**
	ha	che egli **abbia**
	abbiamo	che noi **abbiamo**
	avete	che voi **abbiate**
	hanno	che essi **abbiano**
essere	sono	che io **sia**
	sei	che tu **sia**
	è	che egli **sia**
	siamo	che noi **siamo**
	siete	che voi **siate**
	sono	che essi **siano**
fare	faccio	che io **faccia**
	fai	che tu **faccia**
	fa	che egli **faccia**
	facciamo	che noi **facciamo**
	fate	che voi **facciate**
	fanno	che essi **facciano**
potere	posso	che io **possa**
	puoi	che tu **possa**
	può	che egli **possa**
	possiamo	che doi **possiamo**
	potete	che voi **possiate**
	possono	che essi **possano**
sapere	so	che io **sappia**
	sai	che tu **sappia**
	sa	che egli **sappia**
	sappiamo	che noi **sappiamo**
	sapete	che voi **sappiate**
	sanno	che essi **sappiano**
andare	vado	che io **vada**
	vai	che tu **vada**
	va	che egli **vada**
	andiamo	che noi **andiamo**
	andate	che voi **andiate**
	vanno	che essi **vadano**

Infinito	*Indicativo presente*	*Congiuntivo presente*
volere	voglio	che io **voglia**
	vuoi	che tu **voglia**
	vuole	che egli **voglia**
	vogliamo	che noi **vogliamo**
	volete	che voi **vogliate**
	vogliono	che essi **vogliano**
dovere	devo (debbo)	che io **deva (debba)**
	devi	che tu **deva**
	deve	che egli **deva**
	dobbiamo	che noi **dobbiamo**
	dovete	che voi **dobbiate**
	devono (debbono)	che essi **devano (debbano)**
venire	vengo	che io **venga**
	vieni	che tu **venga**
	viene	che egli **venga**
	veniamo	che noi **veniamo**
	venite	che voi **veniate**
	vengono	che essi **vengano**

II. Il congiuntivo ed i verbi impersonali

Abbiamo già studiato la costruzione **bisogna + l'infinito**:

> **Bisogna mangiare** per vivere.
> **Bisogna essere** puntuali.
> Se ci sentiamo male, **bisogna andare** dal dottore.
> **Bisogna fare** bene questo lavoro.

Questa costruzione ha un senso impersonale, generico. Non si riferisce ad una persona in modo specifico ed il pronome che viene usato è l'indefinito **si.**

> Stai male. **Bisogna che tu vada** dal dottore.
> **È necessario che finisca** questo tema prima di sera.

La costruzione di **bisogna, occorre, è necessario** (o di un altro verbo impersonale) **+ il congiuntivo** si usa quando ci si riferisce ad un soggetto specifico (**io, tu, egli, noi, voi, essi**):

> **Bisogna che scriviate** chiaramente.
> **È meglio che Giulia resti** con te.
> **Sarà bene che Giovanni paghi** l'abbonamento.

Questa costruzione è molto frequente in italiano. Bisognerà, perciò, ricordare bene la costruzione dei verbi impersonali e del congiuntivo.

III. Il verbo **bisognare** *al negativo*

Abbiamo notato in precedenza che il verbo **bisognare** corrisponde all'inglese *to have to*. Il negativo di questo verbo, invece, significa *must not*:

> **Non bisogna dire** ad una ragazza che non è carina. È un'azione scortese.
> **Non bisogna lasciare** la macchina in sosta al centro della strada.

NOTA: Come si dice *I don't have to?* Questa forma corrisponde all'italiano **non devo, non sono obbligato**:

> La prima lezione è alle nove e **non devo alzarmi** prima delle otto.
> **Non dovevi copiare** tutto il capitolo, bastava farne un riassunto.
> **Non è obbligata ad andare** con loro.

NOMENCLATURA DELLA LEZIONE

Nomi

la benzina
il chiaro di luna
un piano
il vaporetto
l'ammirazione

l'incontro (andare incontro a . . .)
una dea, un dio
la porta
il sistema

Aggettivi

affascinante
fortunato (-a)
impeccabile
bloccato (-a)
solitario (-a)

colpito (-a)
stupefatto (-a)
vezzoso (-a)
imbarazzante

Verbi ed espressioni verbali

come si deve
restare bloccati
essere presi in giro
credersi

lasciare parlare
far aspettare qualcuno
approvare

Altre espressioni

per filo e per segno

❋ LEZIONE ❋ TREDICESIMA

PARTE SECONDA

Il congiuntivo (continuazione): Il congiuntivo regolare—presente e passato

STUDIARE LE FRASI CHE SEGUONO:

Congiuntivo presente	*Congiuntivo passato*
Credo che Lino **ricordi** il tuo indirizzo.	Credo che Lino **abbia ricordato** il tuo indirizzo.
Non sappiamo se lo zio di Lisa **arrivi** dal Brasile.	Non sappiamo se lo zio di Lisa **sia arrivato** dal Brasile.
Dubito che **imparino** la fisica in così breve tempo.	Dubito che **abbiano imparato** la fisica in così breve tempo.
Dubito che quel signore **ricordi** il mio nome.	Dubito che quel signore **abbia ricordato** il mio nome.
È possibile che il treno **arrivi** a quest'ora?	È possibile che il treno **sia** già **arrivato** a quell'ora?
Non so se **partano** oggi o domani.	Non so se **siano partiti** (**-e**) ieri o l'altro ieri.
Sono contento che il professore mi **creda.**	Sono contento che il professore mi **abbia creduto.**
Il professore pensa che gli studenti **capiscano** tutto.	Il professore pensa che gli studenti **abbiano capito** tutto.

LETTURA

Quel che Michele non avrebbe dovuto fare

Dopo l'appuntamento con Michele, che ha seguito scrupolosamente i consigli di Bill, ecco cosa dice Betty a questo proposito.

324

BETTY. Pronto, Monica? Parla Betty. Come stai?

MONICA. Non c'è male, grazie. Dovrei domandare a te, piuttosto, come stai. Non dovevi uscire con quel giovanotto italiano?

BETTY. Non me ne parlare! Sì, sono uscita con lui... È stata una serata veramente strana. Bisogna proprio che ti racconti tutto.

MONICA. Aspetta un momento. Credo che mio fratello stia riparando la motocicletta. Fa un rumore terribile... Eccomi, parla pure.

BETTY. Bene; innanzi tutto, bisogna che ti spieghi. Quando mi ha domandato di uscire con lui, ho cercato di sapere come un giovanotto italiano vuole che agisca la ragazza con cui esce. Per esempio, sapevo che avrei dovuto farmi trovare pronta al suo arrivo, perchè a loro non piace aspettare. Quando sono entrata in salotto, l'ho trovato in piedi vicino all'acquario. Avresti dovuto vederlo! Credo che gli piaccia parlare coi pesci rossi! E poi sembrava così meravigliato di vedermi. Appena l'ho salutato ha fatto qualche passo verso di me... ha mormorato delle parole incomprensibili, qualcosa come « ammirazione »... Francamente penso che sia un po' matto. Poi mi son detta che forse i giovanotti agiscono così in Italia.

MONICA. Posso assicurarti che io, che sono appena ritornata dall'Italia, non ho mai veduto una cosa simile. Sì, credo anch'io che sia un po' strano. Peccato, perchè è un ragazzo simpatico.

BETTY. Non è vero? Poi siamo usciti di casa: si è precipitato ad aprire la porta e quando ci siamo messi in macchina mi ha domandato per una decina di volte se stavo bene, se avevo freddo o caldo. Non faceva che aprire e chiudere il finestrino. Io non lo riconoscevo più. Non l'ho mai veduto così premuroso.

MONICA. È vero. Ti ricordi, l'altro giorno, quando gli ho domandato di andare a prendermi un'altra tazza di caffè? Mi ha risposto che facevo bene a prenderla da me perchè avevo bisogno di moto, come si poteva vedere benissimo... Mi ha fatto perdere la pazienza... Mi domando, infatti, se certe persone come lui non siano più fortunate proprio a causa di quell'aria disinvolta, di quella certa superiorità che li rende irritanti ma anche simpatici. Dico questo perchè, proprio dopo la storia della tazza di caffè, Michele mi ha detto: « Non puoi immaginare quanto mi piaccia vederti andare in collera... Gli occhi ti si fanno più scuri e penetranti... » Ma scusami, tu credevi... Di' pure.

BETTY. Dov'ero rimasta? Ah sì; insomma le cose sono andate così per un'ora. Non diceva una parola, mi guardava con quell'aria stupita e dovevo fargli delle domande precise per sentirgli dire qualche cosa. E poi, sembrava completamente privo di opinioni. Aspettava che dicessi la mia su ogni cosa e diceva sempre di sì con la testa, con un sorriso sciocco. Ho finito per domandargli come si sentiva, perchè mi sembrava così diverso dal Michele che conoscevo. Più tardi mi ha spiegato tutto, e non abbiamo mai riso così a lungo!

MONICA.   Sapevo che doveva esserci qualcosa sotto! Voleva burlarsi di te,
   per caso?

BETTY.   No, no. Niente affatto. Aveva domandato al suo amico Bill come
   doveva comportarsi, che cosa doveva dire e quel che si fa e che non si fa
   in America. Non so precisamente cosa gli abbia spiegato Bill ma, ad ogni
   modo, questo è ciò che Michele aveva capito. Ora però le cose vanno
   molto meglio. Abbiamo concluso la serata nel migliore dei modi. E poi,
   ritornando a casa, avevo freddo e gli ho domandato di chiudere il finestrino. Mi ha risposto che era meglio lasciarlo aperto perchè l'aria fresca
   fa bene alla salute. Come vedi, era ritornato normale. Ne sono felicissima
   e venerdì prossimo abbiamo un altro appuntamento.

DOMANDE SULLA LETTURA

   1. Betty telefona a Monica. Ricorda un'espressione idiomatica che voglia
      dire « telefonare »? Cosa le vuole raccontare? Le ragazze raccontano
      spesso alle amiche quel che succede quando escono con un giovanotto?
      Perchè? I giovanotti fanno la stessa cosa? Perchè?

   2. Quando Michele ha domandato a Betty di uscire con lui, la ragazza si
      è preoccupata di sapere qualche cosa prima dell'appuntamento? Cosa
      le hanno detto di fare? Perchè?

   3. Betty era puntuale? Cosa ha veduto quand'è entrata nel salotto? Perchè
      Michele parlava ai pesci rossi?

   4. Perchè Betty crede che Michele sia un po' matto? Lo era veramente?
      Perchè agiva così stranamente quando Betty è entrata?

   5. Monica è d'accordo con Betty? Pensa che Michele sia un po' strano.
      Perchè è un peccato che ciò accada?

   6. Ora Michele e Betty sono in macchina. Continua ad essere strano il
      comportamento di Michele? Che cosa fa? Ma in realtà, perchè agisce
      in questo modo?

   7. Monica è sorpresa quanto Betty nel sentire come Michele si comporta
      nell'automobile. Perchè? Per quale motivo pensa che Michele non sia
      sempre così premuroso?

   8. Quali sono i sentimenti di Monica per Michele? Non lo può sopportare?
      Spieghi.

   9. Se Lei fosse al posto di Monica, vorrebbe uscire con Michele? Perchè?
      Le piacerebbe conoscere una giovane italiana (od un giovane italiano)?

   10. Com'era la conversazione di Michele? Brillante? Divertente? Perchè si
       comportava così?

   11. Verso la fine della serata, Betty non crede più che Michele sia matto.
       Si domanda, invece, se non sia ammalato. Come si dice, se una persona
       è ammalata? (Non...) Più tardi Michele ha spiegato qualcosa; che cosa?

12. Com'è finita la serata? Da che cosa possiamo capire che Michele era tornato normale? Si rivedranno Betty e lui?
13. Come crede che passeranno la serata successiva? Perchè?
14. Se Lei fosse al posto di Betty, agirebbe allo stesso modo? Perchè?

SPIEGAZIONI

IL CONGIUNTIVO (continuazione)

Nella lezione precedente abbiamo veduto le forme del congiuntivo di alcuni verbi irregolari. In questa lezione studieremo il presente ed il passato del congiuntivo dei verbi regolari.

I. Il congiuntivo presente delle tre coniugazioni

I	II
Imparare	**Credere**
(che) io impar **i**	(che) io cred **a**
(che) tu impar **i**	(che) tu cred **a**
(che) egli impar **i**	(che) egli cred **a**
(che) noi impar **iamo**	(che) noi cred **iamo**
(che) voi impar **iate**	(che) voi cred **iate**
(che) essi impar **ino**	(che) essi cred **ano**

III

Partire	**Capire**
(che) io part **a**	(che) io cap isc **a**
(che) tu part **a**	(che) tu cap isc **a**
(che) egli part **a**	(che) egli cap isc **a**
(che) noi part **iamo**	(che) noi cap **iamo**
(che) voi part **iate**	(che) voi cap **iate**
(che) essi part **ano**	(che) essi cap isc **ano**

II. Il congiuntivo passato

Il congiuntivo passato di tutti i verbi si forma con **il congiuntivo presente di avere** o **essere** + **il participio passato.**

Ecco alcuni esempi dei verbi con **avere:**

preparare	(che) io abbia preparato
	(che) tu abbia preparato
	(che) egli abbia preparato

(che) noi abbiamo preparato
(che) voi abbiate preparato
(che) essi abbiano preparato

temere   (che) io abbia temuto
                ecc.

mandare   (che) io abbia mandato
                ecc.

Ed ora, ecco alcuni esempi con **essere:**

partire   (che) io sia partito (-a)
                (che) tu sia partito (-a)
                (che) egli sia partito
                (che) noi siamo partiti (-e)
                (che) voi siate partiti (-e)
                (che) essi siano partiti

andare   (che) io sia andato (-a)
                ecc.

venire   (che) io sia venuto (-a)
                ecc.

III. Uso del congiuntivo

Il congiuntivo si usa nelle proposizioni che dipendono da verbi indicanti opinione, ignoranza, dubbio, volontà, preferenza od uno stato d'animo.

A. Dopo un'espressione di emozione, di sentimento personale, di volontà o di desiderio:

1. Dopo un aggettivo od un nome:

Sono contento **di studiare** l'italiano.

Sono felici **di ricevere** dei buoni voti.

Temo **di non finire** gli studi entro quest'anno.

Sono contento **che studiate** l'italiano.

Sono felici **che riceviate** dei buoni voti.

Temo **che non finiate** gli studi entro quest'anno.

Negli esempi che precedono si noterà che quando non vi è un cambiamento di soggetto si usa l'infinito preceduto dalla preposizione **di.**

Se il soggetto non è lo stesso si usa il modo congiuntivo nelle proposizioni subordinate.

Ecco alcuni aggettivi ed alcuni nomi che reggono il congiuntivo quando i soggetti delle proposizioni sono differenti:

Aggettivi

contento	fiero
meravigliato	desolato
felice	ansioso
sorpreso	spiacente

Nomi

paura	timore
vergogna	bisogno

Ecco alcuni esempi:

I genitori sono **contenti che** i figli **parlino** con rispetto della loro famiglia. Mio padre e mia madre, per esempio, sono particolarmente **fieri che** i nostri amici **considerino** la nostra famiglia come un modello di serenità e l'**ammirino** pubblicamente.

2. Dopo un verbo:

A mia madre non piace **camminare.**	A mia madre non piace **che** io **cammini** a lungo.
Preferisce **preparare** i pasti da sè.	Preferisce **che** mia sorella **prepari** i pasti da sè.
Vuole **andare** a riposare alle 9 ogni sera.	Vuole **che** i figli **vadano** a riposare alle 9 ogni sera.
Si augura di **poter** vivere sempre così.	Si augura **che** tu **possa** vivere sempre così.
Preferisce **avere** una vita sicura e non incerta e desidera **restare** calma e serena.	Preferisce **che** Marta **abbia** una vita sicura e non incerta e desidera che **resti** calma e serena.

Si noterà che (come accade dopo un aggettivo od un nome) se vi è lo stesso soggetto per tutte le proposizioni si userà l'infinito.

Se invece i soggetti sono più d'uno la proposizione subordinata va al congiuntivo.

Ecco alcuni verbi che richiedono l'uso del congiuntivo quando vi sono soggetti differenti:

pensare	volere
credere	desiderare
piacere	dolersi
ordinare	rammaricarsi
preferire	comandare
dubitare	deplorare
augurarsi	

Ecco alcuni esempi:

Le Nazioni Unite desiderano che tutti i paesi **si trovino** d'accordo sulle più importanti questioni di politica internazionale. Da un discorso fatto quest'oggi, si comprende che al Segretario Generale rincresce di essere stato chiamato ad arbitrare la nota vertenza fra le due potenze confinanti per le quali sembra che un aperto conflitto **sia** l'unico modo di risolvere le proprie divergenze.

B. Dopo un'espressione di possibilità, dubbio o necessità:

È possibile **andare** sulla luna.

È possibile **che** gli astronauti **vadano** sulla luna.

Non sono sicuro **di poter** fare ciò che mi chiedi.

Non sono sicuro **che** Elio **possa** fare ciò che gli chiedi.

Dubito **di riuscire** ad andare in vacanza per un mese.

Dubito **che** Giulia **trovi** il tempo di andare in vacanza per un mese.

È necessario (oppure: bisogna, è indispensabile) **imparare** l'uso del congiuntivo.

È necessario (oppure: bisogna, è indispensabile) **che** Loro **imparino** l'uso del congiuntivo.

Sarà opportuno notare che (come nel caso delle espressioni indicanti stato d'animo o desiderio), se vi è un solo oggetto non si usa il congiuntivo. Questa è una costruzione che abbiamo trovata più volte. Se, d'altro canto, il soggetto della proposizione avente* il verbo di necessità, di dubbio o di possibilità non è lo stesso anche per la subordinata, questa sarà al congiuntivo.

Ecco alcune espressioni che reggono il congiuntivo:

Aggettivi	*Verbi*
È possibile	Può darsi che (= è possibile che)
È probabile	
È impossibile	dubitare
È verosimile	

NOTA: Se la proposizione dipendente indica un'azione futura il verbo sarà coniugato al futuro:

È probabile che **pioverà** prima di notte.
Si augurano che **potrete** ritornare presto.

Anche un'espressione indicante certezza come « sono certo », « sono sicuro » non richiede l'uso del congiuntivo perchè non indica dubbio:

Sono sicuro che **ricorda** il mio nome.

* **avente:** *having*

IV. Espressioni che indicano lo stato di salute

Domanda	*Risposta*
Come sta?	Sto bene.
	Sto meglio.
	Sto male.
	Sto peggio.
Cos'ha?	Ho l'influenza.
	Ho il raffreddore. (Sono raffreddato.)
	Ho una malattia grave.
Cosa Le duole? (Cosa Le fa male?)	Ho mal di testa. (Mi fa male la testa.)
	Ho mal di gola.
	Ho mal di stomaco.
	Ho mal di denti.
Ha la febbre?	Sì, ho la febbre.

Mi fa male: Si usa quest'espressione per indicare quale parte del corpo duole. Per esempio: Mi fa male un braccio; mi fanno male i piedi; mi fa male lo stomaco.

NOTA: Come si vede, questa forma non prevede l'uso del possessivo ma semplicemente quella dell'articolo determinativo.

NOMENCLATURA DELLA LEZIONE

Nomi

un sorriso	l'abitudine
il finestrino	la pazienza
una motocicletta	la salute

Aggettivi

strano (-a)	irritante
terribile	penetrante
meravigliato (-a)	stupido (-a)
incomprensibile	privo (-a)
premuroso (-a)	sciocco (-a)
disinvolto (-a)	fresco (-a)

Verbi ed espressioni verbali

riparare	ridere
mormorare	esserci qualcosa sotto
assicurare	burlarsi di qualcuno
precipitarsi	concludere
muoversi	far bene a
stare	farsi male
	dolere

ESERCIZI

I. Esercizi orali: laboratorio

II. Esercizi scritti

A. Qual è la forma del congiuntivo presente e passato dei verbi seguenti?

Es.: parlo **che io parli, che io abbia parlato**

1. finisco	7. vogliamo	13. capisce
2. ti abbronzi	8. va	14. prometto
3. s'ingrandisce	9. sa	15. impariamo
4. risponde	10. dite	16. tengono
5. aspettate	11. prende	17. leggete
6. perde	12. viene	18. vede

B. Completare le frasi che seguono (e modificare i verbi):

1. Si preferisce che _____.
2. Il Segretario delle Nazioni Unite desidera che _____.
3. Le dispiace che _____?
4. Di solito si è molto felici che _____.
5. Gli studenti di questa classe sono fieri che _____.
6. È impossibile _____. Ma può darsi che _____.
7. Vuole che _____ e che _____?

C. Usando le due frasi formarne un'altra ed usare il congiuntivo quando è necessario oppure usare l'infinito.

Es.: Le dispiace. Il padre del Suo amico è morto.
Le dispiace che il padre del Suo amico sia morto.

Tu hai paura. Tu sei in ritardo.
Tu hai paura di essere in ritardo.

1. I viaggiatori sono contenti.	Arrivano a destinazione.
2. Giovanni si rammarica.	È costretto a raccontare questa storia dolorosa.
3. Saremo ben felici.	Lei è guarito.
4. È inverosimile.	Mario impara l'inglese in dieci giorni.
5. Sua madre non vuole.	Giulia passa le vacanze da sola.
6. I turisti non si meravigliano.	Quasi tutti gli italiani sono cortesi e pazienti.
7. Mi sorprende.	Il film non ha seguito la trama del romanzo.
8. Può darsi.	Questo giovanotto ha un forte mal di testa.
9. Dubitiamo.	Può venire in classe domani.

D. Esprimere le proprie idee od i propri desideri intorno a ciascuna delle dichiarazioni che seguono (variando le risposte il più possibile), dando anche una spiegazione quando sarà opportuno.

Es.: Fa molto freddo.
È impossibile che faccia freddo: siamo in Florida ed è agosto!
Ecco una « F ».
Dubito che tu sia contento di ricevere un voto simile.

1. Giovanni ha una malattia grave.
2. Lei è lo studente più intelligente della classe.
3. Ecco un' « A ».
4. La biblioteca è sempre chiusa il martedì, il giovedì ed il venerdì.
5. C'è dello spumante nel ristorante degli studenti.
6. Ti ammiro. Proporrò all'amministrazione di erigerti una statua di fronte a questo palazzo.
7. Mia suocera ed io non andiamo mai d'accordo.
8. Vai a ballare molto spesso!
9. Riccardo non è affatto sincero, dice Maria. Ed è anche un uomo di scarso talento.
10. Non so cosa mi stia succedendo: ho mal di testa, mal di stomaco ed anche la febbre.

COMPONIMENTI

COMPONIMENTO ORALE. SCEGLIERNE UNO:

Cosa crede che debba fare il Suo governo per eliminare i più urgenti problemi sociali del paese?

Lei è uscito (-a) con una ragazza (o con un ragazzo) poco divertente. Racconti l'accaduto. (Sarà forse necessario usare il verbo **bisognare, essere necessario, avere paura, credere, preferire,** ecc.)

COMPONIMENTO SCRITTO. SCEGLIERNE UNO:

Usare verbi riflessivi, pronominali e quelli che richiedono l'uso del congiuntivo.

Ciò che si deve fare (o che si dovrebbe fare . . .) per essere uno studente modello (oppure: per essere un figlio od una figlia modello; un marito od una moglie ideale).

Che cosa di deve fare (o si dovrebbe fare . . .) per avere successo con le persone dell'altro sesso. Vorrebbe farlo? Perchè? Quale ne sarebbe il risultato?

(Non si dimentichi che bisogna usare un po' di fantasia e di astuzia. Si cerchi una forma originale ed interessante per svolgere il tema. Ad esempio, potrebbe essere una conversazione con qualcuno che La rimprovera o che Le dà consigli; potrebbe anche trattarsi di Lei stesso (-a) che parla con qualcuno . . . Forse sono le riflessioni che Lei fa in un momento di sconforto . . . Ecco, per esempio, come si potrebbe incominciare il componimento:

> Tutti mi dicono che devo tentare la fortuna, conoscere molte ragazze e non rivelare mai la verità sui miei sentimenti. Uno dei miei amici insiste nel dirml che dovrei perfino lasciarmi scappare qualche complimento quando sono in compagnia di una ragazza. Io, però, penso che si esageri. Non credo che si debba essere volutamente premurosi perchè . . .

ALESSANDRO MANZONI

sul Distacco dal paese natale

Non tirava un alito di vento; il lago giaceva liscio e piano, e sarebbe sembrato immobile, se non fosse stato il tremolare, e l'ondeggiare leggiero della luna, che vi si specchiava da mezzo il cielo. S'udiva soltanto **il fiotto** morto e lento frangersi sulle **ghiaie** del lido, il gorgoglio più lontano dell' acqua rotta tra **le pile** del ponte, e il tonfo misurato di quei remi che tagliavano la superficie azzurra del lago, uscivano ad un colpo grondanti, e si rituffavano. L'onda segata dalla barca, riunendosi dietro la poppa, segnava una striscia increspata che si andava allontanando dal lido. I passeggieri silenziosi, con la faccia rivolta indietro, guardavano le montagne e il paese rischiarato dalla luna e svariato qua e là di grandi ombre. Si vedevano i villaggi, le case, le capanne: il palazzotto di don Rodrigo, con la sua torre piatta, elevato sopra le casucce ammucchiate alla falda del promontorio, pareva un feroce che ritto nelle tenebre sopra una compagnia di giacenti addormentati, **vegliasse** meditando un delitto. Lucia lo vide, e rabbrividì; discese con l'occhio attraverso la **china,** fino al suo paesello, guardò fiso all'estremità, scorse la sua casetta, scorse **la chioma** folta del fico che **sopravanzava** sulla cinta del cortile, scorse la finestra della sua stanza; e seduta com'era sul fondo della barca, appoggiò il gomito sulla sponda, chinò su quello la fronte, come per dormire e pianse segretamente.

Addio, montagne sorgenti dalle acque, ed erette al cielo; cime ineguali, note a chi è cresciuto tra voi, e impresse nella sua mente non meno che lo sia l'aspetto dei suoi più famigliari; torrenti dei quali egli distingue lo scroscio, come il suono delle voci domestiche; ville sparse e biancheggianti sul pendio, come branchi di pecore pascenti; addio! Quanto è tristo il passo di chi cresciuto tra voi, se ne allontana! Alla fantasia di quello stesso che se ne parte volontariamente, tratto dalla speranza di fare altrove fortuna, **si disabbelliscono** in quel momento i sogni della ricchezza; egli si meraviglia d'essersi potuto risolvere, e tornerebbe allora indietro, se non pensasse che un giorno ritornerà ricco. Quanto più s'avanza nel piano, il suo occhio si ritrae infastidito e stanco da quell'ampiezza uniforme; l'aria gli sembra gravosa e senza vita; s'inoltra mesto e disattento nelle città tumultuose, le case aggiunte alle case, le vie che sboccano nelle vie pare che gli tolgano il respiro; e dinanzi agli edifici ammirati dallo straniero, egli pensa con desiderio inquieto al campicello del suo paese, alla casuccia a cui egli ha già posti gli occhi addosso da gran tempo, e che comprerà, tornando ricco ai suoi monti.

Ma chi non aveva mai spinto al di là di quelli neppure un desiderio sfuggevole, chi aveva composti in essi tutti i disegni dell'avvenire; e **n'è sbalzato** lontano da una forza perversa! Chi strappato ad un tempo alle più care abitudini, e sturbato nelle più care speranze, lascia quei monti per avviarsi in traccia di stranieri che non ha mai desiderato di conoscere, e non può con l'immaginazione trascorrere ad un momento stabilito per il ritorno! Addio, casa natale, dove sedendo con un pensiero occulto, s'imparò a distinguere dal rumore dei passi comuni il rumore di un passo aspettato con un misterioso timore. Addio, casa ancora straniera, casa sogguardata tante volte **alla sfuggita,** passando, e non senza **rossore;** nella quale la mente si compiaceva di figurarsi un soggiorno tranquillo e perpetuo di sposa. Addio, chiesa, dove l'animo tornò tante volte sereno, cantando le lodi del Signore; dove era promesso, preparato un rito; dove il sospiro segreto del cuore doveva essere solennemente benedetto, e l'amore venire comandato, e chiamarsi santo; addio! Quegli che dava a voi tanta giocondità è dappertutto; ed Egli non turba mai la gioia dei suoi figli, se non per prepararne loro una più certa e maggiore.

ALESSANDRO MANZONI, *I Promessi Sposi,*
Arnoldo Mondadori, Editore, Milano.

il fiotto: il flutto, l'onda
le ghiaie: i detriti di rocce trasportati dai fiumi
le pile: i piloni che sostengono un ponte
vegliasse: (**vegliare**) stare desto, stare vigile
la china: un pendio, una discesa
la chioma: l'insieme dei rami e del fogliame di cui si compone la parte superiore dell'albero
sopravanzava: sporgeva
si disabbelliscono: perdono la bellezza
n'è sbalzato: è costretto ad andar via
alla sfuggita: fuggevolmente
il rossore: il segno esteriore del pudore

DOMANDE

1. Qual è il sentimento che predomina in questo brano?
2. Descrivere brevemente la scena. Dove si trova la protagonista? I fatti descritti accadono di giorno o di notte? Che suoni si udivano? Cosa si poteva vedere stando nella barca?
3. Anche se Lei non ha letto *I Promessi Sposi,* può forse capire perchè Lucia lascia il suo paesello. Di chi ha paura la giovane Lucia?
4. Quali oggetti provocano in lei la commozione più intensa?

5. Descrivere lo stato d'animo di quella persona « che se ne parte volontariamente ». Come gli sembrano i sogni della ricchezza? Cosa vorrebbe fare? Ma può farlo davvero? Come gli appare il piano? E la città in cui arriva dopo di aver lasciato il suo paese di montagna?

6. Che sentimenti ha colui che deve partire dal luogo natio perchè vi è costretto? Quali effetti produce nell'animo questa partenza?

7. A cosa penserà una persona in simili condizioni?

8. Come consola, lo scrittore, l'animo di coloro che sono afflitti a causa del distacco doloroso?

9. Il Manzoni immagina che questi avvenimenti avvengano nel 1628. Crede Lei che i sentimenti per il paese di origine siano cambiati? Immagini di trovarsi al posto di Lucia. Cosa sentirebbe in cuore? Di che città è Lei? Cosa ha sentito la prima volta che l'ha lasciata? Perchè è partito (-a)? Sapeva che sarebbe ritornato (-a)? Com'è stato il Suo ritorno?

ARGOMENTI PER COMPONIMENTI O CONVERSAZIONI

1. Ancora oggi molta gente è costretta ad abbandonare la propria casa ed il proprio paese a causa della guerra o per altre ragioni. Parli di uno di questi casi, dica la Sua opinione in merito, proponga qualche alternativa.

2. Considerare lo spirito del brano del Manzoni. S'informi del periodo in cui visse lo scrittore e di quello descritto nel suo famoso romanzo. Parli del senso religioso che pervade il racconto. Ne consideri anche lo stile.

✺ LEZIONE ✺
QUATTORDICESIMA

Il congiuntivo (continuazione):
Il congiuntivo dopo i verbi **pensare, credere, sperare, volere** e **sembrare**
Il congiuntivo—imperfetto e trapassato

STUDIARE LE FRASI CHE SEGUONO:

Affermazione e domanda

Risposta

Il professore **crede che Loro capiscano** tutto quello che dice. Sono anche Loro dello stesso avviso?

No. Il professore **non crede che noi capiamo** tutto. Crede che capiamo le cose essenziali.

Credo che Giovanni abbia l'influenza. **Crede** anche Lei **che abbia** l'influenza?

Sì, **credo che** ce l'**abbia**. Ma **non penso che sia** malato gravemente.

Spero che Suo padre sia contento dei Suoi voti. **Lei spera che sia** contento?

Sì, **spero che sia** contento dei voti ma non credo che sarà contento quando vedrà cos'è accaduto alla mia macchina.

Credo che questa signorina sia molto carina. **Non crede che sia** carina anche sua sorella?

Io trovo che la sorella è molto ordinaria; **non mi sembra che sia** carina.

338

Mi sembra che Carlo sia pigro.
Sembra anche a te **che** lo **sia?**

Mi sembra che lo **sia. Non credo che sia** ammalato.

Pare che Giulio sappia già cinque lingue e **che** ne **voglia** imparare una sesta.

È vero. E **sembra che** lo **faccia** con una certa facilità.

Penso che capisca.
Credo che abbia finito di parlare.

Pensavo che capisse.
Credevo che avesse finito di parlare.

Vuole che tu gli **scriva.**
Spera che Maria gli **abbia** già **scritto.**

Voleva che tu gli **scrivessi.**

Sperava che Maria gli **avesse** già **scritto.**

È felice che voi siate venuti.

Era felice che voi foste venuti.

LETTURA

Un discorso elettorale: il programma del candidato del partito Conservatore–Progressista

Tra gli avvenimenti che suscitano particolare interesse nell'attività politica della nostra scuola ce n'è uno che ricorre ogni anno, in primavera. Si tratta delle elezioni. Gli studenti devono votare per eleggere un presidente per ciascuna classe: quella del Primo, del Secondo, del Terzo e del Quarto Anno.

Ogni candidato ha dei sostenitori i quali pensano, ovviamente, che il suo programma sia il migliore e non credono che quello degli altri partiti abbia gran che da offrire. Il candidato del partito Conservatore–Progressista pronuncia quest'oggi un discorso dagli scalini della biblioteca. Una folla di studenti si è riunita per ascoltarlo. Ascoltino anche Loro il discorso di questo candidato alla presidenza della classe del Primo Anno. Se sentiranno delle frasi un po' trite e se crederanno di averle già sentite in precedenza ciò è dovuto indubbiamente al fatto che fanno parte della solita retorica degli uomini politici.

Signore e Signori,
Colleghi ed amici,
Sono particolarmente felice di trovarmi tra un gruppo così colto ed entusiasta come questo. Sono anche soddisfatto che siano venuti in gran

numero ad applaudire colui che ha l'intenzione di apportare alla nostra magnifica scuola il contributo di un'idea che è al tempo stesso pratica e brillante; un'idea capace di promuovere quelle riforme di cui si sente il bisogno da lungo tempo.

Signori: lo studente, quest'esponente della migliore società di ogni epoca, merita che lo si apprezzi, che gli si dimostri della riconoscenza per il sacrificio che fa del proprio benessere personale nell'interesse dell'avvenire della nostra società. (*Applausi*) Bisogna forse che giunga alla vecchiaia perchè gli si rendano gli onori che merita? No. Propongo, dunque, che la strada centrale della nostra università sia prolungata nei due sensi fino al mare, affinchè porti ai confini opposti del continente la gloria di coloro che vi passano ogni giorno, meditando pensieri profondi. (*Applausi frenetici. Grida di:* Bravo! Bene! Fino al mare! *ecc.*)

Non credo che gli studenti del Primo Anno, siano trattati al presente con quella considerazione che è lecito sperare. Bisognerebbe rendersi conto che, senza la classe del Primo Anno questa nobile istituzione cesserebbe immediatamente di esistere. Mi sembra che ogni studente del Primo Anno dovrebbe poter scegliere, tra quelli delle altre classi, un cameriere personale. (*Cenni di approvazione*) Costui, a sua volta, dovrebbe essere conscio dell'onore ricevuto. Potrebbe dimostrare la sua gratitudine rendendoci piccoli servizi che sono pur così apprezzabili: dovrebbe portare i nostri libri, i cappotti e gli oggetti vari, fare quei componimenti che richiedono troppo tempo e quando il pranzo è particolarmente buono o scarso, dovrebbe darci il suo. Mi sembra indecoroso che gli studenti del Primo Anno, l'aristocrazia della scuola, vengano costretti a portare da sè i libri e i quaderni e siano per giunta obbligati a passare del tempo prezioso a scrivere compiti e temi. Bisogna che questa situazione intollerabile abbia fine! Votino tutti per il candidato che darà Loro questo esempio supremo di democrazia in azione; ricordino il motto: un cameriere personale per ogni studente del Primo Anno.

Esistono, naturalmente, altri punti di vista: il mio avversario, il candidato del Partito Retrogrado–Liberale, non è d'accordo. Crede che il modello della vita universitaria sia da trovarsi nelle università medioevali e propone l'abolizione di tutti i corsi eccetto quelli di teologia e di filosofia. Pensa altresì che i corsi di matematica, di scienze e di chimica non abbiano nessuna importanza. « Perchè mai » dice « bisogna che tutti gli studenti leggano centinaia di libri? Non basta forse Aristotele? » Si vocifera anche, ma non credo che in questo vi sia alcun fondo di verità, che voglia dar fuoco alla biblioteca . . .

Il terzo candidato, il rappresentante dei Cristiano–Atei, malgrado il nome chiaro ed esplicito che porta il suo partito, sembra che abbia un programma vago e pieno di contraddizioni . . . È convinto che si debba avere una religione ma non reputa necessario credere in Dio. Io rispetto quest'idea senza condividerla, poichè ammiro ogni espressione di fede.

Lungi da me, però, l'idea di attaccare coloro che non hanno il vantaggio di possedere uno spirito di giustizia equanime e superiore come il mio. Al contrario! Consideriamo insieme, per un momento, le loro posizioni: credono che dovremmo retrocedere o seguire il progresso? (*Grida:* Progresso! Progresso!)

L'ultimo candidato, quello del Partito Pacifista Unificato dichiara che, se sarà eletto, proporrà l'annessione della scuola nostra rivale, il nome della quale non voglio nemmeno pronunciare. (*Grida di odio dei presenti*) Vuole annetterla con mezzi persuasivi o con la forza. Protesto contro una simile proposta: che ne sarebbe della nostra celebre rivalità? Delle nostre partite? Cosa farebbero i giovani coraggiosi della nostra classe nelle notti senza luna, se non potessero andare, armati di una latta di vernice e della loro nobile dedizione al progresso, a scrivere le iniziali del loro gruppo sui muri del nemico?

(*È impossibile sentire il resto del discorso a causa delle grida d'entusiasmo dei presenti. Il candidato esce, portato in trionfo.*)

DOMANDE SULLA LETTURA

1. Qual è l'avvenimento che ha luogo in primavera e di cui parla il testo? Ci sono elezioni nella Sua scuola? Crede che siano importanti? Perchè?

2. Come si rivolge il candidato agli altri studenti? Quale luogo comune si nota nel primo paragrafo? Promette delle riforme. Crede che sia una cosa originale? Perchè?

3. Quali sono, in sintesi, i due punti essenziali del programma del candidato conservatore–progressista? (Vorrebbe . . .)

4. Perchè è necessario che gli studenti del Primo Anno siano trattati con ogni riguardo? Crede che sia una buona idea? Perchè?

5. Quali sarebbero le responsabilità del « cameriere personale » dello studente del Primo Anno? Perchè è divertente leggere che questa cosa sarebbe « un esempio supremo di democrazia in azione »?

6. Quali sono gli altri partiti che svolgono una campagna elettorale per la presidenza della classe? Ci sono dei veri partiti politici nelle elezioni di una scuola? Perchè?

7. Qual è il programma del candidato retrogrado–liberale? Pensa che sia nell'interesse degli studenti? Perchè?

8. Perchè il candidato conservatore–progressista non vuole attaccare i candidati degli altri partiti? Ma lo fa lo stesso?

9. Qual è il partito dell'ultimo candidato? Le pare che le sue proposte vadano d'accordo col nome del partito? Perchè?

10. Perchè non bisogna annettere « l'altra » scuola, la rivale tradizionale? C'è anche nella Sua città un' « altra » scuola? Come si manifesta la rivalità tra quella scuola e la Sua? Crede che dovrebbe essere annessa? Perchè?

11. Cosa succederà se avrà luogo l'annessione? Sarà una cosa triste? Perchè?

12. Crede che alcune cose di questo discorso siano divertenti? Quali? Perchè?

13. Sarebbe contento se questo candidato fosse eletto? Perchè? In caso contrario quale altro dovrebbe essere eletto, secondo Lei? Perchè?

14. Dove ha luogo il discorso del candidato? Chi è venuto ad ascoltarlo? Crede che sia una buon'idea andare a sentire i veri discorsi politici? Perchè?

15. Può immaginare qualche altro nome di « partito »? Immagini quale sarebbe il suo programma elettorale.

16. Cosa pensa di un brano come questo? Si diverte a leggerlo? Sarebbe forse più contento se ci fossero solamente dei brani seri nel libro d'italiano? Perchè?

SPIEGAZIONI

IL CONGIUNTIVO (continuazione)

I. Il congiuntivo dopo i verbi di opinione

Si è già veduto che il congiuntivo viene usato dopo le espressioni indicanti **emozione** (sono contento, sono fiero, sono triste che . . . , ecc.; ho paura, mi dispiace che . . . , ecc.), dopo quelle indicanti **volontà** o **desiderio** (voglio che . . . , mi auguro che . . . , desidero che . . . , ecc.) e **possibilità** (può darsi che . . . , ecc.)

Ora studiamo le frasi che seguono:

> **Penso che** Giovanni **sia** pigro, ma **non credo che sia** malato.
> **Crede che sia** malato Lei?
> **Credo che faccia** troppo freddo. Ma **non mi pare che faccia** freddo quanto l'inverno scorso. **Crede che** in Alaska **faccia** più freddo?
> **Spero che veniate** a visitarmi nel mio nuovo appartamento. Non dovete **credere,** però, **che sia** elegante come il vostro.

Si noterà l'uso del congiuntivo dopo i verbi **pensare, credere** e **sperare**.

La stessa regola si segue anche per il verbo **sembrare:**

> **Mi sembra che** il mondo **diventi** sempre più piccolo.
> **Sembra** anche a Lei **che diventi** sempre più piccolo?

No, **non mi sembra che diventi** più piccolo, sono i mezzi di trasporto che sono più rapidi.

II. Gli altri tempi del congiuntivo

A. Il congiuntivo imperfetto

Vediamo prima la coniugazione del congiuntivo imperfetto di **essere** ed **avere:**

Essere	Avere
(che) io **fossi**	(che) io **avessi**
(che) tu **fossi**	(che) tu **avessi**
(che) egli **fosse**	(che) egli **avesse**
(che) noi **fossimo**	(che) noi **avessimo**
(che) voi **foste**	(che) voi **aveste**
(che) essi **fossero**	(che) essi **avessero**

Ed ora vediamo il congiuntivo imperfetto delle tre coniugazioni:

Imparare	Credere	Partire
(che) io impar **assi**	(che) io cred **essi**	(che) io part **issi**
(che) tu impar **assi**	(che) tu cred **essi**	(che) tu part **issi**
(che) egli impar **asse**	(che) egli cred **esse**	(che) egli part **isse**
(che) noi impar **assimo**	(che) noi cred **essimo**	(che) noi part **issimo**
(che) voi impar **aste**	(che) voi cred **este**	(che) voi part **iste**
(che) essi impar **assero**	(che) essi cred **essero**	(che) essi part **issero**

B. Il congiuntivo trapassato

Tutti i verbi formano il congiuntivo trapassato con **il congiuntivo imperfetto di avere** od **essere** + **il participio passato.**

Ecco alcuni esempi con **avere:**

vedere   (che) io avessi veduto
       (che) tu avessi veduto
       (che) egli avesse veduto
       (che) noi avessimo veduto
       (che) voi aveste veduto
       (che) essi avessero veduto

imparare   (che) io avessi imparato
ecc.

avere   (che) io avessi avuto
ecc.

Ecco alcuni esempi con **essere:**

andare   (che) io fossi andato (-a)
(che) tu fossi andato (-a)
(che) egli fosse andato
(che) noi fossimo andati (-e)
(che) voi foste andati (-e)
(che) essi fossero andati

venire   (che) io fossi venuto (-a)
ecc.

essere   (che) io fossi stato (-a)
ecc.

C. Vediamo ora alcuni esempi della concordanza dei tempi nell'uso del congiuntivo imperfetto e trapassato:

Credevano che non fosse contento della casa nuova.
Bisognava che voi mandaste il vaglia alla banca.
Voleva che gli **portassi** la grammatica d'italiano.

Negli esempi che precedono, le azioni indicate dai verbi hanno luogo simultaneamente nel passato.

Osserviamo anche gli esempi che seguono:

Era contento che Renzo fosse ritornato dai suoi.
Non credevo che avessero continuato a discutere fino a così tardi.
Si dispiacque che voi aveste interpretato male le sue parole.

Si noterà che negli ultimi esempi le azioni delle proposizioni subordinate (fosse ritornato, avessero continuato, aveste interpretato) hanno luogo prima delle azioni delle proposizioni principali (era contento, non credevo, si dispiacque) e si esprimono con il trapassato.

Ripetiamo, in una serie di esempi, l'uso dei tempi del congiuntivo:

Penso che ...   Lei **lavori** assiduamente.
Lei **abbia lavorato** assiduamente.

Pensavo che ...   Carlo **scrivesse** degli articoli di fondo.
Carlo **avesse scritto** degli articoli di fondo.

Speriamo che . . . voi non **partiate** così presto.
voi non **siate partiti (-e)** cosi presto.

Speravamo che . . . Giorgio **arrivasse** in tempo.
Giorgio **fosse arrivato** in tempo.

III. Il congiuntivo nel discorso indiretto

A. Il discorso diretto nel presente:

« **Non credo che** il mio avversario **sia** onesto » dice il candidato agli elettori.

Il candidato **ha detto** agli elettori che non **credeva che** il suo avversario **fosse** onesto.

B. Il discorso diretto nel passato:

« **Non mi sembra che abbiate capito** la politica dell'altro partito » dice il candidato agli elettori.

Il candidato **ha detto** agli elettori che **non gli sembrava che essi avessero capito** la politica dell'altro partito.

C. Ricapitolazione: congiuntivo nel discorso diretta ed indiretto

Diretto		*Indiretto*
Presente	diventa	Imperfetto
Passato	diventa	Trapassato

Leggere i paragrafi che seguono ed osservare i cambiamenti dei tempi del congiuntivo:

(Parla l'attrice Milli.)

« Mi rincresce che mio marito Fabrizio **non abbia compreso** che io sono una delle più grandi attrici del mondo e **che abbia** finanche **domandato** ai giornali di pubblicare degli articoli in cui si parlerà solamente della sua carriera. È deplorevole **che abbia dimostrato** in questa maniera un'assenza totale di buon gusto e di modestia. »

(Ecco come il giornale riporta le frasi precedenti.)

Nel corso di una recente intervista, la celebre attrice Milli ha dichiarato che le rincresceva che suo marito Fabrizio non **avesse compreso** che lei era una delle più grandi attrici del mondo e che **avesse domandato** ai giornali di pubblicare degli articoli basati esclusivamente sulla sua carriera. Ha continuato dicendo che deplorava che il marito **avesse dimostrato** in quella maniera un'assenza totale di buon gusto e di modestia.

NOMENCLATURA DELLA LEZIONE

Nomi

un candidato
un sostenitore
un programma (elettorale)
un partito (politico)
gli scalini (della biblioteca)

la riconoscenza
gli applausi
i riguardi
un onore
una latta di vernice (un barattolo di colore)

Aggettivi

colto (-a)
entusiasta
chiaro (-a)

esplicito (-a)
vago (-a)
gagliardo (-a)

Verbi

suscitare
eleggere
meritare
proporre

rispettare
retrocedere
seguire
annettere

ESERCIZI

I. Esercizi orali: laboratorio

II. Esercizi scritti

A. Completare le frasi che seguono usando i vari tempi del congiuntivo dov'è necessario:

1. Credo che la sua storia (*essere*) vera.
2. Pensa che (*essere necessario*) cambiare di opinione in qualche caso.
3. Non pensavamo che Giulia (*accettare*) l'invito.
4. Mi sembra che voi (*fare*) progressi.
5. I suoi genitori credevano che Carla (*restare*) a casa.
6. Il candidato vuole che i suoi sostenitori (*bruciare*) i manifesti degli altri partiti.
7. Mi auguro che (*ricevere*) dei buoni voti.

8. Il candidato pensava che gli elettori (*capire*) ed (*approvare*) il suo programma.
9. Spera che l'aereo (*arrivare*) in orario.
10. Mario è felice che domani il tempo (*essere*) più bello.
11. La madre di questa signorina teme che il suo divorzio (*avere luogo*) per colpa dei capricci della figlia.
12. Penso che Giulietta e Romeo (*amarsi*) più degli altri giovani. Mi sembra che la loro storia d'amore (*essere*) straordinaria.
13. Non sapete a che ora (*arrivare*)?
14. Rimani. Non voglio che tu (*andarsene*).
15. Credo che (*fare*) il compito per domani. Non credo che lo (*lasciare*) incompleto.
16. Pensi che l'altro anno suo padre (*volere*) comperargli una macchina?
17. Credete che (*essere necessario*) fare una conversazione con i pesci rossi quando si aspetta una signorina?
18. La signora Rossi ha detto a Carlo di (*venire*) a prendere le figlie alle 20.
19. Il candidato è sicuro di (*essere eletto*).
20. È contento di essere celebre? Cosa pensa del fatto che moltissime persone (*sapere*) il Suo nome? È soddisfatto di sapere che tra poco (*mettere*) la Sua statua in una piazza di questa città?
21. La Milli si doleva che, per aver agito un po' superficialmente nel passato, suo marito (*volere*) reagire divulgando la cosa ai giornalisti.
22. Le elezioni si (*fare*) il mese prossimo. Vorrebbe che si (*fare*) più spesso? Crede che (*aver luogo*) nello stesso giorno dell'anno scorso?

COMPONIMENTI

COMPONIMENTO ORALE:

Esprima la Sua opinione su un fatto d'attualità (questione politica, una notizia di cui si parla molto o qualsiasi altro argomento) ed incominci la narrazione con delle espressioni come:

> Mi sembra che...
> Non credono che...
> Forse bisognerebbe...
> Dunque, sarebbe possibile...

E continuare con:

> D'altro canto pare che...
> Bisognerebbe anche..., ecc.

COMPONIMENTO SCRITTO. SCEGLIERNE UNO:

Faccia un discorso elettorale per un partito.

Faccia un discorso polemico (cercando di convincere il pubblico) su di un
argomento che l'appassiona.

[Usare tutte le espressioni che riesce a ricordare (di opinione, di stato d'animo,
ecc.) e se ne serva per esporre il punto di vista prescelto. Cerchi di anticipare
le obiezioni del pubblico che l'ascolta.]

CECCO ANGIOLIERI

Dell'estroso poeta Cecco Angiolieri (1260–1313) « restano centocinquanta sonetti, in gran parte amorosi; nel resto narratori della sua vita, e sentenziatori, motteggiatori, satirici e burleschi. » Quello che riportiamo è forse il più famoso e non è « che l'espressione artistica di un momento di malumore... la vendetta fantastica di tutti i crucci, gli stenti, le oppressioni, le rinuncie sofferte. »

> S'i' fosse foco, arderei 'l mondo;
> s'i' fosse vento, lo tempesterei;
> s'i' fosse acqua, i' l'annegherei;
> s'i' fosse Dio, mandereil' en profondo;
> s'i' fosse papa, sare' allor giocondo,
> ché tutt'i cristiani imbrigherei;
> s'i' fosse 'mperator, sa' che farei?
> A tutti mozzerei lo capo a tondo.
> S'i' fosse morte, andarei da mio padre;
> s'i' fosse vita, fuggirei da lui:
> similemente farìa da mi' madre.
> S'i' fosse Cecco, com'i' sono e fui,
> torrei le donne giovani e leggiadre:
> e vecchie e laide lasserei altrui.

CECCO ANGIOLIERI: « S'i fosse foco... ». Luigi Russo, *I Classici Italiani*, Casa Editrice Sansoni, Firenze.

Combattimento di S. Efisio (particolare) di A<small>PINELLO</small> A<small>RETINO</small>,
Camposanto, Pisa.
Foto: Anderson—Art Reference Bureau.

S'i' fosse 'mperator, sa' che farei?

LEZIONE QUINDICESIMA

Il congiuntivo (continuazione e fine): Altre costruzioni col congiuntivo Il congiuntivo dopo il superlativo Il congiuntivo nel periodo ipotetico

STUDIARE LE FRASI CHE SEGUONO:

Affermazione e domanda	*Risposta*
A che ora dovete rientrare?	Dobbiamo rientrare **prima che tramonti** il sole.
Fino a quando resterete qui a studiare?	Resteremo **finchè** tu non **sia ritornato.**
Questo professore rilegge sempre gli esami corretti dagli assistenti?	Sì, li legge sempre **per paura che sfugga** loro qualche errore.
Per quale ragione fai scrivere tutto questo brano?	Lo faccio scrivere **affinchè** gli studenti **ricordino (in maniera che ricordino**) meglio la nomenclatura.
Credi che potremo comperare l'enciclopedia?	Sì, credo che potremo comperarla **benchè costi** molto.
Sarà proprio necessario rifare il pieno?	Credo di sì, **a meno che** tu non **voglia** restare bloccato a mezza strada per mancanza di benzina.

Chiunque tu sia ...
Dovunque tu vada ...
Qualsiasi cosa facciate ...
Qualunque cosa vi succeda ...

Questa è **la** classe **più intelligente che abbia** mai **avuto**.
È certamente **la peggiore** scusa **che possiate** trovare.
Dopo la perdita di tutti i iben Zuma fu **l'unica** persona **che** gli **rimanesse** fedele.
Quello di cui parli è stato **il primo** film neorealista **che io abbia veduto**.

Domanda	*Risposta*
Cosa **faresti** a New York, **se avessi** del tempo libero?	**Se avessi** del tempo libero, **visiterei** le Nazioni Unite.
L'**avreste aspettato** fino alle sette, **se vi avesse informato** che era in ritardo?	Certamente. **Se** ci **avesse detto** che non poteva venire all'ora giusta, l'**avremmo aspettato** anche fino alle otto.
Se facesse bel tempo, **potremmo** visitare il parco?	**Se facesse** bel tempo, non solo **potremmo** visitare il parco ma **troveremmo** anche il modo di andare al mare a riposarci sulla spiaggia.
Se non ti **avesse detto** che era portoghese, l'**avresti indovinato** dal suo modo di parlare?	No, di certo. Se non me l'**avesse detto**, non l'**avrei** mai **capito**. Parla italiano perfettamente.

LETTURA

Una riunione alle Nazioni Unite

Ci troviamo nell'edificio delle Nazioni Unite. Come tutti sanno, lo scopo di quest'organizzazione è il mantenimento della pace fra i popoli. Quando un paese crede di avere motivi sufficienti per non essere soddisfatto dell'operato di una delle altre nazioni, inoltra una relazione alle Nazioni Unite per mezzo del suo rappresentante. Il Segretario Generale ed i rappresentanti degli altri paesi l'ascoltano, ed ascoltano anche la relazione dell'altra parte in causa. Di solito propongono l'arbitrato imparziale di una commissione formata dai rappresentanti di qualche altro paese.

Anche se non si è visitato il palazzo delle Nazioni Unite, si sa che vi si usano quattro lingue ufficiali: il francese, l'inglese, il russo e lo spagnolo. Ogni delegato parla nella sua lingua—che non è sempre una delle lingue ufficiali. Gli interpreti, istallati in certe cabine che dominano la sala, seguono i discorsi per mezzo delle cuffie e trasmettono con un microfono una traduzione simultanea di ciò che sentono. È la forma di traduzione più difficile che ci sia. Ma, per merito di questa traduzione simultanea, i delegati ed i visitatori possono sentire, nella lingua che capiscono meglio, la versione francese, inglese, spagnola o russa del discorso che qualcuno sta pronunciando.

Non Le piacerebbe diventare un interprete delle Nazioni Unite? Non crede che sia un lavoro appassionante? In attesa di questo momento, immagini di prendere posto nella vasta Sala delle Deliberazioni, per esempio, mentre parla il rappresentante tedesco.

IL RAPPRESENTANTE DELLA GERMANIA OCCIDENTALE. Il mio governo non crede che sia possibile tollerare più a lungo la situazione che esiste ora a Berlino. Quando il governo della Germania Orientale ha costruito il muro che separa la città in due parti, credevamo che quella fosse l'ultima misura che potesse essere presa per rendere difficili la vita, i trasporti ed il commercio. Ma ci siamo ingannati poichè ora minaccia di costruire un altro muro, questa volta intorno alla zona ovest di Berlino e di tagliare così tutte le comunicazioni con l'esterno. È chiaro che quest'azione vien suggerita a quel governo dai membri della delegazione commerciale russa che si trova in questi giorno in visita ufficiale nella Zona Est di Berlino . . .

IL DELEGATO RUSSO. (*Si alza ed interrompe bruscamente, con indignazione.*) Protesto! È inammissibile! Il mio governo non accetta simili affermazioni a meno che non si alleghino delle prove convincenti. Ripeto che la posizione del governo sovietico è assolutamente neutrale ed imparziale in questa vertenza . . .

IL SEGRETARIO GENERALE. Mi rincresce di dover invitare l'onorevole delegato dell'URSS a non interrompere chi ha la parola, a meno che non voglia incorrere nelle sanzioni del Comitato Esecutivo. Continui il delegato tedesco.

IL RAPPRESENTANTE DELLA GERMANIA OCCIDENTALE. Rinviamo per un momento la questione della responsabilità. Io chiedo, a nome del mio governo, la nomina di una commissione imparziale. Questa commissione dovrebbe essere costituita da rappresentanti di paesi neutrali e dovrebbe recarsi a Berlino dove rimarrebbe fino al completamento di una relazione dettagliata sulla situazione.

IL SEGRETARIO GENERALE. Chiederò ai delegati delle nazioni seguenti di rispondere a nome dei loro governi e d'indicare se accettano di far parte della commissione internazionale incaricata della relazione sulla situazione di Berlino.

Il delegato della Repubblica del Nicaragua?

IL DELEGATO DEL NICARAGUA. A nome del mio governo accetto la formazione di questa commissione. Può darsi che il governo della Germania Orientale voglia approfittare ancora una volta della situazione precaria in cui si trova Berlino Ovest. Mi auguro che si faccia tutto il possibile affinchè la giustizia sia salvaguardata. Accetto di far parte della commissione.

IL SEGRETARIO GENERALE. Voto affermativo della Repubblica del Nicaragua.

Il delegato della Repubblica Cinese?

IL DELEGATO DELLA REPUBBLICA CINESE DI FORMOSA. Il mio paese è il solo in quest'assemblea che conosca veramente la portata del pericolo comunista. Il mio governo considera suo dovere quello di aiutare i paesi liberi nella lotta costante contro le potenze totalitarie. Accetto di far parte della commissione, dovunque vada e qualsiasi missione abbia e propongo che i responsabili siano severamente puniti.

IL SEGRETARIO GENERALE. Voto affermativo della Repubblica della Cina.

Il delegato dell'India?

IL DELEGATO DELL'INDIA. (molto agitato) Benchè io approvi, nei suoi principi, gli scopi della commissione, non credo di poter approvare la mia nomina in questo caso particolare. Non credo che vi siano delle leggi che proibiscano la costruzione di un muro intorno ad una città ... Può darsi che la Germania Orientale voglia proteggersi contro una possibile aggressione ... Sebbene non vi sia nessuna nazione, più della mia, che desideri mantere l'indipendenza e la neutralità dei popoli, non vorrei, d'altro canto, che si prendessero delle misure che potessero avere conseguenze spiacevoli ... Non posso accettare di far parte di questa commissione, ma accetto di accompagnarla a Berlino in qualità di osservatore neutrale.

IL DELEGATO DEL PAKISTAN. (Si alza ed interrompe, agitatissimo.) Se l'India è rappresentata da un osservatore neutrale, chiedo che il mio governo sia rappresentato da un altro osservatore, così che quest'ultimo possa osservare gli osservatori! Bisogna che il diritto internazionale sia rispettato ...

IL RAPPRESENTANTE DELLA GERMANIA OCCIDENTALE. (Si alza e interrompe.) Protesto! Non si deve permettere che la questione dell'integrità territoriale di Berlino Ovest divenga un banco di prova per le altre potenze. Rifiuto, a nome del mio governo, la nomina degli osservatori. L'ora è grave, il pericolo imminente, si richiedono decisioni tempestive. Resteremo qui a discutere finchè sarà troppo tardi? Non si tratta più, in questo momento, di vaghe rappresaglie politiche. È l'esistenza stessa delle leggi e del diritto internazionale che è minacciata. Faccio appello a questo tribunale internazionale e domando giustizia e sicurezza contro ogni forma di aggressione e di persecuzione.

DOMANDE SULLA LETTURA

1. Cosa sono le Nazioni Unite? Dove si trova il palazzo delle Nazioni Unite? L'ha visitato? Qual è lo scopo delle Nazioni Unite?
2. Supponiamo che un paese abbia una vertenza con un altro. Cosa può fare il paese che viene eventualmente aggredito?
3. Quali sono le lingue ufficiali delle Nazioni Unite? Vi si sentono altre lingue? Come si fa per capire quel che vi si dice?
4. Cosa fa un interprete simultaneo alle Nazioni Unite? Spieghi il suo lavoro.
5. Cosa pensa di quella professione? Le piacerebbe fare il traduttore simultaneo alle Nazioni Unite? Perchè?
6. Di che cosa si parla in questa riunione delle Nazioni Unite? (Si tratta della minaccia di . . . . contro . . .) È una cosa possibile o inverosimile? Perchè?
7. Qual è l'atteggiamento del delegato russo? Perchè?
8. Cosa chiede il rappresentante della Germania Occidentale? Perchè? Cosa desidera che faccia la commissione?
9. Si ha il diritto d'interrompere qualcuno che parla alle Nazioni Unite? Cosa può succedere se si fa questo? È più grave o altrettanto grave interrompere il professore? Perchè?
10. Qual è l'atteggiamento del delegato del Nicaragua? Accetta di far parte della commissione? Perchè?
11. La Cina di Formosa può comprendere la posizione di Berlino Ovest? Perchè?
12. Qual è l'atteggiamento del delegato dell'India. Vuole prendere una posizione contraria od a favore di una delle parti? Perchè?
13. Perchè il delegato del Pakistan vuole che si osservino gli osservatori indiani? Teme che facciano qualche cosa? Perchè? Come sono i rapporti tra l'India ed il Pakistan?
14. Il rappresentante della Germania Occidentale è contento di vedere una continuazione indefinita della discussione? Perchè? Che cosa teme? Ha ragione?
15. Ha idea di quel che succederà in seguito? Cerchi d'immaginare quel che potrebbe accadere: cosa farà la commissione? I tedeschi dell'est costruiranno un muro intorno a Berlino?

SPIEGAZIONI

IL CONGIUNTIVO (continuazione e fine)

I. Il congiuntivo dopo alcune congiunzioni avverbiali

Ecco una breve lista delle congiunzioni più comuni che richiedono il congiuntivo:

> **finchè**
> **affinchè**
> **così che, di modo che, in modo che**
> **a meno che ... non, salvo che ... non**
> **prima che**
> **benchè, sebbene, quantunque**

Ecco alcuni esempi. Notare la forma pleonastica **finchè ... non** (*until*):

La commissione resterà a Berlino **finchè** la relazione **non sia stata** completata.
Vi aspetteremo **finchè** non **siate ritornati** tutti.
Lavora **affinchè** la famiglia **abbia** il necessario.
Non riuscirete a fare dei risparmi, **a meno che non** vi **limitiate** nelle spese.
Ha ripetuto la lezione, **in modo che** la **potessero** imparare anche gli studenti che erano stati assenti.
Cerca di fare sempre il tuo dovere, **così che** nessuno **possa** rimproverarti.
Sarò ben lieto di ospitarvi, **a meno che non preferiate** alloggiare altrove.
Verremo a trovarvi **prima che piova.**
Ci ha aiutato per un'ora **benchè fosse** già stanco.
È rimasto in ufficio a lavorare fino a tardi **quantunque** non ne **avesse** l'obbligo.
Sebbene avesse ragione non parlò per amor di pace.

II. Il congiuntivo dopo **chiunque** (*whoever*), **qualunque cosa** (*whatever*) *e* **dovunque** (*whenever*)

Chiunque tu **sia,** in una democrazia devi accettare le leggi del paese.

Ora, col progresso, **dovunque si vada,** si trovano quasi sempre le stesse cose!

Qualunque cosa faccia, non riesco mai a risparmiare del denaro!

III. *Il congiuntivo dopo un superlativo relativo*

Abbiamo già studiato il superlativo **migliore.** Ora osserviamo la costruzione del superlativo relativo col congiuntivo:

> Sono **i migliori** amici **che io abbia.**
> È **il** libro **più costoso che ci sia** in biblioteca.

Ci sono anche altre costruzioni che richiedono il congiuntivo:

> È **l'unica** persona del gruppo **che sappia** nuotare bene.
> I gatti erano **i soli** animali **che** gli **piacessero.**
> Siete **le sole** persone **che possano** farmi questo piacere.
> Non c'era **niente che** lo **distraesse** dalla sua malinconia.
> Non c'è **nessuno che voglia** interessarsi di questo caso.
> Vogliono un ingegnere che **sappia** bene le lingue estere.

IV. *Il periodo ipotetico*

In questa costruzione la forma dell'ipotesi è proceduta da **se.**

Se noi intendiamo l'ipotesi come un fatto reale o certo, useremo l'indicativo al presente o al futuro:

> **Se incomincia** a scrivere, non la **finisce** più.
> **Se andrà** in vacanza, non **ritornerà** che in ottobre.

Se, al contrario, noi consideriamo l'ipotesi come un fatto dubbioso ed incerto, si useranno le forme del congiuntivo e del condizionale come dimostrano gli esempi che seguono:

> **Se fosse** stanco, **si riposerebbe.**
> **Se volesse** quest'impiego, **cercherebbe** di meritarselo.

ed al passato:

> **Se foste rimasti** altri dieci minuti, **avreste conosciuto** mio padre.
> **Se avessero cercato** di capire gli altri, la gente li **avrebbe accettati** di buon grado.
> Marcello **sarebbe riuscito, se avesse avuto** più perseveranza.

Speriamo che quest'introduzione alla lingua italiana Le abbia dato la possibilità di formarsi una conoscenza utile dell'italiano parlato e scritto. Ci auguriamo altresì che vorrà continuare lo studio di questa lingua per apprezzarne maggiormente il valore e la bellezza.

NOMENCLATURA DELLA LEZIONE

Nomi

un interprete	la portata
una cabina	una lotta
una cuffia	il principio
una traduzione	una nomina
una versione	un caso
l'affermazione	un osservatore
una vertenza	un banco di prova
le sanzioni	una legge
il diritto	

Aggettivi

simultaneo (-a)	agitato (-a)
neutrale	precario (-a)
imparziale	totalitario (-a)
internazionale	

Verbi ed espressioni verbali

interdire	prendere delle misure
correre il rischio di	fare parte di
minacciare qualcuno	avere il diritto di

ESERCIZI

I. Esercizi orali: laboratorio

II. Esercizi scritti

A. Completare le frasi seguenti:

1. Resterò in questa città finchè . . .
2. Le Nazioni Unite deliberano affinchè . . .
3. Bisogna che Sua madre rifletta prima che . . .
4. Lei non parla chiaramente. Non sarà capito mai a meno che non . . .
5. Michele domanda dei consigli all'amico per paura che . . .

B. Formare una frase nuova con le due frasi indicate unendole con una congiunzione che regga il congiuntivo:

Es.: Spiega. Lo studente capisce.
Spiega affinchè lo studente capisca.

Sono fidanzati. Non li si vede mai insieme.
Benchè siano fidanzati, non li si vede mai insieme.

1. La commissione internazionale resterà a Berlino.
   La commissione non partirà prima di aver completato una relazione.
2. Rileggo tutto quel che scrivo.
   Non voglio fare errori.
3. Porta spesso dei fiori a sua moglie.
   È contenta di lui.
4. Questa coppia di sposi va molto d'accordo.
   Non andavano d'accordo quando la suocera era con loro.
5. Lei non è gentile con me.
   Lei mi è molto simpatica.

C. Traduzione (facoltativa):

1. *Wherever you go, and although you know English, you will see that it is not enough to communicate with people of other countries.*
2. *Whatever you say, whatever you do, he never changes his mind.*
3. *Although you have been gone for a long time, I miss you and think of you.*
4. *The most useful book I have read is* Parola e pensiero.
5. *The United Nations will study the case until they can arbitrate the problem.*
6. *Milli does not eat for fear of getting fat; she does not speak to Richard, either, for fear that she might lose her sense of history.*
7. *You have seen this monument! It must be the most beautiful we have seen, or at least, I think it must be the oldest.*

D. Completare le seguenti forme ipotetiche:

1. Sarebbe andato a Londra . . .
2. Se avessero tempo . . .
3. Se avessimo ascoltato i tuoi consigli . . .
4. Ora capireste quel che dico . . .
5. Se le Nazioni Unite non fossero intervenute . . .
6. La situazione sarebbe peggiore . . .
7. Se a Giovanni non piacessero gli animali . . .
8. Se foste venuti in Italia con noi . . .
9. La celebre attrice non avrebbe la fama che ha . . .
10. Se gli studenti seguissero il tuo consiglio . . .

COMPONIMENTI

COMPONIMENTO ORALE. SCEGLIERNE UNO:

Cosa pensa delle Nazioni Unite? Cosa bisognerebbe cambiare per renderle
più efficaci? Perchè non impediscono tutte le guerre?

Dia dei consigli ad uno studente più giovane di Lei che incomincerà a
studiare l'italiano l'anno venturo.

COMPONIMENTO SCRITTO. SCEGLIERNE UNO:

Cerchi nel giornale un problema d'ordine politico, economico o militare.
Ne spieghi le cause e la possibile soluzione.

Ricordando la lettura di questa lezione, descriva una riunione deliberativa
del Suo circolo o dell'associazione studentesca, oppure semplicemente la
conversazione di due studenti che non sono contenti del sistema in uso
nella loro scuola.

Racconti quel che accade alla riunione delle Nazioni Unite al discorso
indiretto passato, usando le forme appropriate e trasformando il dialogo
in una narrazione pittoresca e ben organizzata.

(Usare delle congiunzioni come: **finchè, per tema che, a meno che . . .
non.** Usare anche i verbi **bisognare** e **volere** nei vari tempi: **bisognerebbe
che . . . , si dovrebbe . . . ,** ecc.)

In breve, si dovrebbe usare in maniera convincente tutto ciò che si è
appreso durante le lezioni in modo da dimostrare al professore il gran
profitto tratto dal corso.

L'indovina di MICHELANGELO CARAVAGGIO,
Museo del Louvre, Parigi.
Foto: Alinari—Art Reference Bureau.

*Studierà le linee della mano e troverà, forse, che un giorno
diventerete celebri . . .*

DANTE ALIGHIERI

Dante Alighieri nacque nel 1265. Ebbe parte attivissima nella vita pubblica di Firenze. Per ragioni politiche trascorse gran parte della sua vita in esilio, in diverse città italiane. Morì a Ravenna nel 1321.

La sua opera letteraria comprende la *Vita nuova*, le *Rime* e il *Convivio*. Di grandissima importanza sono anche il *De vulgari eloquentia* e la *Monarchia*.

La fama di Dante, tuttavia, è unita alla *Divina Commedia*, il poema al quale attese fino agli ultimi anni della sua vita.

A Guido Cavalcanti

Guido, i' vorrei che tu e Lapo ed io
    fossimo presi per incantamento
    e messi in un vasel, ch'ad ogni vento
    per mare andasse al voler vostro e mio;
sì che fortuna od altro tempo rio
    non ci potesse dare impedimento,
    anzi, vivendo sempre in un talento,
    di stare insieme crescesse 'l disio.
E monna Vanna e monna Lagia poi
    con quella ch'è sul numer de le trenta
    con noi ponesse il buono incantatore:
e quivi ragionar sempre d'amore,
    e ciascuna di lor fosse contenta,
    sì come i' credo che saremmo noi.

DANTE ALIGHIERI, « A Guido Cavalcanti ». Luigi Russo, *I Classici Italiani*, Casa Editrice Sansoni, Firenze.

APPENDIXES

❃ APPENDIX A ❃

A Few Principles of Italian Spelling and Pronunciation

I. General Principles

A good pronunciation cannot be acquired without the help of a competent teacher. We will give below only the most general principles to guide the students and serve as reference.

A. Diacritical marks

Italian uses some diacritical marks which influence pronunciation. They are the following:

1. *The grave accent:* **à, è, ì, ò, ù.** It appears on the last vowel of some words : **carità, caffè, finì, portò, virtù,** ecc.

The grave accent also appears in a few specific words to distinguish them from other words which are written without the accent and have a different meaning:

è = is		**e** = and	
dì = day		**di** = of	
dà = gives		**da** = by, from	
sè = himself		**se** = if	
sì = yes		**si** = himself, herself, ecc.	
là = there		**la** = the	
lì = there		**li** = them	

2. *The apostrophe:* **l', un', dell',** ecc.

Some articles (definite and indefinite) and some groups of prepositions and articles drop the last vowel when followed by a word that begins with a vowel. In this case an apostrophe (') is used to indicate the eliion:

l'albero,	**l'**erba,	**un'**isola,	**nell'**acqua,	**dell'**opera, ecc.
(lo)	**(la)**	**(una)**	**(nella)**	**(della)**

B. Addition of a euphonic **d**

When the conjunctions **e** and **o** are followed by a word beginning with a vowel, they become **ed** and **od,** as in the following examples:

Marta **ed** Elena   stanco **ed** afflitto
Michele **od** Andrea   l'automobile **od** il treno

C. Changes in the spelling of some nouns and adjectives

Masculine nouns and adjectives ending in **-co** and **-go** generally take the plural endings **-chi** and **-ghi** if they are stressed on the next to the last syllable:

Singular	*Plural*
fi**co**	fi**chi**
ba**co**	ba**chi**
ric**co**	ric**chi**
la**go**	la**ghi**
ma**go**	ma**ghi**
va**go**	va**ghi**

Feminine nouns and adjectives ending in **-ca** and **-ga** usually take the plural endings **-che** and **-ghe:**

Singular	*Plural*
bar**ca**	bar**che**
mona**ca**	mona**che**
par**ca**	par**che**
dele**ga**	dele**ghe**
dra**ga**	dra**ghe**
lun**ga**	lun**ghe**

D. The syllable

Italian words can be divided into syllables (in Italian poetry, the meter of the verse is based upon the number of syllables).

A syllable is a group of letters which are uttered together. Generally a complete syllable is represented by a consonant and a vowel: **re–te, li–no, se–ra, te–la, ca–te–na.**

A syllable may consist also of one letter: **e-le-va-re, o-pe-ra-re;** or of a diphthong: **suo-no, schie-na.** In the case of a double consonant, the consonants belong to separate syllables: **ac-cet-ta-re, bel-lo, am-mi-ra-re.**

II. *The Italian alphabet and its sounds*

The Italian alphabet consists of the following twenty-one letters:

A	B	C	D	E	F	G	H	I	L	M
(a)	(bi)	(ci)	(di)	(e)	(effe)	(gi)	(acca)	(i)	(elle)	(emme)

N	O	P	Q	R	S	T	U	V	Z
(enne)	(o)	(pi)	(qu)	(erre)	(esse)	(ti)	(u)	(vi or vu)	(zeta)

A. The vowels

Each vowel represents a fixed sound. The Italian vowel has a pure sound, as compared to the English vowel which represents a combination of several sounds. There is no gliding from one sound to another, as in English.

a   la sala, l'amica, l'aria, l'arpa
e   (open sound): bene, gente, mezzo, Elena
e   (closed sound): cera, sete, pera, meno
i   i libri, si, riti, inviti, limiti
o   (open sound): opera, solito, cosa, zona
o   (closed sound): Roma, volo, loro, ora
u   luna, rumore, sulla, ultima

B. The consonants

Most of the consonants are pronounced much the same in Italian as in English. Note the facts concerning the following consonants and groups of consonants:

c   before **a, o** and **u** has a guttural sound: casa, colonna, cura.
c   before **e** and **i** has a palatal sound: cena, cinema.
ch   used only before **e** or **i;** this group has a guttural sound: che, chiesa.
g   before **a, o** and **u** has a guttural sound: paga, mago, Ragusa.
g   before **e** and **i** has a palatal sound: generale, gita.
gh   used only before **e** or **i;** this group has a guttural sound: streghe, ghibellino.
gl   can be pronounced as two separate sounds: negligenza, globo, glicine. This group can be also pronounced with a palatal sound: figlio, egli, bagaglio.
gn   has a palatal nasal sound: signore, ogni, legno.
h   is always silent in Italian: ho, hai, hanno (pronounced **o, ai, anno**).
r   is trilled in Italian: raro, gara, terra, serra, sera.
sc   before **a, o** and **u** have a guttural sound: scarpa, basco, scusa.

sc before **e** and **i** have a sibilant sound: **sc**ena, fa**sc**ina.

sch used only before **e** and **i;** this group retains a guttural sound: ta**sch**ino, fra**sch**e.

III. Gender

We have already mentioned that in Italian there are two genders: masculine and feminine.

Masculine nouns generally end in **-o:**

> ram**o,** ragazz**o,** silenzi**o,** soldat**o**

Some masculine nouns end in **-e:**

> dottor**e,** sapon**e,** dolor**e,** signor**e,** ecc.

A few masculine nouns end in **-a:**

> telegramm**a,** tem**a,** problem**a,** eremit**a,** duc**a,** pap**a,** ecc.

Feminine nouns generally end in **-a:**

> figli**a,** matit**a,** ragazz**a,** scal**a,** alunn**a,** penn**a,** ecc.

Some feminine nouns end in **-e:**

> lezion**e,** luc**e,** voc**e,** front**e,** febbr**e,** gent**e,** ecc.

A few feminine nouns end in **-o:**

> radi**o,** man**o,** ec**o,** ecc.

❀ APPENDIX B ❀

Il sistema della
coniugazione dei verbi

I. Regole generali

Ogni verbo ha:

1. *Le forme verbali:* dell'infinito presente e passato
   del participio presente e passato
2. *I modi:* il modo indicativo
   il modo imperativo
   il modo congiuntivo
   il modo condizionale
3. *I tempi:* presente, imperfetto, passato e futuro. Ad ogni tempo semplice corrisponde un tempo composto che si forma con l'ausiliare e col participio passato. Per esempio, al presente indicativo corrisponde il passato prossimo, all'imperfetto dello stesso modo corrisponde il trapassato prossimo, al futuro corrisponde il futuro anteriore, ecc.
4. *La coniugazione:* l'insieme delle forme verbali del numero 1, dei modi e dei tempi coniugati nelle varie persone.

II. I verbi ausiliari **essere** *e* **avere**

Ci sono due verbi ausiliari fondamentali, **essere** e **avere.** Ecco la coniugazione completa di questi verbi:

FORME VERBALI

Infinito presente: essere	avere	*Participio presente:* essente	avente
passato: essere stato	avere avuto	*passato:* stato	avuto

Gerundio presente: essendo	avendo	
passato: essendo stato(-a)	avendo avuto	

INDICATIVO

Presente

io sono	noi siamo	io ho	noi abbiamo
tu sei	voi siete	tu hai	voi avete
egli è	essi sono	egli ha	essi hanno

Imperfetto

io ero	noi eravamo	io avevo	noi avevamo
tu eri	voi eravate	tu avevi	voi avevate
egli era	essi erano	egli aveva	essi avevano

Passato remoto

io fui	noi fummo	io ebbi	noi avemmo
tu fosti	voi foste	tu avesti	voi aveste
egli fu	essi furono	egli ebbe	essi ebbero

Futuro

io sarò	noi saremo	io avrò	noi avremo
tu sarai	voi sarete	tu avrai	voi avrete
egli sarà	essi saranno	egli avrà	essi avranno

Passato prossimo

io sono stato(-a)	noi siamo stati (-e)	io ho avuto	noi abbiamo avuto
tu sei stato(-a)	voi siete stati(-e)	tu hai avuto	voi avete avuto
egli è stato	essi sono stati	egli ha avuto	essi hanno avuto

Trapassato prossimo

io ero stato(-a)	noi eravamo stati(-e)	io avevo avuto	noi avevamo avuto
tu eri stato(-a)	voi eravate stati(-e)	tu avevi avuto	voi avevate avuto
egli era stato	essi erano stati	egli aveva avuto	essi avevano avuto

Trapassato remoto

io fui stato(-a)	noi fummo stati(-e)	io ebbi avuto	noi avemmo avuto
tu fosti stato(-a)	voi foste stati(-e)	tu avesti avuto	voi aveste avuto
egli fu stato	essi furono stati	egli ebbe avuto	essi ebbero avuto

Futuro anteriore

io sarò stato(-a)	noi saremo stati(-e)	io avrò avuto	noi avremo avuto
tu sarai stato(-a)	voi sarete stati (-e)	tu avrai avuto	voi avrete avuto
egli sarà stato	essi saranno stati	egli avrà avuto	essi avranno avuto

IMPERATIVO

—	siamo	—	abbiamo
sii	siate	abbi	abbiate
sia	siano	abbia	abbiano

CONDIZIONALE

Presente

io sarei	noi saremmo	io avrei	noi avremmo
tu saresti	voi sareste	tu avresti	voi avreste
egli sarebbe	essi sarebbero	egli avrebbe	essi avrebbero

Passato

io sarei stato(-a)	noi saremmo stati(-e)	io avrei avuto	noi avremmo avuto
tu saresti stato (-a)	voi sareste stati (-e)	tu avresti avuto	voi avreste avuto
egli sarebbe stato	essi sarebbero stati	egli avrebbe avuto	essi avrebbero avuto

CONGIUNTIVO

Presente

che io sia	che noi siamo	che io abbia	che noi abbiamo
che tu sia	che voi siate	che tu abbia	che voi abbiate
che egli sia	che essi siano	che egli abbia	che essi abbiano

Imperfetto

che io fossi	che noi fossimo	che io avessi	che noi avessimo
che tu fossi	che voi foste	che tu avessi	che voi aveste
che egli fosse	che essi fossero	che egli avesse	che essi avessero

Passato

che io sia stato(-a)	che noi siamo stati(-e)	che io abbia avuto	che noi abbiamo avuto

che tu sia stato(-a)	che voi siate stati(-e)	che tu abbia avuto	che voi abbiate avuto
che egli sia stato	che essi siano stati	che egli abbia avuto	che essi abbiano avuto

Trapassato

che io fossi stato(-a)	che noi fossimo stati(-e)	che io avessi avuto	che noi avessimo avuto
che tu fossi stato(-a)	che voi foste stati(-e)	che tu avessi avuto	che voi aveste avuto
che egli fosse stato	che essi fossero stati	che egli avesse avuto	che essi avessero avuto

III. I verbi regolari

Le tre coniugazioni:

I verbi si classificano secondo la desinenza dell'infinito. L'infinito di un verbo può terminare in: **-are, -ere, -ire.** Ci sono, dunque, tre coniugazioni (o gruppi) di verbi: la prima coniugazione, quella i cui verbi hanno l'infinito in **-are,** la seconda coniugazione, i cui verbi hanno l'infinito in **-ere,** e la terza coniugazione, i cui verbi hanno l'infinito in **-ire.**

	I parl**are**	II tem**ere**	III fin**ire**
Infinito presente			
	parl are	tem ere	fin ire
Infinito passato			
	avere parlato	avere temuto	avere finito
Participio presente			
	parl ante	tem ente	fin ente
Participio passato			
	par lato	tem uto	fin ito
Gerundio presente			
	par lando	tem endo	fin endo
Gerundio passato			
	avendo parlato	avendo temuto	avendo finito

INDICATIVO

Presente

io parl o	io tem o	io fin isc o
tu parl i	tu tem i	tu fin isc i
egli parl a	egli tem e	egli fin isc e
noi parl iamo	noi tem iamo	noi fin iamo
voi parl ate	voi tem ete	voi fin ite
essi parl ano	essi tem ono	essi fin isc ono

Imperfetto

io parl avo	io tem evo	io fin ivo
tu parl avi	tu tem evi	tu fin ivi
egli parl ava	egli tem eva	egli fin iva
noi parl avamo	noi tem evamo	noi fin ivamo
voi parl avate	voi tem evate	voi fin ivate
essi parl avano	essi tem evano	essi fin ivano

Passato remoto

io parl ai	io tem ei (etti)	io fin ii
tu parl asti	tu tem esti	tu fin isti
egli parl ò	egli tem è (ette)	egli fin ì
noi parl ammo	noi tem emmo	noi fin immo
voi parl aste	voi tem este	voi fin iste
issi parl arono	essi tem erono (ettero)	essi fin irono

Futuro

io parl erò	io tem erò	io fin irò
tu parl erai	tu tem erai	tu fin irai
egli parl erà	egli tem erà	egli fin irà
noi parl eremo	noi tem eremo	noi fin iremo
voi parl erete	voi tem erete	voi fin irete
essi parl eranno	essi tem eranno	essi fin iranno

Passato prossimo: il passato prossimo si compone del *presente* dell'ausiliare e del participio passato del verbo

io ho parlato	io ho temuto	io ho finito
tu hai parlato	tu hai temuto	tu hai finito
egli ha parlato	egli ha temuto	egli ha finito
noi abbiamo parlato	noi abbiamo temuto	noi abbiamo finito
voi avete parlato	voi avete temuto	voi avete finito
essi hanno parlato	essi hanno temuto	essi hanno finito

Trapassato prossimo: il trapassato prossimo si compone dell'imperfetto dell'ausiliare e del participio passato del verbo

io avevo parlato	io avevo temuto	io avevo finito
tu avevi parlato	tu avevi temuto	tu avevi finito
egli aveva parlato	egli aveva temuto	egli aveva finito
noi avevamo parlato	noi avevamo temuto	noi avevamo finito
voi avevate parlato	voi avevate temuto	voi avevate finito
essi avevano parlato	essi avevano temuto	essi avevano finito

Trapassato remoto: il trapassato remoto si compone del *passato remoto* dell'ausiliare e del participio passato del verbo

io ebbi parlato	io ebbi temuto	io ebbi finito
tu avesti parlato	tu avesti temuto	tu avesti finito
egli ebbe parlato	egli ebbe temuto	egli ebbe finito
noi avemmo parlato	noi avemmo temuto	noi avemmo finito
voi aveste parlato	voi aveste temuto	voi aveste finito
essi ebbero parlato	essi ebbero temuto	essi ebbero finito

Futuro anteriore: il futuro anteriore si compone del *futuro* dell'ausiliare e del participio passato del verbo

io avrò parlato	io avrò temuto	io avrò finito
tu avrai parlato	tu avrai temuto	tu avrai finito
egli avrà parlato	egli avrà temuto	egli avrà finito
noi avremo parlato	noi avremo temuto	noi avremo finito
voi avrete parlato	voi avrete temuto	voi avrete finito
essi avranno parlato	essi avranno temuto	essi avranno finito

IMPERATIVO

—	—	—
parl a	tem i	fin isc i
parl i	tem a	fin isc a
parl iamo	tem iamo	fin iamo
parl ate	tem ete	fin ite
parl ino	tem ano	fin isc ano

CONDIZIONALE

Presente

io parl erei	io tem erei	io fin irei
tu parl eresti	tu tem eresti	tu fin iresti
egli parl erebbe	egli tem erebbe	egli fin irebbe
noi parl eremmo	noi tem eremmo	noi fin iremmo
voi parl ereste	voi tem ereste	voi fin ireste
essi parl erebbero	essi tem erebbero	essi fin irebbero

Passato: il condizionale passato si compone del *condizionale presente* dell'ausiliare e del participio passato del verbo

io avrei parlato	io avrei temuto	io avrei finito
tu avresti parlato	tu avresti temuto	tu avresti finito
egli avrebbe parlato	egli avrebbe temuto	egli avrebbe finito
noi avremmo parlato	noi avremmo temuto	noi avremmo finito
voi avreste parlato	voi avreste temuto	voi avreste finito
essi avrebbero parlato	essi avrebbero temuto	essi avrebbero finito

CONGIUNTIVO

Presente

che io parl i	che io tem a	che io fin isc a
che tu parl i	che tu tem a	che tu fin isc a
che egli parl i	che egli tem a	che egli fin isc a
che noi parl iamo	che noi tem iamo	che noi fin iamo
che voi parl iate	che voi tem iate	che voi fin iate
che essi parl ino	che essi tem ano	che essi fin isc ano

Imperfetto

che io parl assi	che io tem essi	che io fin issi
che tu parl assi	che tu tem essi	che tu fin issi
che egli parl asse	che egli tem esse	che egli fin isse
che noi parl assimo	che noi tem essimo	che noi fin issimo
che voi parl aste	che voi tem este	che voi fin iste
che essi parl assero	che essi tem essero	che essi fin issero

Passato: il congiuntivo passato si compone del *presente congiuntivo* dell'ausiliare e del participio passato del verbo

che io abbia parlato	che io abbia temuto	che io abbia finito
che tu abbia parlato	che tu abbia temuto	che tu abbia finito
che egli abbia parlato	che egli abbia temuto	che egli abbia finito
che noi abbiamo parlato	che noi abbiamo temuto	che noi abbiamo finito
che voi abbiate parlato	che voi abbiate temuto	che voi abbiate finito
che essi abbiano parlato	che essi abbiano temuto	che essi abbiano finito

Trapassato: il trapassato del congiuntivo si compone dell'*imperfetto congiuntivo* dell'ausiliare e del participio passato del verbo

che io avessi parlato	che io avessi temuto	che io avessi finito
che tu avessi parlato	che tu avessi temuto	che tu avessi finito
che egli avesse parlato	che egli avesse temuto	che egli avesse finito
che noi avessimo parlato	che noi avessimo temuto	che noi avessimo finito
che voi aveste parlato	che voi aveste temuto	che voi aveste finito
che essi avessero parlato	che essi avessero temuto	che essi avessero finito

IV. Per maggiore comodità dello studente diamo un esempio di una coniugazione completa di un verbo intransitivo. Il verbo è **arrivare.**

Infinito presente: arrivare   *Participio presente:* arrivante
          passato: essere arrivato(-a)   *passato:* arrivato(-a)

          Gerundio presente: arrivando
          passato: essendo arrivato(-a)

INDICATIVO

Presente

io arrivo
tu arrivi
egli arriva
noi arriviamo
voi arrivate
essi arrivano

Passato prossimo

io sono arrivato(-a)
tu sei arrivato(-a)
egli è arrivato (ella è arrivata)
noi siamo arrivati(-e)
voi siete arrivati(-e)
essi sono arrivati (esse sono arrivate)

Imperfetto

io arrivavo
tu arrivavi
egli arrivava
noi arrivavamo
voi arrivavate
essi arrivavano

Trapassato prossimo

io ero arrivato(-a)
tu eri arrivato(-a)
egli era arrivato (ella era arrivata)
noi eravamo arrivati(-e)
voi eravate arrivati(-e)
essi erano arrivati (esse erano arrivate)

Passato remoto

io arrivai
tu arrivasti
egli arrivò
noi arrivammo
voi arrivaste
essi arrivarono

Trapassato remoto

io fui arrivato(-a)
tu fosti arrivato(-a)
egli fu arrivato (ella fu arrivata)
noi fummo arrivati(-e)
voi foste arrivati(-e)
essi furono arrivati (esse furono arrivate)

Futuro

io arriverò
tu arriverai
egli arriverà
noi arriveremo
voi arriverete
essi arriveranno

Futuro anteriore

io sarò arrivato(-a)
tu sarai arrivato(-a)
egli sarà arrivato (ella sarà arrivata)
noi saremo arrivati(-e)
voi sarete arrivati(-e)
essi saranno arrivati (esse saranno arrivate)

IMPERATIVO

–, arriva, arrivi, arriviamo, arrivate, arrivino

CONDIZIONALE

Presente	Passato
io arriverei	io sarei arrivato(-a)
tu arriveresti	tu saresti arrivato(-a)
egli arriverebbe	egli sarebbe arrivato (ella sarebbe arrivata)
noi arriveremmo	noi saremmo arrivati(-e)
voi arrivereste	voi sareste arrivati(-e)
essi arriverebbero	essi sarebbero arrivati (esse sarebbero arrivate)

CONGIUNTIVO

Presente	Passato
che io arrivi	che io sia arrivato(-a)
che tu arrivi	che tu sia arrivato(-a)
che egli arrivi	che egli sia arrivato (che ella sia arrivata)
che noi arriviamo	che noi siamo arrivati(-e)
che voi arriviate	che voi siate arrivati(-e)
che essi arrivino	che essi siano arrivati (che esse siano arrivate)

Imperfetto	Trapassato
che io arrivassi	che io fossi arrivato(-a)
che tu arrivassi	che tu fossi arrivato(-a)
che egli arrivasse	che egli fosse arrivato (che ella fosse arrivata)
che noi arrivassimo	che noi fossimo arrivati(-e)
che voi arrivaste	che voi foste arrivati(-e)
che essi arrivassero	che essi fossero arrivati (che esse fossero arrivate)

V. *La coniugazione riflessiva. I verbi riflessivi si coniugano nei tempi composti con l'ausiliare* **essere.** *Il verbo che useremo nell'esempio è* **lavarsi.**

Infinito presente : lavarsi	*Gerundio presente :* lavandosi
passato : essersi lavato(-a)	*passato :* essendosi lavato(-a)

INDICATIVO

Presente	Passato prossimo
io mi lavo	io mi sono lavato(-a)
tu ti lavi	tu ti sei lavato(-a)

egli si lava

noi ci laviamo

voi vi lavate

essi si lavano

egli si è lavato

noi ci siamo lavati(-e)

voi vi siete lavati(-e)

essi si sono lavati

Imperfetto

io mi lavavo

tu ti lavavi

egli si lavava

noi ci lavavamo

voi vi lavavate

essi si lavavano

Trapassato prossimo

io mi ero lavato(-a)

tu ti eri lavato(-a)

egli si era lavato

noi ci eravamo lavati(-e)

voi vi eravate lavati(-e)

essi si erano lavati

Passato remoto

io mi lavai

tu ti lavasti

egli si lavò

noi ci lavammo

voi vi lavaste

essi si lavarono

Trapassato remoto

io mi fui lavato(-a)

tu ti fosti lavato(-a)

egli si fu lavato

noi ci fummo lavati(-e)

voi vi foste lavati(-e)

essi si furono lavati

Futuro

io mi laverò

tu ti laverai

egli si laverà

noi ci laveremo

voi vi laverete

essi si laveranno

Futuro anteriore

io mi sarò lavato(-a)

tu ti sarai lavato(-a)

egli si sarà lavato

noi ci saremo lavati(-e)

voi vi sarete lavati(-e)

essi si saranno lavati

IMPERATIVO

–, lavati, si lavi, laviamoci, lavatevi, si lavino

CONDIZIONALE

Presente

io mi laverei

tu ti laveresti

egli si laverebbe

noi ci laveremmo

voi vi lavereste

essi si laverebbero

Passato

io mi sarei lavato(-a)

tu ti saresti lavato(-a)

egli si sarebbe lavato

noi ci saremmo lavati(-e)

voi vi sareste lavati(-e)

essi si sarebbero lavati

CONGIUNTIVO

Presente

che io mi lavi
che tu ti lavi
che egli si lavi
che noi ci laviamo
che voi vi laviate
che essi si lavino

Passato

che io mi sia lavato(-a)
che tu ti sia lavato(-a)
che egli si sia lavato
che noi ci siamo lavati(-e)
che voi vi siate lavati(-e)
che essi si siano lavati

Imperfetto

che io mi lavassi
che tu ti lavassi
che egli si lavasse
che noi ci lavassimo
che voi vi lavaste
che essi si lavassero

Trapassato

che io mi fossi lavato(-a)
che tu ti fossi lavato(-a)
che egli si fosse lavato
che noi ci fossimo lavati(-e)
che voi vi foste lavati(-e)
che essi si fossero lavati

VI. La coniugazione passiva si forma con l'ausiliare **essere.** *Vediamo ora le forme passive del verbo* **ricevere.**

> *Infinito presente :* essere ricevuto(-a)
> *passato :* essere stato(-a) ricevuto(-a)

> *Gerundio presente :* essendo ricevuto(-a)
> *passato :* essendo stato(-a) ricevuto(-a)

INDICATIVO

Presente

io sono ricevuto(-a)
tu sei ricevuto(-a)
egli è ricevuto
noi siamo ricevuti(-e)
voi siete ricevuti(-e)
essi sono ricevuti

Passato prossimo

io sono stato(-a) ricevuto(-a)
tu sei stato(-a) ricevuto(-a)
egli è stato ricevuto
noi siamo stati(-e) ricevuti(-e)
voi siete stati(-e) ricevuti(-e)
essi sono stati ricevuti

Imperfetto

io ero ricevuto(-a)
tu eri ricevuto(-a)
egli era ricevuto
noi eravamo ricevuti(-e)
voi eravate ricevuti(-e)
essi erano ricevuti

Trapassato prossimo

io ero stato(-a) ricevuto(-a)
tu eri stato(-a) ricevuto(-a)
egli era stato ricevuto
noi eravamo stati(-e) ricevuti(-e)
voi eravate stati(-e) ricevuti(-e)
essi erano stati ricevuti

Passato remoto

io fui ricevuto(-a)
tu fosti ricevuto(-a)
egli fu ricevuto
noi fummo ricevuti(-e)
voi foste ricevuti(-e)
essi furono ricevuti

Trapassato remoto

io fui stato(-a) ricevuto(-a)
tu fosti stato(-a) ricevuto(-a)
egli fu stato ricevuto
noi fummo stati(-e) ricevuti(-e)
voi foste stati(-e) ricevuti(-e)
essi furono stati ricevuti

Futuro

io sarò ricevuto(-a)
tu sarai ricevuto(-a)
egli sarà ricevuto
noi saremo ricevuti(-e)
voi sarete ricevuti(-e)
essi saranno ricevuti

Futuro anteriore

io sarò stato(-a) ricevuto(-a)
tu sarai stato(-a) ricevuto(-a)
egli sarà stato ricevuto
noi saremo stati(-e) ricevuti(-e)
voi sarete stati(-e) ricevuti(-e)
essi saranno stati ricevuti

IMPERATIVO

—, sii ricevuto(-a), sia ricevuto(-a), siamo ricevuti(-e), siate ricevuti(-e),
siano ricevuti(-e)

CONDIZIONALE

Presente

io sarei ricevuto(-a)
tu saresti ricevuto(-a)
egli sarebbe ricevuto
noi saremmo ricevuti(-e)
voi sareste ricevuti(-e)
essi sarebbero ricevuti

Passato

io sarei stato(-a) ricevuto(-a)
tu saresti stato(-a) ricevuto(-a)
egli sarebbe stato ricevuto
noi saremmo stati(-e) ricevuti(-e)
voi sareste stati(-e) ricevuti(-e)
essi sarebbero stati ricevuti

CONGIUNTIVO

Presente

che io sia ricevuto(-a)
che tu sia ricevuto(-a)
che egli sia ricevuto
che noi siamo ricevuti(-e)
che voi siate ricevuti(-e)
che essi siano ricevuti

Passato

che io sia stato(-a) ricevuto(-a)
che tu sia stato(-a) ricevuto(-a)
che egli sia stato ricevuto
che noi siamo stati(-e) ricevuti(-e)
che voi siate stati(-e) ricevuti(-e)
che essi siano stati ricevuti

Imperfetto	*Trapassato*
che io fossi ricevuto(-a)	che io fossi stato(-a) ricevuto(-a)
che tu fossi ricevuto(-a)	che tu fossi stato(-a) ricevuto(-a)
che egli fosse ricevuto	che egli fosse stato ricevuto
che noi fossimo ricevuti(-e)	che noi fossimo stati(-e) ricevuti(-e)
che voi foste ricevuti(-e)	che voi foste stati(-e) ricevuti(-e)
che essi fossero ricevuti	che essi fossero stati ricevuti

VII. I verbi irregolari

Nei gruppi che seguono indichaimo la forma di alcuni dei verbi irregolari più comuni.

A. I verbi irregolari della prima coniugazione:

1. **Andare**   *to go*
   Pres. ind. vado (o: vo), vai, va, andiamo, andate, vanno. *Fut.* andrò, andrai, andrà, andremo, andrete, andranno. *Imper.* va, vada, andiamo, andate, vadano. *Pres. cong.* vada, vada, vada, andiamo, andiate, vadano. *Cond.* andrei, ecc.

2. **Dare**   *to give*
   Pres. ind. do, dai, dà, diamo, date, danno. *Pass. rem.* diedi (detti), desti, diede (dette), demmo, deste, diedero (dettero). *Fut.* darò, darai, darà, daremo, darete, daranno. *Pres. cong.* dia, dia, dia, diamo, diate, diano. *Imperf. cong.* dessi, dessi, desse, dessimo, deste, dessero. *Cond.* darei, ecc.

3. **Fare**   *to do; to make*
   Pres. ind. faccio (o: fo), fai, fa, facciamo, fate, fanno. *Imperf.* facevo, ecc. *Pass. rem.* feci, facesti, fece, facemmo, faceste, fecero. *Fut.* farò, farai, farà, faremo, farete, faranno. *Imper.* fa, faccia, facciamo, fate, facciano. *Pres. cong.* faccia, faccia, faccia, facciamo, facciate, facciano. *Imperf. cong.* facessi, ecc. *Cond.* farei, ecc. *Gerundio* facendo. *Part. pass.* fatto.

4. **Stare**   *to stay, to be*
   Pres. ind. sto, stai, sta, stiamo, state, stanno. *Pass. rem.* stetti, stesti, stette, stemmo, steste, stettero. *Fut.* starò, starai, starà, staremo, starete, staranno. *Imper.* sta, stia, stiamo, state, stiano. *Pres. cong.* stia, stia, stia, stiamo, stiate, stiano. *Imperf. cong.* stessi, stessi, stesse, stessimo, steste, stessero. *Cond.* starei, ecc.

B. I verbi irregolari della seconda coniugazione

Ecco alcuni verbi irregolari al passoto remoto ed al participio passato:

Infinito		*Passato remoto*	*Participio passato*
accendere	*to light up*	accesi	acceso
alludere	*to hint*	allusi	alluso
appendere	*to hang up*	appesi	appeso
apprendere	*to learn*	appresi	appreso
ardere	*to burn*	arsi	arso
assumere	*to assume*	assunsi	assunto
chiedere	*to ask*	chiesi	chiesto
chiudere	*to close*	chiusi	chiuso
concedere	*to grant*	concessi	concesso
conoscere	*to know*	conobbi	conosciuto
correre	*to run*	corsi	corso
crescere	*to grow*	crebbi	cresciuto
cuocere	*to cook*	cossi	cotto
decidere	*to decide*	decisi	deciso
difendere	*to defend*	difesi	difeso
dirigere	*to direct*	diressi	diretto
distinguere	*to distinguish*	distinsi	distinto
distruggere	*to destroy*	distrussi	distrutto
dividere	*to divide*	divisi	diviso
emergere	*to emerge*	emersi	emerso
espellere	*to expel*	espulsi	espulso
esplodere	*to explode*	esplosi	esploso
evadere	*to evade*	evasi	evaso
fingere	*to pretend*	finsi	finto
friggere	*to fry*	frissi	fritto
giungere	*to arrive*	giunsi	giunto
intrudere	*to intrude*	intrusi	intruso
leggere	*to read*	lessi	letto
mettere	*to put*	misi	messo
muovere	*to move*	mossi	mosso
nascere	*to be born*	nacqui	nato
nascondere	*to hide*	nascosi	nascosto
persuadere	*to persuade*	persuasi	persuaso
piangere	*to cry*	piansi	pianto
prendere	*to take*	presi	preso
proteggere	*to protect*	protessi	protetto
pungere	*to sting*	punsi	punto
radere	*to shave*	rasi	raso

redimere *to redeem*	redensi	redento
reggere *to bear*	ressi	retto
rendere *to return, to render*	resi	reso
ridere *to laugh*	risi	riso
rispondere *to answer*	risposi	risposto
rompere *to break*	ruppi	rotto
scendere *to descend, to go down*	scesi	sceso
scrivere *to write*	scrissi	scritto
scuotere *to shake*	scossi	scosso
sorgere *to rise, to arise*	sorsi	sorto
spendere *to spend*	spesi	speso
spingere *to push*	spinsi	spinto
stringere *to tighten, to press*	strinsi	stretto
uccidere *to kill*	uccisi	ucciso
vincere *to win*	vinsi	vinto
volgere *to turn*	volsi	volto

Ecco alcuni verbi della seconda coniugazione che sono irregolari in più casi.

1. **Bere** *to drink*
   Pres. ind. bevo, bevi, beve, beviamo, bevete, bevono. *Pass. rem.* bevvi, ecc, *Fut.* berrò, berrai, berrà, berremo, berrete, berranno. *Cond.* berrei, berresti, ecc. *Part. pass.* bevuto

2. **Cadere** *to fall*
   Pass. rem. caddi, cadde, caddero. *Fut.* cadrò, cadrai, ecc.

3. **Cogliere** *to catch, to gather*
   Pres. ind. colgo, cogli, coglie, cogliamo, cogliete, colgono. *Pass. rem.* colsi, colse, colsero. *Imper.* cogli, colga, cogliamo, cogliete, colgano. *Pres. cong.* colga, colga, colga, cogliamo, cogliate, colgano. *Part. pass.* colto.

4. **Condurre** *to lead, to conduct*
   Pass. rem. condussi, condusse, condussero. *Fut.* condurrò, condurrai, condurrà, ecc. *Cond.* condurrei, condurresti, ecc. *Part. pass.* condotto.

5. **Dovere** *to have to (must)*
   Pres. ind. devo (debbo), devi, deve, dobbiamo, dovete, devono (debbono). *Fut.* dovrò, dovrai, dovrà, ecc. *Pres. cong.* deva, deva, deva, dobbiamo, dobbiate, devano. *Cond.* dovrei, dovresti, ecc.

6. **Parere** *to seem*
   Pres. ind. paio, pari, pare, paiamo parete, paiono. *Pass. rem.* parvi, parve, parvero. *Fut.* parrò, parrai, parrà, ecc. *Pres. cong.* paia, paia, paia, paiamo, paiate, paiano. *Cond.* parrei, parresti, ecc. *Part. pass.* parso.

7. **Piacere**   *to like (to please)*
Pres. ind. piaccio, piaci, piace, piacciamo, piacete, piacciono. *Pass. rem.* piacqui, piacque, piacquero. *Pres. cong.* piaccia, piaccia, piaccia, piacciamo, piacciate, piacciano. *Part. pass.* piaciuto.

8. **Porre**   *to put*
Pres. ind. pongo, poni, pone, poniamo, ponete, pongono. *Pass. rem.* posi, pose, posero. *Fut.* porrò, porrai, porrà, ecc. *Imper.* poni, ponga, poniamo, ponete, pongano. *Pres. cong.* ponga, ponga, ponga, poniamo, poniate, pongano. *Cond.* porrei, porresti, ecc. *Part. pass.* posto.

9. **Potere**   *to be able (can, may)*
Pres. ind. posso, puoi, può, possiamo, potete, possono. *Fut.* potrò, potrai, potrà, ecc. *Pres. cong.* possa, possa, possa, possiamo, possiate, possano. *Cond.* potrei, potresti, ecc.

10. **Rimanere**   *to remain*
Pres. ind. rimango, rimani, rimane, rimaniamo, rimanete, rimangono. *Pass. rem.* rimasi, rimase, rimasero. *Fut.* rimarrò, rimarrai, rimarrà, ecc. *Imper.* rimani, rimanga, rimaniamo, rimanete, rimangano. *Pres. cong.* rimanga, rimanga, rimanga, rimaniamo, rimaniate, rimangano. *Cond.* rimarrei, rimarresti, ecc. *Part. pass.* rimasto.

11. **Sapere**   *to know*
Pres. ind. so, sai, sa, sappiamo, sapete, sanno. *Pass. rem.* seppi, seppe, seppero. *Fut.* saprò, saprai, saprà, ecc. *Imper.* sappi, sappia, sappiamo, sappiate, sappiano. *Pres. cong.* sappia, sappia, sappia, sappiamo, sappiate, sappiano. *Cond.* saprei, sapresti, ecc.

12. **Scegliere**   *to choose*
Pres. ind. scelgo, scegli, sceglie, scegliamo, scegliete, scelgono. *Pass. rem.* scelsi, scelse, scelsero. *Imper.* scegli, scelga, scegliamo, scegliete, scelgano. *Cong. pres.* scelga, scelga, scelga, scegliamo, scegeiate, scelgano. *Part. pass.* scelto.

13. **Sedere**   *to sit*
Pres. ind. siedo (seggo), siedi, siede, sediamo, sedete, siedono (seggono). *Imper.* siedi, sieda, (segga) sediamo, sedete, siedano (seggano). *Pres. cong.* sieda, sieda, sieda, sediamo, sediate, siedano (segga, ecc.).

14. **Tacere**   *to be silent, to keep silent*
Pres. ind. taccio, taci, tace, taciamo, tacete, tacciono. *Pass. rem.* tacqui, tacque, tacquero. *Imper.* taci, taccia, ecc. *Pres. cong.* taccia, taccia, taccia, taciamo, taciate, tacciano. *Part. pass.* taciuto.

15. **Tenere** *to keep, to hold*
Pres. ind. tengo, tieni, tiene, teniamo, tenete, tengono. *Pass. rem.* tenni, tenne, tennero. *Fut.* terrò, terrai, terrà, terremo, terrete, terranno. *Imper.* tieni, tenga, ecc. *Cond.* terrei, terresti, terrebbe, ecc.

16. **Trarre** *to draw, to get*
Pres. ind. traggo, trai, trae, traiamo, traete, traggono. *Pass. rem.* trassi, trasse, trassero. *Fut.* trarrò, trarrai, trarrà, trarremo, trarrete, trarranno. *Imper.* trai, tragga, ecc. *Cond.* trarrei, trarresti, trarrebbe, ecc. *Part. pass.* tratto.

17. **Valere** *to be worth*
Pres. ind. valgo, vali, vale, valiamo, valete, valgono. *Pass. rem.* valsi, valse, valsero. *Fut.* varrò, varrai, varrà, varremo, varrete, varranno. *Pres. cong.* valga, valga, valga, valiamo, valiate, valgano. *Cond.* varrei, varresti, varrebbe, ecc. *Part. pass.* valso.

18. **Vedere** *to see*
Pass. rem. vidi, vide, videro. *Fut.* vedrò, vedrai, vedrà, vedremo, vedrete, vedranno. *Cond.* vedrei, vedresti, vedrebbe, ecc. *Part. pass.* visto o veduto.

19. **Volere** *to want*
Pres ind. voglio, vuoi, vuole, vogliamo, volete, vogliono. *Pass. rem.* volli, volle, vollero. *Fut.* vorrò, vorrai, vorrà, vorremo, vorrete, vorranno. *Pres. cong.* voglia, voglia, voglia, vogliamo, vogliate, vogliano. *Cond.* vorrei, vorresti, vorrebbe, ecc.

C. I verbi irregolari della terza coniugazione:

1. **Apparire** *to appear, to seem*
Pres. ind. apparisco, apparisci (appari), apparisce (appare), appariamo, apparite, appariscono (appaiono). *Pass. rem.* apparvi, apparve, apparvero. *Part. pass.* apparso.

2. **Aprire** *to open*
Pass. rem. aprii (apersi), apristi, aprì (aperse), aprimmo, apriste, aprirono (apersero). *Part. pass.* aperto.

3. **Dire** *to say, to tell*
Pres. ind. dico, dici, dice, diciamo, dite, dicono. *Pass. rem.* dissi, disse, dissero. *Fut.* dirò, dirai, dirà, diremo, direte, diranno. *Imper.* di', dica, diciamo, dite, dicano. *Pres. cong.* dica, dica, dica, diciamo, diciate, dicano. *Cond.* direi, diresti, direbbe, ecc. *Part. pass.* detto.

4. **Morire**   *to die*
Pres. ind. muoio, muori, muore, moriamo, morite, muoiono. *Fut.* morrò, morrai, morrà, ecc. *Imper.* muori, muoia, moriamo, morite, muoiano. *Pres. cong.* muoia, muoia, muoia, moriamo, moriate, muoiano. *Cond.* morrei, morresti, morrebbe, ecc. *Part. pass.* morto.

5. **Salire**   *to rise, to go up*
Pres. ind. salgo, sali, sale, saliamo, salite, salgono. *Imper.* sali, salga, saliamo, salite, salgano. *Cong.* salga, salga, salga, saliamo, saliate, salgano.

6. **Udire**   *to hear, to listen to*
Pres. ind. odo, odi, ode, udiamo, udite, odono. *Imper.* odi, oda, udiamo, udite, odano.

7. **Uscire**   *to go out*
Pres. ind. esco, esci, esce, usciamo, uscite, escono. *Imper.* esci, esca, usciamo, uscite, escano. *Pres. cong.* esca, esca, esca, usciamo, usciate, escano.

8. **Venire**   *to come*
Pres. ind. vengo, vieni, viene, veniamo, venite, vengono. *Fut.* verrò, verrai, verrà, verremo, verrete, verranno. *Imper.* vieni, venga, veniamo, venite, vengano. *Pres. cong.* venga, venga, venga, veniamo, veniate, vengano. *Cond.* verrei, verresti, verrebbe, ecc. *Part. pass.* venuto.

ELENCO DEI VERBI PIÙ COMUNI CHE SONO SEGUITI DALLA PRE-POSIZIONE « DI » O DALLA PREPOSIZIONE « A » PRIMA DEL-L'INFINITO

I.   *Verbi che sono seguiti dalla preposizione* **di:**

Es.:   **Spero di arrivare** in orario.

adoperarsi   *to endeavor, to strive*
comandare   *to command*
contare   *to think of, to count on (doing something)*
credere   *to believe*
degnarsi   *to deign*
ordinare   *to order*
pensare   *to think*
prescrivere   *to prescribe*
procurare   *to try, to endeavor*
ricordarsi   *to remember*
sforzarsi   *to strive*
sperare   *to hope*

II. Verbi che sono seguiti dalla preposizione **a:**

Es.: **Imparo a parlare** italiano.

andare   *to go*
cominciare   *to begin (to do something)*
correre   *to run*
imparare   *to learn (to do something)*
precipitarsi   *to rush*
recarsi   *to go*
salire   *to climb*
scendere   *to descend, to go down*
tornare   *to come back, to go back*
venire   *to come*

❀ APPENDIX C ❀
Testi originali

I brani di Guido Piovene e di Curzio Malaparte non si ripetono in appendice poichè, ad eccezione di qualche omissione, sono stati trascritti nella loro forma originale.

Le parole di...

NICCOLO' MACHIAVELLI

sugli Adulatori

Non voglio lasciare indrieto un capo importante e uno errore dal quale e principi con difficultà si difendano, se non sono prudentissimi o se non hanno buona elezione. E questi sono gli adulatori de' quali le corti sono piene: perchè li uomini si compiacciano tanto nelle loro cose proprie e in modo vi si ingannano che con difficultà si difendano da questa peste, e a volersene difendere si porta periculo di non diventare contennendo. Perchè non ci è altro modo a guardarsi dalle adulazione se non che gli uomini intendino che non ti offendino a dirti il vero; ma quando ciascuno può dirti il vero, ti manca la reverenzia.

Pertanto uno principe prudente debbe tenere uno terzo modo, eleggendo nel suo stato uomini savi, e solo a quelli debbe dare libero arbitrio a parlarli la verità e di quelle cose sole che lui domanda e non d'altro; ma debbe domandarli d'ogni cosa, e le opinioni loro udire e dipoi deliberare da sé a suo modo; e con questi consigli e con ciascuno di loro portarsi in modo che ognuno conosca che quanto più liberamente si parlerà, tanto più li fia accetto: fuora di quelli, non volere udire alcuno, andare drieto alla cosa deliberata ed esser ostinato nelle deliberazioni sua. Chi fa altrimenti, o e' precipita per li adulatori o si muta spesso per la variazione de' pareri: di che ne nasce la poca estimazione sua ...

Uno principe pertanto debbe consigliarsi sempre, ma quando lui vuole e non quando vuole altri; anzi debbe torre animo a ciascuno di consigliarlo d'alcuna cosa, se non gnene domanda. Ma lui debbe bene essere largo domandatore, e dipoi circa le cose domandate paziente auditore del vero; anzi intendendo che alcuno per alcuno respetto non gnene dica, turbarsene. E perchè molti esistimano che alcuno principe, el quale dà di sé opinione di prudente, sia così tenuto non per sua natura ma per li buoni consigli che lui ha d'intorno, sanza dubbio s'ingannano. Perchè questa è una regola generale che non falla mai: che uno principe, il quale non sia savio per se stesso, non può essere consigliato bene, se già a sorte non si rimettessi in uno solo che al tutto lo governassi, che fussi uomo prudentissimo. In questo caso potria bene essere, ma durerebbe poco, perchè quello governatore in breve tempo li torrebbe lo stato; ma consigliandosi con più d'uno, uno principe che non sia savio non arà mai e consigli uniti, né saprà per se stesso unirli; de' consiglieri ciascuno penserà alla proprietà sua: lui non li saprà correggere né conoscere. E non si possono trovare altrimenti; perchè li uomini sempre ti riusciranno tristi, se da una necessità non sono fatti buoni. Però si conclude che li buoni consigli, da qualunque venghino, conviene naschino dalla prudenzia del principe, e non la prudenzia del principe da' buoni consigli.

NICCOLÒ MACHIAVELLI, *Il Principe,*
Riccardo Ricciardi Editore, Milano–Napoli.

Le parole di...

ALESSANDRO MANZONI
sul Distacco dal paese natale

Non tirava un alito di vento; il lago giaceva liscio e piano, e sarebbe paruto immobile, se non fosse stato il tremolare, e l'ondeggiar leggiero della luna, che vi si specchiava da mezzo il cielo. S'udiva soltanto il fiotto morto e lento frangersi sulle ghiaie del lido, il gorgoglio più lontano dell'acqua rotta tra le pile del ponte, e il tonfo misurato di quei due remi che tagliavano la superficie del lago, uscivano ad un colpo grondanti, e si rituffavano. L'onda segata dalla barca, riunendosi dietro la poppa, segnava una striscia increspata che si andava allontanando dal lido. I passeggieri silenziosi, colla faccia rivolta indietro, guardavano le montagne e il paese rischiarato dalla luna e svariato qua e là di grandi ombre. Si discernevano i villaggi, le case, le capanne: il palazzotto di don Rodrigo, colla sua torre piatta, elevato sopra le casucce ammucchiate alla falda del promontorio, pareva un feroce che ritto nelle tenebre sopra una compagnia di giacenti addormentati, vegliasse meditando un delitto. Lucia lo vide, e rabbrividì; discese coll'occhio a traverso la china, fino al suo paesello, guardò fiso alla estremità, scerse la sua casetta, scerse la chioma folta del fico che sopravanzava sulla cinta del cortile, scerse la finestra della sua stanza; e seduta com'era sul fondo della barca, appoggiò il gomito sulla sponda, chinò su quello la fronte, come per dormire, e pianse segretamente.

Addio, montagne sorgenti dalle acque, ed erette al cielo; cime ineguali, note a chi è cresciuto tra voi, e impresse nella sua mente non meno che lo sia l'aspetto dei suoi più famigliari; torrenti dei quali egli distingue lo scroscio, come il suono delle voci domestiche; ville sparse e biancheggianti sul pendio, come branchi di pecore pascenti; addio! Quanto è tristo il passo di chi cresciuto tra voi, se ne allontana! Alla fantasia di quello stesso che se ne parte volontariamente, tratto dalla speranza di fare altrove fortuna, si disabbelliscono in quel momento i sogni della ricchezza; egli si maraviglia d'essersi potuto risolvere, e tornerebbe allora indietro, se non pensasse che un giorno tornerà dovizioso. Quanto più s'avanza nel piano, il suo occhio si ritrae fastidito e stanco da quella ampiezza uniforme; l'aere gli simiglia gravoso e senza vita; s'inoltra mesto e disattento nelle città tumultuose, le case aggiunte a case, le vie che sboccano nelle vie pare che gli tolgano il respiro; e dinanzi agli edifizii ammirati dallo straniero, egli pensa con desiderio inquieto al camperello del suo paese, alla casuccia a cui egli ha già posti gli occhi addosso da gran tempo, e che comprerà, tornando ricco a' suoi monti.

Ma chi non aveva mai spinto al di là di quelli nè pure un desiderio sfuggevole, chi aveva composti in essi tutti i disegni dell'avvenire; e ne è sbalzato lontano da una forza perversa! Chi strappato ad un tempo alle più care abitudini, e sturbato nelle più care speranze, lascia quei monti per avviarsi in traccia di stranieri che non ha mai desiderato di conoscere, e non può colla immaginazione trascorrere ad un momento stabilito pel ritorno! Addio, casa natale, dove sedendo con un pensiero occulto, s'imparò a distinguere dal romore delle orme comuni il romore di un'orma aspettata con un misterioso timore. Addio, casa ancora straniera, casa sogguardata tante volte alla sfuggita, passando, e non senza rossore; nella quale la mente si compiaceva di figurarsi un soggiorno tranquillo e perpetuo di sposa. Addio, chiesa, dove l'animo tornò tante volte sereno, cantando le lodi del Signore; dove era promesso, preparato un rito; dove il sospiro segreto del cuore doveva essere solennemente benedetto, e l'amore venir comandato, e chiamarsi santo; addio! Quegli che dava a voi tanta giocondità è da per tutto; ed Egli non turba mai la gioia dei suoi figli, se non per prepararne loro una più certa e maggiore.

ALESSANDRO MANZONI, *I Promessi Sposi,*
Arnoldo Mondadori Editore, Milano, 1954.
(Testo critico della prima
edizione stampata nel 1825–27.)

VOCABOLARIO ITALIANO-INGLESE

A

abbastanza enough
abbigliamento, *m.* clothes
abbronzarsi to become tanned
abitazione, *f.* dwelling
abito, *m.* suit, dress
abitudine, *f.* habit
accanito(-a) bitter, strong
accartocciare to curl up
accompagnare to accompany
accordo, *m.* agreement
   d'— granted, all right
accrescere to increase
acqua, *f.* water
acquario, *m.* aquarium
acuto(-a) acute, severe
addormentarsi to fall asleep
adesso now
aeroplano, *m.* **aero,** *m.* airplane
aeroporto, *m.* airport
affare, *m.* business
affascinato(-a) fascinated
affermazione, *f.* statement
affiatato(-a) harmonizing
affrettarsi to hurry
agenzia, *f.* agency
   — di viaggi, *f.* travel agency
agio, *m.* ease
agitato(-a) rough, perturbed
albergo, *m.* hotel
album, *m.* album
alcova, *f.* alcove
alga, *f.* seaweed
allievo, *m.* **(allieva,** *f.*) student
alto(-a) high, tall
altoparlante, *m.* loudspeaker
alzarsi to get up
ambiente, *m.* environment
americano(-a) American
amico, *m.* **(amica,** *f.*) friend
ammirare to admire
ammirato(-a) admired
ammiratore, *m.* **(ammiratrice,** *f.*)
  admirer
ammirazione, *f.* admiration
ampio(-a) wide, roomy
andare to go
andarsene to go away
andirivieni, *m.* bustle
angelo, *m.* angel

angolo, *m.* angle, corner
annettere to annex
annuale yearly
antipatico(-a) disagreeable
anziano(-a) old (age)
aperto(-a) open
apice, *m.* apex, summit
appartamento, *m.* apartment
appetito, *m.* appetite
applaudire to applaud
applauso, *m.* applause
applicare to apply
apprezzare to appreciate
appropriato(-a) proper
approvare to approve
appuntamento, *m.* appointment
aprire to open
arancia, *f.* orange
arancio, *m.* orange tree
arancione orange (color)
architetto, *m.* architect
arguto(-a) witty, sharp
aria, *f.* air
   all'— aperta out in the open
   aver un'— to seem, to look like
arresto, *m.* arrest
arrivo, *m.* arrival
arrosto, *m.* roast
arte, *f.* art
   Belle Arti, *f. pl.* Fine Arts
articolo, *m.* article
aspettativa, *f.* expectation
aspetto, *m.* waiting
   sala d'—, *f.* waiting room
aspirazione, *f.* aspiration
assegno, *m.* check
assente absent
assicurare to assure
assurdo(-a) absurd
astronomia, *f.* astronomy
atleta, *m.* athlete
attendere to wait
atterrare to land
attore, *m.* actor
attraversare to cross
augurio, *m.* wish
   auguri, *m. pl.* best wishes
augusto(-a) noble
aumento, *m.* increase, rise
automobile, *f.* automobile, car
autorimessa, *f.* garage

autoritario(-a) authoritative
autunno, *m.* fall, autumn
avvenimento, *m.* event
avvenire, *m.* future
avventura, *f.* adventure
azzurro(-a) light blue

B

baciare to kiss
bacio, *m.* kiss
bagaglio, *m.* luggage
ballo, *m.* ball, dance
banca, *f.* bank
banco, *m.* bench
— di prova, *m.* test bed
bandiera, *f.* flag
barbone, *m.* poodle
barca, *f.* boat (rowboat)
base, *f.* base
— di lancio, *f.* rocket base
battezzare to name
ballezza, *f.* beauty
benedire to bless
benzina, *f.* gasoline
bestia, *f.* animal
bianco(-a) white
bibita, *f.* drink
biblioteca, *f.* library
bicchiere, *m.* glass
biglietto, *m.* ticket
biondo(-a) blond
bistecca, *f.* beefsteak
bloccato(-a) stranded
borsa, *f.* purse, handbag
borsetta, *f.* purse
bosco, *m.* wood
bottiglia, *f.* bottle
bottone, *m.* button
bravo(-a) clever, skillful
breve short
bronzo, *m.* bronze
bruno(-a) brunette
buono(-a) good
burlare to make fun (of)
burro, *m.* butter
busta, *f.* envelope

C

cabina, *f.* booth
cacio, *m.* cacio cheese

cadenza, *f.* cadence, rhythm
caffè, *m.* coffee
caldo(-a) warm
calma, *f.* calmness
camera, *f.* room
— da letto, *f.* bedroom
cameriera, *f.* waitress
camicetta, *f.* blouse
camicia, *f.* shirt
campagna, *f.* country (countryside)
campeggio, *m.* camping
canale, *m.* canal
candela, *f.* candle
candidato, *m.* candidate
candore, *m.* candor
cane, *m.* dog
cannocchiale, *m.* glass
canoa, *f.* canoe
cannottaggio, *m.* boating
canzone, *f.* song
capitale, *f.* capital (city)
capo, *m.* chief
cappelliera, *f.* hatbox
cappotto, *m.* overcoat
capriccioso(-a) capricious
carattere, *m.* character, nature
caricatura, *f.* caricature
carino(-a) nice, dear
carne, *f.* meat, flesh
caro(-a) dear, expensive
carota, *f.* carrot
carta, *f.* paper, card
cartolina (postale), *f.* postcard
cartone, *m.* cartoon
— animati, *m. pl.* animated cartoons
casa, *f.* house
casato, *m.* family
caso, *m.* case
cassa, *f.* cashier's office
cassetto, *m.* drawer
cassettone, *m.* chest of drawers
cassiere, *m.* cashier
castello, *m.* castle
catalogo, *m.* catalogue
cattivo(-a) bad
celebre famous, well-known
cena, *f.* supper
centro, *m.* center, downtown
cespuglio, *m.* bush
chiaro(-a) clear, light (color)
chiave, *f.* key

chiedere to ask
chiesa, *f.* church
chimica, *f.* chemistry
cibo, *m.* food
cielo, *m.* sky
cinema(-tografo), *m.* theater (motion pictures)
cioccolata, *f.* chocolate
cipolla, *f.* onion
circolo, *m.* club, circle
città, *f.* city
civiltà, *f.* civilization
classe, *f.* class, classroom
cliente, *m.* customer
coccodrillo, *m.* crocodile
cognata, *f.* sister-in-law
cognato, *m.* brother-in-law
colazione, *f.* breakfast
      seconda —, *f.* lunch
collera, *f.* anger
collettivo(-a) collective
collocare to place
colpevole, *m.* culprit
colpito(-a) struck
colpo, *m.* shot
coltello, *m.* knife
colto(-a) educated
comignolo, *m.* chimney top
commedia, *f.* comedy
comodo(-a) comfortable
comperare to buy
compito, *m.* duty, homework
completo(-a) complete
complicato(-a) complicated
comportarsi to act, to behave
compostezza, *f.* composure
comprendere to understand
compressa, *f.* tablet
concedere to grant, to consent
conchiglia, *f.* shell
concludere to conclude
concorso, *m.* competition
condizione, *f.* condition
conferenza, *f.* lecture, speech
confezionare to manufacture
congelato(-a) frozen
coniglio, *m.* rabbit
consonante, *f.* consonant
consultare to consult
contento(-a) happy
conto, *m.* account

contratto, *m.* contract
contravvenzione, *f.* (traffic) ticket
conversazione, *f.* conversation
convocare to convoke, to assemble
coperto(-a) covered
      — di covered with
coppia, *f.* couple
cordiale cordial
coricarsi to go to bed
corretto(-a) correct, right
corrida, *f.* bullfight
corridoio, *m.* corridor
corsa, *f.* race
corteo, *m.* procession, cortege
cortesia, *f.* politeness
cortina, *f.* curtain
corto(-a) short
cosa, *f.* thing
costruire to build
costume, *m.* costume, suit
      — da bagno, *m.* bathing suit
crema, *f.* cream, custard
crepare to die
crociera, *f.* cruise
cronaca, *f.* news section
crudeltà, *f.* cruelty
cucchiaio, *m.* soupspoon
cucina, *f.* kitchen
cuffia, *f.* earphone
cugino, *m.* (cugina, *f.*) cousin
cumulo, *m.* heap
cuoco, *m.* cook
cuore, *m.* heart

D

damigella, *f.* maid
      — d'onore, *f.* bridesmaid
dare to give
dea, *f.* goddess
decidere to decide
declivio, *m.* slope
decorare to decorate, to adorn
delegato, *m.* delegate
denaro, *m.* money
dente, *m.* tooth
denunziare to reveal
deporre to lay down, to give up
depositare to deposit
desolato(-a) desolate, sorry
detestare to detest

dettagliato(-a) detailed
dialetto, *m.* dialect
diavolo, *m.* devil
dichiarazione, *f.* declaration, statement
dieta, *f.* diet
    stare a — to be on a diet
difficile difficult
difficoltà, *f.* difficulty
dinamico(-a) dynamic
Dio, *m.* God
dire to tell, say
diritto, *m.* right
discendere to descend, to go down
disco, *m.* record
discorso, *m.* speech
discussione, *f.* discussion
disinvolto(-a) free, easy
disordine, *m.* disorder
disporre to have at one's disposal
disprezzo, *m.* contempt
distruggere to destroy
dito, *m.* finger
divano, *m.* divan, sofa
divertire to entertain, to amuse
divertirsi to have a good time
divorzio, *m.* divorce
documentario, *m.* documentary
dolce sweet
domandare to ask
domani tomorrow
domenica, *f.* Sunday
dominare to dominate
dopo after, later
dorato(-a) gilt
dottore, *m.* doctor
dovere must, to have to
drizzare to erect
duraturo(-a) lasting

E

economico(-a) economical
edificio, *m.* building
effimero(-a) transitory
eleggere to elect
entusiasta, *m.* enthusiast
esagerazione, *f.* exaggeration
esame, *m.* examination
esasperato(-a) exasperated
escursione, *f.* excursion
esedra, *f.* exedra

esercizio, *m.* exercise
esotico(-a) exotic
esplicito(-a) explicit
esposizione, *f.* exhibition
estate, *f.* summer
estero(-a) foreign
estrinsecare to express
etichetta, *f.* label
europeo(-a) European
evitare to avoid
evoluzione, *f.* evolution

F

facciata, *f.* front (house)
facile easy
fagiolino, *m.* French bean
fagiolo, *m.* bean
fame, *f.* hunger
    aver — to be hungry
    aver una — da lupo to be starving
famiglia, *f.* family
fantastico(-a) wonderful, fantastic
fare to do, make
farmacia, *f.* pharmacy
farmacista, *m., f.* pharmacist
fascino, *m.* charm
fatto, *m.* fact
felicità, *f.* happiness
femminile feminine
femminilità, *f.* femininity
ferito(-a) wounded
fermare to stop
feroce ferocious, fierce
fetta, *f.* slice
fiasco, *m.* flask, fiasco
fidanzamento, *m.* engagement
fidanzarsi to become engaged
fidarsi to trust
    — di to trust (a person)
fidiaco(-a) Phidian
fiducia, *f.* confidence, trust
figlio, *m.* son
finestra, *f.* window
finestrino, *m.* window
finire to finish
finito(-a) finished, ended
finto(-a) artificial, feigned
fiore, *m.* flower
fischiettare to whistle
foglia, *f.* leaf

foglio, *m.* sheet
folla, *f.* crowd
forchetta, *f.* fork
formaggio, *m.* cheese
fornello, *m.* stove
forte strong
fortunato(-a) lucky
forza, *f.* strength, force
fossato, *m.* moat
fotogenico(-a) photogenic
fotografare to photograph
fotografia, *f.* picture
fragola, *f.* strawberry
francese French
frase, *f.* phrase
fratello, *m.* brother
fresco(-a) cool, fresh
frigorifero, *m.* refrigerator
frittata, *f.* omelette
frivolo(-a) frivolous
funzionare to work
fuoco, *m.* fire
furbo(-a) cunning, sly
furia, *f.* fury
    andar su tutte le furie to become furious

G

gabbia, *f.* cage
gagliardo(-a) vigorous, strong
generalmente generally, usually
gente, *f.* people
gentile kind, polite
gentilizio(-a) belonging to aristocracy
gesso, *m.* chalk
ghiera, *f.* ferrule
giacca, *f.* coat, jacket
giacere to lie
giallo(-a) yellow
giardino, *m.* garden
giglio, *m.* lily
giornale, *m.* newspaper
giornata, *f.* day
giorno, *m.* day
giovane young
giovedì, *m.* Thursday
gonna, *f.* skirt
governo, *m.* government
gradevole agreeable, pleasant
grande large, big, great

grasso(-a) fat
grattacielo, *m.* skyscraper
grave grave, serious
grigio(-a) gray
gruppo, *m.* group
guadagnare to earn
guardaroba, *m.* wardrobe
guerra, *f.* war
guerrigliero, *m.* guerrilla fighter
gusto, *m.* taste
    buon — good taste
    cattivo — bad taste
gustoso(-a) amusing

I

ideale ideal
ignudo(-a) naked
imbarazzante embarrassing
immaginario(-a) imaginary
imparziale impartial
impeccabile impeccable, faultless
impegnativo(-a) engaging
impegno, *m.* engagement
impermeabile, *m.* raincoat
impiegato(-a), *m.* (*f.*) employee, clerk
impiego, *m.* employment
importante important
importare to import
inadeguatezza, *f.* inadequacy
incantato(-a) charmed, enchanted
inclinazione, *f.* inclination
incomprensibile incomprehensible
incontrarsi to meet
incontro, *m.* meeting
incredibile incredible
incubo, *m.* nightmare
indire to appoint, to establish
indirizzo, *m.* address
indossare to wear
indovina, *f.* fortune teller
indovinare to guess
indumento, *m.* garment, article of dress
informazione, *f.* information
informe shapeless
ingegnere, *m.* engineer
ingrandire to enlarge
ingresso, *m.* entrance
inizio, *m.* beginning
innamorarsi to fall in love
inno, *m.* hymn

inquieto(-a) restless
inseguimento, *m.* pursuit
insperato(-a) unhoped (for)
intatto(-a) intact
integro(-a) complete
interdire to interdict
interessante interesting
internazionale international
interprete, *m.* interpreter
interrogatorio, *m.* interrogation, questioning
interrompere to interrupt
intervallo, *m.* interval
intervista, *f.* interview
inutilità, *f.* uselessness
inverno, *m.* winter
inviato, *m.* envoy
invito, *m.* invitation
ipotesi, *f.* hypothesis
ira, *f.* anger
ironico(-a) ironic
irritante irritating
isola, *f.* island
ispettore, *m.* inspector
    — di polizia, *m.* police inspector
italiano(-a) Italian

L

laboratorio, *m.* laboratory
lampada, *f.* lamp
lana, *f.* wool
lancio, *m.* launch
latino(-a) Latin
latta, *f.* can
latte, *m.* milk
latticino, *m.* dairy product
lattuga, *f.* lettuce
lavabo, *m.* washbasin
lavagna, *f.* blackboard
lavarsi to wash (oneself)
lavorare to work
legge, *f.* law
leggere to read
leggero(-a) see **leggiero**
leggiero(-a) lightweight
legume, *m.* vegetable, legume
lembo, *m.* margin, border
lento(-a) slow
lettera, *f.* letter
letto, *m.* bed

lezione, *f.* lesson
libertà, *f.* liberty, freedom
libraio, *m.* bookseller
libretto (degli indirizzi), *m.* address book
libro, *m.* book
limitare to limit
limonata, *f.* lemonade
limone, *m.* lemon
linea, *f.* line
lingua, *f.* language, tongue
lista, *f.* list, menu
litigare to quarrel
livellare to level
livello, *m.* level
locale, *m.* place
logico(-a) logical
lontano(-a) far
lotta, *f.* struggle
luce, *f.* light
luna, *f.* moon
    chiaro di —, *m.* moonlight
lunedì, *m.* Monday
lungo(-a) long
luogo, *m.* place
lupo, *m.* wolf

M

macchina, *f.* car, machine
macerie, *f. pl.* debris, ruins
maggiore greater, larger
maglia, *f.* sweater
maglione, *m.* sweater
malattia, *f.* sickness
male, *m.* sickness
    mal d'aria airsickness
    mal di mare seasickness
maligno(-a) evil, malicious
mancare to miss, to lack
maneggiare to handle
mangiare to eat
manichino, *m.* mannequin
manifestare to manifest
mano, *f.* hand
mantello, *m.* mantle
mantenersi to keep, to remain
mare, *m.* sea
marea, *f.* tide
marito, *m.* husband
marrone brown

massa, *f.* mass
massaia, *f.* housewife
martedì, *m.* Tuesday
maschile masculine
materno(-a) maternal
matita, *f.* pencil
medicina, *f.* medicine
mediterraneo(-a) Mediterranean
mela, *f.* apple
menta, *f.* mint
mentalità, *f.* mentality
menzionare to mention
mercantile mercantile
mercato, *m.* market
    a buon — inexpensive
mercoledì, *m.* Wednesday
meritare to deserve
merletto, *m.* lace
meta, *f.* goal, aim
metallo. *m.* metal
mezzo, *m.* means
    — di trasporto, *m.* means of
      transportation
miglioramento, *m.* improvement
minacciare to threaten
minestra, *f.* soup
ministro, *m.* minister
misura, *f.* measure
mobile, *m.* piece of furniture
moda, *f.* fashion
modello, *m.* model, pattern
modo, *m.* manner, way
moglie, *f.* wife
molto, *adj., adv.* a lot of, very
monacale monastic
mondano(-a) of the world, of society
mondo, *m.* world
monumento, *m.* monument
mormorare to murmur
morto(-a) dead
mosso(-a) rough (sea)
motocicletta, *f.* motorcycle
muovere to move
muratore, *m.* mason
muro, *m.* wall

N

nascere to be born
nascita, *f.* birth
naso, *m.* nose

natura, *f.* nature
    — morta still life
naturalmente naturally
nave, *f.* ship
    — di linea, *f.* liner
nazionale national
neanche not even
negozio, *m.* shop, store
nero(-a) black
nervoso(-a) nervous
neutrale neutral
neve, *f.* snow
nevrastenia, *f.* neurasthenia
nicchia, *f.* niche, recess
nido, *m.* nest
ninfeo, *m.* nymphaeum
ninnolo, *m.* trinket
noioso(-a) boring, tedious
nomina, *f.* appointment
nonno, *m.* grandfather
notevole remarkable
novità, *f.* novelty
numero, *m.* number
    — di telefono, *m.* telephone number
nuoto, *m.* swimming
nuovo(-a) new
nuvola, *f.* cloud

O

obbedire to obey
occhiali, *m.pl.* spectacles
occidentale western
occupazione, *f.* occupation
odioso(-a) hateful
odore, *m.* smell, odor
oggetto, *m.* object
oggi today
Olimpo, *m.* Olympus
ombra, *f.* shade
ombrello, *m.* umbrella
onda, *f.* wave
onore, *m.* honor
opera, *f.* work, opera
ora, *f.* hour
ora, *adv.* now
orario, *m.* schedule
    essere in — to be on time
ordinario(-a) ordinary, usual
ordinato(-a) orderly
ordine, *m.* order

orecchio, *m.* ear
orecchino, *m.* earring
orfano, *m.* orphan
orgoglio, *m.* pride
orientale eastern
orizzonte, *m.* horizon
orologio, *m.* watch, clock
oroscopo, *m.* horoscope
ospitale hospitable
osservatore, *m.* observer

P

paesaggio, *m.* landscape
paese, *m.* country, town
pagina, *f.* page
paio, *m.* pair
palermitano(-a) of Palermo
palla, *f.* ball
panino, *m.* roll (of bread)
panna, *f.* whipped cream
pappagallo, *m.* parakeet
parola, *f.* word
partenza, *f.* departure
partire to leave
partito, *m.* party
passare to pass, to spend (time)
passeggiata, *f.* walk
passeggiero, *m.* passenger
pasto, *m.* meal
patata, *f.* potato
paura, *f.* fear
   aver — to be afraid
pazienza, *f.* patience
pazzesco(-a) mad, wild
pazzo(-a) crazy
pelle, *f.* skin
pellicola, *f.* film
penetrante penetrating
penna, *f.* pen
pentirsi to repent
perchè why, because
perdere to lose
permesso, *m.* permission, permit
personaggio, *m.* personage
personale, *m.* personnel, staff
pesante heavy
pesca, *f.* peach
pesce, *m.* fish
pettinarsi to comb one's hair
piacere to like

pianista, *m., f.* pianist
piano, *m.* floor, piano, plan
pianta, *f.* plant
pianterreno, *m.* ground floor (1st floor)
piatto, *m.* dish
piccolo(-a) small, little
piede, *m.* foot
piega, *f.* fold
pieno(-a) full
pietra, *f.* stone
piscina, *f.* swimming pool
pista, *f.* course, track
pistola, *f.* pistol
pittore, *m.* (pittrice, *f.*) painter
pittoresco(-a) picturesque
più more
plastica, *f.* plastic
politico(-a) political
pollo, *m.* chicken
poltrona, *f.* armchair, easy chair
pomeriggio, *m.* afternoon
pomodoro, *m.* tomato
porcellino d'India, *m.* guinea pig
porta, *f.* door
portare to take, to accompany, to carry, to bring
portata, *f.* importance
   di prima — of primary importance
portico, *m.* portico, porch
porto, *m.* port
porzione, *f.* portion, part, share
positivo(-a) positive
posizione, *f.* position
posto, *m.* place, position
potere to be able, can, may
povero(-a) poor
pranzo, *m.* dinner
pratico(-a) practical
prato, *m.* lawn
precario(-a) precarious
precedente preceding, previous
precipitarsi to run, to rush
preciso(-a) precise
preferenza, *f.* preference
preferito(-a) favorite
premuroso(-a) solicitous
prendersela to get angry at
prenotare to make a reservation
prenotazione, *f.* reservation
preoccuparsi to worry
preparare to prepare

preparativo, *m.* preparation
presente present
prezzo, *m.* price
primavera, *f.* spring
primo(-a) first
principe, *m.* prince
principessa, *f.* princess
principio, *m.* principle, beginning
privato(-a) private
privilegio, *m.* privilege
privo(-a) lacking
procedere to proceed
professore, *m.* professor
progetto, *m.* plan, project
promettere to promise
pronto(-a) ready
proporre to propose
prospero(-a) prosperous, flourishing
prossimo(-a) next
protocollo, *m.* protocol
provvista, *f.* supply
pubblicare to publish
pubblico, *m.* public
pulire to clean
punire to punish
purtroppo unfortunately

Q

quaderno, *m.* notebook (school)
quadro, *m.* painting
quartiere, *m.* district

R

raccomandare to recommend
radersi to shave
raffinato(-a) refined
raffreddore, *m.* cold
ragazza, *f.* girl
ragazzo, *m.* boy
raggiungere to reach
ragguaglio, *m.* information, report
ragionevole reasonable
rana, *f.* frog
rapido(-a) rapid, fast
rapporto, *m.* relation
raro(-a) rare
rassomigliare to resemble
ravanello, *m.* radish

ravvisare to perceive
razza, *f.* race
recare to bring, to carry
recarsi to go
regalo, *m.* gift, present
regionale regional
regione, *f.* region
regista, *m.* stage manager, director
religioso(-a) religious
replica, *f.* copy
restare remain, to stay
resto, *m.* change
retrocedere to retrocede
ribadire to confirm
ricavato, *m.* proceeds
ricco(-a) rich
ricetta, *f.* recipe
ricevere to receive
riconciliare to reconcile
riconoscenza, *f.* gratitude
ridere to laugh
rifiutare to refuse
riflettere to reflect
riguardo, *m.* regard
rileggere to read again
rimedio, *m.* remedy
rinforzare to strengthen
ringhiare to growl
riparare to repair
riposarsi to rest
riprodurre to reproduce
risalire to go up (again)
risparmio, *m.* saving
rispettare to respect
ristorante, *m.* restaurant
ritardo, *m.* delay
    essere in — to be late
ritmo, *m.* rhythm
riunire to gather, to assemble
riuscire to succeed
riuscito(-a) successful
riva, *f.* bank, shore
rivedere to see again
rivelare to reveal
rivolgere to turn
rivolgersi to apply
romanzo, *m.* novel
rosso(-a) red
rumore, *m.* noise
ruota, *f.* wheel
ruvido(-a) rough, harsh

S

sabato, *m.*   Saturday
sacro(-a)   sacred
sala, *f.*   room
    — da pranzo   dining room
    — d'aspetto   waiting room
salario, *m.*   wages
salone, *m.*   hall
salute, *f.*   health
sangue, *m.*   blood
sanzione, *f.*   sanction
sapere   to know
sbagliarsi   to be mistaken
scaffale, *m.*   shelf
scala, *f.*   staircase
scalino, *m.*   step
scalo, *m.*   landing place
scandalo, *m.*   scandal
scansia, *f.*   set of shelves
scarpa, *f.*   shoe
scatola, *f.*   box
scavare   to dig
scegliere   to choose
scelta, *f.*   choice
scemo(-a)   silly
scenografo, *m.*   set designer
scherzo, *m.*   joke
    senza — i   no kidding
schietto(-a)   frank, pure
sci, *m.*   ski
scialle, *m.*   shawl
sciocco(-a)   silly, foolish
sciopero, *m.*   strike
scodella, *f.*   bowl
sconcertato(-a)   disconcerted
sconosciuto(-a)   unknown
scontro, *m.*   clash
scrivere   to write
scuola, *f.*   school
sdraiato(-a)   stretched
sedia, *f.*   chair
seduto(-a)   seated
segnare   to sign, to indicate
seguente   following
seguire   to follow
semplice   simple
sempre   always
sensazionale   sensational
sentenza, *f.*   decision, judgment

sentirsi   to feel
separarsi   to separate (from someone)
separato(-a)   separate
serata, *f.*   evening time, evening party
serie, *f.*   series
serpente, *m.*   snake
    — a sonagli, *m.*   rattlesnake
servizio, *m.*   service
seta, *f.*   silk
sete, *f.*   thirst
    aver —   to be thirsty
settimana, *f.*   week
severo(-a)   strict, severe
sfioramento, *m.*   light touch
sfogliare   to turn over (pages, etc.)
sfortunato(-a)   unlucky
sforzo, *m.*   effort
sgargiante   showy
simbolo, *m.*   symbol
simile   similar, such
simpatico(-a)   nice, pleasant
simultaneo(-a)   simultaneous
sincerità, *f.*   sincerity
sistema, *m.*   system
sistemare   to arrange, to settle
situazione, *f.*   situation
smerigliato(-a)   frosted, emeried
soddisfatto(-a)   satisfied, pleased
soggiorno, *m.*   sojourn
    stanza di —   living room
soldato, *m.*   soldier
sole, *m.*   sun
solenne   solemn
solitario(-a)   lonely
solito(-a)   usual
    di —   usually, generally
solitudine, *f.*   solitude
solo(-a)   alone
sonetto, *m.*   sonnet
sonno, *m.*   sleep
    aver —   to be sleepy
sorella, *f.*   sister
sorridere   to smile
sorriso, *m.*   smile
sospeso(-a)   hanging
sostanzioso(-a)   nourishing, substantial
sostenitore, *m.*   supporter
spagnolo(-a)   Spanish
spalliera, *f.*   back (of a seat)
spavaldo(-a)   defiant, bold
spaventoso(-a)   frightful

spazzola, *f.* brush
spazzolare to brush
specchio, *m.* mirror
specialmente especially
spendere to spend
spettacolo, *m.* show, performance
spia, *f.* spy
spinaci, *m. pl.* spinach
spionaggio, *m.* espionage
spogliarsi to undress (oneself)
sportello, *m.* window (office)
sposa, *f.* bride
sposare to marry
sposarsi to get married
sposo, *m.* bridegroom
stagione, *f.* season
stampa, *f.* press
stanco(-a) tired
stanza, *f.* room
    — di soggiorno living room
    — da bagno bathroom
steso(-a) lying
strada, *f.* street, road
straniero(-a) foreign
strano(-a) strange
studiare to study
studio, *m.* study room
stupefatto(-a) astonished
stupido(-a) stupid
succo, *m.* juice
    — di frutta, *m.* fruit juice
suono, *m.* sound
superare to overcome, to surpass
superbo(-a) proud, arrogant
superstizioso(-a) superstitious
suscitare to rouse
svegliarsi to wake up

T

tappeto, *m.* carpet
tartaruga, *f.* tortoise, turtle
tasca, *f.* pocket
tavola, *f.* table
tazza, *f.* cup
tè, *m.* tea
teatro, *m.* theater
tedesco(-a) German
tela, *f.* cloth, painting
telefonare to telephone
telescopio, *m.* telescope

tentazione, *f.* temptation
terma, *f.* hot bath
termale thermal
terminare to end, to finish
testimone, *m.* witness, best man
tetto, *m.* roof
timido(-a) shy
tintarella, *f.* suntan
tipo, *m.* type
tocco, *m.* touch
tono, *m.* tone
topo, *m.* mouse
torre, *f.* tower
torso, *m.* torso
totalitario(-a) totalitarian
tovagliolo, *m.* napkin
traduzione, *f.* translation
traffico, *m.* traffic
    agente del —, *m.* traffic policeman
tranquillo(-a) quiet, calm, peaceful
trarre to draw, to derive
trasformare to transform
trasmettere to broadcast, to transmit
trasparire to appear (through)
trattativa, *f.* negotiation
trionfare to triumph
truccarsi to make up (one's face)
trucco, *m.* trick

U

ufficiale, *m.* officer
ufficio, *m.* office
ulteriore further
ultimo(-a) last
umanità, *f.* humankind
uniforme, *f.* uniform
uomo, *m.* man
urtante irritating
urto, *m.* push
uscita, *f.* exit
utile useful
utilità, *f.* usefulness
uva, *f.* grapes

V

vacanza, *f.* vacation
vaporetto, *m.* steamboat
vasca, *f.* tub
    — da bagno bathtub

vecchio(-a) old
vendere to sell
venerdì, *m.* Friday
venire to come
verde green
verdura, *f.* vegetables
verità, *f.* truth
vernice, *f.* varnish, paint
versione, *f.* version
verso, *m.* verse, line
vertenza, *f.* dispute
vestigia, *f. pl.* vestiges, traces
vestirsi to dress oneself
veterinario, *m.* veterinarian
vetro, *m.* glass (material)
vezzoso(-a) graceful
via, *f.* way, street
viaggiatore, *m.* traveler
viaggio, *m.* travel, voyage
villeggiatura, *f.* holiday (in the country), etc.
violenza, *f.* violence
violoncello, *m.* cello
vipera, *f.* viper
virtù, *f.* virtue
visita, *f.* visit
visitare to visit

vita, *f.* life
vitalità, *f.* vitality
vite, *f.* screw
vitello, *m.* veal
viva . . . long live . . .
vivente living
vivere to live
vocale, *f.* vowel
vocazione, *f.* vocation
voce, *f.* voice
volere to want
volo, *m.* flight
volta, *f.* time
    una —, *f.* once
    due volte, *f. pl.* twice
voto, *m.* vote, grade

Z

zattera, *f.* raft
zia, *f.* aunt
zio, *m.* uncle
zitella, *f.* maid
zoo, *m.* zoo
zucchero, *m.* sugar
zufolo, *m.* whistle

❋ INDICE ANALITICO ❋

A

accrescitivi, 208
aggettivo (maschile, femminile), 27; aggettivo
  (plurale), 51; possessivo, 42; dimostrativo,
  81; dimostrativo (plurale), 82; forme
  alterate, 208
A Guido Cavalcanti, 362
alfabeto, 12
Alighieri, 362
andare, verbo irregolare, 89
Angiolieri, 349
Ariosto, 235
articolo determinativo (**il, lo, la, l'**), 9;
  plurale, 81
articolo indeterminativo, 6
avere, 48; espressioni con il verbo — 57,
  209; coniugazione completa, Appendix B
avverbio, 100, 109, 223, 229

B

Benedetti Italiani, 265
bere, verbo irregolare, 90
bisognare, forma negativa, 321

C

c'è (esserci), 43; **ci sono,** 43
comparativo, 66
condizionale, presente, 296; passato, 306;
  periodo ipotetico, 357
congiuntivo, presente irregolare, 318;
  regolare, 319, 327; con i verbi
  impersonali, 320; passato, 327; uso, 328;
  dopo i verbi **pensare, credere, sperare,
  volere, sembrare,** 342; imperfetto,
  trapassato, 343; discorso indiretto, 345,

congiunzioni avverbiali, 356; costruzione
  con **chiunque, qualunque cosa,
  dovunque,** 356; dopo un superlativo
  relativo, 357; periodo ipotetico, 357
coniugazione, prima (**-are**), 99; regole
  ortografiche, 100; seconda (**-ere**), 125;
  regole ortografiche, 126; terza (**-ire**),
  135; *vedi* Appendix B
conoscere, 208
Corto viaggio sentimentale, 216

D

data, 11, 57
diminutivi, 208
dire, verbo irregolare, 89
discorso diretto e indiretto, 218, 345
dopo di e l'infinito, 182, 260
dovere, verbo irregolare, 144; uso, 308

E

ecco, 14
esserci (c'è, ci sono), 43
essere, 34; coniugazione completa,
  Appendix B

F

fare, verbo irregolare, 88; costruzione
  causativa, 299
femminile, genere, 6; aggettivo, 27
forma progressiva, 231
futuro, indicativo, 181; forme irregolari,
  181

G

Gattopardo, il, 276
genere, maschile e femminile, 6

I

il, lo, la, l', articolo determinativo, 9;
    plurale, 81
Ilaria del Carretto, davanti al simulacro di, 175
imperativo, 91; coniugazione completa,
    Appendix B
imperfetto, indicativo, 152; uso, 155, 160,
    194; congiuntivo, 343
impersonale, verbo, 90; col congiuntivo,
    320
indicativo, presente, 99, 100, 125, 126, 135;
    imperfetto, 152; uso, 155, 160, 194;
    passato prossimo, 153; uso, 155, 195;
    forme irregolari, 160; verbi di movimento
    (intrans.), 169, 196, 197; verbi
    riflessivi, 259; futuro, 181; forme
    irregolari, 181; passato remoto, 245
infinito usato con **prima di** e **dopo di,**
    182, 260

L

Lorenzo dei Medici, 291

M

Machiavelli, il pensiero di . . ., 313
Maiuri, 258
Malaparte, il pensiero di . . ., 265
Manzoni, il pensiero di . . ., 335
maschile, genere, 6; aggettivo 27
mesi dell'anno, 11
Metastasio, 187
molto (**-a, -i, -e**), 50

N

negativo, 28; forme negative, 238, 244
nome, plurale, 51
numerali, 11, 58

O

Orlando Furioso, 235

P

Palazzeschi, 141, 213
parole accentate, 13
Partenza, la, 187
particelle **ne, ci, vi,** 116, 117
participio passato, 154; concordanza, 161,
    271
partitivo, 73, 81
passato prossimo, indicativo, 153; uso, 155,
    195; forme irregolari, 160; concordanza,
    161; di movimento (intrans.), 169, 196,
    197; verbi riflessivi, 259
passato remoto, indicativo, 245
Passeggiate campane, 258
peggiorativi, 208
periodo ipotetico, 357
piacere, 127
Piovene, il pensiero di . . ., 199
plurale dei nomi e degli aggettivi, 51;
    articoli, 81
potere, verbo irregolare, 145
preposizioni articolate, **di,** 15, 59, 109,
    161; **su,** 18; **in,** 18; **tra, fra,** 18; **a,** 35,
    135, 161; con i nomi di luogo, 298
presente, indicativo, 34, 48, 99, 100, 125,
    126, 135; congiuntivo, 318, 319
prima di e l'infinito, 182, 260
Principe, il, 313
Promessi sposi, i, 335
pronomi, soggetto, 21; complemento
    diretto, indiretto, 108; posizione, 109,
    136, 146; regole ortografiche, 146;
    interrogativi, 206; dimostrativi, 207;
    possessivi, 207; relativi, 285; personali
    tonici, 286

Q

qualche cosa di, ——— da, 244
quale, pronome interrogativo, 206
quantità, espressioni di, 73, 74
Quasimodo, 175

R

reciproca, forma, 270
relativi, pronomi, 74
riflessivi, verbi, 252; passato prossimo, 259;
    uso dei tempi, 261; forma reciproca,
    270; usi idiomatici, 277; di significato
    passivo, 278
Rio Bo, 213

S

Saba, 165
sapere, 126
settimana (giorni), 11
S'i' fosse foco . . ., 349
signore, signor, 15
stesso, -a, 67
Su, 141
superlativo, 66
Svevo, 216

T

tempo, espressioni di, 229
Tomasi di Lampedusa, 276
Trionfo di Bacco e Arianna, 291

U

Ulisse, 165
un, una, un' articoli indeterminativi, 6

V

venire, verbo irregolare, 89
verbi, consecutivi (costruzione), 101;
    costruzione di due verbi con la
    preposizione **a** o **di,** 135, 161; di
    comunicazione, 171
Viaggio in Italia, 199
volere, verbo irregolare, 145

ITALIA FISICA

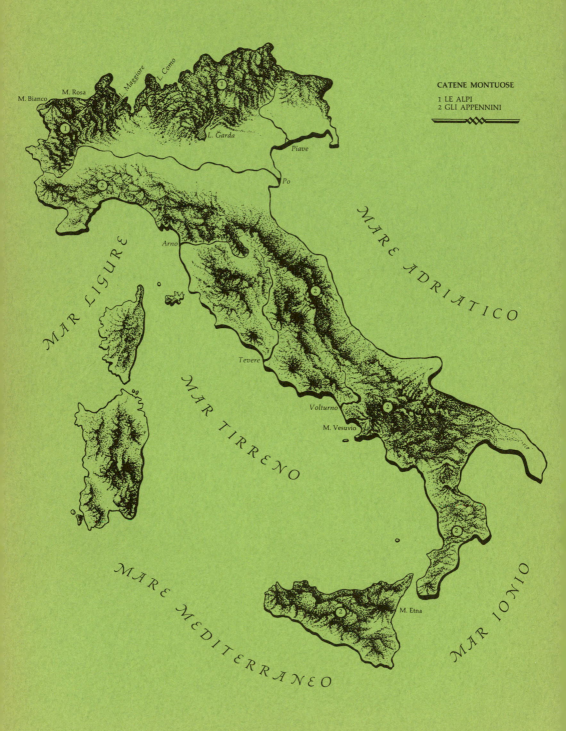

CATENE MONTUOSE

1 LE ALPI
2 GLI APPENNINI

M. Bianco · M. Rosa · L. Maggiore · L. Como · L. Garda · Piave · Po · Arno · Tevere · Volturno · M. Vesuvio · M. Etna

MARE ADRIATICO · MAR LIGURE · MAR TIRRENO · MARE MEDITERRANEO · MAR IONIO